CATÉCHISME POUR ADULTES

Les évêques de France

Catéchisme
POUR ADULTES

L'Alliance de Dieu
avec les hommes

Conformément au canon n° 775 § 2 du *Code de droit canonique*, la Congrégation du clergé, après avoir reçu l'accord de la Congrégation pour la doctrine de la foi, a donné le 23 janvier 1991 l'approbation du Saint-Siège à ce catéchisme publié par la conférence des évêques de France.

© Association épiscopale catéchistique
6, avenue Vavin, 75006 PARIS
Editions : Centurion, Cerf, CERP, CRER, Decanord, Desclée, Droguet-Ardant, de Gigord, Mame, Ed. Ouvrières, Privat, Tardy, Zech éd.
ISBN 2-9505613-0-6

Préface

La décision qui est à l'origine de ce « catéchisme pour adultes » a été prise par la conférence des évêques de France au cours de l'assemblée plénière, à Lourdes, en octobre 1985. En voulant mettre en œuvre ce que nous avons appelé alors un « exposé organique et complet de la foi catholique », nous prenions appui sur le Droit de l'Église : « Il appartient, dit en effet le Code de droit canonique, à la conférence des évêques, si cela paraît utile, de veiller à ce que soient édités des catéchismes pour son territoire, avec l'approbation préalable du Siège apostolique » (CIC, canon 775 § 2). Nous nous référions aussi à l'exhortation apostolique Catechesi tradendae, *publiée par le pape Jean-Paul II à la suite de la IVe assemblée générale du synode des évêques en 1977 : « Je ne peux manquer, disait le pape dans cette exhortation, d'adresser un fervent encouragement aux conférences épiscopales du monde entier : qu'elles entreprennent, avec patience mais avec une ferme résolution, l'imposant travail à réaliser en accord avec le Siège apostolique, pour mettre au point de véritables catéchismes fidèles aux contenus essentiels de la Révélation et mis à jour pour ce qui est de la méthode, capables d'éduquer à une foi robuste les générations chrétiennes des temps nouveaux » (CT 50).*

Le pape parle de patience, de ferme résolution, d'imposant travail. Nous avons pu vérifier la justesse de ces expressions. Il nous a fallu tout cela pour aboutir à un ouvrage dont nous voulions qu'il répondît aux objectifs de l'exhortation de Jean-Paul II et aux besoins des lecteurs. Nous souhaitions aussi qu'il soit vraiment le fruit, autant qu'il est

Catéchisme pour adultes

possible, d'un travail de tous les évêques de France, disant ensemble la foi de l'Église, leur foi.

Voici donc notre « catéchisme ». Catéchisme ? Il faut certainement s'expliquer ! Celui qui ouvre ce livre et en parcourt quelques pages peut s'étonner : un tel ouvrage ne ressemble en rien au catéchisme que nous avons connu, et il ne s'adresse pas aux enfants. Si ce lecteur est catéchiste, il pourra ajouter : je ne me vois vraiment pas faire la catéchèse avec un livre pareil !

Catéchisme ? Certainement ! Ces pages « tiennent à dire tout le message du Christ et de son Église, sans rien négliger ni déformer, tout en l'exposant selon un axe et une structure qui mettent en relief l'essentiel » (CT 49). Ce livre veut aider celui ou celle qui l'utilisera à communier à la foi de l'Église, à découvrir et à faire siens les mots de l'Écriture et de la Tradition chrétienne, à être heureux dans sa foi et de sa foi, à trouver les repères nécessaires pour vivre et agir en croyant. Mais ce catéchisme n'est pas fait d'une suite de questions et de réponses, de questions commandées par les réponses. C'est un exposé de la foi qui, de façon dynamique, en présente le contenu comme un ensemble articulé, où tout se tient, mais où tout n'a pas la même place ni la même importance.

Ce catéchisme s'adresse bien à des adultes, dans la ligne d'une longue tradition ecclésiale qui, loin de réserver le catéchisme aux enfants, a voulu que tous les chrétiens puissent entendre la foi dans un discours cohérent. Si les adultes sont des catéchistes, ils ne trouveront pas ici ce qu'il leur suffirait de résumer, de simplifier ou de monnayer pour faire un véritable catéchisme. D'une certaine manière, ils trouveront mieux : une aide, pour dire en adultes leur foi d'adulte. Et on peut penser que si les adultes, surtout les parents et les catéchistes, savent mieux ce qu'est leur foi et savent mieux la dire, alors les enfants aussi pourront mieux dire leur foi, notre foi.

Le livre a un sous-titre : « L'Alliance de Dieu avec les hommes ». Par là est exprimé d'emblée que la foi chrétienne ne repose pas sur une vague idée de Dieu, mais sur l'intervention de Dieu dans l'histoire des hommes. C'est pour cela que tout au long de ce catéchisme il est question de l'Alliance. C'est comme un fil qui court de bout en bout et que l'on ne cesse jamais d'apercevoir.

Approuvé à Rome en janvier 1991, le catéchisme avait été voté par la conférence des évêques au mois de juin précédent. Entre ces deux étapes, en octobre 1990, nous avons, à Lourdes, parlé de l'Église comme « communion missionnaire ». Au mois de janvier 1991, le pape Jean-Paul II a publié une encyclique Sur la valeur permanente du précepte

Préface

missionnaire. « *L'Église, dit le pape, ne peut se dispenser de proclamer que Jésus est venu révéler le visage de Dieu et mériter, par la Croix et la Résurrection, le salut pour tous les hommes* » *(§ 11). Nous proposons ce catéchisme à tous ceux qui voudront bien le lire, l'utiliser, le travailler. Il les aidera à proclamer cette foi pour la vie et la joie des hommes.*

Dans un avenir plus ou moins proche, paraîtra un catéchisme pour l'Église universelle. Les présentations différentes feront ressortir l'unité et la profonde harmonie existant entre ces deux exposés d'une seule et même foi.

Amis qui lirez ce livre, qui que vous soyez, croyants ou incroyants, sachez que sa lecture est exigeante, peut-être difficile ici ou là. Mais il veut être pour vous, aujourd'hui, l'écho fidèle de la Parole de Jésus, lui qui, un jour, gravit la montagne et se mit à instruire ses disciples (cf. Mt 5, 1).

‡ Joseph Duval
Archevêque de Rouen,
Président de la conférence des évêques de France.

Introduction

Venez et voyez

Dieu a voulu faire, en Jésus Christ, alliance avec l'humanité. Être croyant, pour les chrétiens, c'est accueillir cette alliance destinée à tous les hommes. L'Église en est dépositaire, pour la faire connaître et appeler à y entrer. 1

Au cœur de cette mission, nous portons, comme évêques, une responsabilité particulière : celle de veiller à ce que la foi en Dieu Père, Fils et Saint-Esprit, telle qu'elle est aujourd'hui professée et vécue par les communautés chrétiennes, soit conforme à la foi que les apôtres du Christ ont les premiers professée et vécue, jusqu'au martyre. Pour cela nous avons nous-mêmes à recevoir et à transmettre l'Évangile. « Dans l'exercice de leur charge d'enseigner, que les évêques annoncent aux hommes l'Évangile du Christ — cette charge l'emporte sur les autres si importantes soient-elles — et, dans la force de l'Esprit, qu'ils les appellent à la foi ou les confirment dans la foi vivante ; qu'ils leur proposent le mystère intégral du Christ, c'est-à-dire ces vérités qu'on ne peut ignorer sans ignorer le Christ lui-même, et qu'ils leur montrent de même la voie divinement révélée pour rendre gloire à Dieu et par là même obtenir le salut éternel » (CD 12).

Le présent *catéchisme* s'inscrit dans la mission de l'Église et dans l'exercice de notre responsabilité d'évêques. Il est d'abord destiné aux adultes catholiques de notre pays, et plus particulièrement encore aux catéchistes, qui concourent à la transmission de la 2

Catéchisme pour adultes

Bonne Nouvelle et contribuent à l'éveil de la foi des enfants et des jeunes. Mais ce livre n'est pas réservé à un groupe déterminé et peut intéresser tous ceux et toutes celles qui désirent s'informer de ce que croient les catholiques.

*

3   L'Église qui naît à la Pentecôte du don de l'Esprit Saint est une Église dont le message est d'emblée annoncé dans la multiplicité des langues, puis exprimé, au long de l'histoire, dans la diversité des cultures. A cause de cela, l'Église a éprouvé et éprouve le besoin de redire toujours sa foi, reprenant, en des langues et en des cultures différentes, ce qu'elle a fidèlement tenu et professé au cours des siècles.

Cette tâche a été et demeure marquée d'une double exigence. Notre foi, c'est celle que nous recevons des apôtres. Elle ne se réduit pas aux colorations que peuvent lui donner les terrains sur lesquels elle se développe. Dire la foi, et la dire aujourd'hui, c'est la dire en totale fidélité à ce qu'ont proclamé les apôtres. En même temps, la Bonne Nouvelle est destinée à être « entendue » d'hommes et de femmes dont les conditions de vie, la mentalité, les attentes ne cessent d'évoluer. Dire la foi aujourd'hui, c'est s'adresser à des hommes et des femmes bien concrets, que Dieu se propose de rejoindre dans la réalité de leur humanité.

4   Or, nous savons suffisamment combien le paysage humain dans lequel nous vivons a pu se transformer, et continue encore de se modifier. La profondeur des mutations culturelles qui se sont produites en notre siècle (pensons seulement à l'informatique, au développement des médias, à la prolongation généralisée des études...) fait apparaître plus nécessaire, ou plus souhaitable encore, une présentation renouvelée, en même temps que fidèle, de la foi de toujours.

Il ne faudrait d'ailleurs pas penser que le croyant n'a pas toujours eu à relever, d'une manière ou d'une autre, certains défis. La vraie foi n'est jamais le simple produit de la nature ou de la culture. Elle est don de Dieu et libre réponse du croyant à la Parole que Dieu lui adresse. Elle suppose toujours la conversion. Le croyant rencontre normalement la tentation, et d'abord celle du manque de foi, dont il est arrivé à Jésus de faire reproche à ses disciples.

Venez et voyez

★

Quelle que soit l'évaluation que l'on peut faire des mutations qui caractérisent notre époque, nous avons la responsabilité d'appeler nos contemporains à la foi en leur proposant l'Évangile. « Aux transformations profondes et complexes d'ordre culturel, politique, éthique et spirituel qui ont fini par donner au tissu social européen une configuration nouvelle, doit correspondre *une nouvelle qualité d'évangélisation* » (Jean-Paul II au symposium des évêques européens, 2 janvier 1986). L'Esprit Saint suscite en nous le désir d'annoncer l'Évangile, et les hommes, dès leur plus jeune âge, ont droit à cette annonce. Nous-mêmes qui sommes chrétiens, nous avons à réentendre les appels de Dieu et ses promesses. 5

« Les joies et les espoirs, les tristesses et les angoisses des hommes de ce temps, des pauvres surtout et de tous ceux qui souffrent, sont aussi les joies et les espoirs, les tristesses et les angoisses des disciples du Christ, et il n'est rien de vraiment humain qui ne trouve écho dans leur cœur » (GS 1). Baptisés et croyants, c'est en étant nous-mêmes habités et traversés par les questions que porte avec lui le monde moderne que nous voulons dire à ce même monde le message de l'amour de Dieu. Nous n'avons pas à fuir ses questions et ses préoccupations, car nous savons que notre foi est capable de les affronter. Nous savons aussi que les lumières de cette foi intéressent la recherche commune des hommes et des femmes en quête de plus de vérité et de bonheur. Car la Révélation, en laquelle Dieu communique son propre mystère, est porteuse d'une nouvelle compréhension de l'homme, surtout quand il s'interroge sur lui-même. « L'Église sait parfaitement que son message est en accord avec le fond secret du cœur humain quand elle défend la dignité de la vocation de l'homme, et rend ainsi l'espoir à ceux qui n'osent plus croire à la grandeur de leur destin. Ce message, loin de diminuer l'homme, sert à son progrès en répandant lumière, vie et liberté et, en dehors de lui, rien ne peut combler le cœur humain : "Tu nous as faits pour toi, Seigneur, et notre cœur ne connaît aucun répit jusqu'à ce qu'il trouve son repos en toi" » (GS 21). 6
En rendant compte par ce catéchisme de la foi qu'elle reçoit des apôtres, et qu'elle professe, l'Église a donc la conviction de répondre à l'attente profonde de tous ceux qui s'interrogent sur le sens du monde et sur celui de leur propre vie.

Catéchisme pour adultes

★

7 Notre ministère d'évêques nous met en contact avec ces nombreux chrétiens qui vivent heureusement sous la lumière de l'Évangile, ravivée par le concile Vatican II, et qui sont témoins de l'actualité de la Bonne Nouvelle. Ils le sont de bien des manières, dans une très grande diversité de situations sociales et culturelles, parfois laborieusement, avec l'impression d'aller à contre-courant, souvent aussi avec sérénité et confiance, au sein de véritables communautés où l'on s'encourage mutuellement à croire et à témoigner.

Mais les chrétiens pratiquants ne sont pas les seuls à s'intéresser à ce que représente l'Église en notre histoire et en notre société. Ils ne sont pas les seuls à aimer, à regarder, à visiter nos églises et nos cathédrales. La plupart des Français portent les noms des nombreux saints qui ont vécu chez nous au cours des siècles. Ce sont là des signes : quand on explore la mémoire de notre peuple, comme d'ailleurs celle des peuples voisins, on y rencontre la foi chrétienne. Cette foi est souvent comme un feu qui couve sous la cendre.

Ce catéchisme voudrait permettre aux catholiques de mieux connaître les richesses variées de leur foi, les repères solides qu'elle propose. Ils continueront ainsi avec encore plus d'assurance et de joie la marche entreprise, en formant une Église de croyants et de témoins.

Plus largement, cet ouvrage voudrait aussi rendre compte, à tous ceux et à toutes celles qui le désirent, de « l'espérance qui est en nous » (cf. 1 P 3, 15).

1.

Dieu à l'horizon des hommes de notre temps

8   DEPUIS LONGTEMPS nous sommes
    ceux sur qui tu n'exerces plus ta souveraineté,
    ceux sur qui ton nom n'est plus appelé.
    Ah! si tu déchirais les cieux
    et si tu descendais...   Is 63, 19

9   AU COMMENCEMENT était le Verbe,
    la Parole de Dieu,
    et le Verbe était auprès de Dieu,
    et le Verbe était Dieu.
    Il était au commencement
    auprès de Dieu.
    Par lui, tout s'est fait,
    et rien de ce qui s'est fait
    ne s'est fait sans lui.
    En lui était la vie,
    et la vie était la lumière des hommes;
    la lumière brille dans les ténèbres,
    et les ténèbres ne l'ont pas arrêtée. [...]
    Il était dans le monde,
    lui par qui le monde s'était fait,
    mais le monde ne l'a pas reconnu.
    Il est venu chez les siens,
    et les siens ne l'ont pas reçu.
    Mais tous ceux qui l'ont reçu,
    ceux qui croient en son nom,
    il leur a donné
    de pouvoir devenir enfants de Dieu. [...]
    Dieu, personne ne l'a jamais vu;
    le Fils unique,
    qui est dans le sein du Père,
    c'est lui qui a conduit à le connaître.   Jn 1, 1-5. 10-12. 18

Nous voudrions faire connaître la joie de croire en chrétien, et la liberté que donne cette foi.

Aujourd'hui, il est vrai, la foi est mise au défi, d'abord par l'indifférence de beaucoup. Et pourtant la foi chrétienne continue de se manifester dans la pratique de l'Église, en toutes ses dimensions, de la prière liturgique à l'attention aux exclus et aux petits, même si le témoignage porté se montre, en plus d'un cas, inférieur à la parole évangélique dont il se réclame.

Avant d'entreprendre cette traversée au long cours que représente un exposé de la foi catholique, il convient de relever ces petits mots situés au début et à la fin de la formulation de base qui en est donnée dans le *Credo* : « Je crois... Amen ! » Ces mots relient l'ensemble de ce qui est proclamé et qualifient très précisément la nature de cette proclamation, devant Dieu et devant les hommes : une parole tout ensemble d'adhésion et de reconnaissance.

Plusieurs tâches ici nous attendent. Montrer d'abord comment l'acte de croire est un acte humain tout à fait fondamental. Puis nous orienter à travers les démarches qui tantôt se tournent vers Dieu, tantôt le refusent. Quand les hommes disent « Dieu », que disent-ils donc ? La question est si vitale qu'elle ne souffre pas d'ambiguïtés. Dieu ne se laisse pas confondre avec l'idole, qui aliène l'homme.

Nous aurons alors à esquisser ce qui sera ensuite développé tout au long de l'exposé : comment, dans la Révélation (c'est-à-dire l'Ancien et le Nouveau Testament : l'histoire d'Israël, elle-même accomplie et ouverte par l'événement décisif de la vie, de la mort, de la résurrection de Jésus Christ), c'est Dieu lui-même qui se fait connaître et reconnaître, et invite à vivre de son Esprit, pour le salut du monde. Par cette Révélation l'homme est ressaisi et libéré en tout son être, dans son cœur et dans son intelligence. En même temps, elle le dépasse infiniment et le transforme.

Nous aurons à indiquer enfin ce que cela change de croire en chrétien. Dans ce but, nous regarderons avec courage et sérénité les difficultés rencontrées pour vivre la foi dans le monde d'aujourd'hui.

1.
Croire en Dieu, question vitale

Les hommes et les femmes qui, d'une manière ou d'une autre, entretiennent un rapport avec Dieu sont dits « croyants ». Que signifie donc croire ?

Croire, un acte humain fondamental

Dans le langage courant, « je crois » équivaut souvent à « je pense », avec une nuance d'incertitude. Ainsi quand on dit : « Je crois qu'il va faire beau..., ou que je vais obtenir telle situation. »

Mais croire peut avoir un tout autre sens et exprimer, au contraire, une certitude. Le verbe se construit alors autrement : non plus « je crois que », mais « je crois... mon ami, mon mari, ma femme... » Il indique la *confiance* accordée à *quelqu'un* : on tient pour vraie sa parole. Il s'agit d'une attitude humaine fondamentale. On ne peut pas vivre, en effet, sans « faire crédit » à un certain nombre de personnes.

Croire, c'est plus encore « donner sa foi ». Ainsi, dans le mariage, les deux époux font alliance, en mettant leur foi l'un dans l'autre « à la vie et à la mort ». Ils se font confiance. Ils croient l'un dans l'autre. Cette foi qu'ils s'accordent mutuellement est l'expression même de leur amour. C'est sur elle qu'ils vont construire leur foyer, en s'ouvrant ensemble à un avenir qu'ils entrevoient chargé de promesses.

Croire en Dieu

Qu'en est-il donc de l'acte de croire *en Dieu*? Pour répondre, il faut savoir de quel Dieu on parle. Il peut arriver que celui qui dit « je ne crois pas en Dieu » ait raison de refuser ce qu'il a en tête ou dans le cœur, à partir de ce mot, et que l'idée qu'il s'en fait, ou dont il hérite, ne soit pas digne du Dieu vrai. C'est alors un faux dieu. Et la Bible, la première, ne cesse de lutter contre les idoles, les faux dieux. Par la Révélation Dieu nous apprend lui-même qui il est. Il nous empêche de le confondre avec les fantasmes de notre imaginaire, de nos désirs et de nos peurs. L'incarnation, la mort sur la croix et la résurrection de Jésus Christ nous font découvrir Dieu au-delà de tout ce que nous aurions pu concevoir.

Il ne s'agit donc plus seulement de croire en « quelque chose qui nous dépasse », mais de croire en *Dieu*. Il ne s'agit plus seulement d'un Dieu cherché à tâtons par la raison ou les religions humaines, mais du Dieu vivant tel qu'il se révèle dans l'histoire du peuple de l'Alliance dont l'Ancien Testament nous fait le récit. Il s'agit ultimement de Dieu tel qu'il se révèle une fois pour toutes en son Fils *Jésus Christ*, dans l'*Esprit*.

> Ainsi l'acte de croire est purifié. Celui en qui l'on croit sort du « vague ». Surtout on ne peut le confondre avec aucune idole ou illusion. L'acte de croire a plutôt trouvé son lieu propre et son assurance : le vrai rapport établi avec l'homme par Dieu lui-même et son Fils Jésus, et une vie nouvelle, dans l'Esprit de Jésus et de son Père. L'acte de croire, ainsi, à Dieu révélé en plénitude par Jésus Christ, n'est pas seulement l'acte d'une intelligence capable d'abstraction, mais d'une intelligence vive, saisie par la Vérité qu'elle cherche. Il porte sur le Dieu éternel qui a fait irruption *dans l'histoire*. Il tend, dans une espérance active, à se traduire en charité concrète. Acte le plus libre et le plus personnel qui soit, mais aussi acte solidaire, qui réunit les croyants et les tourne en même temps vers Dieu et vers les hommes.

Le chrétien peut dire avec l'Apôtre : « Je sais en qui j'ai mis ma foi... » (2 Tm 1, 12).

Foi et religion

La foi chrétienne ne se confond pas avec le sentiment religieux. Elle n'est pas une simple expérience, puisqu'elle naît de la Révélation de Dieu dans l'histoire et qu'elle est l'accueil de cette

Catéchisme pour adultes

Révélation. Cependant, les hommes qui adhèrent à la foi chrétienne sont aussi des hommes dotés d'un sens religieux, lié à leur histoire, à leur éducation, à leur société.

L'époque moderne a développé avec beaucoup d'ampleur une critique générale des religions, soupçonnées de maintenir les hommes dans un état d'esclavage, en les livrant à des peurs irrationnelles ou en les persuadant d'échapper à leur condition. Les religions ont été dénoncées comme des créations imaginaires, et l'avènement de la raison moderne, scientifique et instrumentale s'est appuyé sur ce rejet des religions, qui correspondraient plus ou moins à un état attardé de la conscience humaine.

16 Mais un ensemble d'éléments théoriques et pratiques obligent aujourd'hui à réévaluer cette dimension religieuse de l'homme.

Certes, le phénomène religieux est aussi ambigu qu'universel. Le meilleur et le pire s'y côtoient : les idoles et les pratiques les plus aliénantes, comme les démarches les plus épurées dans la quête de Dieu ou de l'Absolu, démarches qui, du point de vue de la foi, peuvent être considérées comme des pierres d'attente de l'Évangile.

On sait que là où les religions ont été refoulées, les hommes se sont forgé souvent des religions de remplacement. De nouvelles idolâtries sont nées. Et, par ailleurs, l'histoire contemporaine nous apprend que dans des situations d'oppression et de persécution, la religion aide des hommes et des peuples à lutter pour demeurer libres.

Les religions, dans leurs diversités historiques et géographiques, font partie intégrante de l'existence humaine. Elles viennent la structurer à de multiples niveaux : celui des mythes, transmis par tradition orale ou par des livres sacrés, comme celui des rites et des institutions.

D'une façon encore plus large, il y a dans les religions, sous des formes plus ou moins explicites, une compréhension du monde, de son origine, de son histoire, et surtout une interprétation de l'homme et de son destin. Les religions se rattachent à cet ordre des réalités symboliques qui touchent au mystère de la vie et de la mort, du bien et du mal. Au-delà des critiques justifiées de ce qu'il peut y avoir d'aliénant dans certaines pratiques religieuses, on peut aujourd'hui reconnaître que les religions manifestent une certaine relation de l'homme à ce qui le dépasse et que l'on nomme le sacré ou le divin.

  Le christianisme respecte ce pressentiment de Dieu qui passe par le « sacré » des religions. L'homme qui se tourne vers Dieu ne part pas de zéro. La sagesse chrétienne reconnaît en lui une ouverture à Dieu, inscrite dans sa structure intérieure, dans ce que saint Augustin dénomme le « désir » et que Pascal appelle le « cœur ».
  La pratique de la catéchèse, tout comme l'expérience de l'évangélisation, rejoint les affirmations des théologiens et des philosophes. En se révélant, Dieu vient répondre, d'une certaine manière, à une attente cachée de l'homme. Pour éveiller à la vérité de la foi, il est important de déceler une telle attente, comme Jésus le fait souvent dans l'Évangile, notamment avec la Samaritaine rencontrée au puits de Jacob (cf. Jn 4, 1-42).

  Mais cette réalité sacrée, vers laquelle tend le désir religieux de l'homme, ne s'identifie pas nécessairement avec le Dieu qui parle à Abraham, qui fait alliance avec Moïse et qui se révèle à tous en la personne de Jésus. Comment mesurer la différence qui sépare le « divin » évoqué par les religions de « Dieu » manifesté par la Révélation et exprimé dans la Bible ?
  La prédication de Paul aux païens d'Athènes peut ici servir de référence. Paul commence par évoquer le « dieu inconnu » que ces païens vénèrent sans le connaître. Il s'appuie donc sur leur expérience religieuse du divin pour les ouvrir à la foi. Car ce « dieu inconnu » s'est fait connaître en Jésus Christ. Cette connaissance est nouvelle parce qu'elle vient de Dieu lui-même et qu'elle est proposée à tous.
  La foi n'est pas une vague rencontre avec le divin. « A Dieu qui révèle est due "l'obéissance de la foi" (Rm 16, 26 ; cf. Rm 1, 5 ; 2 Co 10, 5-6), par laquelle l'homme s'en remet tout entier et librement à Dieu dans "un complet hommage d'intelligence et de volonté à Dieu qui révèle" (concile Vatican I, DS 3008 ; FC 90) et dans un assentiment volontaire à la révélation qu'il fait » (DV 5).

  Une telle découverte de Dieu, par la connaissance de foi, révèle en même temps à l'homme la liberté de Dieu. Alors que les religions païennes s'imaginent souvent que l'homme peut, par la magie, utiliser le divin à son profit, la foi chrétienne en Dieu oblige à perdre une telle illusion. C'est Dieu qui choisit librement de faire alliance avec les hommes. Ce n'est pas l'homme qui peut s'élever seul vers le monde divin, par l'extase ou l'ascèse, par des rites de purification ou de passage.

Croire, c'est reconnaître à Dieu la liberté de sortir de lui-même pour venir à nous. Dès l'Ancien Testament, dans les prophéties messianiques, Dieu est désigné comme l'Emmanuel, Dieu avec nous. La foi au Dieu libre de la Révélation passe toujours par l'émerveillement, et non par la peur. Le croyant est appelé à accueillir dans la confiance cette mystérieuse proximité du Dieu très grand.

20 **Qui donc est Dieu?**

Le mot « Dieu » est lourd d'histoire. Tout ce qu'il évoque spontanément demande à être purifié et converti par la Révélation.

> Quand quelqu'un dit « Dieu », qu'a-t-il en fait dans le cœur et dans la tête ? Ce peut être l'idée d'un être tout-puissant qui engendre le trouble ou la peur, parce qu'il apporte l'épreuve ou la mort. Le *Credo*, lui, n'affirme la toute-puissance de Dieu qu'après l'avoir désigné comme Père, et avant d'ajouter qu'il est créateur, auteur d'une création bonne. D'autres fois, l'idée de Dieu est liée à la voix d'une mauvaise conscience, qui accable. Avec le Dieu de la foi, justice et miséricorde ne sont jamais séparées, si bien que le croyant se découvre pécheur en même temps que pardonné et accueilli.

Dans la Bible, pour le peuple de la première Alliance, la question de Dieu est celle de l'unique vrai Dieu. Elle se décide dans un débat, et finalement dans une lutte à mort avec les idoles. Israël, entrant en relation avec les peuples voisins et séduit sans doute par la facilité de leurs religions, connaît périodiquement la tentation de l'idolâtrie. Les prophètes ne cessent de le mettre en garde contre cette séduction et de dénoncer les faux dieux qui la provoquent.

21 La tentation n'est pas moins grande aujourd'hui pour les fidèles du Christ. En effet, les hommes sont capables, même à partir de ce qu'il y a de meilleur, de se faire des idoles personnelles qui les enchaînent à eux-mêmes. Argent, pouvoir, sexe, travail, jeu...

peuvent devenir des absolus auxquels tout doit être soumis. Ces idoles cherchent à asservir nos sociétés modernes. Elles sont aussi aliénantes que celles auxquelles s'oppose le Dieu de la Bible. Dans l'idolâtrie, l'homme reste enfermé en lui-même et esclave de ce qu'il idolâtre. La foi, elle, est toujours un acte de liberté : Dieu respecte les hommes et leur liberté. Il ne les manipule pas.

Le Dieu de la Bible ne se laisse pas atteindre « en direct », comme le voudrait le paganisme. La présence de Dieu dans la révélation judéo-chrétienne s'est toujours montrée très différente de la présence immédiate de la divinité, telle que le paganisme pouvait l'envisager. Moïse apprend de Dieu qu'il ne pourra le voir que « de dos », c'est-à-dire seulement par les traces de ses bienfaits (cf. Ex 33, 23). Et Élie, à l'affût du passage du Seigneur, ne le rencontre ni dans la violence du vent, ni dans le tremblement de terre, ni dans le feu, mais seulement, de manière à peine perceptible, « dans le murmure d'une brise légère » (cf. 1 R 19, 4-12).

La foi chrétienne comporte ce paradoxe : c'est bien le Dieu caché qui se révèle, c'est bien le Dieu révélé qui demeure le Dieu caché (cf. Is 45, 15). Son être et son amour sont toujours au-delà de nos mesures. Dans la Bible, même lorsque Dieu donne son Nom (cf. Ex 3, 14), expression de son être, et permet à l'homme de le connaître en vérité pour entrer en relation avec lui, ce Nom demeure ouvert au mystère. Cette ouverture au mystère du Dieu toujours plus grand se manifeste au plus haut point à la Croix, où se révèle la gloire de Dieu, c'est-à-dire sa transcendance, qui n'est pas une transcendance de domination, mais de don. En la personne de son Fils, Dieu se donne totalement, et montre « une fois pour toutes » qui et comment il est pour nous, depuis toujours et à jamais : amour infini et insondable.

Révélant l'amour de Dieu, qui est tout son être (cf. 1 Jn 4, 7), la Croix est par excellence *signe* pour la foi. En elle se récapitulent en quelque sorte les multiples signes à travers lesquels Dieu se fait connaître à nous.

2.
Dieu se fait connaître et reconnaître

Dieu se révèle à travers des *signes* qui sollicitent notre intelligence, en même temps qu'ils respectent notre liberté. Car, dans le signe, il y a suffisamment de lumière pour que notre réponse soit raisonnable et justifiée, et suffisamment d'indétermination pour qu'elle ne soit pas le fait d'une contrainte. Cependant, les chemins qu'il propose pour se faire connaître, ou ceux que peuvent suivre les hommes pour le rejoindre, ne sont pas tous de même nature.

Approches de Dieu

Deux approches sont à distinguer et à situer l'une par rapport à l'autre : celle qui est accessible à la raison, celle que représente la foi.

• La raison de l'homme ouverte à Dieu

L'Église a sans cesse tenu à défendre l'affirmation de la bonté de la création. De la même manière, elle a souvent rappelé que « Dieu, principe et fin de tout, peut être connu de façon certaine à partir des choses créées, par la lumière naturelle de la raison humaine » (DV 6, citant Vatican I). Certes, la raison humaine peut être blessée et obscurcie par le péché. En effet, le manque d'amour pour Dieu et les hommes prive de lumière et affaiblit le regard. Pourtant cette même raison ne saurait être perdue à ce point que l'homme ne fût plus « capable de Dieu ». Dans sa soif de vérité, de bonté, de beauté, il reste ouvert à Dieu.

> Cela suppose, il est vrai, que l'on ne réduise pas la raison à sa capacité d'analyser les choses. Elle est habitée par un dynamisme qui lui permet de rejoindre l'intime des êtres et de s'intéresser à leur vérité dernière. Au-delà du souci de la vérité objective des phénomènes, la raison se rapporte à la véritable réalité de l'homme et de Dieu. « Depuis la création du monde, les hommes, avec leur intelligence, peuvent voir, à travers les œuvres de Dieu, ce qui est invisible : sa puissance éternelle et sa divinité » (Rm 1, 20).

Dieu à l'horizon des hommes de notre temps

Bien des démarches permettent en réalité de s'élever à une première connaissance véritable de Dieu, selon un itinéraire qui amène à reconnaître, dans la diversité des perfections créées, la trace du dynamisme créateur dont elles procèdent : qu'il s'agisse des richesses et des beautés du monde, ou de ce qui s'inscrit dans la liberté de l'homme (désir ou souci de perfection, d'infini, d'absolu, de communion vraie, de respect de l'autre, d'avenir de bonheur, de libération des hommes opprimés). 25

> Multiples sont les « voies » qui s'ouvrent vers Dieu et qui, en purifiant le désir, permettent une démarche assurée. Saint Thomas d'Aquin en énumère cinq, qui s'appuient sur la considération du monde et conduisent à la Source première et universelle. D'autres démarches sont possibles : elles s'appuient sur l'expérience de la beauté, ou sur des exigences morales (comme celles de la justice ou de la pratique du bien). D'autres enfin, elles aussi spirituelles et concrètes, partent de l'expérience de l'amour, notamment de cet amour qui s'exprime dans le don.

• Dieu connu par la foi 26

La connaissance de Dieu dont nous avons parlé jusqu'ici est dite « naturelle » ou « rationnelle » parce qu'alors la « raison humaine » se met en quête de Dieu. Cette connaissance peut être l'objet d'un échange entre hommes raisonnables, dans un dialogue où chacun est amené à donner ses raisons, avec l'intention de progresser ensemble dans la découverte de la vérité. Cette connaissance permet d'affirmer un certain nombre de propriétés ou d'*attributs* de Dieu : l'unicité, l'éternité, l'infinité, l'incompréhensibilité, la perfection absolue… Ce que nous découvrons avec admiration dans le monde et dans l'humanité nous permet de nous faire une certaine idée de ces attributs de Dieu. « La grandeur et la beauté des créatures font, par analogie, découvrir leur Auteur » (Sg 13, 5).

Le croyant, *lui*, atteste, *à partir de sa foi*, une connaissance acquise à travers un autre mouvement, inouï et libérateur. Par ce mouvement, Dieu lui-même, s'approchant de l'homme, l'a surpris, est venu à sa rencontre, s'est fait reconnaître. Il a ainsi donné visage à ce qui n'était perçu que dans l'obscurité et comme à tâtons. « Il a plu à Dieu, dans sa bonté et sa sagesse, de se révéler lui-même et de faire connaître le mystère de sa volonté : par le Christ, Verbe fait chair, les hommes ont, dans le Saint-Esprit, accès auprès du Père, et deviennent participants de la nature divine. Ainsi, par cette révéla- 27 tion, provenant de l'immensité de sa charité, Dieu, qui est invisible, s'adresse aux hommes comme à des amis, et converse avec eux pour les inviter à entrer en communion avec lui et les recevoir en cette communion » (DV 2).

Il s'agit alors de la réponse de l'homme à Dieu par la foi et non plus d'un effort pour aller vers lui. Car c'est Dieu lui-même qui, prenant l'initiative, vient faire alliance avec les hommes, vient leur faire partager toujours davantage sa vie. La louange monte aux lèvres devant l'inconcevable : ce que Dieu désire communiquer, ce n'est rien moins que lui-même.

Cependant, démarches de l'homme en quête de Dieu et de Dieu en quête de l'homme se répondent, même si elles ne sont pas de même ordre. Alors même que l'homme ne cesse de poursuivre le bonheur et de chercher une vérité pour vivre, il reste insatisfait. A son attente, la Révélation que Dieu fait de lui-même répond de manière inespérée, déplaçant et ouvrant le désir de l'homme, afin d'entraîner celui-ci, pour un plus grand bonheur, au-delà de lui-même.

28 **Jésus Christ, Parole de Dieu en plénitude**

« Souvent, dans le passé, Dieu a parlé à nos pères par les prophètes sous des formes fragmentaires et variées : mais, dans les derniers temps, dans ces jours où nous sommes, il nous a parlé par ce Fils qu'il a établi héritier de toutes choses et par qui il a créé les mondes » (He 1, 1-2).

Si différente qu'elle soit de tout ce qui serait prévisible, de tout ce que le cœur de l'homme aurait pu imaginer (cf. 1 Co 2, 9), la Révélation s'inscrit au sein de l'histoire humaine. La Vérité même est livrée en acte et en personne. Dieu s'atteste dans sa Parole et ultimement dans sa Parole faite chair. L'Éternel fait irruption dans le temps. Le « mystère », c'est-à-dire, au sens premier du mot, le dessein de Dieu, enveloppé dans la création depuis l'origine, se déploie dans les phases successives d'une Alliance, illuminant toute chose d'une lumière toujours plus vive, jusqu'au dévoilement de la gloire même de Dieu « sur le visage du Christ » (2 Co 4, 6).

29 L'Ancien Testament témoigne de l'Alliance conclue avec le peuple d'Israël. Par son dynamisme le plus profond, celui-ci est

orienté vers l'attente d'un sauveur. Cette attente s'accomplit en Jésus, reconnu justement comme Christ et Sauveur, Maître, Seigneur, Fils de Dieu venu en notre chair, mort et ressuscité pour nous.

La foi chrétienne est le libre accueil de cette initiative divine (cf. DV 5). Elle se nourrit de la méditation sur l'œuvre et la personne du Christ, mises en relation avec toute l'histoire biblique de création et d'alliance. Le Christ, non seulement accomplit l'attente, mais ouvre le temps des hommes au royaume de Dieu qui advient avec lui : « La profonde vérité que cette Révélation manifeste, sur Dieu et sur le salut de l'homme, resplendit pour nous dans le Christ, qui est à la fois le Médiateur et la plénitude de toute la Révélation » (DV 2 ; cf. DV 4).

Croire, quand il s'agit de croire au Dieu de l'Alliance, a donc un *contenu bien défini*. C'est la réponse due à ce Dieu Autre que son amour conduit à envoyer son Fils pour qu'il soit l'un de nous, et qui fonde solidement notre avenir en se liant à nous à la vie et à la mort. La réponse de foi à la Révélation divine s'appuie sur la réalité la plus solide : la Parole de Celui qui est en acte la Vérité même. Parole de jugement et de promesse. Non pas jugement de condamnation, mais lumière permettant de nommer le bien et le mal. Promesse de pardon et gage apporté des réalités espérées.

La « foi » humaine commune (qui s'en remet à autrui, à l'avenir), aussi bien que la foi religieuse vague ou trouble, se trouvent purifiées, précisées, élevées à un autre niveau par la foi proprement chrétienne. Le croyant sait en qui il a mis sa foi : c'est Celui en qui Dieu s'est dit tout entier. Mais il sait aussi à quoi cette foi l'engage. En lui ouvrant les horizons infinis de la vie même de Dieu, elle l'engage à devenir « conforme » à la figure du Serviteur en laquelle, par Jésus, Dieu s'est livré à nous.

Les dimensions de la foi

Ainsi, la foi chrétienne consiste à croire au Christ, à connaître et à reconnaître, dans l'Esprit, Dieu lui-même venu à nous en la personne du Fils envoyé par le Père. Croire au Christ c'est, pour l'être humain, connaître Dieu en vérité. Comment peut-on rendre compte de cet acte où se croisent de manière singulière l'humain et le divin ?

L'acte de foi est un acte surnaturel, libre et raisonnable. Il est *surnaturel* car il est don de Dieu. Il est *libre et raisonnable* car il procède d'une décision et d'un acte d'intelligence qui adhère à une vérité reconnue. L'acte de foi n'en est pas moins tout ensemble fruit de la grâce de Dieu et de la liberté humaine. Lorsqu'il est posé en vérité, dans la contemplation du mystère qui se révèle, grâce et liberté intelligente soulèvent le croyant d'un même souffle, l'ouvrent à Dieu et en même temps l'enracinent dans son humanité.

32 La foi comporte une double dimension, *personnelle et communautaire*. Car l'action prévenante de Dieu, qui suscite la foi au cœur du croyant, n'est pas autre que celle qui traverse l'ensemble de l'histoire des hommes et qui travaille à les unir dans cette foi. C'est à travers son œuvre au sein de cette histoire, qui devient ainsi « histoire sainte », que Dieu s'est fait connaître. C'est par ceux et celles qui en ont été avant nous les bénéficiaires que la foi nous est devenue accessible. Acte essentiellement personnel, qui fait appel à la liberté et vient aussi bien l'épanouir, la foi naît et grandit toujours au sein d'une communauté.

La communauté croyante, Israël puis l'Église, est le lieu d'accueil de la Révélation, d'habitation de la foi, le lieu où celle-ci s'entretient et se cultive, où s'opèrent ces échanges et ce soutien mutuel sans lesquels elle ne tarderait pas à s'étioler ou à défaillir.

33 Enfin, acte personnel du sujet croyant, l'acte de foi comporte l'adhésion à un contenu, dont l'essentiel est proposé dans des « symboles », comme le Symbole des Apôtres, ou celui de Nicée-Constantinople, proclamé à la messe des dimanches et des grandes fêtes.

> Le mot « symbole » vient d'un mot grec, qui signifie mettre ensemble, réunir. Les symboles de foi manifestent l'unité organique de tout ce qu'énonce cette foi. Mais ils constituent aussi un lieu et un principe de rassemblement dans la même foi de ceux qui le proclament.

L'acte personnel du croyant et l'objet auquel il adhère dans la foi sont corrélatifs et indissociablement liés. C'est pourquoi croire au Christ, c'est aussi se mettre en route à sa suite, comme l'ont fait les apôtres. Et croire en Dieu, Père, Fils et Saint-Esprit, ainsi que le croyant le déclare dans le *Credo*, en particulier au cours du baptême, c'est s'engager dans une existence nouvelle, conforme à l'idéal évangélique et modelée sur la figure même du Christ.

3.
Une existence transformée

Qu'est-ce que cela change de croire au Dieu et Père de Jésus Christ ? C'est une question que l'on entend souvent poser. Les croyants peuvent parfois se la poser pour eux-mêmes. Elle est légitime et mérite d'être reçue.

Confesser Dieu en vérité

Entrer dans la foi, c'est laisser s'ouvrir, sur la route humaine, des horizons infinis, en même temps que trouver des repères qui permettent de s'orienter. C'est se voir gratifier de cette liberté nouvelle que donne la rencontre de la vérité et de ses exigences. C'est découvrir en Dieu la vérité de notre humanité. C'est donc, en apprenant à mieux connaître Dieu, apprendre à se connaître mieux soi-même.

Quand on parle de vérité, il est très important de bien se comprendre. La vérité d'un théorème de mathématiques, ou même d'une loi de la physique, est-elle exactement de même nature que celle dont il s'agit quand on dit de quelqu'un qu'il est « vrai », ou quand Jésus déclare qu'il est « la vraie vigne » (Jn 15, 1) ? La « vraie vigne » dont parle Jésus, c'est celle qui porte des fruits. Un homme « vrai », c'est un homme qui dit la vérité, dans ses paroles, mais aussi dans sa vie.

Nous savons aussi qu'il y a deux manières de manquer à la vérité : l'erreur et le mensonge. Les deux n'engagent pas la personne de la même façon. C'est qu'il existe des *conditions* d'accès à la vérité, et il y a des vérités auxquelles on ne peut aller qu'« avec toute son âme ».

Ainsi en est-il de la vérité à découvrir et à établir dans les rapports humains, si l'on veut qu'ils ne soient pas « faussés ». Ainsi en est-il encore davantage lorsqu'il s'agit de vérités religieuses. Car, là plus que nulle part ailleurs, on peut avoir des yeux et ne pas voir, des oreilles et ne pas entendre, ainsi que Jésus le répète à ses contradicteurs (cf. Mc 4, 12 ; 8, 18 ; Jn 12, 40 ; etc.). Il y a des vérités qu'on ne découvre pas sans « conversion », sans commencer par se « retourner », pour entendre et accueillir ce qui n'est pas seulement le fruit de nos conquêtes.

36 Telle est la réalité du Dieu vivant et vrai. Telle est la réalité de son Royaume. « Si vous ne changez pas (si vous ne vous convertissez pas), déclare Jésus, pour devenir comme les petits enfants, vous n'entrerez pas dans le royaume des cieux » (Mt 18, 3). Si vous ne vous convertissez pas, pourrait-on commenter, votre intelligence sera impuissante à vous y faire entrer. Car le royaume de Dieu est de ces choses qui demeurent « cachées aux sages et aux savants » et sont « révélées aux tout-petits » (Mt 11, 25) : à ceux qui se laissent introduire dans la nouveauté de « ce que personne n'avait vu de ses yeux ni entendu de ses oreilles, ce que le cœur de l'homme n'avait pas imaginé, ce qui avait été préparé pour ceux qui aiment Dieu » (1 Co 2, 9).

Non pas que la vérité découverte dans cette conversion soit une vérité irrationnelle. Si « le cœur a ses raisons, que la raison ne connaît point » (Pascal), ces raisons n'en sont pas moins de vraies raisons. Il y a une véritable *intelligence de la foi*, une *illumination de la raison* et de tout l'homme par la Révélation divine. Mais la raison qui accède à la vérité qui fait vivre n'est pas séparable de la vie de toute la personne. Dans ce sens, la vérité est aussi une tâche et une exigence morale. C'est en *faisant* la vérité qu'on vient à la lumière (cf. Jn 3, 21).

37 La vérité possède, en définitive, un nom propre : celui de Jésus Christ. Dans la foi chrétienne, la question humaine par excellence « Qu'est-ce que la vérité ? » se voit radicalement renouvelée. Elle aimantait la réflexion de Socrate. Elle prend une signification toute nouvelle sur les lèvres de Pilate. En face de celui-ci la vérité se manifeste comme *Quelqu'un*. Seul le Christ peut déclarer :

« Je suis la Vérité. » Jésus est la Vérité en étant en même temps « le Chemin » et « la Vie » (cf. Jn 14, 6). Il l'est dans sa personne, dans sa vie et dans son œuvre. Il est quelqu'un qui « rend témoignage à la Vérité » (Jn 18, 37) par le don total de sa vie, à l'heure même où il est condamné à se taire et à mourir sur la croix.

La vérité du Christ est son être de Fils qui reçoit tout du Père, avant de transmettre son Esprit. A travers la croix, cette vérité apparaît comme une vérité désarmée, qui ne s'impose pas, mais qui, pour cette raison, s'adresse à notre liberté pour nous rendre libres (cf. Jn 8, 32).

Si la vérité chrétienne est en dernière instance une personne, elle ne peut être l'objet d'une possession. La question n'est pas de savoir si nous la possédons, mais si nous acceptons qu'elle vienne nous libérer.

Le chrétien connaît donc très réellement la vérité. Mais il la connaît pour la servir. Il ne prétend pas en être le maître. Il se tient « en elle » en marchant à la suite de son Maître, sous la mouvance de l'Esprit, que celui-ci a laissé en héritage à ses disciples, pour les conduire à « la vérité tout entière » (Jn 16, 13).

Une nouvelle manière de vivre

38

Établi par sa foi dans la vérité, le croyant entre dans une nouvelle manière de vivre. Le don de la vie divine qui lui est fait avec le baptême n'est pas sans conséquence sur son comportement de tous les jours, si du moins il se montre fidèle au don reçu.

En quoi donc se distingue-t-il des autres ?

La foi chrétienne se vit au cœur du monde. Elle n'arrache pas le croyant à sa condition humaine. Comme les autres, les chrétiens sont soumis aux événements qui jalonnent leur histoire. Ils connaissent les mêmes joies et les mêmes peines. Et cependant leur existence doit, d'une manière ou d'une autre, rendre témoignage au Dieu unique et vrai révélé en Jésus Christ le Seigneur, dans la vérité duquel leur foi les enracine.

<small>Dans son exhortation apostolique *Evangelii nuntiandi*, Paul VI montre comment la vie des chrétiens peut, dans ces perspectives, être par elle-même un premier acte d'évangélisation : « Voici un chrétien ou un groupe</small>

Catéchisme pour adultes

de chrétiens qui, au sein de la communauté humaine dans laquelle ils vivent, manifestent leur capacité de compréhension et d'accueil, leur communion de vie et de destin avec les autres, leur solidarité dans les efforts de tous pour tout ce qui est noble et bon. [...] Par ce témoignage sans paroles, ces chrétiens font monter, dans le cœur de ceux qui les voient vivre, des questions irrésistibles : Pourquoi sont-ils ainsi? Pourquoi vivent-ils de la sorte? Qu'est-ce — ou qui est-ce — qui les inspire? » (EN 21).

39 Sans doute, la manière de vivre des chrétiens ne correspond-elle pas toujours aux orientations découlant de la foi chrétienne. Les « nouveaux païens » de l'époque moderne sont souvent d'anciens chrétiens qui ont oublié leurs racines, à moins qu'ils ne s'en soient coupés délibérément. Même ceux qui n'ont pas renié l'Évangile comme idéal de vie ni renoncé à leur appartenance chrétienne peuvent être de médiocres témoins.

En effet, vivre selon l'Évangile ne va pas de soi. Mais les difficultés ne sont pas seulement à déplorer. Sans doute, la foi peut grandir sans beaucoup de confrontation. Cependant, plus elle est mise à l'épreuve, par la rencontre de franches oppositions ou par l'ambiance d'oubli pratique de Dieu, plus il lui arrive de manifester sa nouveauté. Dans nos pays, où l'indifférence religieuse s'est largement répandue, l'éveil à Dieu se réalise d'une façon renouvelée. Des enfants, parfois des jeunes et des adultes, savent que, pour affirmer leur foi et vivre en chrétiens, il faut un réel courage. Pourtant ils ne reculent pas devant les affrontements qui les attendent.

40 Croire ne va pas sans témoigner. Le « oui » chrétien à Dieu implique un certain nombre de « non » par rapport aux orientations du monde. Il ne s'agit pas de refuser le monde ou de le fuir. Il s'agit de refuser ce qui, dans les structures et les mœurs du monde, se ferme à Dieu et éloigne de lui : l'égoïsme, le mensonge, l'injustice sous toutes ses formes...

Un tel choix de vie peut, dans certaines circonstances, conduire au martyre (ce mot est la transcription du terme grec qui signifie « témoignage »). Le témoignage n'est pas pour autant réservé à une élite de croyants. C'est la vocation de tous les baptisés, comme l'a encore rappelé le concile Vatican II : « Car tous les chrétiens, partout où ils vivent, sont tenus de manifester de telle manière, par l'exemple de leur vie et le témoignage de leur parole, l'homme nouveau qu'ils ont revêtu par le baptême et la force du Saint-Esprit qui les a fortifiés au moyen de la confirmation, que les autres, considérant leurs bonnes œuvres, glorifient le

Père (cf. Mt 5, 16) et perçoivent plus pleinement le sens authentique et le lien universel de communion des hommes » (AG 11).

41 Les conditions actuelles de la vie chrétienne demandent de plus en plus aux chrétiens de former une Église de *témoins*, prêts à dire « oui » à Dieu comme Dieu, trouvant en lui le sens radical de leur vie et le préférant à tout le reste. Ils sont provoqués à faire leur la réponse de Jésus à Satan, lors de la tentation au désert : « Il est écrit : "Tu te prosterneras devant le Seigneur ton Dieu, et c'est lui seul que tu adoreras" » (Lc 4, 8).

Dans ce contexte, les croyants sont appelés à faire valoir sereinement la foi qui les fait vivre, en rayonnant la paix, même au-delà du déchirement, et en laissant entrevoir les horizons insoupçonnés qu'ouvre cette foi. Celle-ci est, à leurs yeux, un bien trop précieux pour qu'ils ne soient pas portés à vouloir la communiquer, non pas en empruntant les chemins trop humains de la propagande, mais plutôt en reprenant la proposition de Jésus à ses premiers disciples : « Venez et voyez » (Jn 1, 39).

42 Le chemin de la foi est un chemin de mise à l'épreuve et de liberté. Au fur et à mesure qu'il s'y engage, le croyant découvre que c'est aussi une *œuvre de la grâce*. Car sa fidélité est soutenue par une fidélité plus forte que la sienne : la fidélité du Dieu sur lequel il joue sa vie.

Le cheminement de la foi se confond ainsi avec la découverte toujours plus approfondie que l'homme n'est et ne demeure fidèle à Dieu que parce que Dieu est et demeure totalement, inconditionnellement, fidèle à l'homme : à chaque être humain, en son histoire personnelle, et à l'humanité tout entière.

Cette fidélité de Dieu à l'homme se manifeste dans le dialogue ininterrompu qu'il institue avec lui. D'Abraham à Marie et du peuple d'Israël à l'Église d'aujourd'hui, Dieu apparaît comme celui qui ne cesse de se révéler et d'aller au-devant des hommes dans un geste d'amour.

Dépasser les peurs et ouvrir des routes

43 Les difficultés de la foi aujourd'hui sont nombreuses. Mais il ne sert à rien de se lamenter. Il y a des obstacles qui peuvent faire avancer. Nous devons être prêts à « nous expliquer devant tous ceux

Catéchisme pour adultes

qui nous demandent de rendre compte de l'espérance qui est en nous » (cf. 1 P 3, 15). La parole de saint Pierre s'adresse à chaque croyant. C'est l'Église tout entière qui a vocation missionnaire et qui est envoyée pour annoncer l'Évangile au « monde de ce temps », selon la formule de la Constitution pastorale *Gaudium et spes* du concile Vatican II.

Trois défis majeurs, ou problèmes insistants, se trouvent sur la route des hommes soucieux de rencontrer et de vivre la foi : ce que l'on appelle la « sécularisation » ; des peurs qui restent à dépasser ; et enfin, mais il traverse tous les temps, le scandale du mal.

44   La *sécularisation* est le mouvement qui conduit les hommes à regarder le monde, et les sociétés à se construire, sans référence à des critères religieux. Ce mouvement est porté par l'essor de la rationalité moderne, analytique et objectivante. Il demande un discernement. Bien analyser conduit à mieux maîtriser, pour une plus grande liberté. La Bible et la foi chrétienne invitent à cette maîtrise, qui sera facteur de progrès si elle est au service de l'homme. Les croyants n'ont pas à dénigrer ce qui permet d'humaniser la nature et les conditions de vie.

La nouveauté des *fantastiques développements* auxquels nous assistons nous invite à nous interroger sur leur sens, leur destination : Pour quoi ? Pour qui ? Au service de quoi ? Au service de qui ? La science et la technique tendent à devenir la « religion » moderne, se substituant aux fonctions des religions archaïques : conjurer l'inconnu. La science, par ses analyses, met à distance ce qui survient d'inconnu pour le transformer en « objet » connu. Quant à la technique, avec les manipulations et mainmises qu'elle permet, elle tend à prendre la figure d'une nouvelle magie.

45   Cependant le mythe du « progrès » sans fin obtenu par la seule connaissance s'est brisé à Hiroshima et à Auschwitz. La question du sens revient alors, et d'abord par l'éthique.

Pour le dire autrement, c'est la question de l'homme qui devient aujourd'hui centrale : l'homme dans son identité, dans ses droits, dans sa conscience, dans sa liberté et dans sa relation constitutive à Dieu.

Il s'agit de comprendre que « l'homme est la route fondamentale de l'Église » (RH 14), parce que Dieu, en se révélant,

Dieu à l'horizon des hommes de notre temps

révèle pleinement l'homme à lui-même, l'homme avec sa finitude et son caractère faillible, mais aussi avec sa liberté ouverte à Dieu et aux autres.

A cet égard, aucun temps n'a peut-être été autant que le nôtre en attente des lumières de la foi chrétienne. Car entre tous les hommes membres de la même famille humaine existe une fraternité qui demande à être vécue en acte, surtout quand il faut lutter contre ce qui menace la vie et la liberté des hommes. Cette fraternité appelle la reconnaissance de Celui qui est son fondement : le Père créateur qui nous donne son Fils comme « le Chemin, la Vérité et la Vie » (Jn 14, 6).

Nous appartenons à cette humanité qui cherche sa route et qui est parfois tentée de se suffire à elle-même. Mais la foi catholique reçue des apôtres est une invitation permanente à vaincre la peur et à découvrir que Dieu est avec nous pour nous rendre libres. L'appel de Jean-Paul II au début de son pontificat : « N'ayez pas peur ! Ouvrez toutes grandes vos portes au Christ » est toujours à réentendre.

46 Au cours de son histoire, l'Église a déjà eu à relever d'autres défis : que l'on pense à l'ouverture aux païens des premières communautés chrétiennes, à l'évangélisation des barbares, à la découverte du Nouveau Monde, à la crise de la Réforme, à la tourmente révolutionnaire, aux grands mouvements politiques et sociaux du siècle dernier.

Les défis d'aujourd'hui sont immenses, dans les domaines de la culture, de l'économie, de la politique, des questions nouvelles posées par le progrès accéléré des techniques, de la biologie à l'informatique. Ayant dépassé toute peur, les disciples du Christ mort et ressuscité peuvent retrouver la fierté de leur foi, dans une attitude d'humble confiance en Dieu et d'ouverture aux questions des hommes. Ils sont forts de la conviction d'être porteurs pour le monde d'un message d'espérance qu'ils ont à rendre crédible par leurs paroles et leurs comportements.

47 Le dernier défi, et non le moindre, que la foi se doit de relever, reste malgré tout le *scandale du mal* : drames personnels ou catastrophes collectives, énigme de l'homme divisé en son cœur, capable de haine et de volonté de mort. Le croyant sait que lui-même, comme tout homme, n'évitera pas d'être un jour affronté

ainsi à l'épreuve, ne serait-ce que celle de sa propre mort. Le scandale du mal est la pierre de touche de toute vision du monde. C'est en parlant du salut par la croix qu'on pourra exprimer avec précision la position chrétienne. Qu'il suffise simplement d'attirer pour l'instant l'attention sur la manière dont la foi chrétienne aborde de front et sans tricher l'énigme du mal. L'épreuve n'est pas niée. Mais le croyant sait comment elle peut changer de signe et laisser passage à la vie, parce que Dieu le premier, en la personne de son Fils, fait corps avec l'homme souffrant. Entre la résurrection du Christ et la nôtre, la force nous est donnée pour traverser les épreuves.

Finalement, qu'est-ce que cela change de devenir chrétien aujourd'hui ? A celui qui pose cette question, il faut demander la qualité du bonheur qu'il recherche, et ce qui, en vérité, au-delà du nécessaire pain quotidien, le fait réellement vivre ? Les chrétiens partagent la vie des hommes au milieu desquels ils sont dispersés. Ils sont affrontés aux mêmes difficultés et se réjouissent des mêmes joies. Cependant, ce qui leur est donné avec la foi change tout : c'est Quelqu'un capable de faire « toutes choses nouvelles » (Ap 21, 5).

2.

Dieu
de l'Alliance

48   SEIGNEUR, LA SAGESSE est avec toi,
     elle qui connaît tes œuvres ;
     elle qui était là
     quand tu faisais le monde [...],
     envoie-la de ton trône de gloire.   Sg 9, 9-10

49   LE CHRIST EST L'IMAGE du Dieu invisible,
     le premier-né par rapport à toute créature,
     car c'est en lui que tout a été créé
     dans les cieux et sur la terre,
     les êtres visibles
     et les puissances invisibles :
     tout est créé par lui et pour lui.
     Il est avant tous les êtres,
     et tout subsiste en lui.
     Il est aussi la tête du corps,
     c'est-à-dire de l'Église.
     Il est le commencement,
     le premier-né d'entre les morts,
     puisqu'il devait avoir en tout la primauté.
     Car Dieu a voulu que dans le Christ
     toute chose ait son accomplissement total.
     Il a voulu tout réconcilier
     par lui et pour lui,
     sur la terre et dans les cieux,
     en faisant la paix par le sang de sa croix.   Col 1, 15-20

Le Dieu des chrétiens est le Dieu qui s'est fait connaître à son peuple, en faisant alliance avec lui. Le Dieu de la foi chrétienne est le Dieu de l'Alliance.

1.
Dieu se révèle

Parlant dans le chapitre précédent de la recherche de Dieu et de la foi, nous ne pouvions pas ne pas faire intervenir l'initiative de ce Dieu que les hommes cherchent « à tâtons », mais qui est seul à pouvoir leur révéler qui il est. En effet, « Dieu seul parle bien de Dieu ». Néanmoins il y a lieu d'approfondir ce qu'est la Révélation : comment se réalise-t-elle ? Que nous dit-elle de Dieu et de ses desseins ?

Dieu se dit en se donnant

La foi chrétienne, qui renouvelle la vie du croyant et son intelligence de toutes choses, répond à l'initiative de Dieu qui vient, en se révélant, à la rencontre de l'homme.

Catéchisme pour adultes

Cette Révélation est faite à la fois « d'événements et de paroles intimement unis entre eux, de sorte que les œuvres, réalisées par Dieu dans l'histoire du salut, attestent et corroborent et la doctrine et le sens indiqués par les paroles, tandis que les paroles publient les œuvres et éclairent le mystère qu'elles contiennent » (DV 2).

De la Création à cette nouvelle création incessante qu'est le salut, le même dessein de Dieu se déploie : celui de faire partager aux hommes sa vie, sa joie.

52 La Révélation a *lieu*, au sens propre du mot, au sein de l'histoire concrète des hommes. Car Dieu se révèle d'abord dans l'histoire d'Israël, qui conserve une place inaliénable dans la foi chrétienne.

> Cette histoire, justement nommée « sainte », n'est pas seulement celle d'une pédagogie propre à guider la recherche de Dieu. Sans doute la Tradition s'est toujours plu à reconnaître la « pédagogie » du Dieu d'amour, éduquant progressivement son peuple, afin de le conduire à la pleine intelligence de ses desseins, tels qu'ils seront manifestés en Jésus Christ. Mais dans cette pédagogie se dit déjà tout son amour et tout son être.

Au sein de l'histoire, Dieu lui-même agit et parle. C'est lui qui choisit son peuple, pour lui confier une mission au milieu des nations.

Dieu, qui toujours aime le premier (cf. 1 Jn 4, 10), aime aussi toujours sans réserve. Il n'attend pas, pour aimer les hommes, la réponse qu'ils pourront apporter à cet amour. De même qu'un enfant est désiré et attendu avant même de pouvoir rendre à ses parents l'amour qu'il reçoit d'eux, de même l'humanité tout entière est depuis toujours aimée de Dieu.

53 Le choix d'un peuple particulier, destiné à être, le premier, témoin de l'amour de Dieu, manifeste que si cet amour est universel, il n'est pas pour autant abstrait. Il fraie son chemin au cœur de l'histoire des hommes et des peuples, dans leur infinie diversité, afin de les rejoindre chacun dans la particularité de leur tempérament, de leur culture et de leur histoire, autrement dit, dans tout ce qui fait leur humanité concrète.

> L'histoire singulière d'Israël, tissée de joies et d'épreuves au long de plus d'un millénaire, représente en quelque sorte celle de l'humanité dans

ses différentes situations ou expériences : en transhumance, en esclavage, en libération, en marche dans le désert, en conquête, dans la vie sédentaire, en exil, en retour d'exil...

L'histoire d'Israël ne se réduit pas à être une image de l'histoire de l'humanité. Elle est annonce et préparation de ce qui, au terme, va réellement s'accomplir. La venue du Christ Jésus, sa vie, sa mort et sa résurrection marquent effectivement l'accomplissement de l'histoire d'Israël comme histoire du salut.

Cette histoire s'ouvre en quelque sorte sur un au-delà d'elle-même. En effet, entre la Pâque de Jésus et sa venue dernière dans la gloire, se déploie le temps de l'Église. C'est le temps de la vie nouvelle fondée sur l'œuvre du Christ, le temps de la mission, destinée à porter la lumière et les fruits de cette œuvre à l'ensemble de l'humanité.

Dès lors, on découvre la vérité de la Révélation dans la vie du nouveau peuple de Dieu, l'Église, en ses dimensions indissociables de prière liturgique, de tradition doctrinale, d'essor missionnaire et de pratique éthique inspirée de l'Évangile.

Le livre de la révélation divine : la Bible

Au cœur de la vie du peuple de Dieu il y a la Bible, un livre où il reconnaît la signature de son Dieu.

La Bible est « le Livre » dans lequel nous est transmise la Révélation de Dieu et de son projet d'amour, depuis la Création, à travers l'histoire d'un peuple choisi par lui, Israël, jusqu'au point de plénitude de cette histoire : la vie, la mort et la résurrection de Jésus, l'effusion du Saint-Esprit. De ce don de l'Esprit naît l'Église, le nouveau peuple de Dieu, greffé sur l'ancien et appelé à trouver sa consommation dans la gloire céleste (cf. LG 48).

L'*Ancien Testament* témoigne de l'expérience que fit Israël des chemins de Dieu vers les hommes, tels que les prophètes lui en avaient donné l'intelligence (cf. DV 14).

Cette partie de la Bible (la Loi, les Prophètes et les autres Écrits, selon l'appellation juive traditionnelle) est le patrimoine commun des juifs et des chrétiens. La place qui est maintenue à l'Ancien Testament dans la Bible chrétienne témoigne de l'importance que conserve pour la foi chrétienne l'histoire d'Israël. La vérité contenue dans l'Ancien Testament n'est en rien diminuée par l'accomplissement de cette histoire en Jésus Christ et dans sa Pâque, qui en dévoile tout le sens (cf. Lc 24, 13-35).

C'est à cet accomplissement que rend témoignage le *Nouveau Testament*, constitué par les quatre évangiles (de Matthieu, de Marc, de Luc et de Jean), les Actes des apôtres, les Lettres de Paul, de Pierre, de Jacques, de Jean et de Jude, la Lettre aux Hébreux ainsi que l'Apocalypse.

56 Ancien et Nouveau Testament, dans leur distinction, en même temps que dans leur unité, constituent l'*Écriture Sainte*. Celle-ci, « consignée sous l'inspiration de l'Esprit Saint », est véritablement Parole de Dieu. Si les écrits qui composent la Bible portent la marque de mains humaines, ils n'en ont pas moins Dieu pour auteur, et enseignent « fermement, fidèlement et sans erreur la vérité que Dieu, pour notre salut, a voulu y voir consignée » (DV 11).

Pour entendre justement cette vérité, il faut cependant savoir tenir compte des « genres littéraires » des différents écrits, mais aussi savoir situer chaque écrit à l'intérieur de l'ensemble de la Bible, se laisser guider par la perception qu'en a eue l'Église dans sa Tradition, perception qu'elle continue à faire connaître dans sa prédication.

> On ne lit pas un roman comme une chronique d'histoire, ni un poème comme un texte de loi. Or, dans la Bible, la Parole de Dieu utilise la diversité des ressources du langage humain. La Bible rapporte l'histoire du salut. Mais elle s'exprime « en des textes diversement historiques, en des textes, ou prophétiques, ou poétiques, ou même en d'autres genres littéraires » (DV 12). Chaque texte est à lire dans les perspectives où il a été écrit.
>
> Ainsi la conception chrétienne de la Révélation n'a rien de mythique. La Parole de Dieu n'est pas « dictée » à des hommes qui seraient de purs instruments inertes d'écriture. Les écrivains bibliques sont de vrais auteurs, avec leur humanité propre et leur style particulier. Mais, à travers leur génie même, c'est l'Esprit Saint qui est à l'œuvre et qui nous fait connaître le mystère de la volonté divine.

57 **Au cœur de la Bible : l'Évangile**

A l'intérieur de l'ensemble de l'Écriture Sainte, et même du Nouveau Testament, les évangiles occupent une place tout à fait privilégiée. Ces quatre livres, en effet, maintiennent vivantes la figure et la parole de Jésus, « en qui s'achève toute la révélation du Dieu très haut » (DV 7).

> C'est pourquoi toute célébration de l'eucharistie comporte une lecture de l'Évangile. Au milieu des autres lectures prévues par la liturgie, la proclamation de l'Évangile revêt une solennité particulière. L'assemblée se lève pour l'écouter, avant de l'acclamer.

Ces évangiles sont inséparables des autres livres de la Bible. Ils se réfèrent, comme Jésus lui-même, aux Écritures anciennes, dont ils montrent l'accomplissement. Par ailleurs, leur contenu est éclairé par les autres écrits apostoliques. C'est, en effet, tout le Nouveau Testament qui, selon des circonstances et des points de vue divers, témoigne de l'accomplissement des promesses de Dieu contenues dans l'Ancien Testament et réalisées en Jésus Christ.

On peut même dire que c'est toute l'Écriture Sainte qui, lue en son unité dans l'Église, devient *Évangile*, Bonne Nouvelle annoncée, Parole vivante de Dieu, transformant les cœurs.

Ainsi l'Évangile ne désigne pas seulement les quatre *livres* qui portent ce titre. Saint Paul parle également aux Thessaloniciens de « son Évangile », qui « n'a pas été simple parole, mais puissance, action de l'Esprit Saint, certitude absolue » (1 Th 1, 5). L'Évangile, déclare-t-il ailleurs, est « puissance de Dieu pour le salut de tout homme qui est devenu croyant » (Rm 1, 16).

L'Écriture dans la Tradition

La Bible, Ancien et Nouveau Testament, n'est pas uniquement porteuse d'idées et de discours. Elle témoigne d'événements : les *grandes œuvres* de Dieu réalisées en faveur de son peuple et l'accomplissement que ces œuvres trouvent dans le Christ, Verbe fait chair, « le Médiateur et la plénitude de toute la Révélation » (DV 2). L'Écriture Sainte renvoie donc elle-même à une réalité qui la déborde, et qui est *l'histoire* même de Dieu et de son œuvre.

Le livre des évangiles rend témoignage à la Nouvelle Alliance, mais il n'en est qu'une des expressions. Car celle-ci n'est pas seulement déclarée. Elle est *fondée* dans la totalité de la vie et de l'œuvre du Christ. Elle repose sur le *Testament* qu'il a laissé à ses apôtres et qui ne fait qu'un avec son corps livré et son sang versé (cf. 1 Co 11, 25). C'est cette Alliance que les apôtres ont été chargés de transmettre, avec la Bonne Nouvelle qui en dévoile le sens, à toutes les nations, jusqu'à la fin des temps.

L'Écriture ne se comprend réellement qu'en lien avec toute la réalité historique et vivante de l'Église, à l'intérieur de laquelle elle trouve et déploie tout son sens. Autrement dit, elle est inséparable de la *Tradition apostolique* dont elle est comme la cristallisation.

> « Et à supposer même que les apôtres ne nous eussent pas laissé d'Écritures, ne faudrait-il pas alors suivre l'ordre de la Tradition qu'ils ont transmise à ceux à qui ils confiaient ces Églises » (saint Irénée, IIe siècle, *Contre les hérésies*, III, 4, 1).

• Un courant de vie et de lumière

59

« L'Église perpétue dans sa doctrine, sa vie et son culte, et elle transmet à chaque génération tout ce qu'elle est elle-même, tout ce qu'elle croit. Cette Tradition qui vient des apôtres se poursuit dans l'Église, sous l'assistance du Saint-Esprit » (DV 8). C'est dans l'Église qu'elle fait « comprendre l'Écriture Sainte et la rend continuellement opérante » (DV 8).

On la rencontre dans la prédication de « ceux qui, avec la succession épiscopale, reçurent un charisme certain de vérité » (DV 8), mais aussi dans les diverses expressions de l'expérience et de la pratique chrétiennes, et en tout premier lieu dans la liturgie de l'Église.

> Cette expérience et cette pratique chrétiennes ont laissé dans l'histoire de multiples traces. Dans l'ensemble de ces expressions, un discernement est, bien sûr, à opérer. Aussi convient-il de distinguer la grande Tradition, qui vient des apôtres, des traditions qui se sont multipliées au cours des temps et qui ont pu éventuellement tomber en désuétude. Jésus lui-même, qui a inscrit son enseignement et son action dans la tradition de son peuple, recommande ce discernement. A ses contemporains il reproche de laisser de côté le commandement de Dieu en s'attachant à la tradition des hommes (cf. Mc 7, 8).
>
> Au discernement concourent à la fois le recours constant à l'Écriture Sainte et la parole du Magistère, c'est-à-dire de ceux (pape et évêques) qui ont été établis par leur ordination dans la succession apostolique et qui ont reçu le ministère d'enseigner authentiquement la foi catholique.

60 La Tradition vient moins ajouter à l'Écriture des vérités qui n'y seraient contenues en aucune manière que replacer l'Écriture dans le *milieu vivant*, la communauté de foi dans laquelle elle a été écrite, et à l'intérieur de laquelle elle continue de porter ses fruits, sous l'assistance et l'impulsion de l'Esprit Saint. En effet, « la sainte Tradition et la Sainte Écriture sont reliées et communiquent étroitement entre elles. Car toutes deux, jaillissant d'une source divine identique, ne forment pour ainsi dire qu'un tout et tendent à une même fin. [...] L'une et l'autre doivent être reçues et vénérées avec un égal sentiment d'amour et de respect » (DV 9).

L'Église, qui en est le milieu porteur, a toujours reconnu à l'Écriture une place à part. Seule la Bible est Écriture *sainte*, c'est-à-dire relevant proprement du domaine de Dieu. Elle est *Parole de Dieu* à un titre tout à fait particulier, unique. Elle seule est « inspirée » au plein sens du mot. Si donc la Tradition constitue le milieu vivant sans lequel l'Écriture ne trouve pas son véritable sens, l'Écriture comme telle remplit dans et pour la Tradition une fonction tout à fait spécifique.

• A l'intérieur de la Tradition, le Canon des Écritures

61

L'existence d'un « Canon », c'est-à-dire d'une liste officielle des écrits de l'Ancien et du Nouveau Testament, est le signe de la place singulière réservée dans l'Église à la Sainte Écriture.

« Canon » vient du mot grec qui signifie « règle ».

C'est par leur autorité intrinsèque, comme porteurs de l'authentique témoignage des apôtres, que les écrits canoniques de l'Ancien et du Nouveau Testament se sont en quelque sorte imposés à l'Église, qui y a reconnu l'œuvre du même Esprit qui vit en elle.

Le Canon des Écritures se présente comme une « clôture », qui interdit qu'on identifie l'Écriture Sainte à n'importe quelle autre écriture.

Peu de temps après l'âge apostolique, des écrits ont été divulgués, se réclamant souvent de l'autorité de l'un ou l'autre apôtre, mais véhiculant en fait des spéculations ou tout un imaginaire très éloignés de l'esprit et de la simplicité des évangiles ou des autres écrits du Nouveau Testament. Ces écrits, qui se donnent parfois le titre d'évangiles, sont dits « apocryphes ». Ils piquent la curiosité d'un certain nombre de nos contemporains, épris de

62

sensationnel. Connus généralement depuis longtemps, mais tombés en désuétude en raison de leur médiocre intérêt, ils sont souvent lancés dans le public comme de véritables découvertes.

Le Canon des Écritures demeure, à l'intérieur même de l'Église, le témoin de l'origine divine de ces Écritures. C'est en référence à l'Écriture Sainte que l'Église doit sans cesse vérifier la rectitude de sa foi. Cette Écriture demeure ainsi la source de sa permanente jeunesse. L'Église « a toujours eu et elle a pour règle suprême de sa foi les Écritures, conjointement avec la sainte Tradition » (DV 21). Elle trouve là « comme un miroir » où il lui est déjà donné de connaître Dieu, en attendant qu'elle soit « amenée à le voir face à face tel qu'il est » (DV 7).

63 Un magistère vivant

L'Écriture, et la Tradition elle-même dans les documents où elle s'est déposée, demandent à être toujours de nouveau interprétées.

> L'histoire montre notamment ce qui peut être fait de l'Écriture lorsqu'elle est détachée de la communauté de foi qu'elle contribue à engendrer et à nourrir. A partir et au nom de cette Écriture n'ont cessé de se multiplier des mouvements fanatiques, « illuminés », anarchisants. Quant à la Tradition, qui pourrait prétendre en discerner tout seul les expressions fidèles et celles qui ne le seraient pas?

L'Église, qui lit et reconnaît sa foi dans l'Écriture et dans la Tradition, n'est pas une communauté informe. L'Écriture, la première, présente l'Église primitive vivant sous la conduite des apôtres. C'est un des rôles de leurs successeurs, le pape et les évêques, de veiller (on parle alors de *Magistère*) à la rectitude de l'interprétation de la Parole de Dieu livrée dans l'Écriture Sainte et dans la Tradition. En effet, « la charge d'interpréter de façon authentique (c'est-à-dire officielle, avec l'autorité du Christ) la Parole de Dieu, écrite ou transmise, a été confiée au seul magistère vivant de l'Église dont l'autorité s'exerce au nom de Jésus Christ » (DV 10).

Dieu de l'Alliance

- **Au nom de Jésus Christ,**   *64*
  dans la communion de toute l'Église

Si le Magistère est seul à pouvoir proposer une interprétation « authentique », et faisant donc autorité pour les croyants, il n'est jamais seul dans son travail de discernement du sens des Écritures et de la Tradition. Il s'en acquitte lui-même *au sein de l'Église*, en bénéficiant, non seulement du travail des exégètes et des théologiens, mais aussi de ce que l'écoute croyante des fidèles a perçu de cette Parole de Dieu qui lui est transmise.

L'écho de la Parole de Dieu dans la foi de l'ensemble des fidèles est ce qu'on appelle traditionnellement le « sens de la foi » ou le « sens des fidèles », que l'on peut appeler aussi le « sens catholique ». Il est un repère du plus haut prix pour l'interprétation de la Révélation transmise dans l'Écriture et dans la Tradition. En effet, « la collectivité des fidèles [...] ne peut se tromper dans la foi [...] lorsque, des évêques jusqu'au dernier des fidèles laïcs, elle apporte aux vérités concernant la foi et les mœurs un consentement universel » (LG 12).

Témoin authentique de l'intelligence que l'Église elle-même   *65*
a de la Révélation, le Magistère du pape et des évêques « n'est pas au-dessus de la Parole de Dieu, mais il la sert » (cf. DV 10). Il est assisté de l'Esprit Saint pour en assurer fidèlement la transmission, en précisant, lorsque cela lui semble opportun, ce qui est effectivement révélé par Dieu (cf. DV 10).

Écriture, Tradition et Magistère ne se disputent donc pas l'autorité lorsqu'il s'agit de transmettre aux hommes la vérité révélée. Loin d'être en concurrence, ils s'étayent mutuellement, « sous l'action du seul Esprit Saint » (DV 10).

> « Puisque la Sainte Écriture doit être lue et interprétée à la lumière du même Esprit qui la fit rédiger, il ne faut pas, pour découvrir exactement le sens des textes sacrés, porter une moindre attention au contenu et à l'unité de toute l'Écriture, eu égard à la Tradition vivante de toute l'Église et à l'analogie de la foi. Il appartient aux exégètes de s'efforcer, suivant ces règles, de pénétrer et d'exposer plus profondément le sens de la Sainte Écriture, afin que, par leurs études en quelque sorte préparatoires, mûrisse le jugement de l'Église. Car tout ce qui concerne la manière d'interpréter l'Écriture est finalement soumis au jugement de l'Église, qui exerce le

ministère et le mandat divinement reçus de garder la Parole de Dieu et de l'interpréter » (DV 12).

66 • **Le don d'infaillibilité**

C'est l'Esprit Saint donné à l'Église qui lui assure l'*infaillibilité* quand il s'agit de reconnaître son Seigneur et ce qu'il exige d'elle.

Cette infaillibilité, qui est un don fait par Dieu à l'Église comme telle, doit trouver une *expression concrète*. Elle trouve cette expression dans le Magistère que le Christ a institué perpétuel en son Église, lorsqu'il a dit à ses apôtres : « Allez donc ! De toutes les nations faites des disciples, baptisez-les au nom du Père, et du Fils, et du Saint-Esprit ; et apprenez-leur à garder tous les commandements que je vous ai donnés » (Mt 28, 19-20).

« Cette infaillibilité, dont le divin Rédempteur a voulu pourvoir son Église pour définir la doctrine concernant la foi et les mœurs, s'étend aussi loin que le dépôt lui-même de la Révélation divine à conserver saintement et à exposer fidèlement » (LG 25). Elle garantit que l'Église demeure fermement dans la foi apostolique, grâce à l'assistance de l'Esprit promise à ses pasteurs.

L'infaillibilité est conférée aux actes solennels d'un concile œcuménique lorsqu'il définit l'un ou l'autre point de la doctrine de foi ou de morale. Mais elle est assurée aussi au successeur de Pierre, le pape, « lorsqu'il parle *ex cathedra*, c'est-à-dire lorsque, remplissant sa charge de pasteur et de docteur de tous les chrétiens, il définit, en vertu de sa suprême autorité apostolique, qu'une doctrine sur la foi ou sur les mœurs doit être tenue par toute l'Église ». Son infaillibilité personnelle n'est pas autre que celle « dont le divin Rédempteur a voulu que fût pourvue son Église » (concile Vatican I, DS 3074 ; FC 484 ; cf. CIC 749 et 753). Il se contente alors d'énoncer ce qui a toujours constitué la foi de cette Église.

67 Les actes solennels du concile ou du pape, définissant de manière infaillible un point de la doctrine de foi ou de morale, relèvent de l'exercice « extraordinaire » de ce Magistère. Il en existe aussi un exercice « ordinaire et universel », dans lequel est enseignée la foi catholique (cf. CIC 750). A l'enseignement courant, en matière de foi et de mœurs, que donnent le pape et les évêques unis à lui, les fidèles doivent apporter « l'assentiment religieux de leur esprit » (LG 25).

A d'autres niveaux de responsabilité, tous les pasteurs, mais aussi des docteurs (des théologiens), des catéchistes... sont chargés de l'enseignement de l'Église (cf. CIC 747 et suiv.).

Par ailleurs, les documents du Magistère, notamment du Magistère papal, ne relèvent pas tous de la même catégorie. Il y a des « Constitutions apostoliques », des « Bulles », des « Encycliques », des « Exhortations apostoliques ». Elles engagent l'autorité de manière différente, mais n'en appellent pas moins acquiescement et respect.

Enfin, il ne faut pas oublier que les disciples de Jésus n'ont, en définitive, qu'un seul Maître, le Christ (cf. Mt 23, 8). Toute charge d'enseigner dans l'Église, celle des pasteurs ou celle qu'ils peuvent confier, se fonde exclusivement sur une mission reçue de Jésus (cf. Mt 16, 18-19 ; Mc 16, 15-16).

Le Mystère dévoilé 68

Pour parler de la communication que Dieu fait de lui-même et de ses desseins dans la Révélation, la Bible recourt au terme de « mystère ».

Dans le langage biblique et dans celui de l'Église, le mystère est radicalement *différent de l'énigme*. Celle-ci évoque un problème sur lequel l'esprit bute, avant de pouvoir éventuellement le résoudre. Le mystère, lui, est objet de révélation. Il s'offre à la foi. Ce n'est pas une énigme indéchiffrable, mais une réalité qu'on n'a jamais fini de comprendre, une source inépuisable de lumière.

> La Révélation concerne une réalité que l'être humain est totalement incapable de découvrir sans la lumière de Dieu. Cette réalité et sa signification ne peuvent nous être que données. Elles sont effectivement communiquées dans une Parole dite pour éclairer notre intelligence et capable de nous transformer.
>
> C'est pourquoi le mystère peut arriver à désigner la *réalité de Dieu* lui-même, en tant que cette réalité nous devient accessible comme don. Il nous est alors proposé d'y *pénétrer* ou, plutôt, de nous *laisser pénétrer*, éclairer et guider par elle.

L'épître aux Colossiens parle ainsi de « toute la richesse de 69 l'intelligence parfaite » et de « la vraie connaissance du mystère de Dieu » (Col 2, 2) : un mystère « qui était caché depuis toujours à toutes les générations, mais qui maintenant a été manifesté aux membres de son peuple saint » (Col 1, 26). Ce mystère, c'est le Christ, dépositaire de « tous les trésors de la sagesse et de la connaissance » (Col 2, 3).

Ce mystère, l'épître aux Éphésiens le caractérise comme un *mystère d'alliance*. Après avoir évoqué l'union des époux, telle qu'instituée par le Créateur, l'Apôtre la propose comme image de l'union que le Christ a scellée entre lui et l'Église : « Ce mystère est grand : je le dis en pensant au Christ et à l'Église » (Ep 5, 32).

Tel est bien le mystère dans lequel fait pénétrer la foi : l'union de Dieu et d'une humanité nouvelle, union qui est terme de la Révélation faite par lui de son être d'amour, à travers l'œuvre de son Fils et le don de son Esprit.

Dieu de l'Alliance

Mais, dira-t-on, si LE MYSTÈRE DE DIEU 70
est incompréhensible,
toi alors,
pourquoi exposes-tu ce qui s'y rapporte?
Sous prétexte que je suis incapable
de boire tout le fleuve,
est-ce que je me priverai
d'en prendre modestement ce qu'il m'en faut?
Sous prétexte que la constitution de mes yeux
m'interdit d'embrasser le soleil tout entier,
est-ce que je ne vais pas non plus le regarder
autant que mes propres nécessités m'y obligent?
Ou encore, sous prétexte
qu'entré dans un grand verger
je ne puis manger tous les fruits qui s'y trouvent,
veux-tu que j'en sorte finalement avec la faim?
Je loue et glorifie Celui qui nous a faits,
car un ordre divin l'a prescrit:
« Que tout être animé loue le Seigneur. »
Louer le Maître, non l'expliquer,
tel est mon propos actuel;
je le sais bien, je n'arriverai pas à louer dignement,
mais je pense que c'est œuvre de piété
de l'entreprendre au moins en gros. Car
le Seigneur Jésus rassure ma faiblesse
lorsqu'il dit: « Dieu, personne ne l'a jamais vu. »

Cyrille, évêque de Jérusalem,
† 386.

2.
Dieu saint

71

Le Dieu dont la Révélation dévoile le mystère d'amour est le Dieu *saint*, car il est d'abord celui qui ne se laisse confondre avec rien d'autre que lui. Ainsi est-il immédiatement confessé dans le *Credo*.

L'Unique

« Je crois en un seul Dieu », déclarons-nous dans l'Église. « Je crois en Dieu Un », pourrait-on littéralement traduire. « Un » dit alors plus qu'un simple nombre. Proclamer Dieu « Un », c'est affirmer qu'il ne peut « faire nombre » avec rien d'autre. C'est de cette façon qu'il est unique : il l'est *absolument*. Il est l'*Unique*.

L'affirmation de cette *unicité* est au centre du témoignage de l'Ancien Testament. « Écoute Israël. Le Seigneur notre Dieu est l'Unique. Tu aimeras le Seigneur ton Dieu de tout ton cœur, de toute ton âme et de toute ta force » (Dt 6, 4-5). Ainsi commence la prière dite *Shema Israël*, dans laquelle sont exprimées l'histoire de l'Alliance et la profession de foi du peuple juif aujourd'hui.

72

La confession de l'unicité de Dieu répond à la déclaration par Dieu lui-même de son Être-Un : « Je suis le premier et le dernier ; moi excepté, il n'y pas de dieux » (Is 44, 6). C'est la même vérité que traduit le premier commandement : « Tu n'auras pas d'autres dieux que moi » (Ex 20, 3 ; cf. Dt 6, 4), d'où découle immédiatement l'interdiction des idoles : « Tu ne feras aucune idole, aucune image de ce qui est là-haut dans les cieux, ou en bas sur la terre, ou dans les eaux par-dessous la terre. Tu ne te prosterneras pas devant ces images, pour leur rendre un culte » (Ex 20, 4-5).

> Ce qui montre bien que le *monothéisme* de la foi juive et de la foi chrétienne a une signification pratique. Le monothéisme de l'islam aussi d'ailleurs, même si l'on peut porter un jugement critique sur le type de

Dieu de l'Alliance

société qu'il engendre. L'islam peut contribuer à nous rappeler que tout n'est pas dit du Dieu de la foi chrétienne quand on affirme son unité et son unicité. Le Dieu Un des chrétiens n'est justement compris qu'en relation avec le dogme de la Trinité, qui enseigne que cette unité de Dieu est une unité de communion.

Le monothéisme de la foi chrétienne est principe de liberté en face de tous les faux dieux (argent, puissance, renommée, plaisirs, idéologies de toutes sortes...) auxquels nous sommes toujours tentés de faire allégeance. « Servir Dieu, c'est régner », déclare une prière de la liturgie. 73

> Le pouvoir du Christ sur la Création, « il l'a communiqué à ses disciples pour qu'ils soient eux aussi établis dans la liberté royale, pour qu'ils arrachent au péché son empire en eux-mêmes par leur abnégation et la sainteté de leur vie (cf. Rm 6, 12), bien mieux, pour que servant le Christ également dans les autres, ils puissent, dans l'humilité et la patience, conduire leurs frères jusqu'au Roi dont les serviteurs sont eux-mêmes des rois » (LG 36).

Plus positivement encore, l'affirmation de « Dieu Un » est le principe du lien de « jalousie » amoureuse établi entre lui et son peuple (cf. Ex 20, 5 ; 34, 14 ; Dt 4, 24 ; etc.).

Au scribe qui lui demande « quel est le premier de tous les commandements », Jésus, pour répondre, se contente de citer le *Shema Israël* que nous évoquions plus haut, avant d'ajouter : « Voici le second commandement : "Tu aimeras ton prochain comme toi-même." Il n'y a pas de commandement plus grand que ceux-là » (Mc 12, 28-31). Il précise même, d'après saint Matthieu (22, 39), que ce second commandement est semblable au premier. En face du « Dieu un », et grâce au lien d'amour qu'il entend établir avec eux, tous les hommes sont frères. 74

> A certains égards, quand la raison humaine affirme que Dieu est « un », tout est déjà dit de la nature (ou de l'essence) divine, d'autant qu'à cette unité sont liés plusieurs *attributs* : Dieu est éternel, infini, immuable, transcendant, perfection absolue... Mais la foi chrétienne, qui a une connaissance de Dieu davantage liée à l'histoire des hommes, se réfère avant tout à ce que Dieu lui-même affirme explicitement dans sa Révélation. Ainsi en est-il de l'unicité et de la sainteté de Dieu. Ainsi en est-il de sa paternité, dont la profondeur est révélée par Jésus. Dans sa prière, le chrétien reprend les images bibliques à la grandeur desquelles le caractère anthropomorphique n'enlève rien. Ainsi quand Dieu est désigné comme le « roc » sur lequel s'appuie le croyant, la « citadelle » ou le « bouclier » qui le protège, le « berger » de son peuple...

Catéchisme pour adultes

75 Un Dieu au-delà de tout

L'affirmation de l'unicité de Dieu va de pair avec celle de sa *sainteté*. Affirmer que Dieu est saint, c'est affirmer qu'il est au-delà de tout. C'est dire l'impossibilité pour les hommes de l'enfermer dans les idées qu'ils se font de lui. « Aucune parole ne l'exprime, il dépasse toute intelligence » (poème attribué à Grégoire de Nazianze). C'est évoquer le mystère qui continue de l'envelopper alors même qu'il se fait connaître.

Car Dieu lui-même atteste, le premier, sa sainteté : « Je suis Dieu, et non pas homme : au milieu de vous je suis le Dieu saint », déclare-t-il à son peuple (Os 11, 9). Si ce peuple est appelé à la sainteté, c'est parce que Dieu est saint : « Soyez saints, car moi, le Seigneur, votre Dieu, je suis saint » (Lv 19, 2 ; cf. 20, 26 ; 21, 8).

76 Les juifs ont une idée si grande de la sainteté de Dieu et de son Nom, qu'ils s'interdisent de prononcer celui-ci. Quatre consonnes (YHWH) entrent dans ce Nom que Dieu lui-même a révélé à Moïse, et qui demeure d'ailleurs immédiatement enveloppé de mystère. La traduction la plus approchée du texte hébreu pourrait être : « Je suis qui je suis » ou « Je suis qui je serai » (Ex 3, 14). A la suite de la traduction grecque, un certain nombre de Pères de l'Église et d'exégètes ont traduit : « Je suis Celui qui est. »

Quand, dans la prière que Jésus leur a enseignée, les chrétiens se voient autorisés à invoquer Dieu comme « Père », ils n'oublient pas que ce Père est « aux cieux ». Autrement dit, qu'il n'en reste pas moins Dieu. Son inaccessible grandeur se manifeste pour eux de manière encore plus surprenante dans la proximité qu'il s'est plu à établir en faveur des hommes, puisqu'il va jusqu'à en faire ses fils. Aussi bien son Nom demeure-t-il pour eux un Nom saint, qu'ils désirent voir « sanctifié ».

De leur côté, les philosophes et les théologiens parlent de la *transcendance* de Dieu, pour signifier que Dieu est au-dessus, ou au-delà, de tout, notamment de ce qu'on peut s'en représenter.

77 Une sainteté rayonnante

La sainteté de Dieu, qui exprime son mystère en ce qu'il a d'unique, est aussi une sainteté manifestée, rayonnante. Pour exprimer ce rayonnement, la Bible parle de la *gloire* de Dieu. Au début de sa mission, le prophète Isaïe est ébloui par l'éclat de cette gloire, qu'il entend proclamer par les séraphins : « Saint ! Saint ! Saint, le Seigneur, Dieu de l'univers. Toute la terre est remplie de sa gloire » (Is 6, 3).

Dieu de l'Alliance

Cette gloire de Dieu, les apôtres l'ont vue rayonner *sur la face du Christ* (cf. 2 Co 4, 6). Ils en ont d'abord été éblouis au jour de la Transfiguration (cf. Mt 17, 1-9). Elle éclate dans la Résurrection. Mais son caractère mystérieux demeure puisqu'elle se manifeste, de manière suprêmement déconcertante, dans la victoire d'un crucifié.

> Annonçant sa mort, Jésus déclare : « Le Père m'aime parce que je donne ma vie, pour la reprendre ensuite. Personne n'a pu me l'enlever : je la donne de moi-même » (Jn 10, 17-18). Ce don transfigure en une victoire de l'amour ce qui pourrait paraître comme l'échec de sa mission.

Dans leur prière, les disciples de Jésus ont appris à demander d'abord la « sanctification » du « Nom » (c'est-à-dire de la personne) de ce Père divin que Jésus leur avait fait connaître ; « Notre Père qui es aux cieux, que ton Nom soit sanctifié... » : autrement dit, qu'il soit déclaré saint, traité comme tel et glorifié.

A chaque messe, la grande prière eucharistique est introduite par l'acclamation de la sainteté et de la gloire de Dieu : « Saint ! Saint ! Saint, le Seigneur, Dieu de l'univers ! Le ciel et la terre sont remplis de ta gloire. Hosanna au plus haut des cieux ! »

Une sainteté qui se communique

Rayonnante, la sainteté du Dieu de l'Alliance ne l'est pas seulement pour le prophète ou pour ceux qui sont appelés à la découvrir dans des expériences exceptionnelles. Elle rayonne aussi *en se communiquant* dans son œuvre, à l'intérieur du monde.

La sainteté que Dieu inscrivait dans la Loi donnée au peuple d'Israël (cf. Lv 17 et suiv.) qualifie aussi la communauté édifiée à partir du sacrifice du Christ et « sanctifiée » par lui, l'Église (cf. Jn 17, 19). « Comme des pierres vivantes, vous êtes édifiés en maison spirituelle, pour constituer une sainte communauté sacerdotale, pour offrir des sacrifices spirituels, agréables à Dieu par Jésus Christ » (1 P 2, 5). La sanctification de ce nouveau peuple de Dieu est l'œuvre propre du Saint-Esprit.

Ainsi, dès que la sainteté de Dieu se révèle, le mystère du Dieu trinitaire, Père, Fils, et Esprit, se laisse déjà entrevoir.

3.
Père tout-puissant

79

La confession de l'unicité de Dieu est, dans le *Credo* immédiatement suivie de celle de sa paternité et de sa toute-puissance : « Je crois en un seul Dieu, le Père tout-puissant ».

80 **La proximité de Dieu manifestée dans sa paternité**

Le Dieu saint est Celui auquel Jésus renvoie dans sa prédication, Celui dont il veut voir le Nom « sanctifié ». Mais le message de Jésus consiste avant tout à annoncer que ce Dieu saint a voulu se rendre *proche des hommes*. Jésus annonce le Règne qui vient.

Dieu est d'abord le *Père de Jésus*, son Fils unique. C'est en le désignant comme « le Père de notre Seigneur Jésus Christ » (2 Co 1, 3) que nous disons le plus parfaitement qui il est en vérité. Jésus entretient avec lui une relation tout à fait unique, que l'on voit s'exprimer dans la manière particulièrement intime et familière avec laquelle il s'adresse à lui dans la prière (cf. Mc 14, 36).

Mais il est aussi très réellement *notre Père* : « Voyez, écrit saint Jean, comme il est grand l'amour dont le Père nous a comblés : il a voulu que nous soyons appelés enfants de Dieu ; et nous le sommes » (1 Jn 3, 1).

Le dieu suprême de nombreuses religions est appelé père. Mais en général ce mot signifie simplement que les hommes sont de « race divine ». C'est tout autrement que le Dieu de la Bible est Père. Car pour la Bible, le Dieu Père n'est autre que le Dieu saint. C'est alors en pure liberté, *par amour*, et finalement en nous incluant dans l'amour qu'il porte à son Fils, qu'il se donne à nous comme Père. Saint Paul le désigne ainsi comme « Père plein de tendresse, le Dieu de qui vient tout réconfort » (2 Co 1, 3).

81 **La paternité de Dieu, modèle de toute paternité**

Quand nous invoquons Dieu comme Père, nous ne nous contentons pas de projeter sur lui l'expérience que nous faisons tous d'avoir un père. Nous risquerions trop de lui faire endosser les imperfections de la paternité humaine. Et puis, nous pourrions être portés à penser qu'il est nécessaire de distendre les liens avec lui, et peut-être de les rompre, pour accéder à notre pleine majorité humaine.

En réalité la foi, qui nous fait connaître Dieu Père, nous permet de faire l'expérience de Celui qui est source de toute vie et de tout amour, en même temps que de découvrir le sens ultime de toute paternité. Le Père de Jésus Christ est « la source de toute paternité au ciel et sur la terre » (Ep 3, 15). Sa manière d'être Père nous révèle toutes les imperfections et les limites de la nôtre. Car il est précisément Père de l'*amour* et de la *miséricorde* ; de l'amour qui donne à l'autre d'être lui-même ; de la miséricorde, qui lui redonne sa dignité après une rupture ou une défaillance.

Des fils appelés à la liberté

82

On peut être en même temps fils et adulte. Les fils de Dieu sont des *hommes libres*, libérés de toutes les idoles qui asservissent le monde, pour hériter des biens divins du Royaume : « Et voici la preuve que vous êtes des fils, écrit saint Paul aux Galates : envoyé de Dieu, l'Esprit de son Fils est dans nos cœurs, et il crie vers le Père en l'appelant "Abba!" Ainsi tu n'es plus esclave, mais fils, et comme fils, tu es héritier par la grâce de Dieu » (Ga 4, 6-7).

La liberté chrétienne est celle des fils de Dieu, qui ne vivent plus seulement sous la loi extérieure du permis et du défendu, mais plutôt sous la « loi intérieure d'amour et de charité que le Saint-Esprit a coutume de graver dans les cœurs » (saint Ignace de Loyola, prologue des *Constitutions*, n° 134). Cette liberté est donc tout autre chose que la licence. « Tout m'est permis, écrit saint Paul aux Corinthiens, mais tout ne me convient pas. Tout m'est permis, mais moi je ne me laisserai asservir par rien » (1 Co 6, 12).

Au-delà des catégories humaines

83

L'affirmation de Dieu Père ne nous enferme pas non plus dans une conception exclusivement masculine de Dieu, propre à fonder un système patriarcal de vie familiale ou sociétaire. Dieu est aussi plus d'une fois, dans la Bible, comparé à une mère dont la miséricordieuse tendresse entoure ses enfants (cf. Is 49, 15 ; 66, 13). Désigner dans la foi Dieu comme Père, c'est reconnaître en lui Celui de qui procèdent « les dons les meilleurs » (Jc 1, 17), l'Origine absolue, le Principe dernier de tout ce qui existe et qui nous est, comme tel, radicalement inaccessible. Il est Celui que « personne n'a jamais vu », mais qui cependant nous est révélé pour ce qu'il est en vérité par et dans son Fils (cf. Jn 1, 17-18).

C'est ce Fils qui nous apprend à l'invoquer comme Père : « Notre Père. »

84 Tout-puissant

Le Symbole des Apôtres et le *Credo* de Nicée-Constantinople, proclamés l'un ou l'autre à la messe du dimanche, confessent Dieu « Père tout-puissant ».

> « Tout-puissant » fait souvent difficulté aujourd'hui. La puissance est très généralement, dans les religions, un des attributs spécifiques de la divinité. Mais ne correspond-elle pas trop, précisément, à l'idée que les hommes *se font* de cette divinité, soit à partir de la peur qui les habite, soit dans le désir de voir simplement comblée leur impuissance? Sentiment d'écrasement, ou solution trop facile cherchée à nos faiblesses : est-ce que ce ne sont pas là des conséquences néfastes de l'idée de la toute-puissance de Dieu? D'où l'importance de ne pas couper l'adjectif « tout-puissant » du substantif auquel il se rapporte.

Les *Credo* de la foi catholique mettent la toute-puissance de Dieu en relation avec le titre de Père. La toute-puissance est qualifiée par là de manière décisive. Elle n'est pas domination arbitraire, mais souveraineté pleine de sagesse et de bonté, à laquelle « rien n'est impossible » (Lc 1, 37 ; cf. Gn 18, 14). C'est *la toute-puissance aimante* d'un père : du « Père de notre Seigneur Jésus Christ » (2 Co 1, 3), qui nous communique son Esprit. La toute-puissance de ce Père ne vient pas écraser mais, tout au contraire, susciter la vie, faire tourner au bien ce qui s'y oppose, relever ce qui tombe et même terrasser la mort. Manifestée dans la Création, elle s'affirme souverainement dans la croix et la résurrection de Jésus.

Dieu de l'Alliance

VEILLÉE DE PÂQUES
*Croyez-vous en Dieu le Père tout-puissant,
Créateur du ciel et de la terre ?*

Nous croyons.

*Croyez-vous en Jésus Christ,
son Fils unique, notre Seigneur,
qui est né de la Vierge Marie,
a souffert la passion, a été enseveli,
est ressuscité d'entre les morts,
et qui est assis à la droite du Père ?*

Nous croyons.

*Croyez-vous en l'Esprit Saint,
à la Sainte Église catholique,
à la communion des saints,
au pardon des péchés,
à la résurrection de la chair,
et à la vie éternelle ?*

Nous croyons.

Catéchisme pour adultes

86 SYMBOLE DES APÔTRES
Je crois en Dieu, le Père tout-puissant,
Créateur du ciel et de la terre.
Et en Jésus Christ, son Fils unique,
notre Seigneur,
qui a été conçu du Saint-Esprit,
est né de la Vierge Marie,
a souffert sous Ponce Pilate,
a été crucifié, est mort et a été enseveli,
est descendu aux enfers,
le troisième jour est ressuscité des morts,
est monté aux cieux,
est assis à la droite de Dieu
le Père tout-puissant,
d'où il viendra juger les vivants et les morts.
Je crois en l'Esprit Saint,
à la sainte Église catholique,
à la communion des saints,
à la rémission des péchés,
à la résurrection de la chair,
à la vie éternelle.
Amen.

Dieu de l'Alliance

SYMBOLE DE NICÉE — CONSTANTINOPLE 87
Je crois en un seul Dieu,
le Père tout-puissant,
Créateur du ciel et de la terre,
de l'univers visible et invisible.
Je crois en un seul Seigneur, Jésus Christ,
le Fils unique de Dieu,
né du Père avant tous les siècles :
Il est Dieu, né de Dieu,
lumière, née de la lumière,
vrai Dieu, né du vrai Dieu,
engendré, non pas créé,
de même nature que le Père,
et par lui tout a été fait.
Pour nous les hommes, et pour notre salut,
il descendit du ciel ;
par l'Esprit Saint,
il a pris chair de la Vierge Marie,
et s'est fait homme.
Crucifié pour nous sous Ponce Pilate,
il souffrit sa passion et fut mis au tombeau.
Il ressuscita le troisième jour,
conformément aux Écritures,
et il monta au ciel ;
il est assis à la droite du Père.
Il reviendra dans la gloire,
pour juger les vivants et les morts ;
et son règne n'aura pas de fin.
Je crois en l'Esprit Saint,
qui est Seigneur et qui donne la vie ;
il procède du Père et du Fils ;
avec le Père et le Fils,
il reçoit même adoration et même gloire ;
il a parlé par les prophètes.
Je crois en l'Église,
une, sainte, catholique et apostolique.
Je reconnais un seul baptême
pour le pardon des péchés.
J'attends la résurrection des morts,
et la vie du monde à venir. Amen.

Catéchisme pour adultes

88 La Providence

La foi en la paternité toute-puissante de Dieu s'exprime dans la piété chrétienne comme foi en la Providence.

L'homme fait souvent, à des degrés divers, l'expérience de situations ou d'événements (telle maladie, tel décès, tel revers de fortune...) dont le sens semble radicalement lui échapper. Il fait aussi, plus simplement, l'expérience de situations qu'il sait précaires, même si pour l'instant elles ne lui font pas problème. Il fait également, parfois, l'expérience de réussites inattendues ou inespérées.

Derrière ces expériences, certains se contentent de voir le *destin*, qui désigne une puissance aveugle, d'autres parlent de la chance (ou de la malchance), ce qui est une manière de donner un nom à ce qui n'a pas de sens.

D'autres encore, aujourd'hui comme à toutes les époques, pensent trouver dans les astres la clé du destin des hommes.

89

La foi chrétienne ne fait pas taire les grandes questions de l'existence humaine. Mais elle les pose dans le cadre d'une connaissance de Dieu qui assure que, pour ceux qui l'aiment, Dieu « fait tout contribuer à leur bien » (Rm 8, 28). La foi chrétienne sait que la bonté du Père céleste enveloppe toute la destinée de ses enfants.

Elle tire de là une attitude de foncière *confiance* et d'abandon aimant, qui ne manque pas d'influer sur les situations : « Ne vous faites pas tant de souci pour votre vie, au sujet de la nourriture, ni pour votre corps, au sujet des vêtements. La vie ne vaut-elle pas plus que la nourriture, et le corps plus que les vêtements ? [...] Votre Père céleste sait que vous en avez besoin. Cherchez d'abord son Royaume et sa justice, et tout cela vous sera donné par-dessus le marché » (Mt 6, 25. 32-33).

La foi en la Providence inspire tout naturellement la prière : « Demandez, vous obtiendrez ; cherchez, vous trouverez ; frappez, la porte vous sera ouverte. Celui qui demande, reçoit ; celui qui cherche, trouve ; et pour celui qui frappe, la porte s'ouvrira » (Mt 7, 7-8). Si la foi en la Providence inspire la prière de demande, elle ne vient pas pour autant justifier nos paresses. Elle est bien plutôt source de générosité, de courage et de confiance.

4.
Créateur du ciel et de la terre

La toute-puissance de Dieu s'atteste en tout premier lieu et fondamentalement dans la Création, une Création qui englobe tout ce qui existe en dehors de lui.

La Création, objet de révélation et de foi

« Je crois en Dieu, le Père tout-puissant, Créateur du ciel et de la terre » : tel est le premier article du *Credo*. La Création ne se démontre pas par la science. Celle-ci, en effet, ne traite que des réalités perceptibles expérimentalement. Cependant, la *question* de la Création peut se poser au savant, quand il touche les limites de sa démarche scientifique.

La philosophie peut apporter un commencement de réponse à cette question, en découvrant que l'univers, pour exister, doit dépendre d'un Auteur. Mais, du seul point de vue philosophique, on pourrait concevoir un univers dépendant de Dieu et qui n'aurait pas eu de commencement. « On tient uniquement de la foi, disait saint Thomas d'Aquin, que le monde n'a pas toujours été ; il ne peut pas en être fait une démonstration. [...] En effet, la nouveauté du monde ne peut pas être démontrée à partir du monde lui-même » (*Somme théologique* I, Q 46, a 2).

Les œuvres de Dieu questionnent l'intelligence

Don de Dieu, la création porte l'empreinte de son créateur : « Depuis la création du monde, les hommes, avec leur intelligence, peuvent voir, à travers les œuvres de Dieu, ce qui est invisible : sa puissance éternelle et sa divinité » (Rm 1, 20). « Il n'a pas manqué de donner le témoignage de ses bienfaits », en envoyant du ciel « la pluie et le temps des récoltes », pour « combler [les hommes] de nourriture et de bien-être » (Ac 14, 17). Mais, si l'on peut ainsi remonter des créatures au Créateur, on ne peut pas faire de la Création elle-même une nécessité qui s'imposerait à Dieu. Elle relève de sa libre volonté, qui nous est manifestée dans la Révélation. Reconnue par Dieu comme bonne (cf. Gn 1, 31), la Création reflète la bonté même du Créateur. Elle est le premier signe de ce que nous ne pourrons totalement comprendre qu'en regardant Jésus : « Dieu est amour » (1 Jn 4, 8).

92 Créer n'est pas simplement fabriquer

Il ne faut pas concevoir la Création à la manière dont se fabriquent les objets du monde, par la transformation d'une chose en une autre. Affirmer que Dieu est créateur, c'est dire qu'il fait exister ce qui existe, y compris la matière. Dieu crée « à partir de rien » *(ex nihilo)*. Dieu, autrement dit, n'est pas un démiurge, une sorte d'architecte du monde, comme l'ont conçu certaines philosophies ou religions. Tout ce qui existe dépend de lui et trouve en lui seul son fondement dernier. Tout est don gratuit de sa part, propre à susciter reconnaissance et action de grâces.

Il ne faut pas non plus se représenter la Création comme l'instant « zéro » où tout aurait commencé. Car elle ne s'inscrit *pas à l'intérieur du temps*, qui lui-même en dépend. La Création est le commencement absolu et du monde et du temps.

> Quel que soit l'intérêt des recherches et théories des astrophysiciens sur cet « instant zéro », elles ne concernent pas directement ce dont parle la doctrine de la Création. Les premières se situent du côté du « comment ? », les secondes du côté du « par qui ? » et du « pourquoi ? ». Sans doute s'agit-il du même et unique univers. Et c'est pourquoi la science et la foi peuvent et doivent continuer à s'interroger, tout en évitant les empiètements regrettables de théologiens qui imposeraient aux savants une vision du monde, ou de scientifiques qui nieraient Dieu au nom de la science.

93

Le monde n'est pas créé une fois pour toutes, comme si Dieu, la Création terminée, n'avait plus qu'à s'en retirer. Il ne cesse pas d'assurer l'existence du monde. « Tous, ils comptent sur toi pour recevoir leur nourriture au temps voulu. [...] Tu caches ton visage : ils s'épouvantent ; tu reprends leur souffle, ils expirent et retournent à leur poussière. Tu envoies ton souffle : ils sont créés ;

tu renouvelles la face de la terre » (Ps 103, 27. 29-30). La Création est donc un événement toujours actuel. L'acte créateur se renouvelle à chaque instant pour maintenir l'existence du monde. Sans cette action incessante de Dieu, tout retomberait dans le néant.

> Dans ces perspectives, il n'est pas difficile de concevoir qu'il n'y ait pas d'incompatibilité entre la doctrine de la Création et les théories de l'évolution. A ce propos aussi, le point de vue de la foi et celui de la science ne sont pas les mêmes. Dieu, « cause première » de tout ce qui existe, ne supprime pas les « causes secondes », celles qui permettent de rendre compte de l'enchaînement des phénomènes. C'est à ces dernières que se réfèrent les théories de l'évolution, quand elles essaient de tracer l'histoire de l'apparition des différentes formes de vie ou espèces vivantes, du moins tant que ces théories ne sortent pas de leur domaine.

Sur un chantier ouvert, une œuvre qui appelle à la louange

94

Dieu ne s'identifie pas à son œuvre, comme le conçoit le panthéisme, et pourtant il ne lui est pas extérieur comme peut l'être un architecte ou un artisan. Mais il confie à l'homme une œuvre à poursuivre pour que, par son travail et son art, il contribue au perfectionnement du monde créé. Notre connaissance de la Création est portée par une tradition qui parle aussi de l'Alliance que Dieu a voulu instituer avec les hommes qu'il a créés, en les associant à son œuvre.

Ainsi entendue et contemplée dans la foi, la Création suscite la *prière* et la *louange*. En entrant dans la fournaise préparée pour leur supplice, les trois jeunes gens, dont les prédictions ont irrité le roi Nabuchodonosor, chantent, pleins de confiance, la puissance de Dieu capable de les délivrer : « Toutes les œuvres du Seigneur, bénissez le Seigneur : A lui, haute gloire, louange éternelle !... » (Dn 3, 57 et suiv. Cf. Ps 18 ; 135).

> Dans la même foi émerveillée, saint François d'Assise compose son *Cantique des créatures* :
> « Loué sois-tu, mon Seigneur, avec toutes tes créatures et singulièrement pour notre frère messire le soleil qui nous donne le jour et la lumière.
> Il est beau, et rayonnant d'une grande splendeur, il est ton symbole, ô Seigneur Très-Haut.
> Loué sois-tu, mon Seigneur, pour notre sœur la lune et les étoiles. Tu les as formées dans les cieux, claires, précieuses et belles.

95

> Loué sois-tu, mon Seigneur, pour mon frère le vent et pour l'air, et le nuage, et la sérénité, et pour tout temps par quoi tu soutiens toutes les créatures.
> Loué soit mon Seigneur, pour notre frère le feu. Par lui tu illumines la nuit, il est beau, généreux et fort.
> Loué soit mon Seigneur, pour notre terre qui nous soutient, nous nourrit et produit toutes sortes de fruits, de fleurs diaprées et l'herbe...
> Sois loué, mon Seigneur, à cause de notre sœur la mort corporelle à qui nul homme vivant ne peut échapper...
> Louez et bénissez mon Seigneur, rendez-lui grâces et servez-le avec une grande humilité. »

96 Au Seigneur « les choses visibles et invisibles »

Le Dieu qui a choisi et continue de choisir son peuple, pour être son Dieu et le sanctifier, n'appartient à personne. Tout plutôt lui appartient : « Toute la terre m'appartient », déclare-t-il à Moïse (Ex 19, 5). « Au Seigneur, le monde et sa richesse, reprend le psalmiste, la terre et tous ses habitants ! C'est lui qui l'a fondée sur les mers et la garde inébranlable sur les flots » (Ps 23, 1-2). La terre, mais aussi le ciel, c'est-à-dire cela même qui est son domaine propre et qui nous échappe : « Les choses visibles et invisibles », comme le déclare le *Credo*. La puissance créatrice de Dieu n'est pas limitée au seul monde visible.

97 • Les anges de Dieu

En parlant de « choses visibles et invisibles », la foi chrétienne nous renvoie tout en même temps à ce qui relève de l'expérience sensible et à ce qui la dépasse. Aux yeux de la foi, les réalités invisibles ne sont pas moins réelles que celles qui sont visibles. Si nos sens ne peuvent les atteindre, elles ne relèvent pas pour autant de l'imagination.

Parmi les créatures invisibles dont parle la Bible, et qu'honore la Tradition chrétienne, il y a les *anges*. Leur nom signifie « messagers ». Nous les connaissons surtout à travers leur *mission* d'envoyés de Dieu.

Certes, les anges ont d'abord pour mission de rendre gloire à Dieu (cf. Ps 102, 20 ; 148, 2 ; etc.). Mais leur fonction est aussi de nous rappeler que, dans l'histoire, les interventions de Dieu elles-mêmes comportent toujours une part de mystère. Il faut qu'elles nous soient annoncées d'« *en haut* » pour nous être accessibles. C'est ainsi que les anges jouent leur rôle à la Nativité du Sauveur et à la Résurrection.

• Les anges, créatures de Dieu soumises au Christ   98

Créatures spirituelles, les anges ne sont pas des demi-dieux. Associés au Christ dans son œuvre de salut (cf. He 1, 14), ils lui sont totalement soumis (cf. Ep 1, 19-22).

> Dès les premiers siècles, l'Église a dû s'opposer aux débordements de certaines spéculations qui s'étaient auparavant développées dans le judaïsme sur le monde des anges. Plus près de nous, une certaine imagerie a pu susciter un malaise, qui a parfois conduit, par réaction, à un complet silence sur les anges. Pendant ce temps, de nouvelles spéculations se développent sur « l'invisible » en dehors des véritables références chrétiennes.

Comme souvent, le chemin de la foi se trace entre deux écueils. Contre toute tendance réductrice, la foi ne peut oublier la place tenue par les anges dans la Révélation (même si, dans l'interprétation des textes bibliques, on doit tenir compte des facteurs littéraires et de ce qui peut relever des représentations générales de l'époque). Contre toute inflation sur la puissance du monde de « l'invisible », elle doit se rappeler fermement qu'il n'y a pas de salut ailleurs qu'en Jésus Christ (cf. Ac 4, 12).

BÉNI SOIT DIEU,   99
le Père de notre Seigneur Jésus Christ.
Dans les cieux il nous a comblés
de sa bénédiction spirituelle en Jésus Christ.
En lui, il nous a choisis avant
la création du monde,
pour que nous soyons, dans l'amour,
saints et irréprochables sous son regard.

Catéchisme pour adultes

Il nous a d'avance destinés
à devenir pour lui des fils par Jésus Christ :
voilà ce qu'il a voulu
dans sa bienveillance
à la louange de sa gloire,
de cette grâce dont il nous a comblés
en son Fils bien-aimé,
qui nous obtient par son sang
la rédemption, le pardon de nos fautes.
Elle est inépuisable,
la grâce par laquelle Dieu nous a remplis
de sagesse et d'intelligence
en nous dévoilant le mystère de sa volonté,
de ce qu'il prévoyait dans le Christ
pour le moment où les temps seraient accomplis ;
dans sa bienveillance,
il projetait de saisir l'univers entier,
ce qui est au ciel
et ce qui est sur la terre,
en réunissant tout sous un seul chef, le Christ.
En lui, Dieu nous a d'avance destinés
à devenir son peuple ;
car lui, qui réalise tout ce qu'il a décidé,
il a voulu que nous soyons
ceux qui d'avance avaient espéré
dans le Christ
à la louange de sa gloire.
Dans le Christ, vous aussi,
vous avez écouté la parole de vérité,
la Bonne Nouvelle de votre salut ;
en lui, devenus des croyants,
vous avez reçu la marque de l'Esprit Saint.
Et l'Esprit que Dieu avait promis,
c'est la première avance qu'il nous a faite
sur l'héritage dont nous prendrons possession,
au jour de la délivrance finale,
à la louange de sa gloire.

Ep 1, 3-14

Dieu de l'Alliance

• Les esprits mauvais

C'est en référence à la foi constante de l'Église et à sa source principale, l'enseignement du Christ, que doit être affirmée l'existence d'esprits mauvais.

L'Écriture fait allusion à une « chute » originelle de certains anges (cf. 2 P 2, 4 ; Jude 6). A ces esprits mauvais elle confère divers noms : Lucifer, Belial, Beelzeboul, et surtout Satan. Ces noms sont en rapport avec leur action maléfique (le Satan est l'Adversaire). En Israël, ces esprits sont souvent mis en rapport avec les cultes païens environnants, voire avec les tyrans qui, sur terre, en sont comme la figure vivante (cf. Is 14, 12).

L'existence des esprits mauvais est attestée également dans les évangiles (cf. Mt 25, 41 ; Mc 1, 13 ; Lc 22, 31 ; Jn 13, 27 ; etc.). Elle rejoint aussi l'expérience que nous faisons de forces cachées qui peuvent peser sur nos libertés, et marquer aussi la vie des sociétés, si souvent impuissantes à réaliser leurs desseins.

> Cependant, plus encore qu'à propos des anges serviteurs de Dieu et du Christ, l'Église a toujours combattu les spéculations qui aboutiraient à mettre une limite à la toute-puissance du Créateur, en établissant en face de Dieu certains esprits mauvais (ou l'un d'eux) qui auraient été depuis toujours en rivalité avec lui, comme s'il y avait à l'origine de tout deux principes, l'un bon (Dieu), l'autre mauvais (quel que soit le nom qui peut lui être donné). Les esprits mauvais sont des êtres créés bons par Dieu, qui se sont pervertis et ont perverti leur mission. L'opposition qu'ils représentent en face d'un Dieu essentiellement bon est liée à une « chute », assimilable à un péché (cf. 2 P 2, 4 ; Jude 6).

Alors que les bons anges sont associés à l'œuvre du Christ, les esprits mauvais, ou *démons*, viennent lui faire obstacle. Dans le Notre Père, Jésus enseigne à ses disciples à demander au Père de ne pas les exposer à la tentation et de les délivrer du Mauvais (cf. Mt 6, 13).

Cependant l'Évangile annonce la victoire définitive du Christ sur toutes les formes du mal. Par lui la Création est restituée à sa destination première (cf. Mt 12, 28), et l'homme rendu à sa liberté de fils de Dieu.

Les récits de la Création

Le message de la Création traverse toute la Bible. Dieu ne cesse, en effet, de rappeler à son peuple que tout procède de lui. A

Israël, qui fait l'expérience d'être créé comme peuple, Dieu se révèle de plus en plus comme « Créateur du ciel et de la terre ».

Cette révélation fait tout spécialement l'objet de deux récits qui figurent au début du livre de la *Genèse*.

Dans ces deux récits s'exprime la même foi au Dieu créateur. Mais leur dualité littéraire manifeste que, sur la Création, plusieurs approches sont possibles, peut-être nécessaires, si l'on ne veut pas réduire la Révélation à un simple tableau « objectif » des commencements et premiers jours du monde. La leçon des récits est autre. Elle va beaucoup plus profond. Elle ne dit pas comment, concrètement, cela s'est passé. Les sciences de la nature peuvent nous aider à comprendre les origines et les évolutions. La vérité biblique nous dit pourquoi et selon quel dessein Dieu a créé l'univers.

103   • **En langage humain**

L'histoire, dans laquelle tout l'univers est engagé, la Bible nous la propose comme étant tout entière *conduite par Dieu*, à partir d'une origine qui remonte, peut-on dire, au-delà de la nuit des temps. Telle est précisément l'affirmation fondamentale des récits de la Création.

> Les récits de Création sont nécessairement formulés avec les ressources de langage disponibles au temps de leur rédaction. On ne s'étonnera pas d'y trouver les traces d'un langage symbolique et même mythique.
>
> On sait d'ailleurs aujourd'hui que les mythes sont à distinguer des simples fables. Ils peuvent être porteurs d'expériences humaines et de vérités profondes : de celles qui précisément ne se laissent pas enserrer dans les réseaux de la simple raison. C'est notamment le cas de tout ce qui concerne l'origine : ce qu'il s'agit de connaître est alors fondateur de nos connaissances ultérieures.

Dans un langage qui n'est pas celui de la science moderne, les récits bibliques de Création ouvrent sur une histoire appelée à passer par des lieux connus (la Chaldée, le mont Horeb...) et des dates repérables (sortie d'Égypte, institution de la royauté, exil à Babylone...) avec, au centre, la montée à Jérusalem, à l'« heure » du

Dieu de l'Alliance

Christ : celle de sa Pâque. Celle-ci est la clé de toute cette histoire, en même temps que de son origine et de sa fin.

• Caractère unique de l'acte créateur   104

Le premier récit de la Création (cf. Gn 1, 1 - 2, 4) atteste d'abord le caractère absolument unique de l'acte créateur. Le mot hébreu que nous traduisons par « créa » est réservé à cet acte premier qui ne peut être confondu avec aucun autre. Il est toujours là, précédant tout ce qui pourra se faire ou advenir : « Au commencement, Dieu créa... » L'acte créateur est tout autre chose que le premier maillon d'une chaîne. Nous ne pouvons le connaître qu'à travers le récit qui nous l'annonce, en le recevant toujours de nouveau dans la foi, l'action de grâce et la louange.

La singularité et la perfection intérieure de l'acte créateur sont aussi signifiées par l'évocation des sept jours. La Création s'achève avec le regard que Dieu porte sur elle. Il « se repose » et se complaît dans cette Création, foncièrement « bonne », œuvre de son amour.

L'acte créateur est d'une telle plénitude qu'il ne sera jamais possible de le confondre avec l'histoire du monde et des hommes qui en découle. Il vient la *fonder*.

• Une œuvre de la Trinité indivisible   105

Le premier récit de la Création, éclairé par l'ensemble de l'Écriture et de la Tradition, comporte cependant un autre enseignement fondamental.

Le récit de la Genèse évoque déjà, au premier jour du monde, le souffle (Esprit) de Dieu planant au-dessus des eaux (cf. Gn 1, 2) et le psalmiste chante : « Tu envoies ton souffle [ton Esprit] : ils sont créés ; tu renouvelles la face de la terre » (Ps 103, 30). N'est-ce pas déjà indiquer que la Création, œuvre de sagesse, est œuvre de l'*Esprit de Dieu*?

> On note que c'est le même mot hébreu que traduisent les deux mots français « souffle » et « esprit ».

Mais la Création se révèle aussi, dès le premier récit,   106
comme l'œuvre d'une *Parole* qui dispose toute chose avec ordre, dans la clarté, chaque être vivant selon son espèce (cf. Gn 1, 21).

Catéchisme pour adultes

Saint Jean, dans le prologue de son évangile, montre le Verbe, c'est-à-dire à la fois la Parole et l'Intelligence de Dieu, déjà là mystérieusement à l'œuvre : « Par lui, tout s'est fait, et rien de ce qui s'est fait ne s'est fait sans lui » (Jn 1, 3). Et « le Verbe s'est fait chair, il a habité parmi nous et nous avons vu sa gloire, la gloire qu'il tient de son Père comme Fils unique, plein de grâce et de vérité » (Jn 1, 14).

> Dès les récits de la Création sont posés plusieurs éléments fondamentaux qui constitueront la *Loi*. Celle-ci, en effet, sera faite de « Paroles » qui, comme celles qui président à la Création, viendront « ordonner » la vie des hommes. Elle aussi récusera la confusion. Elle insistera sur l'obligation de rendre à chacun ce qui lui revient : à Dieu d'abord, aux hommes ensuite et à toutes les créatures de Dieu. On sait que les dix commandements sont littéralement les dix « Paroles ».

On peut donc entrevoir dans le premier récit de la Genèse la présence et l'action de l'Esprit Saint, de l'« Esprit créateur », et celle du Verbe de Dieu. Si le *Credo* attribue au *Père* plus directement l'acte créateur, celui-ci n'en est pas moins l'œuvre de l'indivisible *Trinité*.

107 • **L'homme « image » de Dieu et prince des créatures terrestres**

La création des cieux, de la terre et de tous les êtres vivants prépare celle de l'homme qui est, pour ainsi dire, le chef-d'œuvre de Dieu, celui qui va le plus parfaitement pouvoir rayonner quelque chose de sa splendeur et entrer en pleine communion avec lui. « Dieu dit : "Faisons l'homme à notre image, selon notre ressemblance.[...]" Dieu créa l'homme à son image, à l'image de Dieu il le créa, il les créa homme et femme » (Gn 1, 26-27). A l'image de Dieu, l'être humain est doué d'intelligence et de liberté. Il est capable d'aimer, et d'abord son Créateur : « La Bible nous enseigne que l'homme a été créé "à l'image de Dieu", capable de connaître et d'aimer son Créateur, qu'il a été constitué seigneur de toutes les créatures terrestres, pour les dominer et pour s'en servir, en glorifiant Dieu » (GS 12).

Dieu de l'Alliance

L'homme est la « seule créature sur terre que Dieu a voulue pour elle-même » (GS 24). Homme et femme, créés dans l'altérité, c'est-à-dire dans la capacité du don qui les fait se reconnaître l'un par l'autre et entrer en dialogue, ils portent chacun la même et unique image divine.

Rempli d'admiration, le psalmiste peut chanter : « Qu'est-ce que l'homme pour que tu penses à lui, le fils d'un homme, que tu en prennes souci ? Tu l'as voulu un peu moindre qu'un dieu, le couronnant de gloire et d'honneur ; tu l'établis sur les œuvres de tes mains, tu mets toute chose à ses pieds » (Ps 8, 5-7).

108

C'est ce statut tout à fait particulier de l'homme qu'exprime la doctrine de la création directe de l'âme par Dieu. Non pas que l'âme puisse être créée indépendamment du corps. Elle est « par elle-même et essentiellement, forme du corps humain » (conciles de Vienne [1311-1312] et du Latran V [1513-1521] ; DS 902 et 1440 ; FC 265 et 267). Ce langage, qui n'est plus le nôtre, dit que l'âme est, par rapport au corps, un peu comme la pensée par rapport au langage qui l'exprime. « Corps et âme, mais vraiment un, l'homme est, dans sa condition corporelle même, un résumé de l'univers des choses qui trouvent ainsi, en lui, leur sommet, et peuvent librement louer leur Créateur » (GS 14).

Dieu entretient un rapport direct de Créateur et de Père avec chaque être humain, dès sa conception, comme avec cet être destiné par lui à refléter sa gloire. Et c'est justement ce rapport unique et personnel avec Dieu qui fait de l'âme humaine une réalité personnelle par excellence, unique (cf. DS 1440 ; FC 267). L'âme de chacun d'entre nous n'est pas une participation à « l'âme du monde », comme certains courants de pensée tendent à la concevoir. Elle n'est pas davantage appelée à transiter dans un autre être, comme l'affirme la doctrine de la réincarnation. Elle est unique, comme l'amour que Dieu porte à chaque personne humaine.

Catéchisme pour adultes

109

*HOMME, pourquoi te méprises-tu tellement,
alors que tu es si précieux pour Dieu ?
Pourquoi, lorsque Dieu t'honore ainsi,
te déshonores-tu à ce point ?
Pourquoi cherches-tu comment tu as été fait
et ne recherches-tu pas en vue de quoi tu es fait ?
Est-ce que toute cette demeure du monde que tu vois
n'a pas été faite pour toi ?
C'est pour toi
que la lumière se répand et dissipe les ténèbres,
c'est pour toi que la nuit est réglée,
pour toi que le jour est mesuré ;
pour toi que le ciel rayonne des splendeurs diverses
du soleil, de la lune et des étoiles ;
pour toi que la terre est émaillée
de fleurs, d'arbres et de fruits ;
pour toi que cette foule étonnante
d'animaux a été créée,
dans l'air, dans les champs, dans l'eau si belle,
pour qu'une lugubre solitude ne gâte pas
la joie du monde nouveau.
En outre, le Créateur cherche ce qu'il peut
bien ajouter à ta dignité :
il dépose en toi son image,
afin que cette image visible
rende présent sur terre le Créateur invisible,
et il te confie la gérance des biens terrestres,
afin qu'un aussi vaste domaine
n'échappe pas au représentant du Seigneur.*

**Saint Pierre Chrysologue,
évêque de Ravenne (Italie), † 451.**

Dieu de l'Alliance

• La Création au service de l'homme

110

La Parole créatrice de Dieu met tout en ordre pour le bien de l'homme. « Les grands monstres marins, tous les êtres vivants qui vont et viennent et qui foisonnent dans les eaux [...], tous les oiseaux qui volent [...], les bestiaux [...], et toutes les bestioles de la terre » (Gn 1, 21-25) sont là pour être « soumis » à l'homme, à son bénéfice. Bien sûr aussi les plantes de la terre, dont il recueillera les fruits. Mais également, le soleil, la lune, les étoiles, qui sont là pour le guider, pour lui permettre de s'orienter dans le temps et dans l'espace. Ainsi les astres eux-mêmes, dont le cours semble imposer sa loi aux hommes, et qui ont été souvent divinisés par ceux qu'ils fascinaient, perdent leur pouvoir magique. Ils sont déjà, comme des instruments de mesure du temps, mis gracieusement par Dieu au *service de l'homme* (cf. Gn 1).

La Création tout entière est ordonnée à l'heureuse réussite et au bonheur éternel de l'homme. Elle est, de la part de Dieu, bénédiction et grâce.

• Dans la joie de Dieu

111

Cependant l'homme lui-même ne tient toute sa dignité royale que de sa nature d'« image » de Dieu (cf. Gn 1, 26-27). Il ne garde toute sa grandeur qu'en « rendant » à Dieu cette gloire reçue de lui. Car la Création n'a pas son couronnement dans l'homme, mais dans la joie que Dieu lui-même trouve dans son œuvre et qui remplit le septième jour. Le *sabbat d'Israël* commémorera ce « repos » bienheureux du Dieu créateur en y faisant participer toute la Création. Il vient rappeler à l'homme qu'il est créé à l'image et à la ressemblance de Dieu pour la louange du Créateur.

> Le dimanche chrétien est célébré le lendemain du Sabbat : le huitième jour, c'est-à-dire le premier jour de la Création nouvelle. Il reprend des éléments substantiels du Sabbat, mais il est centré sur la Pâque du Christ.

La Création ne trouve donc pas son achèvement dans le travail de l'homme ni, chez l'homme, dans la réalisation de soi. Le souvenir de cette vérité sauvegarde la liberté et la dignité de l'être humain, qui reste alors ouvert sur l'infini de Dieu et de ses promesses de bonheur.

112   • **La Création ouverte sur l'histoire du monde**

Le premier récit de la Création situe l'homme à l'intérieur de l'œuvre divine qui établit le monde en face du Créateur et différent de lui. Il s'achève dans le repos heureux du septième jour. Le second récit (Gn 2, 4 - 3, 24) s'ouvre plutôt sur l'histoire de libertés fragiles, et ceci dès l'origine du monde.

Mises en garde par le Créateur, ces libertés ne tardent pas à faillir, avant d'entrer dans une *longue histoire*, où ne cesseront de se relayer épreuves et joies, chutes et relèvements, éloignements et rapprochements du Dieu de vie.

Dans ce second récit du livre de la Genèse, l'être humain est envisagé d'emblée dans le cadre de l'histoire de la terre dont il fait partie. « De la poussière du sol » il a, en effet, été « pétri ». Mais il est aussi animé du « souffle de vie » qui vient de son Créateur, et chargé de soigner le « jardin » mis à sa disposition (cf. Gn 2, 7-15).

> En grec, jardin se dit *paradeisos*. D'où le terme de *paradis* par lequel le jardin du récit de la Création se voit aussi désigné. Comme l'*Éden* dans lequel le texte le dit situé (cf. Gn 2, 8), il évoque alors traditionnellement l'état de bonheur dans lequel nos premiers parents ont d'abord été créés par Dieu.

Comme dans le premier récit, l'être humain est établi dans la différence sexuelle de l'homme et de la femme. Cette différence sexuelle n'affecte en aucune manière la *semblable dignité* des deux. En effet, « l'homme s'attachera à sa femme, et tous les deux ne feront plus qu'un » (Gn 2, 24).

> En hébreu, homme se dit *ish* et femme se dit *isha*. Ces mots permettent de souligner l'identité de nature de l'homme et de la femme (cf. Gn 2, 23). Mais l'homme est aussi appelé *Adam* parce qu'il est « tiré du sol » (*adama*) et la première femme est appelée *Ève* (c'est-à-dire la Vivante) parce qu'elle est la mère de tous les vivants (cf. Gn 3, 20).

113   • **L'homme situé dans sa vérité et sa responsabilité**

Établi dans sa condition de créature, l'homme va pouvoir construire sa vie dans la vérité, au milieu de cette création qui lui est confiée.

Dieu de l'Alliance

Il aura d'abord à y trouver sa place. « Où es-tu ? » : telle est la première question qu'entend Adam après sa transgression (Gn 3, 9). La question que Dieu lui adresse l'éveille à lui-même et à la responsabilité qui lui revient : *se situer*, d'abord en face de cette voix qui l'interpelle, mais également en face des autres hommes et de tous les êtres de la création. La voix de Dieu le rappelle à lui-même pour l'introduire sur le chemin d'une *liberté responsable*.

Si l'homme est établi au-dessus des autres êtres et s'il est appelé, dans ce sens, à en être « le maître » en « soumettant » la terre (cf. Gn 1, 28), c'est pour les conduire, avec lui, à leur fin. Ce n'est pas pour les écraser. La création lui est confiée pour être « *cultivée* » par lui comme un jardin précieux. L'homme, qui reconnaît en Dieu celui qui l'a créé, sait que sa vie et le monde lui sont chaque jour remis comme un don à faire fructifier.

5. L'apparition du mal

114

Les récits des premiers chapitres de la Genèse célèbrent la beauté de la Création et révèlent la magnificence du Créateur. Ils font connaître le dessein premier de celui-ci à l'égard de l'homme : un dessein tout entier d'harmonie et de bonheur. Mais l'histoire sur laquelle ils ouvrent se manifeste rapidement comme une histoire dramatique.

La tentation et la chute

Dieu met l'homme (Adam) en garde contre la tentation de s'instituer auteur et maître du bien et du mal, du bonheur et du malheur. De cette folle prétention, qui l'enfermerait dans sa volonté dominatrice, il est protégé par un *interdit* : « Tu peux manger les fruits de tous les arbres du jardin ; mais quant à l'arbre de la connaissance du bien et du mal, tu n'en mangeras pas ; car, le jour où tu en mangeras, tu seras condamné à mourir » (Gn 2, 16-17). Cet interdit rappelle à l'homme qu'il n'est pas son propre créateur et qu'il a à recevoir de Dieu la connaissance du bien et du mal.

La source de tous les malheurs est, chez l'homme, de se détourner de son Créateur, en récusant toute forme de dépendance par rapport à lui. Lorsqu'il ne reconnaît pas cette dépendance, il est amené à vouloir tout régenter, en écrasant tout ce qui n'entre pas dans ses desseins.

115 Comment l'homme a-t-il pu, dès l'origine, être amené à cette aberration de vouloir être « comme des dieux » (Gn 3, 5) ? Sans doute, par la possibilité qu'il y a dans un esprit créé de s'exalter jusqu'à se considérer comme l'égal de son Créateur. Mais aussi par le jeu puissant de l'illusion, de la *tromperie*, du mensonge, représentés dans le récit de la Genèse par le serpent.

> Le serpent est la figure des forces séductrices et des « tentations » du paganisme environnant : la puissance de la fécondité en Canaan, celle du pouvoir politique en Égypte.

Dans le récit, le mal n'est pas « expliqué ». Il est plutôt campé, mis en scène. L'homme y a sa pleine responsabilité.

> Rien dans le récit de la Genèse n'autorise l'idée que la femme aurait une responsabilité plus grande que celle de l'homme ou que, sans elle, l'homme n'aurait pas péché. Si Adam rejette la responsabilité sur sa femme (cf. Gn 3, 12), c'est le signe de la détérioration de sa relation avec elle.

L'homme et la femme sont responsables de la faute. Mais derrière leur choix, il y a une voix séductrice, opposée à Dieu (cf. Gn 3, 5), un accusateur de l'homme (cf. Jb 1, 11 ; 2, 5-7) qui, par envie, le fait chuter dans la mort (cf. Sg 2, 24). L'Écriture et la Tradition de l'Église voient en cet être un ange déchu, appelé Satan ou Diable.

116 La *transgression* de l'interdit dont était marqué l'arbre de la connaissance du bien et du mal est à l'origine d'un monde « cassé ». La souffrance en est le signe : celle qui accompagne l'engendrement des générations successives (car, si aujourd'hui il est des « enfantements sans douleur », les parents savent ce qu'il en coûte de « mettre au monde » des enfants, en leur assurant l'éducation nécessaire) ; mais aussi la « peine » que suppose la production des biens dont nous avons besoin : « C'est à la sueur de ton visage que tu gagneras ton pain » (Gn 3, 19).

Toutefois, cette condition, marquée par la mort (« tu es poussière et tu retourneras à la poussière » Gn 3, 19), n'est pas celle d'un être voué à la fatalité. Dans la présentation qui en est faite à travers le récit de la chute, l'être humain est plutôt renvoyé aux limites constitutives de la créature. Il saura qu'il n'est pas un dieu.

Rétabli ainsi dans sa vérité, l'être humain pourra, au sein même de sa vie de souffrance et de labeur, entendre la promesse de salut, déjà mystérieusement formulée au milieu du récit. « Je mettrai, déclare Dieu au serpent, une hostilité entre la femme et toi, entre sa descendance et ta descendance : sa descendance te meurtrira la tête, et toi, tu lui meurtriras le talon » (Gn 3, 15).

> Ce verset a pu être qualifié de protévangile, du grec *protos* qui signifie premier. La Tradition chrétienne a reconnu dans ce passage l'annonce du Fils de Marie, vainqueur définitif du péché et de la mort.

La doctrine du péché originel 117

Dans l'Ancien Testament le récit de la chute d'Adam ne trouve un écho direct que dans le livre de la Sagesse (cf. Sg 2, 24).

En revanche, ce péché d'origine tient une place capitale dans l'enseignement de saint Paul : « Par un seul homme, Adam, le péché est entré dans le monde, et par le péché est venue la mort » (Rm 5, 12). C'est ainsi que l'Apôtre résume le contenu du récit de la Genèse.

Par sa transgression, reprendra le concile de Trente, Adam a « perdu la sainteté et la justice dans lesquelles il avait été établi » (DS 1511 ; FC 275). L'harmonie dans laquelle il se trouvait avec Dieu, avec lui-même et avec le monde a été perdue, ainsi que le don de l'immortalité. L'humanité demeure affectée par ce péché d'origine. Chacun en est atteint et marqué, du fait même de son appartenance à la famille humaine.

• Une image ternie, mais non détruite 118

Par le péché d'origine la nature humaine a été gravement blessée. Cependant elle n'a pas été totalement corrompue. L'image de Dieu a été ternie, comme elle l'est toujours, par le péché. Elle n'a pas été, et n'est jamais, détruite.

Catéchisme pour adultes

L'homme demeure capable d'accueillir le salut, la « justice » nouvelle dans laquelle Dieu s'est proposé de le rétablir en Jésus Christ. L'image de Dieu, ternie par le péché, est restaurée dans son intégrité par l'œuvre de Celui qui est, par nature, la parfaite « image du Dieu invisible », son Père (Col 1, 15). C'est sur cette image que les hommes sont destinés à se laisser remodeler par la foi et par le baptême. Le Fils unique de Dieu devient ainsi « l'aîné d'une multitude de frères » (Rm 8, 29). La liberté, affectée elle aussi par le péché originel, doit être libérée, comme elle le sera effectivement par l'œuvre du Christ (cf. Ga 5, 1). Mais, si elle a besoin d'être régénérée, elle n'a pas besoin d'être recréée. C'est le même homme qui, par le baptême, recouvrera justice et sainteté. Cet homme ainsi rétabli dans la communion avec Dieu est véritablement habité par la grâce sanctifiante, tout en gardant une propension au péché (que la tradition théologique appelle concupiscence).

> La concupiscence ne doit pas être limitée à la convoitise sexuelle. C'est, plus généralement, la tendance à chercher ses intérêts ou sa satisfaction au détriment de la juste ordonnance de sa vie dans son rapport à Dieu, au monde et aux autres.

119 Les Pères de l'Église d'Orient ne cessent d'exalter la grandeur de l'homme, cette grandeur de l'homme créé par Dieu à son *image* et à sa ressemblance, et appelé à la *divinisation*.

La tradition occidentale n'a cessé d'entretenir la même doctrine. Mais elle a simultanément conduit une longue méditation sur la signification et la portée de la chute d'Adam, en relation avec un approfondissement de la *doctrine de la grâce*. Telle fut tout particulièrement l'œuvre de saint Augustin (354-430), dont la pensée est reprise dans le concile de Carthage (418; cf. DS 225-230 ; FC 521-526) et le deuxième concile d'Orange (529; cf. DS 371-378 ; FC 272-273 ; 541-544).

120 En face de la gnose manichéenne qui situait le mal dans la Création même et qui cherchait le salut dans un savoir ésotérique, Augustin avait appris de la Bible que toute la Création, y compris la matière, est sortie bonne des mains de Dieu. Le mal provient du *péché* commis par l'homme dans l'*histoire*. Dès lors, le salut n'est pas à chercher en dehors de l'histoire, mais plutôt en son sein, dans une *conversion*, réponse à l'appel de Dieu venu également dans l'histoire nous sauver. Cette leçon demeure d'actualité à une époque soumise aux séductions de toutes sortes de formes d'*ésotérisme* ou d'*occultisme*.

Plus tard, Augustin eut à s'opposer au moine Pélage pour qui le péché d'Adam ne nous serait proposé dans la Bible que comme *exemple* d'un péché à éviter, en laissant à notre liberté tout le pouvoir de le faire. Augustin trouvait dans son expérience personnelle, mais aussi dans le témoignage du Nouveau Testament, notamment chez saint Paul, une vision moins naïvement optimiste des choses. Notre liberté et notre volonté, sans être totalement détruites, sont prises dans une histoire qui pèse sur chacune de nos décisions. Ainsi l'Apôtre peut-il s'exclamer : « Je ne comprends pas ce que j'accomplis, car ce que je voudrais faire, ce n'est pas ce que je réalise ; mais ce que je déteste, c'est cela que je fais. [...] Si je fais ce que je ne voudrais pas, alors ce n'est plus moi qui accomplis tout cela, c'est le péché, lui qui habite en moi » (Rm 7, 15-20).

L'évêque d'Hippone a été amené à mettre en lumière deux vérités complémentaires. D'une part, le mal n'est pas une fatalité inscrite dans la Création, comme si la doctrine du péché originel était là pour nous disculper. D'autre part, cette même doctrine contribue à tempérer le jugement écrasant que nous pourrions porter sur nos fautes, ou celles des autres hommes ; elle nous empêche de « sataniser » l'histoire, aussi bien que de sacraliser ceux qui la font.

Surtout, la doctrine du péché originel ne doit pas être séparée de celle qui nous fait connaître l'œuvre du Christ. Saint Paul n'évoque le péché d'Adam que pour faire valoir, dans toute sa profondeur et dans toute son extension, l'œuvre du Christ. « Adam préfigurait celui qui devait venir » (Rm 5, 14). Celui-là devait être porteur d'une grâce sans commune mesure avec la faute. « Le don gratuit de Dieu et la faute n'ont pas la même mesure » (Rm 5, 15). « Là où le péché s'était multiplié, la grâce a surabondé » (Rm 5, 20). Elle prévient et relève l'homme pécheur pour l'habiter et le sanctifier. Et en même temps qu'elle pénètre au plus intime de chacun, elle enveloppe l'humanité tout entière.

Le Christ est le nouvel Adam, « l'aîné d'une multitude de frères » (Rm 8, 29), chef de l'humanité nouvelle, réconciliée avec Dieu, en même temps qu'avec elle-même et avec toute la Création. En effet, « Dieu a voulu que dans le Christ toute chose ait son accomplissement total. Il a voulu tout réconcilier par lui et pour lui, sur la terre et dans les cieux, en faisant la paix par le sang de sa croix » (Col 1, 19-20). Dans cette humanité nouvelle les chrétiens sont introduits par le baptême, qui libère du péché originel et fait don de la vie du Ressuscité.

• Une doctrine qui éclaire notre route

La doctrine du péché originel nous dit quelque chose de fondamental et de toujours actuel.

Nous sommes en quelque sorte précédés par le mal, du fait de notre appartenance à la famille humaine, représentée en son origine par Adam. Telle est la condition faite par le péché originel à tout fils et à toute fille d'homme.

Créé à l'image et à la ressemblance de Dieu, l'homme a péché, en se détournant de son Créateur, pour se faire lui-même semblable à lui. Cette faute se situe dans l'histoire, aux origines de l'histoire humaine. La conséquence en est que l'homme a été blessé dans son amitié avec Dieu, dans son union aux autres hommes, dans l'unité avec lui-même et il a perdu le don de l'immortalité.

Tout homme qui vient à l'existence reçoit dès lors une humanité blessée. Le petit enfant n'est pas pécheur personnellement mais, du fait de son appartenance au genre humain, il est marqué par ce péché d'origine.

123 Cependant, le péché n'est pas le dernier mot du rapport de l'humanité avec Dieu. Celui-ci n'a pas abandonné l'homme qui s'était, par sa faute, livré à la perdition. « Comme il avait perdu ton amitié en se détournant de toi, déclare une des prières eucharistiques, tu ne l'as pas abandonné au pouvoir de la mort. » Par le Christ, l'humanité est réconciliée avec Dieu, avec la Création et avec elle-même.

Le péché originel est, de la part de l'homme, rupture de cette Alliance initiale et fondatrice qu'est la Création, avec la « justice originelle » dans laquelle elle était établie. Mais Dieu ne tarde pas à offrir à l'homme de rentrer en grâce avec lui : cette grâce de la réconciliation qui trouve son accomplissement dans le Christ. Par le baptême, les chrétiens sont introduits dans cette grâce et dans cette vie nouvelle données dans la Nouvelle Alliance, fruit de l'œuvre rédemptrice de Jésus.

Parce qu'elle est inséparable de l'affirmation dogmatique assurant que, dans la grâce du Christ, le salut est offert à tous les hommes, la doctrine du péché originel est une invitation à accueillir la Bonne Nouvelle du Christ et, comme le fait le chant pascal de l'*Exultet* à la veillée du Samedi saint, à chanter la miséricorde de Dieu.

Le péché dans l'histoire personnelle des hommes et de l'humanité

L'attention portée au péché originel n'est pas destinée à détourner notre regard de nos péchés personnels, « actuels », ceux qui sont « signés » par nous.

• Sens du péché et sens de Dieu

De même que le péché originel n'est connu que par la Révélation, en rapport avec le projet de Dieu sur l'homme créé par lui, de même les péchés personnels, qui ponctuent la vie des hommes, ne se laissent découvrir pour ce qu'ils sont que dans la foi, en rapport avec la connaissance que cette foi donne de Dieu. C'est pourquoi sans doute l'idée de péché a de plus en plus de mal à trouver place dans la culture sécularisée de nos contemporains.

En effet, si le péché est une faute, il est aussi *autre chose que la faute* car il ne concerne pas seulement le domaine d'une éthique précisant ce qui est « convenable » ou non dans la société ; ce domaine demeure une « affaire d'hommes ». Le péché, lui, concerne, à l'intérieur de nos affaires d'hommes, *notre rapport à Dieu*, tel que ce Dieu nous est connu dans sa Révélation. Dieu fait Alliance avec nous ; le péché est rupture de cette Alliance. Dieu nous donne sa Loi pour que nous puissions vivre ; le péché est désobéissance à la loi de vie. Dieu nous révèle dans le Christ l'absolu de son amour ; le péché est refus de cet amour. Dieu nous « a marqués du Saint-Esprit » et nous appelle à nous « laisser guider intérieurement » par lui ; le péché « contriste » « le Saint-Esprit de Dieu » (cf. Ep 4, 23. 30). Le péché se réfère toujours finalement à une histoire, qui est celle de *Dieu-avec-nous*. Il est toujours une blessure de l'Alliance et de l'amour du Christ.

• Le dévoilement du péché

Dans ce sens, le péché est, au sens propre, objet de révélation. Il est *dévoilé*, en même temps qu'il est « dénoncé ». Pour le connaître, il faut commencer par en être arraché, par ne plus être entièrement sous sa « loi », qui est toujours celle du mensonge. Il faut aussi dépasser la tendance spontanée à toujours vouloir se justifier ou à se complaire dans un sentiment malsain de culpabilité, l'une et l'autre attitudes refermant l'homme sur lui-même.

Dans la Bible, il revient généralement aux *prophètes* de dévoiler le péché, au nom de la Parole de Dieu dont ils sont porteurs. Ils rappellent le « rêve » que Dieu avait fait pour l'homme, et plus particulièrement pour son peuple : le bonheur, l'avenir qu'il avait conçu. Ce Dieu, lié d'amour à ce peuple, souffre de ses égarements. Mais les prophètes dévoilent aussi les racines du péché cachées dans le cœur de l'homme.

> Un exemple typique du péché, débusqué par le prophète, est celui que raconte le deuxième livre de Samuel : l'adultère de David et la dénonciation par le prophète Nathan (cf. 2 S 11-12). Un autre exemple est celui du crime perpétré par le roi Achaz et sa femme Jézabel pour s'emparer de la vigne de Naboth. Ce forfait est dénoncé par le prophète Élie (cf. 1 R 21).

126 • **Semence de mort**

Fou désir d'être « comme des dieux », dissimulation, parjure, *semence de mort*, voilà comment le péché ne cesse de nous être montré dans la Bible. Il est le chemin inverse de celui sur lequel le Créateur avait « au commencement » engagé l'homme. Le sol ferme et fécond qui lui était offert se dérobe sous les pieds du pécheur.

Par le péché, c'est toute la Création qui se voit « livrée au pouvoir du néant » (Rm 8, 20), c'est-à-dire de l'illusion ou du mensonge qui finissent par porter la mort. Ainsi la mort, ce grand ennemi de l'homme, ce suprême scandale qui ferme tous les horizons, est venue dans le monde par le péché (cf. Rm 5, 12). Elle est aussi « le dernier ennemi » que doit détruire le nouvel Adam (cf. 1 Co 15, 26).

127 • **L'aveu et la rémission des péchés**

La Révélation dévoile l'existence du péché dans la vie humaine. Mais, parce qu'il s'agit de l'homme, il ne suffit pas d'en admettre théoriquement la réalité. De même qu'il est objet de dénonciation, le péché est essentiellement objet d'aveu, ou de confession. « Si nous disons que nous n'avons pas de péché, nous nous égarons nous-mêmes et la vérité n'est pas en nous. [...] Si nous disons que nous ne sommes pas pécheurs, nous faisons de lui [Jésus] un menteur et sa Parole n'est pas en nous » (1 Jn 1, 8-10).

Cependant, antérieurement à la confession de notre péché, et de manière encore plus fondamentale, l'Église nous invite à professer la miséricorde infinie de Dieu et la *rémission des péchés*.

Dieu ne nous dévoile notre péché et la servitude qu'il engendre que pour nous en délivrer. La Parole de révélation ne dénonce les complicités nouées dans les obscurités de notre cœur que pour y faire pénétrer la lumière et nous remettre sur le droit chemin de la vie véritable. Le *Saint-Esprit*, qui « a parlé par les prophètes », est donné à l'Église pour opérer, en elle et par elle, au bénéfice de tous ceux qui veulent bien entendre son message, « la rémission des péchés ». « Je crois en l'Esprit Saint, à la sainte Église catholique, à la communion des saints, à la rémission des péchés », confessons-nous d'un seul mouvement dans le Symbole des Apôtres.

Satan, « père du mensonge » et « homicide depuis l'origine »

Dire et faire advenir la vérité, au service de la compréhension, de la concorde, de l'amitié, de la paix, telles sont les œuvres de l'esprit humain. Mais cet esprit peut se pervertir dans la convoitise, le mensonge, le meurtre, etc. Dans ces « œuvres mauvaises » (cf. Jn 3, 19) l'homme a donc une responsabilité : la foi chrétienne, nous l'avons dit, n'entretient pas une conception fataliste du mal, comme s'il était inscrit dans la nature des choses.

Cependant le mal moral, avec lequel chacun de nous entretient certaines complicités, déborde ce qui peut être mis au compte de nos libertés individuelles. La foi, prenant appui sur la parole biblique, parle de Satan, *Accusateur, Tentateur, diable*, dont Jésus lui-même nous dit qu'il est « homicide depuis l'origine », en même temps que « menteur et père du mensonge » (Jn 8, 44).

Satan porte dans l'Écriture les traits d'une personne douée d'intelligence et de liberté. Mais il ne les détient que pour les pervertir. Il en est de lui comme du mensonge dont il est le « père ». Le mensonge est, en effet, différent de la simple erreur. C'est la perversion de la vérité. L'action de Satan est ainsi essentiellement destructrice, porteuse de mort, « homicide ».

> Les chrétiens ne sont pas à l'abri de ses assauts (cf. 1 P 5, 8). Mais ils savent que le Christ est victorieux de toutes les forces du mal. Satan, vaincu, n'a pas de pouvoir ultime sur nous si nous ne le lui accordons. Le

chrétien ne peut désespérer, pas plus qu'il ne doit recourir à des pratiques magiques pour essayer d'échapper au mal. Il peut compter sur la prière de l'Église. C'est en particulier dans les prières d'exorcisme que celle-ci demande à Dieu d'éloigner de l'homme l'emprise de Satan.

130 Le scandale du mal

La Bible ne prétend pas dissiper toutes les obscurités liées à la question du mal. Elle n'empêche pas celui-ci de demeurer une véritable *pierre d'achoppement* sur la route commune des hommes. Mais la Parole de Dieu nous permet de ne pas nous laisser écraser ou simplement révolter par lui.

En manifestant son lien avec le péché, la foi empêche d'en faire un « problème » extérieur à nous, comme si nous pouvions en « avoir raison », et être ainsi quittes avec lui, alors qu'il sera toujours *scandale pour la raison*.

La foi ne fait pourtant pas considérer tout mal comme un effet direct, et pour ainsi dire mécanique, du péché personnel. Jésus refuse de voir dans la cécité d'un aveugle de naissance la conséquence de son péché ou de celui de ses parents (cf. Jn 9, 1-3). Le livre de Job exprime clairement le *scandale des souffrances* qui fondent sur l'innocent. Cause d'un tel scandale, la *Shoah*, c'est-à-dire l'extermination systématique des juifs par les nazis, a été, en ce siècle, un événement qui a blessé l'humanité tout entière et dont on n'aura sans doute jamais fini de sonder les profondeurs.

131
Mais la Bible nous apprend que, si le mal fait partie des questions qui habitent, au plus profond, l'esprit et le cœur de l'homme, il ne demeure pas non plus indifférent à Dieu. Non seulement Dieu porte le souci du pauvre, de la veuve et de l'orphelin, mais il revêt lui-même en son Fils la figure du *Serviteur souffrant*. Lui, le juste par excellence, a consenti à subir la plus ignominieuse des morts.

Dieu ne veut pas le malheur. « Dieu n'a pas fait la mort, il ne se réjouit pas de voir mourir des êtres vivants » (Sg 1, 13). Aussi son Fils est venu la combattre dans une sorte de corps à corps, afin qu'elle soit « engloutie » dans sa victoire (cf. 1 Co 15, 54).

Dieu de l'Alliance

Nous n'avons pas à vouloir « expliquer » le mal. Mais, à la lumière du combat mené contre lui par Dieu, la foi interdit de s'y résigner. En dévoilant les ressorts secrets du péché, en assurant l'assistance de l'Esprit, elle convie plutôt à s'associer à l'œuvre du Christ. Plus que d'en traiter théoriquement, elle pousse à « traiter » le mal pratiquement, de manière en quelque sorte médicale. Tel est l'exemple que donne Jésus dans l'Évangile, à travers les nombreux miracles opérés par lui.

La vraie réponse au scandale du mal, le chrétien la trouve dans la croix (cf. Lc 23), dans la prière d'abandon entre les mains de Dieu et l'offrande de soi comme participation au sacrifice du Christ. Mais la réponse est aussi le combat pour la justice, joint à l'exercice de la charité.

La promesse du salut

132

Devant les assauts du mal, au sein même des obscurités dans lesquelles il jette, la foi puise sa résistance et son courage dans la promesse du salut.

Ce salut est annoncé dans la victoire remportée sur le serpent par la descendance de la femme (cf. Gn 3, 15), victoire effectivement acquise par le Fils de Marie.

Jésus, nouvel Adam, apporte l'assurance de la victoire définitive sur le péché et sur la mort.

> « Si Dieu est pour nous, s'exclame saint Paul, qui sera contre nous ? Il n'a pas refusé son propre Fils, il l'a livré pour nous tous : comment pourrait-il avec lui ne pas nous donner tout ? Qui accusera ceux que Dieu a choisis ? Puisque c'est Dieu qui justifie. Qui pourra condamner ? Puisque Jésus Christ est mort ; plus encore : il est ressuscité, il est à la droite de Dieu, et il intercède pour nous. Qui pourra nous séparer de l'amour du Christ ? La détresse ? L'angoisse ? La persécution ? La faim ? Le dénuement ? Le danger ? Le supplice ? L'Écriture dit en effet : *C'est pour toi qu'on nous massacre sans arrêt, on nous prend pour des moutons d'abattoir.* Oui, en tout cela nous sommes les grands vainqueurs grâce à celui qui nous a aimés. J'en ai la certitude : ni la mort, ni la vie, ni les esprits ni les puissances, ni le présent ni l'avenir, ni les astres, ni les cieux, ni les abîmes, ni aucune autre créature, rien ne pourra nous séparer de l'amour de Dieu qui est en Jésus Christ notre Seigneur » (Rm 8, 31-39).

6.
Dans l'histoire des hommes, l'initiative de Dieu

133

La promesse et l'assurance du salut, qui soutiennent le croyant au sein des combats à mener contre le péché et les puissances de mort à l'œuvre dans le monde, s'inscrivent dans une histoire singulière. Cette histoire est tout entière suspendue à une initiative de Dieu : le choix d'un peuple, Israël, destiné à devenir « son » peuple (cf. Lv 26, 12 ; Dt 32, 9 ; etc.). C'est le mystère de l'« élection ». Israël est le peuple « élu ».

Une même « élection », une suite d'appels

L'histoire de ce peuple commence avec la vocation d'Abraham (cf. Gn 12, 1 et suiv.) et l'alliance conclue avec lui (cf. Gn 17). Elle se poursuit avec sa descendance : Isaac, Jacob...

Elle trouve un nouveau départ avec l'appel de Moïse (cf. Ex 3), pour la libération de son peuple, sa sortie de la servitude d'Égypte et la *mise à part* de ce même peuple qui lui est confié : « Et maintenant, si vous entendez ma voix et gardez mon Alliance, vous serez mon domaine particulier parmi tous les peuples — car toute la terre m'appartient — et vous serez pour moi un royaume de prêtres, une nation sainte » (Ex 19, 5).

134

Plus tard, les rois sont l'objet d'un nouveau choix, qu'il s'agisse de Saül, de David ou de Salomon... L'Alliance est renouvelée avec la dynastie davidique et scellée par les paroles prophétiques de Nathan à David : « Je te donnerai un successeur dans ta descendance, qui sera né de toi, et je rendrai stable sa royauté [...]. Ta maison et ta royauté subsisteront toujours devant moi, ton trône sera stable pour toujours » (2 S 7, 12-16). Cette Alliance est continuellement rappelée par la voix des prophètes Isaïe, Jérémie, Ézéchiel... qui sont aussi choisis à cet effet, comme le sont également les prêtres et les lévites pour œuvrer à la sanctification du peuple.

> Principe et soutien de la vie du peuple élu, l'Alliance est renouvelée périodiquement (cf. Dt 27, 1-26 ; 31, 10-13) et surtout aux moments particulièrement importants de l'histoire : ainsi avec Josué sur le mont Ébal (cf. Jos 8, 30-35), ou à Sichem à la veille de sa mort (cf. Jos 24, 1-8) ; ainsi lors de la dédicace du Temple par Salomon (cf. 1 R 8, 14-29. 52-61) ; ainsi en lien avec la réforme de Josias (cf. 2 R 23, 1 et suiv.) ou après la reconstruction de la muraille de Jérusalem par Néhémie (cf. Ne 8).

135 Toute l'histoire d'Israël (qui comprendra aussi des « sages ») se déroule donc sous le motif et à la lumière d'une *élection*, c'est-à-dire d'un choix. C'est pourquoi, en dépit des nombreux péchés qui s'y commettent, cette histoire peut être appelée *sainte*. Le mystère de l'élection d'Israël, avec l'assurance que « les dons de Dieu et son appel sont irrévocables » (Rm 11, 29), continue de plonger Paul, après sa conversion au Christ, dans la stupeur, mais aussi dans l'émerveillement et la louange.

> « Quelle profondeur dans la richesse, la sagesse et la science de Dieu ! Ses décisions sont insondables, ses chemins sont impénétrables ! Qui a connu la pensée du Seigneur ? Qui a été son conseiller ? Qui lui a donné en premier, et mériterait de recevoir en retour ? Car tout est de lui, et par lui, et pour lui. A lui la gloire pour l'éternité ! Amen » (Rm 11, 33-36).

L'Église du Christ, nouveau peuple élu   136

L'Élu par excellence est Jésus, le Christ, le « Fils bien-aimé » du Père, comme le désigne au moment de son baptême la voix venue du ciel : « Celui-ci est mon Fils bien-aimé ; en lui j'ai mis tout mon amour » (Mt 3, 17).

Jésus sera, à son tour, l'auteur d'« appels » réalisés avec la même autorité, le même pouvoir créateur que celui du Dieu d'Israël. « Ce n'est pas vous qui m'avez choisi, c'est moi qui vous ai choisis », déclare-t-il à ses disciples (Jn 15, 16).

Par lui, avec lui et en lui, ceux-ci vont constituer, dans l'Église, « la race choisie [élue], le sacerdoce royal, la nation sainte, le peuple qui appartient à Dieu » (1 P 2, 9).

Le « nouveau » peuple de Dieu, l'Église, ne se substitue pas à l'ancien, Israël, sur lequel il est venu se « greffer » (cf. Rm 11, 24). Il témoigne plutôt de l'accomplissement aujourd'hui, en Christ, des promesses dont le peuple juif demeure porteur.

137 Une « élection » au bénéfice de tous les hommes

Peuple élu, tout entier établi sous le régime de la miséricorde, les chrétiens demeurent en même temps dans l'émerveillement et dans la confusion. Ils n'ont pas, en effet, à s'enorgueillir de la connaissance des mystères de Dieu que leur foi leur apporte, et encore moins des œuvres qu'elle les pousse à accomplir. « Qu'as-tu que tu n'aies reçu ? », doivent-ils continuellement s'entendre demander. « Et, si tu l'as reçu, pourquoi te vanter comme si tu ne l'avais pas reçu ? » (1 Co 4, 7).

Le privilège que leur foi ne peut manquer de représenter à leurs propres yeux leur assigne aussi une *responsabilité*. Comme déjà Israël, ils ont charge d'être, au milieu du monde (au milieu de ce que la Bible appelle « les nations »), les témoins du Dieu unique, vivant et vrai. Ce Dieu ne leur appartient pas. Parce qu'il est le Dieu unique, il est le *Dieu de tous les hommes*. De chacun il attend, dans la patience, la conversion et la reconnaissance aimante.

Les chrétiens peuvent aussi devenir un scandale si leur existence contredit manifestement la foi dont ils se réclament.

138 Dieu d'alliance, « ami des hommes »

Le choix de Dieu, en se donnant à son peuple, est d'instaurer avec lui et, par lui, avec l'humanité, une sorte de pacte d'amour.

• L'alliance du Sinaï sans cesse remémorée

L'idée d'Alliance scande ainsi l'ensemble de la Parole biblique de Révélation. Elle trouve son expression majeure et comme son modèle dans la manifestation de Dieu à Moïse sur le Sinaï, avec la promulgation de la Loi, résumée dans les dix commandements (cf. Ex 19-24).

Dieu de l'Alliance

Israël, le peuple de Dieu, ne cesse de repasser dans sa mémoire cette histoire d'Alliance dont il tient son origine, afin de continuer d'y inscrire sa marche. Pour rendre hommage au Dieu qui l'a fait sortir d'Égypte et qui l'a établi sur la Terre promise, l'Israélite est convié à faire mémoire de l'histoire de ses Pères.

> Au moment notamment de l'offrande à Dieu des prémices de la terre, le fils d'Israël déclare : « Mon père était un Araméen vagabond, qui descendit en Égypte : il y vécut en émigré avec son petit clan... » (Dt 26, 5 et suiv.).

• Des alliances plus anciennes, ouvertes sur l'humanité tout entière

Dans la mémoire d'Israël étaient inscrits des *souvenirs encore plus anciens*, que coloraient naturellement ses propres expériences, toutes marquées par le fait de l'Alliance : alliance avec Abraham, accompagnée d'une descendance « aussi nombreuse que les étoiles du ciel et que le sable au bord de la mer » (Gn 22, 17), alliance à travers laquelle devaient être « bénies toutes les familles de la terre » (Gn 12, 3) ; alliance antérieure encore avec Noé, symbolisée par l'arc dans la nuée, « signe de l'alliance, dit Dieu, entre moi et la terre » (Gn 9, 13) ; alliance qui se profile déjà effectivement dans les récits de création... Ces alliances successives ne s'annulent pas l'une l'autre, mais témoignent de la persévérance de Dieu dans ses desseins.

Ces récits des premières pages de la Bible ouvrent le dessein divin d'alliance sur des *perspectives universelles*. Universalité soulignée encore au moment de la vocation d'Abraham : « Je ferai de toi une grande nation, je te bénirai, je rendrai grand ton nom, et tu deviendras une bénédiction. Je bénirai ceux qui te béniront, je maudirai celui qui te méprisera. En toi seront bénies toutes les familles de la terre » (Gn 12, 2-3).

A travers l'Alliance singulière qu'il établit avec le peuple élu par lui, Dieu se met, en effet, à la recherche de *tous les hommes*. Il le manifestera de manière toujours plus claire.

Vers l'accomplissement de l'Alliance

L'histoire du peuple de l'Alliance, racontée par la Bible, est faite, pour une part, de ses infidélités. C'est une histoire par bien des points dramatique. Mais les prophètes maintiennent la foi ancrée sur la *fidélité sans faille de Dieu* qui se « souvient » de son amour (cf. Gn 8, 1 ; 9, 15 ; Lc 1, 54). Et le prophète Jérémie annonce une « Alliance nouvelle », destinée à devenir éternelle (Jr 31, 31).

Cette nouvelle Alliance est scellée sur la croix, dans le sang de Jésus, confirmée par la Résurrection, et réalisée par le don du Saint-Esprit. « Il n'y a pas de plus grand amour que de donner sa vie pour ses amis », avait déclaré Jésus avant d'entrer dans sa passion (Jn 15, 13). C'est cet amour qui fonde et soutient l'Alliance indéfectible établie par Dieu avec les hommes. C'est elle que les chrétiens célèbrent dans l'*eucharistie* : « Prenez et buvez-en tous », dit le prêtre sur la coupe à la suite de Jésus, « car ceci est la coupe de mon sang, le sang de l'Alliance nouvelle et éternelle, qui sera versé pour vous et pour la multitude en rémission des péchés ».

Comme le peuple de la première Alliance, les chrétiens ne cessent de vivre, dans la prière et l'action de grâce, de cette histoire d'Alliance sur laquelle est édifiée leur foi. Mais ce retour en arrière les projette aussi en avant. En effet, l'Esprit leur est donné pour que passe *dans leur vie* et *dans le monde* cet amour qui est à la source de l'Alliance et qui en résume tout le contenu.

3.

La Nouvelle Alliance en Jésus Christ

141 OUI! UN ENFANT nous est né,
un fils nous a été donné ;
l'insigne du pouvoir est sur son épaule ;
on proclame son nom :
« Merveilleux-Conseiller, Dieu fort,
Père-à-jamais, Prince-de-la-paix. »   Is 9, 5

142 PENDANT LES JOURS DE SA VIE MORTELLE,
il a présenté, avec un grand cri
et dans les larmes,
sa prière et sa supplication
à Dieu qui pouvait le sauver de la mort ;
et, parce qu'il s'est soumis en tout,
il a été exaucé.
Bien qu'il soit le Fils,
il a pourtant appris l'obéissance
par les souffrances de sa passion ;
et, ainsi conduit à sa perfection,
il est devenu pour tous ceux qui lui obéissent
la cause du salut éternel.
Car Dieu l'a proclamé grand prêtre
selon le sacerdoce de Melchisédech.   He 5, 7-9

La confession de foi au Christ *143*

Les chrétiens sont ceux qui ont mis leur foi en Jésus de Nazareth. Ils ont engagé leur vie à sa suite. Ils le confessent, autrement dit le proclament, lui que Dieu « a ressuscité d'entre les morts » (Ac 3, 15), comme Fils de Dieu et comme Sauveur, comme Seigneur et Christ, Messie de Dieu. Telle est la foi des apôtres exprimée dès le début de l'Évangile : « Commencement de la Bonne Nouvelle de Jésus Christ, le Fils de Dieu » (Mc 1, 1). Telle est la tradition unanime de l'Église exprimée dans le symbole de la foi : « Je crois en un seul Seigneur, Jésus Christ, le Fils unique de Dieu. »

En nous envoyant son Fils, le Dieu de l'Alliance accomplit sa promesse et vient sceller une Alliance nouvelle et définitive avec l'humanité, Alliance par laquelle nous sommes libérés du péché et nous pouvons entrer dans une communion de vie avec Dieu, la vie éternelle. C'est pourquoi saint Jean de la Croix a pu affirmer que Dieu nous a tout dit en son Verbe, c'est-à-dire sa propre Parole qui est son Fils : Dieu n'a plus de révélation nouvelle à nous faire. « Si tu le regardes bien, fait dire saint Jean de la Croix à Dieu le Père, tu y trouveras tout ; parce qu'il est toute ma parole, ma réponse, toute ma vision et révélation, que je vous ai manifestée en vous le donnant pour frère, pour compagnon, pour maître, pour prix et pour récompense. [...] Écoutez-le : car je n'ai plus de foi à révéler ni de choses à manifester » (*Montée du Carmel* II, 22). En même temps qu'il nous disait tout, Dieu nous donnait tout, puisqu'en son Fils il se donnait lui-même. Nous devons donc inlassablement regarder et écouter Jésus, le Christ Notre Seigneur, afin de le suivre.

144 **Connaître le Christ confessé dans la foi**

Que Jésus soit vrai Dieu et vrai homme (cf. DS 294), « livré pour nos fautes et ressuscité pour notre justification » (Rm 4, 25), c'est-à-dire pour notre salut, l'Église, depuis sa naissance, n'a cessé de lutter avec toute son énergie pour la sauvegarde de cette donnée fondamentale du témoignage apostolique. Tenir cette vérité se confond avec son existence même. « Si le Christ n'est pas ressuscité, déclarait déjà saint Paul, notre message est sans objet, et votre foi est sans objet » (1 Co 15, 14). Mais que signifierait cette affirmation, si nous ne nous préoccupions pas de savoir qui est ce Christ dont saint Paul annonce la résurrection ?

Pour croire en Jésus comme Christ, il faut connaître la vie, la mort et la résurrection de Jésus de Nazareth, telles que les évangiles les rapportent. Ses paroles et ses actes d'homme ont manifesté qu'il y a en lui plus que l'homme. Ils le dévoilent comme le Messie promis et annoncé par les prophètes. Dans la lumière de l'événement pascal et grâce au don de l'Esprit Saint, le mystère de l'origine divine et humaine de Jésus a achevé de se dévoiler aux yeux des disciples et son itinéraire parmi nous a déployé toute sa signification.

C'est dans cette perspective que les évangiles ont été écrits, par des hommes qui ont été témoins des événements de la vie de Jésus, et qui ont cru que Jésus était le Messie. Ils ont vu le signe de son mystère dans toute sa vie terrestre. En ouvrant les évangiles, nous sommes invités à regarder et à écouter Jésus vraiment homme, afin de le reconnaître et de l'aimer comme le Sauveur, le Seigneur et le Fils de Dieu. Nous sommes appelés à nous laisser initier par les évangiles au regard de foi qu'ils portent sur le mystère de Jésus.

145 Quel chemin va donc être le nôtre ? Nous recueillerons ce que le Nouveau Testament nous dit de la venue en notre monde de Jésus, Christ et Fils de Dieu. Puis nous suivrons longuement l'itinéraire qu'emprunte Jésus au cours de sa vie publique, jusqu'à sa Pâque et au don de l'Esprit de Pentecôte.

Il restera alors à déployer encore les richesses des mystères entrevus : les enseignements et les actes de Jésus, sa passion, sa résurrection et la Pentecôte ont révélé que Dieu est Père, Fils et Esprit ; la Tradition de l'Église a reconnu et approfondi dans sa foi ce mystère de Dieu Trinité ; elle a aussi, dans les conciles, défini l'identité du Christ comme vrai Dieu et vrai homme, et réfléchi au mystère central de la rédemption et du salut.

Ce chemin de la Tradition ecclésiale sera aussi le nôtre.

1.
L'origine et l'enfance de Jésus

146

S'intéresser à l'identité de quelqu'un c'est toujours s'intéresser à son origine. Il était inévitable que la question se pose à propos de Jésus. D'où venait-il ? Qui était-il au regard de Dieu avant sa manifestation parmi les hommes ? La réponse est nette : en Jésus, Dieu ne s'est pas donné un Fils, il nous a donné son Fils, celui qui appartient depuis toujours à son être même. Cette réponse s'exprime de manière différente dans les diverses traditions de l'Église apostolique.

« Dieu a envoyé son Fils »

147

Le point de départ de la foi de Paul est l'expérience du chemin de Damas, où il a vu le Seigneur ressuscité (cf. 1 Co 9, 1 et 15, 8). Mais sa réflexion sur le Christ s'exprime très vite dans le thème de l'envoi du Fils dans notre chair : « Lorsque les temps furent accomplis, Dieu a envoyé son Fils » (Ga 4, 4 ; cf. Rm 8, 3). Cet envoi s'inscrit, pour Paul, dans une très large perspective, qui englobe à la fois le commencement et la fin de l'histoire du salut, la Création et la Parousie.

Catéchisme pour adultes

S'IL EST VRAI QUE DANS LE CHRIST
on se réconforte les uns les autres,
si l'on s'encourage dans l'amour,
si l'on est en communion dans l'Esprit,
si l'on a de la tendresse et de la pitié,
alors, pour que ma joie soit complète,
ayez les mêmes dispositions, le même amour,
les mêmes sentiments ;
recherchez l'unité.
Ne soyez jamais intrigants ni vantards,
mais ayez assez d'humilité
pour estimer les autres supérieurs à vous-mêmes.
Que chacun de vous ne soit pas préoccupé
de lui-même, mais aussi des autres.
Ayez entre vous les dispositions
que l'on doit avoir dans le Christ Jésus :
Lui qui était dans la condition de Dieu,
il n'a pas jugé bon de revendiquer
son droit d'être traité à l'égal de Dieu ;
mais au contraire, il se dépouilla lui-même
en prenant la condition de serviteur.
Devenu semblable aux hommes
et reconnu comme un homme à son comportement,
il s'est abaissé lui-même
en devenant obéissant jusqu'à mourir,
et à mourir sur une croix.
C'est pourquoi Dieu l'a élevé au-dessus de tout ;
il lui a conféré le Nom qui surpasse tous les noms,
afin qu'au Nom de Jésus,
aux cieux, sur terre et dans l'abîme,
tout être vivant tombe à genoux,
et que toute langue proclame :
« Jésus Christ est le Seigneur »,
pour la gloire de Dieu le Père.

Ph 2, 1-11

C'est ainsi que l'hymne liturgique de l'*épître aux Philippiens* décrit, en une longue séquence, l'abaissement de celui qui était « de condition divine » et qui prit « la condition de serviteur ». S'étant « dépouillé lui-même » jusqu'à l'obéissance de la mort en croix, le Christ Jésus a été « élevé » par Dieu « au-dessus de tout » (cf. Ph 2, 6-11). Son itinéraire prend place entre une origine et une fin qui sont en Dieu.

L'hymne de l'*épître aux Colossiens*, elle, chante le Fils, qui est « l'image du Dieu invisible, le premier-né par rapport à toute créature, car c'est en lui que tout a été créé [...] et tout subsiste en lui car Dieu a voulu que dans le Christ toute chose ait son accomplissement total. Il a voulu tout réconcilier par lui et pour lui, sur la terre et dans les cieux, en faisant la paix par le sang de sa croix » (Col 1, 15-20 ; cf. aussi He 1, 2-3).

La longue prière de bénédiction qui ouvre l'*épître aux Éphésiens* (1, 3-14) élargit encore le rôle du Christ en nous faisant pénétrer dans le mystérieux domaine de ce qui précède toute la Création. Le dessein de Dieu est de tout réunir « sous un seul chef, le Christ » (Ep 1, 10). Il s'agit d'une élection de tous les hommes dans la grâce de Dieu, accomplie dans le Christ « avant la création du monde » (Ep 1, 4). Ainsi, dès avant la création du monde, Dieu est le Père de Jésus Christ, puisque celui-ci est le Verbe éternel descendu jusqu'à nous. Paul anticipe dans l'éternité de Dieu l'appellation de Jésus comme Christ et Seigneur.

Le Verbe, le Fils de Dieu, qui était au commencement, s'est fait chair

D'après le témoignage du quatrième évangile, la vie de Jésus plonge en Dieu : il est sorti de Dieu, le Père qui l'a envoyé, et il va vers Dieu (cf. Jn 13, 3 ; 14, 3-4). Dans ce même évangile Jésus se dit lui-même et se nomme. Son « Je » y est particulièrement fréquent et lié à la formule « Je suis » (cf. Jn 4, 26 ; 6, 35 ; etc.), parfois employée de manière absolue et évoquant la révélation du nom de Dieu à Moïse (cf. Jn 8, 28 ; 13, 19 ; Ex 3, 14). La réponse qu'il apporte aux questions sur son identité et son origine invite toujours à regarder plus loin, aussi bien en avant qu'en arrière : « Nul n'est monté au ciel, sinon celui qui est descendu du ciel » (Jn 3, 13), et la gloire qu'il obtient au terme de son itinéraire est celle qu'il avait auprès du Père avant la création du monde (cf. Jn 17, 5).

Dans le prologue de son évangile, saint Jean remonte en Dieu jusqu'à ce commencement plus absolu que celui de la Genèse, où le Verbe *était*, où il préexistait, à la fois auprès de Dieu et Dieu lui-même. Puis il nous livre cette affirmation, appelée à inspirer l'enseignement de l'Église dans toute la suite de son histoire : « Le Verbe s'est fait chair » (Jn 1, 14). Le prologue se termine par ces paroles qui disent, à la fois, qui est Jésus, d'où il vient, et pourquoi il est venu : « Dieu, personne ne l'a jamais vu ; le Fils unique, qui est dans le sein du Père, c'est lui qui a conduit à le connaître » (Jn 1, 18).

150 Jésus a Dieu seul pour Père : la conception virginale

Matthieu et Luc, dans les *évangiles de l'enfance*, nous parlent de l'enfance de Jésus avant de nous présenter son ministère. Leurs récits apportent une double réponse à la question de l'origine de Jésus : Jésus a une *origine humaine* : il est né de Marie ; il est descendant de David. Il a une *origine divine* : son Père est Dieu lui-même.

Ce mystère est au cœur des récits par lesquels Matthieu et Luc rapportent l'annonce de la naissance de Jésus.

Matthieu commence par donner la généalogie de « Jésus Christ, fils de David, fils d'Abraham » (Mt 1, 1). La succession, de génération en génération, des ancêtres de Jésus manifeste son enracinement dans l'histoire de l'humanité et du peuple de Dieu. Cette généalogie aboutit à Joseph, car c'est par lui, l'époux de Marie, que Jésus est légalement le descendant de David. Mais Matthieu raconte ensuite ce que fut « l'origine de Jésus Christ » : avant que Joseph et Marie « aient habité ensemble, elle fut enceinte par l'action de l'Esprit Saint » (Mt 1, 18). Joseph reçoit de « l'ange du Seigneur » la mission de « donner » à l'enfant « le nom de Jésus (c'est-à-dire : "le Seigneur sauve"), car c'est lui qui sauvera son peuple de ses péchés » (Mt 1, 21). Et Matthieu souligne l'accomplissement des paroles du prophète Isaïe : « Voici que la Vierge concevra et elle mettra au monde un fils, auquel on donnera le nom d'Emmanuel, qui se traduit : "Dieu-avec-nous" (Mt 1, 23 ; cf. Is 7, 14) ».

151 Cette perspective de l'accomplissement des prophéties est également présente dans le récit de l'annonciation à Marie, selon *Luc* (cf. Lc 1, 26-38). La salutation de l'ange Gabriel à la Vierge exprime déjà la joie du salut qui vient. Puis l'ange annonce à Marie qu'elle va concevoir un fils qui sera le Messie d'Israël et en qui s'accompliront les promesses messianiques. A la question de Marie « Comment cela va-t-il se faire, puisque je suis vierge ? », l'ange répond que cet enfant, conçu par l'action de l'Esprit Saint, sera le Fils de Dieu.

> Cette affirmation de la conception virginale concerne d'abord Jésus, dont elle dit l'origine divine. Elle ne rejaillira que dans un second temps sur Marie. Ce *signe donné de la divinité de Jésus* est inséparable de l'attestation de la Résurrection. La foi s'appuie en premier lieu sur le mystère de la mort et de la résurrection de Jésus. Le signe de la naissance virginale souligne que Jésus n'a pas été adopté comme Fils par le Père, mais qu'il est déjà le Fils quand il vient parmi nous.

152 Dans la conception virginale le rôle de l'Esprit n'est pas procréateur, mais créateur. De même que l'Esprit planait sur les eaux à l'aube de la Création (cf. Gn 1, 2), de même il intervient en Marie à l'aurore du salut. Nous ne devons donc pas essayer de nous représenter, plus ou moins scientifiquement, la conception virginale, mais y croire comme nous croyons à l'action absolument transcendante de Dieu dans la Création.

> Périodiquement, certains essaient de sauvegarder le sens de la conception virginale en déniant à celle-ci toute réalité. Une telle interprétation contredit manifestement l'intention des récits évangéliques, qui évitent soigneusement tout ce qui ressemblerait aux histoires mythologiques païennes, où un dieu s'unit à une femme pour engendrer un « héros » (ou demi-dieu). La foi de l'Église primitive a d'ailleurs inscrit la conception virginale dans les toutes premières expressions de son Symbole de foi. Il y va du réalisme de notre salut, qui passe par le réalisme de l'Incarnation comme par celui de la Résurrection. La conception virginale ne serait qu'un discours sans contenu si elle ne renvoyait pas à un *événement réel*. *L'incarnation* du Verbe de Dieu ne peut pas se réaliser en faisant abstraction de son corps.

153 Noël et les « mystères » de la vie cachée du Sauveur

Les *évangiles de l'enfance* ne se contentent pas de mettre en valeur l'origine divine et humaine de Jésus, en parlant de sa conception dans le sein de la Vierge Marie. Saint Luc raconte sa naissance, au cours d'un voyage occasionné par le recensement qu'avait ordonné l'empereur César Auguste et qui avait amené Marie et Joseph à se rendre de Nazareth à Bethléem. Cette naissance a lieu dans l'obscurité d'une étable. Mais l'événement est chanté par les anges, annoncé par eux à quelques bergers, contemplé par Marie.

C'est ensuite l'enfance de Jésus qui est évoquée. Elle est semblable à celle de tout enfant juif de cette époque. Jésus, le huitième jour après sa naissance, est circoncis et reçoit son nom. Il est présenté au Temple. A douze ans, il accompagne ses parents à Jérusalem.

154

Mais cette enfance se déroule aussi sous le signe de l'accomplissement des Écritures. Ainsi, chez saint Matthieu, la présence de ces énigmatiques visiteurs que sont les Mages suggère que cet enfant est, dès sa venue au monde, la lumière qui se lève à l'Orient et vers laquelle montent les nations.

> Jésus, dans le récit des Mages (cf. Mt 2, 1-12), est présenté comme le véritable roi des nations, celui auquel les païens viennent rendre hommage, comme cela avait été entrevu par l'Écriture (cf. Ps 71). La fête de l'*Épiphanie* est, par excellence, une fête missionnaire, qui rappelle que le salut est destiné à tous.

Saint Luc, lui, nous présente quelques épisodes dans lesquels se laisse entrevoir, à la lumière des prophéties, la véritable identité de l'enfant. Syméon voit en lui le salut « préparé à la face de tous les peuples, lumière pour éclairer les nations » (Lc 2, 31-32). Surtout, à Jérusalem, dans le Temple, Jésus, âgé de douze ans, déclare à ses parents qu'il lui faut être « chez son Père » (cf. Lc 2, 49).

A Nazareth, pourtant, où continue la vie cachée, Jésus n'est guère connu que de sa parenté et de ses voisins.

155

Les « mystères » de la vie cachée du Sauveur n'ont cessé d'être médités dans la piété chrétienne. Ils donnent un contenu concret au thème de l'Emmanuel, c'est-à-dire de « Dieu-avec-nous ». Ils soutiennent jour après jour la vie de foi et de prière.

Ce nom de « mystère » est attribué aux scènes évangéliques de la vie de Jésus, dans lesquelles se livrent, sous d'humbles détails, d'inépuisables profondeurs. Ces « mystères » ont été longtemps représentés devant le porche des églises et des cathédrales, pour l'instruction et l'édification du peuple chrétien. Ils constituent aussi, avec la vie des saints, les principaux motifs de la sculpture et des vitraux des églises.

Dans la vie de foi et de piété de l'Église, le mystère de *Noël* et de l'*Épiphanie* constitue, à l'intérieur du cycle de l'année liturgique, comme le commencement de l'œuvre de notre salut, qui a son point culminant à Pâques et à la Pentecôte. La célébration de ce mystère d'incarnation charge en quelque sorte la célébration de la Pâque de tout le poids d'humanité présent dans Celui qui traverse victorieusement la mort.

Les évangiles de l'enfance sont chargés d'un important contenu théologique. Ils ne sont pas à lire comme on lirait un reportage de faits divers. Mais le contraste est grand entre leur sobriété et le caractère « merveilleux », « fantastique », de certains évangiles « apocryphes », que l'Église n'a jamais voulu introduire dans le Canon des Écritures.

2.
La vie publique de Jésus

156

Les faits et gestes de Jésus s'offrent à la vérification des historiens. Personne aujourd'hui ne peut prétendre sérieusement au nom de l'histoire que Jésus n'a pas existé. Les recherches les plus récentes montrent la valeur des données évangéliques sur le cadre historique et géographique de la vie, du ministère et de la mort de Jésus. Si l'histoire ne peut pas (ce n'est pas son rôle) rejoindre tout ce que la foi nous apprend de Jésus, elle ne contredit en rien cette foi. Les évangiles sont avant tout des témoignages de foi. Mais, s'ils ne sont pas des biographies au sens moderne du mot, ils annoncent une Bonne Nouvelle sous la forme d'un *récit historique*. Ils annoncent en racontant et racontent en annonçant. La prédication primitive de l'Église, dont les évangiles portent la marque, est une *voie d'approche solide et fiable* pour atteindre ce que Jésus a effectivement vécu parmi les hommes. Les évangiles nous transmettent fidèlement cette vie d'homme en laquelle Jésus s'est fait connaître pour celui qu'il était : le Fils de Dieu, Dieu lui-même, Un avec le Père.

157 « N'est-il pas le fils du charpentier ? »

Au milieu de son peuple Jésus a vécu comme un homme, soumis à toutes les lois de la condition humaine. Ses disciples peuvent le constater quotidiennement : il dort, il a faim et soif, il se fatigue, il est joyeux ou triste, il est capable d'amitié et d'affection.

Il est pleinement homme et assume totalement et librement sa condition humaine. Il vit en un temps et un lieu donnés, dans la Palestine du Ier siècle de notre ère. Il parle la langue, partage les coutumes, la culture et la tradition religieuse de son peuple.

> « Jésus était juif et l'est toujours resté ; son ministère a été volontairement limité "aux brebis perdues de la maison d'Israël" (Mt 15, 24). Jésus était pleinement un homme de son temps et de son milieu juif palestinien du Ier siècle, dont il a partagé les angoisses et les espérances » (notes de la Commission pontificale pour les relations avec le judaïsme, juin 1985, III, 12).

158

Son amour du Père et sa soif du salut des hommes, le témoignage à rendre à la Vérité tout entière sur Dieu et sur l'homme sont le sens de sa vie (cf. Jn 18, 37). Enfin, sa mort, qu'il affronte en homme qui accomplit sa destinée personnelle, donne un ultime témoignage de sa condition humaine : rien de feint dans l'angoisse de l'agonie, rien de fictif dans les souffrances. Il est vraiment homme, broyé par la souffrance et la mort (cf. Is 53). La lettre aux Hébreux pourra dire : Il « n'est pas incapable, lui, de partager nos faiblesses ; en toutes choses, il a connu l'épreuve comme nous, et il n'a pas péché » (He 4, 15).

Quand on dit que Jésus a vécu comme un homme, cela ne signifie pas qu'il était simplement un homme parmi d'autres. Son comportement, ses relations, le rayonnement de sa personnalité manifestaient qu'il était homme d'une manière unique. Alors même que les témoins ne pouvaient encore saisir le mystère personnel de Jésus, la rencontre avec lui suscitait l'interrogation : « N'est-il pas le fils du charpentier ? » (Mt 13, 55).

Le nom d'homme a été donné à Jésus dans les évangiles (cf. Mc 14, 71 ; 15, 39 ; etc.). Pilate le présentera à la foule en disant simplement : « Voici l'homme » (Jn 19, 5) et saint Jean y verra l'homme par excellence, celui qui représente et récapitule toute l'humanité.

Le baptême de Jésus

159

Les évangiles font commencer la vie publique de Jésus au moment où la prédication de Jean Baptiste annonce la prédication de celui dont il est le précurseur. « L'an quinze du règne de l'empereur Tibère, Ponce Pilate étant gouverneur de la Judée, Hérode, prince de Galilée, [...] la Parole de Dieu fut adressée dans le désert à Jean, fils de Zacharie. Il parcourut toute la région du Jourdain. Il proclamait un baptême de conversion pour le pardon des péchés » (Lc 3, 1-3). Au terme de la lignée des prophètes, Jean Baptiste prépare la venue de Jésus en ouvrant les cœurs.

Lors du baptême demandé à Jean par Jésus, est révélée la mission messianique que le Père donne à son Fils. La scène du baptême de Jésus rappelle la vision inaugurale qui, dans l'Ancien Testament, constituait l'envoi en mission du prophète. Comme dans les manifestations divines de l'Ancien Testament, Dieu parle, authentifiant la mission de son Fils, attestant l'autorité de sa Parole, dévoilant son identité. Ce que Jésus était depuis sa conception est maintenant révélé au monde. Dans cette parole de révélation, le mystère trinitaire de Dieu, Père, Fils et Esprit est présent. Dans cet épisode, c'est la totalité de l'Évangile qui retentit. Les disciples ne cessent ensuite d'en découvrir la vérité profonde.

Jésus est venu « accomplir parfaitement ce qui est juste » (Mt 3, 15). En recevant un baptême qui était un geste de pénitence, lui qui était sans péché s'est rangé aux côtés des pécheurs dans un acte prophétique qui indique déjà tout le sens de sa mission : appeler et sauver les pécheurs. L'Église, par la suite, a compris que Jésus était venu sanctifier le rite du baptême et lui donner, grâce à son baptême de sang (cf. Mc 10, 38 ; Lc 12, 50), c'est-à-dire sa passion et sa mort, et grâce à sa résurrection, sa valeur de salut pour l'humanité. La présence de l'Esprit Saint au baptême de Jésus doit être soulignée. Tout le ministère de Jésus se trouve, en effet, placé sous le signe de cette présence. Jésus lui-même, à la synagogue de

160

Nazareth, se référera à l'Esprit qui s'est manifesté à son baptême quand il s'appliquera la prophétie d'Isaïe : « L'Esprit du Seigneur est sur moi parce que le Seigneur m'a consacré par l'onction. Il m'a envoyé porter la Bonne Nouvelle aux pauvres » (Lc 4, 18). L'Évangile selon saint Jean rapporte de son côté les paroles de Jean Baptiste : « J'ai vu l'Esprit descendre du ciel comme une colombe et demeurer en lui. Je ne le connaissais pas, mais celui qui m'a envoyé baptiser dans l'eau m'a dit : "L'homme sur qui tu verras l'Esprit descendre et demeurer, c'est celui-là qui baptise dans l'Esprit Saint" » (Jn 1, 32-33).

161 Les tentations de Jésus au désert

Après son baptême, Jésus est conduit au désert par l'Esprit (cf. Lc 4, 1). Il y connaîtra la tentation. Cette tentation a directement rapport à la mission qu'il a reçue et qui a été révélée au bord du Jourdain. Selon Matthieu et Luc, Jésus passe dans le désert quarante jours, qui symbolisent les quarante années que le peuple d'Israël a passées dans le désert du Sinaï.

La triple tentation de Jésus rappelle les tentations du peuple de Dieu pendant l'Exode et à l'entrée de la Terre promise. Récapitulant en lui l'histoire de son peuple, Jésus fait siennes les tentations qu'Israël a connues et qui sont fondamentalement celles de tout homme. Obéissant à la volonté du Père et s'appuyant sur l'Écriture, Jésus résiste sans faiblesse.

162 La tentation de Jésus est par excellence celle dont parle la Genèse : être « comme des dieux » (Gn 3, 5) ; tentation de l'orgueil radical qui se fait jalousie de Dieu, désir de tout rapporter à soi, de ne pas dépendre de Dieu. Jésus, lui, étant Dieu, « n'a pas jugé bon de revendiquer son droit d'être traité à l'égal de Dieu » (Ph 2, 6). Ces rapprochements sont significatifs : Jésus vient guérir en nous la faiblesse qui succombe à la tentation, et l'orgueil, lèpre de notre liberté.

Le récit évangélique présente comme en condensé les choix que Jésus a dû faire pendant son ministère entre le chemin d'amour, de service, de pardon voulu par le Père et celui du pouvoir et du prestige. Ainsi Jésus résistera aux sollicitations des foules qui veulent le faire roi (cf. Jn 6, 15) et repoussera l'apôtre Pierre qui veut écarter de lui les souffrances de la passion (cf. Mt 16, 22-23).

Ces choix conduisent Jésus à la passion où il sera de nouveau affronté à la « domination des ténèbres » (Lc 22, 53) et nous fera entrer dans sa victoire sur le mal.

163 Ces scènes de la tentation de Jésus peuvent nous étonner. Nous avons l'expérience que la tentation s'infiltre en nous par le biais d'une certaine complicité. Nous savons que nos meilleures actions peuvent être grevées d'un retour ambigu sur nous-mêmes. Qu'en a-t-il été pour Jésus ? Il échappe au péché originel dont la séquelle en nous est le désordre intérieur ou le dérèglement du désir. Dans la perfection humaine de sa volonté libre, *le Verbe fait chair ne peut pas pécher.*

> Jésus est, en effet, vraiment Dieu et vraiment homme. En lui, c'est le Fils de Dieu qui est homme. Puisque les actes de Jésus sont les actes humains du Verbe incarné, ils ne peuvent être marqués par le péché.

Jésus a vécu avec les hommes sans se laisser gagner par aucune complicité avec le péché qui ne cesse de proliférer parmi eux.

« Qui d'entre vous peut m'accuser de péché ? » demande Jésus (Jn 8, 46). « Fils bien-aimé » du Père (cf. Mt 3, 17), il accomplit parfaitement les deux grands commandements dans leur solidarité : « Tu aimeras le Seigneur ton Dieu de tout ton cœur, de toute ton âme et de tout ton esprit. […] Tu aimeras ton prochain comme toi-même » (Mt 22, 37-39 ; cf. Mc 12, 30-31).

L'annonce du règne de Dieu

164 Quand Jésus entre publiquement en scène, en Galilée, il dit : « Le règne de Dieu est tout proche. Convertissez-vous et croyez à la Bonne Nouvelle » (Mc 1, 15).

> Le même mot grec peut, en français, se traduire par *Règne* ou par *Royaume*. *Règne* évoque quelque chose de plus actif, souligne davantage l'exercice continué du pouvoir divin. C'est ce terme qui convient, par exemple, à la traduction du Notre Père : « Que ton Règne vienne ! » *Royaume* évoque plutôt la situation effectivement créée par la venue du

règne de Dieu, le régime ainsi institué. C'est le contexte qui recommande de choisir tantôt l'un, tantôt l'autre mot, ainsi que nous l'avons fait.

165

• La réalisation du règne de Dieu

Cette prédication de Jésus est une invitation adressée à tous ceux qui l'écoutent. Le règne de Dieu annoncé par les prophètes (cf. par exemple Is 52, 7 ; So 3, 15 ; etc.) se présente comme l'instauration d'« un monde nouveau », parfaitement réconcilié, qui serait pénétré de l'amour et de la présence de Dieu, et où les hommes vivraient en frères. Ce monde nouveau se trouve d'abord donné en germe. Ce don est une réalité effective et de portée définitive, même si sa manifestation plénière est encore attendue. Le règne de Dieu est proche, parce que déjà mystérieusement présent du fait que Jésus est là, qu'il le proclame et le fait advenir.

L'appel à accueillir le règne de Dieu s'adresse à tous. Il se manifeste de manière exemplaire aux personnes que Jésus invite à entrer dans le groupe de ceux qui le suivent : « Il les appela. Aussitôt, laissant leur barque et leur père, ils le suivirent » (Mt 4, 22). Tel est, pour les disciples, le choc de la rencontre qui suscite en eux une liberté et une vie nouvelles.

166

• Le discours sur la montagne

Le « discours sur la montagne », dans l'évangile selon saint Matthieu, commence par les « béatitudes » (cf. Mt 5, 1-12) que saint Luc rapporte en un autre contexte (cf. Lc 6, 20-26) et de manière un peu différente. A travers ces formules de type sémitique exprimant un bonheur qui vient de Dieu, Jésus a proclamé le sens de sa venue. Avec lui vient le règne de Dieu, ami et défenseur des pauvres. Les béatitudes nous ont été transmises par les évangélistes comme l'expression de la compassion de Dieu envers les disciples de Jésus qui connaissent l'épreuve ; aussi comme un appel à accueillir le règne de Dieu dans la liberté du cœur, comme une invitation à dépasser les égoïsmes avides et à nous ouvrir à une juste hiérarchie des valeurs.

La suite du discours sur la montagne (cf. Mt 5, 13 - 7, 29) exprime l'essentiel de ce que doit être une vie déterminée par la venue du règne de Dieu. Les grandes prescriptions de la loi ancienne sont portées à un degré nouveau d'exigence, qui entend supprimer toute distance entre l'attitude du cœur et les comportements pratiques, et rendre à l'homme son unité. Les grandes sphères de l'existence humaine sont concernées : vie sociale, économique et politique ; vie affective, conjugale et familiale ; vie religieuse. En tous ces domaines, Jésus propose un ordre de justice et de charité. Telle est bien, telle devrait être la vérité de l'homme, pour le bonheur de chacun dans un monde réconcilié.

Comment faire découvrir aux hommes cette vérité qui rendrait sens à leur vie ?

D'abord par la prière, expression de la foi. Car la relation à Dieu habite ces grandes sphères de l'existence humaine selon la présentation qu'en fait Jésus. C'est pourquoi Matthieu inscrit dans ce discours l'enseignement du Notre Père, prière filiale qui reconnaît que le Règne ne peut être qu'un don de Dieu.

Tout cela, pourtant, pourrait paraître utopie, rêve irréalisable. De fait, ce sont les pécheurs que Jésus appelle au Royaume, en sa phase terrestre : « Ce ne sont pas les gens bien portants qui ont besoin du médecin, mais les malades » (Mt 9, 12). Mais le discours sur la montagne est déjà vécu, *ici et maintenant*, par Jésus lui-même. Car l'homme des béatitudes, c'est lui, « doux et humble de cœur » (Mt 11, 29), pauvre par excellence, zélé pour accomplir toute justice, miséricordieux avec les pécheurs, persécuté enfin pour la justice jusqu'à la mort. Le règne de Dieu est déjà là, parce que Jésus vit ainsi.

Il est dès lors important de prêter attention à la manière dont Jésus a vécu, à ce qu'il a fait pendant son ministère. Il a pu heurter ses contemporains, mais cela était inévitable, dans la mesure où les exigences du règne de Dieu sont incompatibles avec l'esprit d'un monde pécheur.

Pour témoigner du Royaume, Jésus a constitué un groupe de disciples, venus d'horizons très divers, et qu'il a ouvert à des femmes. Parce qu'il est venu sauver ce qui était perdu, il est entré en relation avec des publicains, il est allé manger chez Zachée, publicain lui-même, il a pardonné à la femme adultère et au malfaiteur sur la croix.

• Les paraboles

Les paraboles constituent l'autre volet de l'enseignement de Jésus, qui choisit cette pédagogie parce qu'elle respecte la liberté de l'auditeur, tout en faisant appel à ce qu'il y a de plus profond en l'homme (cf. Mt 13, 10-17 ; Mc 4, 10-12 ; Lc 8, 9-10).

Ne pas entendre la parabole, c'est ne pas vouloir la lumière ; la comprendre, c'est déjà se convertir au monde nouveau du règne de Dieu. Entrer à fond dans le jeu de la parabole, c'est accepter sur son existence la lumière miséricordieuse de la vérité, c'est s'engager avec Jésus à faire la vérité en soi.

Mais les paraboles annoncent aussi la vérité de l'événement de Jésus. Elles disent : attention ! Voici ce qui est en train de se passer ! Voici l'initiative inouïe de Dieu pour le salut des hommes ! C'est le moment où tout va se jouer ! Le semeur de la parabole, c'est Jésus (cf. Mt 13, 38) ; il a vis-à-vis des pécheurs l'attitude même de son Père, évoquée dans la parabole du fils perdu et retrouvé (cf. Lc 15, 11-32). La parabole des vignerons homicides laisse transparaître le drame qui est en train de se nouer entre Jésus et son peuple (cf. Mt 21, 33-46). Non seulement Jésus raconte des paraboles, mais toute son existence est comme une grande parabole du règne de Dieu présent en lui.

169 Les signes du Royaume : les miracles

Du règne de Dieu dont il annonce la venue Jésus multiplie les signes, qui authentifient et illustrent sa parole, tandis que celle-ci en développe le sens.

Les *récits de miracles* constituent une part importante des évangiles. Sans eux les évangiles ne seraient plus ce qu'ils sont, car sans eux on ne connaîtrait plus l'*œuvre* de Jésus et donc, non plus, dans toute sa réalité, Jésus lui-même.

Les miracles sont des œuvres étonnantes, accomplies par Jésus, attestant son pouvoir divin et, *indissociablement*, le sens de son œuvre.

Devant ces miracles, les foules, racontent les évangiles, s'étonnent et s'émerveillent (cf. Mt 8, 27 ; 9, 33 ; etc.) ; elles sont saisies d'effroi, comme devant la manifestation de ce qui dépasse l'homme (cf. Mt 9, 8 ; Lc 5, 9 ; etc.).

170 Cependant, les miracles accomplis par Jésus ne sont pas destinés seulement à étonner, mais aussi et d'abord à *instruire*. Ils sont inséparables de sa parole. Jésus sait qu'il n'est pas le seul à accomplir de l'extraordinaire. Il existe de faux « signes » et de faux

« prodiges », comme il y a, et comme il y aura toujours, de « faux prophètes » (cf. Mc 13, 22). Aussi Jésus préfère que certains de ses miracles ne soient pas divulgués, dans la crainte de les voir recevoir une fausse interprétation (cf. Mc 1, 34 ; 1, 44 ; 5, 43 ; etc.).

Les miracles de Jésus sont vraiment compris comme des signes (cf. Jn 2, 11 ; 3, 2 ; 6, 29-30) de sa divinité, si l'on perçoit le *lien* et la *cohérence* entre les actes étonnants qu'ils constituent et l'ensemble de la vie et de l'enseignement de celui qui les accomplit.

> Ainsi Pascal peut-il écrire que « les miracles discernent la doctrine, et la doctrine discerne les miracles ».

C'est à cette cohérence que Jésus renvoie quand il ramène tous les signes qu'il a pu donner au seul signe décisif : celui de Jonas, c'est-à-dire celui de sa propre personne dans sa résurrection (cf. Mt 12, 38-42).

En accomplissant ses différents miracles, Jésus se révèle comme le Serviteur annoncé par les prophètes. Exorcismes et guérisons sont réalisés pour que s'accomplisse « la parole prononcée par le prophète Isaïe : "Il a pris nos souffrances, il a porté nos maladies" » (Mt 8, 17).

> Les récits évangéliques de miracles sont ainsi radicalement différents de ceux que l'on trouve dans les évangiles apocryphes, où le merveilleux a libre cours, détaché du message et de l'ensemble du sens que Jésus a donné à sa vie parmi les hommes. Les évangiles répondent à tout autre chose qu'au pur « merveilleux », en quête duquel beaucoup continuent de se mettre aujourd'hui, au sein même d'une civilisation hyperrationalisée.

• Le salut des corps

Aux disciples de Jean Baptiste, venus lui demander s'il était bien « Celui qui doit venir », Jésus répond en évoquant les signes messianiques annoncés par les prophètes (cf. Is 35, 5-6) et qu'il réalise lui-même : « Les aveugles voient, les boiteux marchent, les lépreux sont purifiés, les sourds entendent, les morts ressuscitent... » Mais il lie immédiatement cette énumération à son message : « ... et la Bonne Nouvelle est annoncée aux pauvres » (Mt 11, 2-6).

Cependant, si les gestes sont indissociables du message, celui-ci, inversement, trouve tout son poids dans les gestes qui l'accompagnent et qui en dévoilent le réalisme et l'ampleur. A cet égard, les guérisons, le salut des corps, font partie intégrante de l'Évangile. Dans les évangiles, la maladie est souvent le signe mystérieux du péché, la guérison corporelle est le signe du pardon. Mais cela ne supprime pas l'importance donnée au salut des corps. Les guérisons indiquent que le salut intéresse *tout l'homme.*

172   Le salut des corps apporté par Jésus est signifié jusque dans la mort. Les trois résurrections rapportées par l'Évangile (de la fille de Jaïre, du fils de la veuve de Naïm et de Lazare) sont un retour à la vie terrestre ; elles nous annoncent que le salut de l'homme consiste en sa totale et définitive résurrection, qui le fera vivre, au-delà de la vie terrestre, avec le Christ ressuscité.

Par son attention portée aux corps, Jésus ne se manifeste pas seulement comme un prophète porteur d'un message pour les seuls esprits. Sa personne, et notamment son corps, ne fait qu'un avec son message. Le salut qu'il apporte se réalise dans son corps, et ce salut rejoint le corps malade des hommes.

173   • **Jésus, maître de la Création**

D'autres récits de miracles, moins nombreux que les récits de guérisons, montrent Jésus agissant sur la nature environnante. Il marche sur les eaux pour rejoindre et rassurer les siens en proie aux dangers d'une mer déchaînée (cf. Mc 6, 45-52). Il apaise la tempête qui menace la vie des disciples terrorisés. « Qui est-il donc, s'exclament-ils, pour que même le vent et la mer lui obéissent ? » (Mc 4, 41).

En ces miracles, Jésus se manifeste comme le maître de la Création, et anticipe la réconciliation définitive de l'homme avec le cosmos. C'est, en effet, au bénéfice de l'homme que Jésus accomplit de tels signes, montrant que le Père sait ce dont l'homme a besoin (cf. Mt 6, 32). Ainsi la multiplication des pains est-elle un don extraordinaire, qui révèle la bonté inépuisable de Dieu quand il répand ses bienfaits sur son peuple. Ainsi le miracle de la tempête apaisée réveille-t-il, alors même qu'ils se croient abandonnés, la foi des disciples.

174   • **Les exorcismes**

Les désordres du monde, de la nature et de l'humanité, sont étroitement liés au péché. Non pas qu'il faille établir à chaque fois un rapport direct entre le péché et les différentes formes de malheur. Jésus lui-même s'y oppose dans la scène de la guérison de l'aveugle-né (cf. Jn 9, 2-3). Il serait néanmoins erroné de faire du mal et de la souffrance quelque chose de simplement « naturel ». Le monde et les hommes sont aussi sous l'emprise d'esprits mauvais qui les enchaînent, brouillent leurs relations, les déchirent intérieurement et jusque dans leur corps.

Un des signes de la venue du règne de Dieu est la libération, opérée par Jésus, de ces esprits dévastateurs. « Si c'est par le doigt de Dieu que j'expulse les démons, déclare-t-il, c'est donc que le règne de Dieu est survenu pour vous » (Lc 11, 20).

Qu'il s'agisse du démoniaque de la synagogue de Capharnaüm (cf. Mc 1, 23-27), du possédé de Gérasa (cf. Mc 5, 1-20), de la fille de la Syro-Phénicienne (cf. Mc 7, 25-30), de l'enfant épileptique (cf. Mc 9, 14-29), ou du démoniaque muet (cf. Mt 12, 22 et suiv.), toujours le rétablissement de l'homme dans son intégrité, dans sa liberté et dans sa dignité, exprime la venue du règne de Dieu.

• La multiplication des pains   175

Jésus vient s'asseoir à la table des hommes (cf. Mc 1, 31 ; Jn 2, 2). Le partage des repas avec les pécheurs, en particulier, est un signe de la venue du Règne (cf. Mt 9, 10). En agissant ainsi, Jésus fait lui-même ce qu'il enseigne : il vit la béatitude des miséricordieux.

Le partage du pain entre Jésus et les pécheurs prend une dimension nouvelle quand il les invite à sa propre table. Les multiplications des pains constituent un des sommets de la prédication de Jésus en Galilée, si l'on est attentif à la place qu'elles tiennent chez les quatre évangélistes et à leur lien avec l'annonce de la Parole.

> Dans l'évangile selon saint Jean, la multiplication des pains est immédiatement suivie du discours de Jésus sur le Pain de Vie : Jésus y souligne que sa Parole est « esprit et vie » (Jn 6, 63) et que sa chair « est la vraie nourriture » (Jn 6, 55) des hommes. Parole de Dieu, Jésus fait de son corps, dans l'eucharistie, le Pain de Vie de l'humanité.

Catéchisme pour adultes

176 **Les signes du Royaume :
l'accomplissement des prophéties**

A côté des miracles, l'accomplissement des prophéties représente un des grands signes de la venue du règne de Dieu.

Non pas que Jésus se soit contenté de réaliser servilement un programme clairement tracé d'avance par la voix ou la plume des prophètes de l'Ancien Testament. Personne n'est plus libre que lui. Aucune action n'est porteuse d'une nouveauté égale à la sienne. Sans doute, les évangiles, et Jésus le premier, peuvent relever un certain nombre de paroles prononcées par les prophètes qui trouvent en lui, ou dans tel ou tel de ses gestes, leur accomplissement (cf. Mt 8, 17 ; 12, 17-18 ; etc.). Mais c'est surtout la totalité de l'Ancien Testament qui l'annonce et qui trouve dans sa personne, dans sa parole, dans son action, et tout particulièrement dans sa passion et sa résurrection, son parfait accomplissement. Telle est la leçon que, ressuscité, Jésus donne lui-même aux pèlerins d'Emmaüs : « Vous n'avez donc pas compris ! Comme votre cœur est lent à croire tout ce qu'ont dit les prophètes ! Ne fallait-il pas que le Messie souffrît tout cela pour entrer dans sa gloire ? » Il se fait lui-même, comme il est en réalité dans tout son être, l'interprète de ces Écritures qu'il est venu accomplir : « Et, en partant de Moïse et de tous les prophètes, il leur expliqua, dans toute l'Écriture, ce qui le concernait » (Lc 24, 25-27).

177 En accomplissant les prophéties, Jésus réalise en perfection la volonté du Père. Mais, ce faisant, il réalise aussi parfaitement sa propre volonté, car le Père et lui ne font qu'un (cf. Jn 10, 30). La réalisation de la volonté du Père est sa « nourriture » (cf. Jn 4, 34), le principe de sa vie, et donc aussi celui de sa liberté, souveraine.

Jésus fait si parfaitement un avec le Père et son dessein de salut qu'il peut lui-même annoncer prophétiquement l'accomplissement de ce dessein. La nécessité, manifestée dans les nombreux « il faut » ou « il fallait » des évangiles (cf. Lc 2, 49 ; 9, 22 ; Jn 9, 4 ; etc.) va alors, paradoxalement, de pair avec la plus personnelle des décisions. « Ma vie, déclare Jésus, [...] j'ai le pouvoir de la donner, et le pouvoir de la reprendre : voilà le commandement que j'ai reçu de mon Père » (Jn 10, 17-18).

L'accomplissement fidèle des Écritures prophétiques est, de fait, un accomplissement éminemment créateur. En accomplissant les prophéties, Jésus leur *donne* proprement leur sens. Et c'est toujours en lui qu'on devra le retrouver.

A côté des miracles, en lien avec eux, et dans les mêmes perspectives, l'accomplissement des prophéties par et en Jésus est ainsi l'un des plus puissants motifs de crédibilité de la foi chrétienne (concile Vatican I, cf. DS 3009 ; FC 91).

Une autorité inouïe au nom même de Dieu   *178*

La parole de Jésus frappe d'emblée par son autorité (cf. Mc 1, 22). Cette autorité apparaît dans la certitude que Jésus manifeste d'être le porteur définitif du salut. Elle apparaît dans la puissance qu'il a d'ouvrir les cœurs, d'éclairer les intelligences, de pardonner les péchés, de guérir les corps, de chasser les démons, de maîtriser les éléments (cf. Mc 4, 39-41). Elle se manifeste aussi par la manière dont Jésus s'engage dans ce qu'il dit. C'est d'ailleurs cela qui suscite les adhésions, mais aussi les refus.

Cette autorité de la parole de Jésus s'appuie sur une affirmation inouïe, celle d'une relation unique avec Dieu, qu'il appelle son Père. Il parle et agit au propre nom de celui-ci, « avec la puissance de l'Esprit » (Lc 4, 14). Cette autorité manifeste, pour celui qui reconnaît la voix de Jésus, qu'en lui c'est véritablement Dieu qui parle.

• L'interprétation souveraine de la Loi   *179*

Jésus a vécu selon la Loi de Moïse, mais il se permet de la reprendre, non pour l'abroger mais pour l'accomplir (cf. Mt 5, 17).

Dans le discours sur la montagne, il propose une exigence supérieure à celle de la Loi sur quelques points importants (cf. Mt 5-7). A la question posée sur la possibilité de répudier une épouse, Jésus, agissant comme interprète de la Loi, répondra : « C'est en raison de votre endurcissement que Moïse vous a concédé de renvoyer vos femmes. Mais au commencement, il n'en était pas ainsi » (Mt 19, 8). Jésus change les traditions des hommes au nom du dessein divin qui était inscrit dans la Création originelle. En même temps, il prend de la distance par rapport à des pratiques extérieures et des jugements qui, non seulement, sont un joug que personne n'a pu porter (cf. Ac 15, 10), mais risquent d'écraser les plus petits et les plus faibles. Dans la controverse sur le pur et l'impur, il rétablit le vrai sens des pratiques (cf. Mt 15, 10-20). Dans l'épisode des vendeurs chassés du Temple (cf. Mc 11, 15-19), Jésus marque son autorité en rappelant l'importance et le sens du Temple : « L'Écriture ne dit-elle pas : Ma maison s'appellera maison de prière pour toutes les nations ? » (Mc 11, 17).

180   • **Le pardon des péchés**

« Qui donc peut pardonner les péchés, sinon Dieu seul ? » (Mc 2, 7). Or, à deux occasions au moins, Jésus déclare ce pardon de la manière la plus formelle : au paralytique de Capharnaüm (cf. Mt 9, 1-8) et à la pécheresse venue baigner ses pieds de larmes chez Simon le pharisien (cf. Lc 7, 36-50). Dans ces deux épisodes, l'audace de la parole de pardon prononcée par Jésus fait sursauter les auditeurs. Jésus, quand il pardonne au paralytique, ne se justifie pas en invoquant l'autorité de Dieu. Il parle de lui-même et confirme son pouvoir de pardonner par celui qu'il a de guérir.

181   • **L'appel à tout quitter pour le suivre**

Appelés par Jésus, les pêcheurs du lac quittent leur barque et leur père pour se consacrer au Royaume à la suite du Maître. « Celui qui aime son fils ou sa fille plus que moi n'est pas digne de moi » (Mt 10, 37). La relation à Jésus est première, avant les affections les plus légitimes de la famille. Il demande que l'on perde sa vie à cause de lui (cf. Mt 10, 39). Il proclame que la décision de fond que l'on prend à son égard a valeur définitive et ultime. Se décider pour ou contre lui, c'est se décider pour ou contre Dieu. Les disciples sont ainsi invités à faire « à cause de lui » ce qu'il n'est légitime de faire qu'à cause de Dieu.

182   • **Jésus Messie**

Ce Jésus, dont le comportement et la Parole sont uniques, qui est-il en définitive ? Israël attendait le Messie, ne serait-ce pas lui ?

Au début de son ministère, à la synagogue de Nazareth, Jésus s'applique à lui-même un passage d'Isaïe (cf. Lc 4, 18-21) où il *affirme être le Prophète annoncé*. A l'adresse de Jean Baptiste, Jésus souligne la correspondance entre les promesses messianiques et ce qui se passe depuis qu'il a commencé à annoncer le Royaume, revendiquant ainsi la qualité de Messie (cf. Mt 11, 3-5) ; mais il est *Messie serviteur*, celui qui deviendra le Serviteur souffrant.

C'est lui le Messie de Dieu, objet des espérances d'Israël et dont toute l'histoire sainte a annoncé et préparé la venue : « Je ferai avec vous une Alliance éternelle, qui confirmera ma bienveillance envers David » (Is 55, 3 ; cf. Lc 1, 31).

Mais Jésus évite tout ce qui pourrait créer une confusion avec un messianisme temporel. Il tient à se retrouver du côté des pauvres et des exclus ; il est venu pour les pécheurs (cf. Lc 5, 32). Il se méfie de l'enthousiasme ambigu des foules et demande à ses proches le *secret* sur sa véritable identité (cf. Mc 9, 9-10 ; Jn 6, 14-15).

183

Jésus pose la question de son identité à ses disciples quand il les interroge sur la mission qu'ils ont effectuée en son nom : « Et vous, que dites-vous? Pour vous, qui suis-je? » (Mt 16, 15). Pour Pierre, comme pour l'Église et pour chaque chrétien, la réponse « Tu es le Messie, le Fils du Dieu vivant » (Mt 16, 16), réponse qui est une révélation venue du Père des cieux, est indissociable de la mission que Dieu veut leur confier. L'Évangile présente d'autres confessions de foi (cf. Mc 15, 39 ; Jn 4, 42 ; 6, 68-69). L'expression « Fils de Dieu » ne déploiera tout son sens au regard des disciples qu'à travers l'épreuve de la passion et sous la lumière de Pâques et de Pentecôte.

• Une relation unique avec Dieu son Père

184

Mais, dès le temps de sa vie terrestre, Jésus, quant à sa relation à Dieu, se présente bien comme le Fils. Il l'appelle « Père » et entretient avec lui une relation d'intimité unique : « Le Père et moi, nous sommes un » (Jn 10, 30). Cette relation privilégiée, Jésus l'exerce toute sa vie dans la prière, qui constitue la respiration de son existence et dans laquelle intervient l'Esprit, comme le souligne saint Luc. « Jésus exulta de joie sous l'action de l'Esprit Saint, et il dit : "Père, Seigneur du ciel et de la terre, je proclame ta louange [...]. Tout m'a été confié par mon Père ; personne ne connaît qui est le Fils sinon le Père, et personne ne connaît le Père, sinon le Fils et celui à qui le Fils veut le révéler" » (Lc 10, 21-22). Au cours de l'agonie, Jésus emploie de manière bouleversante une appellation filiale, « Abba », pour s'adresser à Dieu (Mc 14, 36). Le nom de « Fils » est l'expression la plus juste de la vérité profonde de Jésus.

185 La gloire entrevue : Jésus transfiguré

« A partir de ce moment », où Pierre avait reconnu en Jésus « le Messie, le Fils du Dieu vivant », celui-ci « commença à montrer à ses disciples qu'il lui fallait partir pour Jérusalem, souffrir beaucoup [...], être tué et le troisième jour ressusciter » (Mt 16, 21). Cette annonce fut refusée par Pierre, qui montrait ainsi qu'il avait encore beaucoup à découvrir de la révélation qu'il avait reçue du Père. C'est alors que les évangiles situent l'épisode de la transfiguration de Jésus sur la montagne, devant trois témoins, Pierre, Jacques et Jean (cf. Mt 17, 1-9 ; Mc 9, 2-10 ; Lc 9, 28-36). A côté de Jésus, environné de lumière, apparaissent ces deux témoins de l'Alliance que sont Moïse et Élie.

La seconde lettre de saint Pierre gardera l'écho émerveillé de cet événement : « Pour vous faire connaître la puissance et la venue de notre Seigneur Jésus Christ, nous n'avons pas eu recours aux inventions des récits mythologiques, mais nous l'avons contemplé lui-même dans sa grandeur. Car il a reçu du Père l'honneur et la gloire quand est venue sur lui, de la gloire rayonnante de Dieu, une voix qui disait : "Celui-ci est mon Fils bien-aimé. En lui j'ai mis tout mon amour" » (2 P 1, 16-17).

Jésus a donc manifesté, pendant quelques instants, sa gloire de Fils, et a confirmé la confession de foi de Pierre. Mais la Transfiguration prélude aussi à l'« exode » que sera la passion de Jésus à Jérusalem (cf. Lc 9, 30-31), et prépare les disciples à mieux traverser cette épreuve.

> La Transfiguration, enfin, anticipe en quelque sorte la venue du Christ en gloire, « qui transformera nos pauvres corps à l'image de son corps glorieux » (Ph 3, 21).

Le mystère de la Transfiguration occupe une place importante dans la tradition des Églises d'Orient, dont la piété s'est toujours nourrie avec prédilection de la figure du Christ rayonnant la lumière de sa divinité.

La rencontre de la contradiction

Dès le début de son ministère Jésus rencontre la contradiction de la part de certains Juifs, « scribes et pharisiens », « chefs des prêtres », « anciens »,... ceux qui ne peuvent admettre la nouveauté de son message, si fortement marqué par la miséricorde de Dieu. Tout au long de sa prédication, ils se manifestent de plus en plus comme ses adversaires déclarés. Progressivement, parmi ses auditeurs, le clivage se durcit entre ceux qui croient et ceux qui refusent de croire. La condamnation à mort sera l'aboutissement de ce refus.

L'évangile selon saint Jean présente même toute la prédication de Jésus comme un long procès qui aboutit à sa mort. La dernière montée à Jérusalem s'accomplit dans un climat tel qu'il devient manifeste que Jésus marche vers la mort habituellement réservée aux prophètes. Mais il ne dévie pas de sa mission. Aussi le « Juste » va-t-il tomber aux mains des pécheurs et sceller de son sang l'annonce du Royaume à laquelle il a consacré sa vie. Il révélera ainsi de manière définitive qui il est véritablement et quel salut il est venu apporter aux hommes.

3.
Le mystère pascal de Jésus

Dans les évangiles, les récits de la passion et de la résurrection de Jésus tiennent une place considérable. La foi de l'Église a toujours vu et célébré dans l'événement pascal, avec sa double face de souffrance et de gloire, le sommet de la Révélation, et la confirmation de tout ce qui avait été déjà perçu par les disciples quant à l'identité divine de Jésus. Cette Pâque, qui trouve son

Catéchisme pour adultes

accomplissement dans le don de l'Esprit de Pentecôte, est l'œuvre de l'amour du Père et de l'amour du Christ, plus forts que la haine des hommes pécheurs et que la mort elle-même.

188

C'EST LUI LA PÂQUE de notre salut,
c'est lui qui, en tant d'hommes,
souffrit tant de maux ;
c'est lui qui en Abel fut assassiné,
en Isaac fut enchaîné,
en Jacob fut jeté en terre étrangère,
en Joseph fut vendu, en Moïse fut exposé,
en l'agneau fut immolé, en David fut traqué,
dans les prophètes fut méprisé.
C'est lui qui, en une vierge, prit chair,
sur le bois fut crucifié, en terre fut enseveli,
d'entre les morts ressuscita,
et au plus haut des cieux fut élevé.
C'est lui l'agneau sans voix,
c'est lui l'agneau égorgé,
c'est lui l'enfant de Marie. [...]
C'est lui qui du troupeau fut tiré,
et à la mort fut mené, et le soir fut immolé
et la nuit inhumé.
C'est lui qui sur le bois ne fut point broyé,
en terre ne se corrompit pas,
d'entre les morts ressuscita et ressuscita l'homme
du fond de la tombe,
jusqu'au plus haut des cieux.

Méliton, évêque de Sardes
(Asie Mineure), † vers 190.

La mort de Jésus

189

Jésus sait bien qu'il monte vers sa mort (cf. Mc 10, 32-34). Cette mort, il ne la subit pas comme une fatalité. Il l'accepte *en toute liberté* et lui donne sens. Il en fait le don de sa vie (cf. Jn 15, 13).

• Le dernier repas

190

C'est au cours du dernier repas partagé avec ses disciples qu'il révèle le sens de sa mort. Il prend le pain et le vin et leur dit : « Ceci est mon corps, donné pour vous. Faites cela en mémoire de moi. [...] Cette coupe est la nouvelle Alliance établie par mon sang. Chaque fois que vous en boirez, faites cela en mémoire de moi » (1 Co 11, 24-25).

Son corps et son sang signifient la totalité de sa personne, donnée aux siens sous une double forme : d'une part, l'*institution de l'eucharistie* ; d'autre part, son *corps livré* et son *sang versé sur la croix* pour le pardon des péchés. Les deux dons sont liés au point de n'en faire qu'un seul. L'eucharistie exprime le sens même que Jésus a voulu donner à sa mort : il donne sa vie pour que nous ayons la Vie. Mais ce don de sa vie que Jésus a réalisé sur la croix, ce don plénier de l'amour divin, il nous est effectivement communiqué dans l'eucharistie. A chaque fois que nous mangeons ce pain et que nous buvons à cette coupe (cf. 1 Co 11, 25), nous recevons en nourriture de vie celui qui a accompli sa Pâque, celui qui a été « livré pour nos fautes et [qui est] ressuscité pour notre justification » (Rm 4, 25). Par la célébration de l'eucharistie, le mystère de sa croix et de sa résurrection restera perpétuellement présent et agissant dans la vie des croyants. A la Cène, Jésus scelle l'identité entre son enseignement et sa vie, identité dont la manifestation suprême sera la croix.

191

C'est aussi au cours de ce dernier repas que Jésus lave les pieds de ses disciples (cf. Jn 13, 1-15). Selon saint Jean, qui nous rapporte la scène, ce geste d'humble service est une annonce prophétique de ce que Jésus va faire sur la croix. Par le baptême de sa passion et de sa mort, il va rendre aux hommes le service suprême : les laver, les purifier par son sang, pour qu'ils « aient part » (cf. Jn 13, 8) avec lui. Mais en accomplissant ce geste, Jésus nous donne aussi un exemple, afin que nous fassions, nous aussi, comme il a fait pour nous (cf. Jn 13, 15). Ceux qui reçoivent l'eucharistie sont appelés à l'amour et au service fraternel, jusqu'à donner leur vie pour leurs frères.

192

• Le sacrifice de Jésus

Jésus parle de sa mort comme d'un sacrifice, et en fait une *Alliance nouvelle* par rapport à la première Alliance. Sa mort sera un sacrifice d'obéissance et d'amour. Ce sacrifice, c'est l'*accueil total* par Jésus de l'amour du Père : au cœur même de ce qui peut, le plus, éloigner l'homme de Dieu (la souffrance et l'approche de la mort), Jésus sait que le Père l'aime et il reçoit cet amour comme l'appui d'une confiance que rien n'ébranlera. Ce sacrifice, c'est le *don total* de lui-même au Père, pour ses frères, dans l'accomplissement jusqu'au bout du double commandement qui résume la Loi et les Prophètes : aimer Dieu et son prochain. Toute la vie de Jésus a été une existence pour le Père et pour ses frères. De même, sa mort est une mort « pour la multitude » (Mc 14, 24) selon ce qui avait été annoncé (cf. Is 53, 11-12), c'est-à-dire pour tous, « pour nous ». Ce « pour nous » est inscrit dans toute l'attitude de Jésus : il deviendra la base de la réflexion de l'Écriture et de l'Église sur la Rédemption.

> Accueil total et don total, le sacrifice de Jésus est la manifestation suprême de son amour pour le Père. Il s'y révèle vraiment comme le Fils, qui est en relation avec le Père dans l'unité d'un même Esprit : « Poussé par l'Esprit éternel, Jésus s'est offert lui-même à Dieu comme une victime sans tache » (He 9, 14).
>
> Par ce sacrifice, Jésus révèle le sens du sacrifice chrétien, qui met en œuvre notre passage (Pâque) en Dieu dans la communion fraternelle, à quelque prix que ce soit, fût-ce au prix de la souffrance et de la mort.

193

• L'agonie de Jésus

Après ce dernier repas Jésus entre en agonie, c'est-à-dire en une lutte intérieure entre le désir de ne pas être livré à la « domination des ténèbres » (Lc 22, 53), d'échapper à la mort sanglante qui s'annonce, et celui d'accomplir jusqu'au bout la volonté du Père et la mission reçue. Jésus avoue qu'il est « triste à en mourir » (Mt 26, 38), il demande alors l'aide de la présence et de la prière de trois des siens. Ceux qui avaient été les témoins de sa *transfiguration* deviennent aujourd'hui les témoins de sa *défiguration*. En cette scène douloureuse de combat et de tentation, en cette heure d'angoisse, Jésus partage la détresse de tout homme devant la mort.

> Ainsi, nous parlons d'« agonie » pour désigner les heures douloureuses de souffrance physique et morale qui précèdent immédiatement la mort.
>
> Gethsémani est surtout à comprendre dans la perspective de ce qui est l'enjeu même de la passion : le salut de l'humanité. L'agonie de Jésus révèle à la fois sa souffrance devant le refus opposé par l'homme à l'Alliance que Dieu lui offre, et son union avec le Père dans sa volonté de racheter le monde.

A la différence de ses disciples, qui ne peuvent s'empêcher de dormir, Jésus donne l'exemple d'une prière incessante, répétant les mêmes paroles : « Mon Père, si cette coupe ne peut passer sans que je la boive, que ta volonté soit faite » (Mt 26, 42).

• Livré aux mains des pécheurs   194

Jésus est alors arrêté sur les indications du traître Judas. Il va comparaître dans un *double procès* : *juif* d'abord, au cours duquel le Sanhédrin, le Grand Conseil, présidé par Caïphe, l'accuse formellement de blasphème, pour avoir répondu « Vous dites bien, je le suis » à la question « Tu es donc le Fils de Dieu ? » ; puis *romain*, avec la comparution devant Pilate, le gouverneur de la province, qui seul a le droit de condamner à mort et de faire exécuter la sentence. Par ce double « procès », qui n'est pas sans rappeler le thème du « procès » entre Dieu et son peuple dans l'Ancien Testament (cf. Os 4, 1), les évangélistes, dont les récits de la passion sont d'une discrétion toute de pudeur, montrent que la mort de Jésus est le fait des hommes, de *tous les hommes,* qui se sont unis dans la même complicité pécheresse pour mettre Jésus à mort. Jésus est le Juste dont la vie et le témoignage étaient devenus insupportables à leurs yeux. Il est l'Innocent condamné.

> « Encore que des autorités juives, avec leurs partisans, aient poussé à la mort du Christ, ce qui a été commis durant sa passion ne peut être imputé ni indistinctement à tous les Juifs vivant alors, ni aux Juifs de notre temps. S'il est vrai que l'Église est le nouveau peuple de Dieu, les Juifs ne doivent pas, pour autant, être présentés comme réprouvés par Dieu ni maudits, comme si cela découlait de la Sainte Écriture. [...] D'ailleurs, comme l'Église l'a toujours tenu et comme elle le tient, le Christ, en vertu de son immense amour, s'est soumis volontairement à la passion et à la mort à cause des péchés de tous les hommes et pour que tous les hommes obtiennent le salut » (NA 4).

Pourquoi donc Jésus est-il mort sur la croix ? Il faut   195
distinguer deux sens à ce « pourquoi ». *A cause de quoi ou de qui ?* A

cause des hommes pécheurs qui ont condamné Jésus à mort. C'est d'ailleurs ce que dit Pierre dans le discours de la Pentecôte : « Ce même Jésus que vous avez crucifié, Dieu a fait de lui le Seigneur et le Christ » (Ac 2, 36). *En vue de quoi ?* Pour que Jésus accomplisse sa mission de salut, de réconciliation des hommes avec Dieu et pour leur donner la vie éternelle : « Hérode et Ponce Pilate, avec les païens et le peuple d'Israël, ont accompli tout ce que tu avais décidé d'avance, dans ta puissance et ta sagesse » (Ac 4, 27-28). Ainsi s'expriment dans leur prière les apôtres et les premiers chrétiens.

196   La foi peut scruter les données historiques de la mort de Jésus, transmises fidèlement par les évangiles, afin de mieux comprendre le sens de la Rédemption. On voit alors à l'œuvre, simultanément, et la liberté des hommes, dont le péché va jusqu'à mettre à mort l'innocent, et la liberté souveraine de Jésus qui s'engage à l'intérieur même des fruits amers du péché pour y faire triompher l'amour : « Celui qui n'a pas connu le péché, Dieu l'a pour nous identifié au péché des hommes, afin que, grâce à lui, nous soyons identifiés à la justice de Dieu » (2 Co 5, 21).

> La mise à mort de Jésus est bien le « jugement », au sens où l'évangile selon saint Jean en parle : dans le meurtre de l'innocent par excellence (comme par la suite, avec la mise à mort des martyrs, à commencer par Étienne), paraît en pleine lumière la manière dont le péché mène à la mort. L'attitude et la parole de Jésus affirment l'amour du Père pour tous et l'étendue de sa miséricorde. Mais cela choque ceux qui ne voient pas comment, en aimant comme le Père aime, aussi bien le pécheur, la femme perdue, l'étranger, l'exclu que le juste, Jésus accomplit la Loi et le culte en esprit et en vérité.

Non seulement Jésus est jugé et condamné par les autorités religieuses et politiques, après avoir été trahi par Judas, mais il est bafoué et torturé par les soldats, hué à mort par la foule qui lui préfère Barabbas, délaissé par les siens et renié par Pierre, le premier de ses disciples. Abandonné à sa solitude, il fait l'expérience de l'échec et de la contradiction totale.

Ainsi l'œuvre de mort est le fait des hommes ; l'œuvre de vie est le fait de Dieu. Seulement le dessein d'amour de Dieu (cf. 1 Jn 4, 10) a fait servir cette mort à la réconciliation et au salut de ceux-là mêmes qui l'ont infligée. Il « fallait » que Jésus, pour accomplir sa mission, accepte de se livrer aux mains des pécheurs.

> Le langage anthropomorphique de l'Écriture, qui exprime le dessein de Dieu, ne doit pas conduire à penser que ceux qui ont livré Jésus ont été

seulement les exécutants passifs et irresponsables d'un scénario écrit d'avance. Le plan de Dieu s'est réalisé dans l'histoire, cette histoire que fait la liberté des hommes.

• Jésus en croix 197

Jésus est condamné à subir la mort en croix, supplice des esclaves et des criminels de droit commun. Supplice infamant, en même temps qu'atroce. Sur la croix, il prononce quelques paroles, rapportées par l'un ou l'autre des récits évangéliques, mais dont il faut tenir ensemble le sens. Ainsi les *paroles de détresse*, en particulier le « mon Dieu, mon Dieu, pourquoi m'as-tu abandonné ? » (Mt 27, 46 ; Mc 15, 34). Ce grand cri, que la tradition juive applique au Juste souffrant, est l'expression de l'abîme où peut descendre l'homme qui se sent abandonné de Dieu, mais il est aussi une prière confiante, dans la mesure où Jésus reprend ici la première phrase du psaume 21, dont la seconde partie est une proclamation d'espérance au fond même du malheur, un abandon filial.

> La parole de Jésus en croix a été, à travers toute la Tradition de l'Église, la consolation de ceux qui souffrent de toutes les formes humaines de détresse et d'injustice, aux limites d'une espérance possible. Il n'y a pas de détresse, ni d'abandon humain que Jésus ne soit venu rejoindre sur la croix. En lui, Dieu est vraiment avec nous, partageant chacune des souffrances humaines. En lui, l'incessant cri de détresse de l'humanité monte vers Dieu. Cependant, la souffrance de Jésus est un abîme dont aucun être humain n'a sondé toute la profondeur : il est « l'Agneau de Dieu qui porte le péché du monde » (Jn 1, 29).
>
> Le dernier souffle de Jésus s'accompagne à nouveau d'un grand cri, manifestant qu'il donne librement sa vie, qu'on ne la lui arrache pas (cf. Jn 10, 18) et le centurion romain, qui sait comment meurent d'épuisement et d'étouffement les crucifiés, comprend et peut s'écrier : « Vraiment, cet homme était le Fils de Dieu ! » (Mc 15, 39).

Saint Luc et saint Jean donnent à la mort de Jésus un éclairage complémentaire. Chez Luc, Jésus *pardonne* à ses bourreaux (cf. Lc 23, 34), promet le paradis « aujourd'hui » au malfaiteur repentant (23, 43), et sa dernière parole est un mot d'*abandon confiant* entre les mains du Père : « Père, entre tes mains je remets mon esprit » (23, 46). Jean, de son côté, nous rapporte l'émouvante parole de Jésus à sa mère et au disciple qu'il aimait : « Femme, voici ton fils. [...] Voici ta mère » (Jn 19, 26-27). Et il remit l'esprit, après avoir dit : « Tout est accompli » (Jn 19, 30). 198

Jésus a manifesté sur la croix une confiance filiale absolue envers le Père, ainsi qu'un amour infini pour tous, les ennemis comme les êtres les plus chers, dans une détresse et un abandon que nous avons peine à imaginer.

• « Scandale et folie »... « Puissance et sagesse »

« Nous, nous proclamons un Messie crucifié, scandale pour les Juifs, folie pour les peuples païens. Mais pour ceux que Dieu appelle, qu'ils soient Juifs ou Grecs, ce Messie est puissance de Dieu et sagesse de Dieu » (1 Co 1, 23-24). Cette parole de Paul rappelle le mouvement de conversion qui est sans cesse à réaliser pour reconnaître le Sauveur en un homme crucifié. La croix a été, est et restera toujours un scandale et une folie. Et pourtant « la folie de Dieu est plus sage que l'homme, et la faiblesse de Dieu est plus forte que l'homme » (1 Co 1, 25).

Pour demeurer au pied de la croix, il faudra toujours une conversion du regard : « Ils lèveront les yeux vers celui qu'ils ont transpercé » (Jn 19, 37).

Une telle mort n'inspire pas seulement le respect, elle révèle l'être de Jésus, son lien filial au Père. Car, assumée en toute liberté, par amour et par obéissance à la mission reçue du Père, elle est *révélation de la gloire de Dieu* lui-même. Elle est le témoignage ultime et inépuisable que « Dieu a tant aimé le monde qu'il a donné son Fils unique, pour que tout homme qui croit en lui ne périsse pas » (Jn 3, 16). L'évangile selon saint Jean invite déjà à cette contemplation, par sa manière de relier élévation de Jésus sur la croix et élévation glorieuse de Jésus ressuscité. « Quand j'aurai été élevé de terre, j'attirerai à moi tous les hommes » (Jn 12, 32). Jésus, couronné d'épines, règne en vérité sur le bois de la croix. La blessure du côté ouvert, d'où il sort du sang et de l'eau, exprime toute la fécondité de cette mort pour l'Église (cf. Jn 19, 31-37).

• La descente aux enfers

Après sa mort Jésus a été mis au tombeau, c'est-à-dire caché dans le sein de la terre, signe qu'il est vraiment mort. Selon la tradition juive, l'homme, après la mort, descendait aux enfers, au *shéol*, lieu symboliquement placé sous la terre, là où les morts dépourvus de corps menaient une ombre de vie, exclus de la présence de Dieu. Le Nouveau Testament nous dit que Jésus « est allé proclamer son message à ceux qui étaient prisonniers de la mort » (1 P 3, 19 ; cf. Ep 4, 9-10).

Ces données du Nouveau Testament, qui s'expriment à travers une représentation du monde largement marquée par son époque, sont à l'origine d'un article du *Credo* : « Il est descendu aux enfers. » L'affirmation comporte un double aspect. D'une part, Jésus est descendu dans le royaume de la mort, avec tout ce que celle-ci comporte d'obscurité et d'opacité. Il est allé au cœur de notre impuissance et en a brisé les sceaux. D'autre part, la descente de Jésus dans les enfers signe sa victoire sur cette mort et sur les puissances du mal qui, depuis les origines, régnaient sur l'humanité. Il a vaincu les enfers en rachetant l'humanité qui l'a précédé dans l'histoire. Les premiers chrétiens se sont demandé : pourquoi le Christ est-il venu si tard et comment a-t-il pu racheter l'immense foule des hommes venus avant lui ? La descente aux enfers de Jésus dit la dimension universelle de ce qu'il a accompli : toutes les générations sont rachetées par sa mort.

La résurrection de Jésus

201

La résurrection de Jésus est le fondement et l'objet par excellence de la foi et de l'espérance chrétiennes. « Si le Christ n'est pas ressuscité, déclare saint Paul, notre message est sans objet, et votre foi est sans objet » (1 Co 15, 14). Les chrétiens sont chargés, à la suite des apôtres, d'annoncer au monde cette « bonne nouvelle » : « Christ est ressuscité ! »

• « L'Évangile » de Paul

Lorsque Paul veut « rappeler » aux Corinthiens la « Bonne Nouvelle » qu'il leur a annoncée et par laquelle ils seront « sauvés » (cf. 1 Co 15, 1-2), il leur dit : « Je vous ai transmis ceci, que j'ai moi-même reçu : le Christ est mort pour nos péchés conformément aux Écritures, et il a été mis au tombeau ; il est ressuscité le troisième jour conformément aux Écritures, et il est apparu à Pierre, puis aux Douze ; ensuite il est apparu à plus de cinq cents frères à la fois — la plupart sont encore vivants, et quelques-uns sont morts —, ensuite il est apparu à Jacques, puis à tous les apôtres. Et, en tout dernier lieu, il est même apparu à l'avorton que je suis » (1 Co 15, 3-8).

202   Dans cette profession de foi, que Paul a lui-même reçue de la tradition antérieure, se trouvent d'emblée les affirmations majeures du Nouveau Testament sur la résurrection du Christ.

Avant la mention de la résurrection, il y a celle de la mort et de la mise au tombeau : Jésus est réellement mort. Cette mort est une mort « pour nos péchés ». Victoire sur la mort, la Résurrection sera victoire sur le péché et réconciliation de l'homme avec Dieu pour qu'il retrouve la vie.

Quant à la résurrection elle-même, elle fait l'objet de plusieurs affirmations. D'abord le fait : Jésus, mort, s'est « levé » d'entre les morts. C'est arrivé le « troisième jour » : cette expression, de valeur chronologique, est aussi à comprendre en fonction de l'accomplissement des prophéties (cf. Os 6, 1-2 ; Mt 12, 40 et le signe de Jonas ; Mt 26, 61 ; Mc 15, 29 ; Jn 2, 19-20 et le signe du Temple). Cette résurrection le troisième jour s'est accomplie « conformément aux Écritures » : la résurrection de Jésus est située dans l'économie du salut, et les Écritures trouvent leur sens dans l'événement de la résurrection. Paul fait ensuite appel aux témoins.

203   • **Le tombeau vide**

Personne n'a assisté à la résurrection de Jésus. Celle-ci a d'abord été annoncée par un messager de Dieu, un ange (ou deux anges, selon Luc). Devant la pierre roulée du tombeau, « Vous, soyez sans crainte! déclare-t-il. Je sais que vous cherchez Jésus le Crucifié. Il n'est pas ici, car il est ressuscité, comme il l'avait dit. Venez voir l'endroit où il reposait. Puis, vite, allez dire à ses disciples : "Il est ressuscité d'entre les morts ; il vous précède en Galilée : là vous le verrez!" » (Mt 28, 5-7).

Ces paroles de l'ange s'adressent aux femmes, qui étaient présentes lorsque le corps de Jésus avait été mis au tombeau (cf. Mt 27, 61 ; Mc 15, 47). Le premier jour de la semaine, ce sont elles qui viennent, les premières, à la tombe et la trouvent vide ; ce sont elles qui, les premières, reçoivent l'annonce de la résurrection. Elles ne font pas partie, par la suite, des témoins officiels, au même titre que les apôtres, mais c'est d'elles que ceux-ci ont reçu le premier message.

Le tombeau vide, découvert par les femmes, par Pierre et le disciple que Jésus aimait, est un signe, en soi négatif, de la résurrection. Les évangiles le savent. Ils évoquent l'interprétation des grands prêtres, qui chercheront à le faire passer pour le résultat d'une supercherie des disciples, qui auraient, de nuit, fait disparaître le corps. Aussi ce signe du tombeau vide ne doit-il pas être séparé de l'ensemble du témoignage, et en particulier du récit des apparitions.

204

Il n'en est pas moins un signe essentiel de l'événement de la résurrection. Par sa disparition inexplicable du tombeau, le corps de Jésus manifeste qu'il a échappé à l'ordre des phénomènes, tel que nous l'expérimentons, et à la loi universelle de la corruption. L'ordre du monde, dont nous avons l'expérience, connaît ici une *rupture*. Le corps de Jésus est déjà le lieu du grand retournement qui sera celui de tout l'univers à la fin des temps. Le tombeau vide témoigne de la continuité entre le corps mortel de Jésus et son corps glorieux, malgré la discontinuité radicale de ces deux états.

- **Les apparitions du Ressuscité**

205

Si personne n'a assisté à la sortie du tombeau, Jésus ressuscité s'est *donné à voir* « aux témoins que Dieu avait choisis d'avance », comme le déclarera Pierre chez Corneille, « à nous qui avons mangé et bu avec lui après sa résurrection d'entre les morts » (Ac 10, 41).

Les disciples de Jésus n'ont cessé d'attester avec force et persévérance, et même au péril de leur vie, avoir vu Jésus vivant. « Il a été vu », ou encore, comme on peut aussi traduire : « il s'est donné à voir » (1 Co 15, 5-7). Telle est la manière dont cette expérience, avec sa dimension sensible, est généralement exprimée. On ne peut suspecter la sincérité des témoins. Pour autant, il faut se garder de réduire cette « vision » à une vision ordinaire. En effet, si l'expérience sensible des disciples atteste bien la réalité corporelle du Ressuscité (cf. Lc 24, 36-43 ; Jn 20, 24-27), elle manifeste également que le corps du Christ ressuscité ne se laisse plus enclore dans les limites du monde physique où pourtant très réellement il se montre. Il n'est pas arrêté par les portes closes de la peur (cf. Jn 20, 19. 26), pas plus qu'il n'est resté emprisonné par la pierre du tombeau. Il peut se laisser toucher par Thomas (cf. Jn 20, 27), mais il refuse qu'on mette les mains sur lui. Il se fait reconnaître par Madeleine en l'appelant par son nom, mais il lui interdit de le toucher, en voulant le retenir (Jn 20, 16-17).

206 La résurrection de Jésus n'est pas un retour à son mode de vie antérieur, le nôtre, établi sous la loi de la mort. A cet égard la résurrection de Jésus diffère radicalement d'une résurrection provisoire, comme celle de Lazare ou de telle ou telle autre accomplie par Jésus (cf. saint Thomas d'Aquin, *Somme théologique* III, Q 53, a 3). « Ressuscité d'entre les morts, le Christ ne meurt plus ; sur lui la mort n'a plus aucun pouvoir » (Rm 6, 9).

Ainsi est-ce toujours sur une *initiative gratuite* de sa part que Jésus rend son corps, au-delà de la mort, visible à des hommes et à des femmes qui ne sont pas ressuscités. Les récits d'apparitions insistent fortement sur l'originalité absolue de la présence de Jésus. Il se rend présent et il disparaît selon un mode nouveau, autre que ses modes anciens de rencontre, et pourtant c'est bien lui ! De telle sorte que ses disciples pourront attester pour la suite des générations l'identité entre le Crucifié et le Ressuscité.

> On retrouve dans les récits d'apparitions un certain nombre d'éléments communs : Jésus se rend d'abord présent sans être reconnu. Il provoque soit l'étonnement, soit la crainte. Puis Jésus parle pour se faire reconnaître, donnant, par exemple, une leçon sur les Écritures (cf. Lc 24, 27. 44-47) afin de montrer que ce qui a été annoncé par la Loi, les Prophètes et les Psaumes, s'est accompli en lui ; ou bien, il se fait reconnaître par un geste qui lui est propre : fraction du pain (cf. Lc 24, 30-31) ou pêche miraculeuse (cf. Jn 21, 1-14) ; ou encore, il fait identifier son corps crucifié (cf. Lc 24, 39-43 ; Jn 20, 27-29). Jésus veut ainsi montrer qu'à travers la nouveauté radicale de son statut de Ressuscité il demeure le même. Le Ressuscité est toujours le Crucifié ! Ranimée et éclairée par Jésus, la foi des apôtres renaît et leur permet de le reconnaître. Il s'agit bien d'une reconnaissance, puisque Jésus ne se manifeste qu'à ceux qui l'ont déjà connu au temps de son ministère public. Plusieurs récits, enfin, comportent un envoi en mission.

207 ● **Le témoignage des Apôtres**

La parole de Pierre est pleine d'assurance : « Ce Jésus, Dieu l'a ressuscité : nous tous, nous en sommes témoins » (Ac 2, 32). C'est sur la base du témoignage et de la foi des apôtres que nous croyons à la résurrection de Jésus. Dire cela, c'est dire qu'à la naissance de la foi de l'Église les apôtres occupent une place particulière.

Pour préciser la grâce spécifique qui est la leur, on peut relire certaines paroles de l'évangile selon saint Jean : au tombeau, le disciple que Jésus aimait « vit et crut » (Jn 20, 8). Thomas, après avoir refusé de croire les autres apôtres, reconnaît Jésus qui lui montre ses plaies et il dit : « Mon Seigneur et mon Dieu. » C'est alors que Jésus ajoute : « Parce que tu m'as vu, tu crois. Heureux ceux qui croient sans avoir vu » (Jn 20, 29).

Nous, aujourd'hui, nous croyons sans avoir vu. Les apôtres, eux, ont vu et cru. Ayant vu, ils peuvent attester l'événement de la résurrection, et témoigner que le Ressuscité est bien Jésus de Nazareth. Mais, s'ils ont vu, c'est afin que nous, nous puissions croire grâce à leur témoignage. La résurrection est un événement de notre histoire dont nous témoignons dans la foi, en nous rapportant au témoignage des apôtres et en appuyant notre foi sur la leur. Leur foi est régulatrice de la nôtre ; la foi de l'Église d'aujourd'hui est fondée sur la leur.

> L'adjectif *apostolique* a comme premier sens de désigner un rapport à l'expérience fondatrice des apôtres. Quand on parle de tradition apostolique, ou quand on dit que l'Église est apostolique, on se réfère au rôle propre des apôtres.

• Le Jour du Seigneur

208

« Voici le jour qu'a fait le Seigneur, chante la liturgie pascale. Réjouissons-nous et exultons en lui. » Pâques est par excellence le Jour de Dieu, celui de son triomphe, celui de la victoire du Crucifié.

La Résurrection est la réponse aimante de Dieu à l'amour filial et fidèle de Jésus. Sa prière souffrante a été exaucée (cf. He 5, 7) et Dieu l'a justifié de toutes les accusations de ses adversaires, en montrant qui était l'innocent et qui étaient les pécheurs. Jésus est bien le Serviteur souffrant qui a vu la lumière après son abaissement (cf. Is 53, 9-12). Il est bien celui qu'il affirmait être par ses paroles et ses actions : le Fils.

Par la Résurrection, Dieu a confirmé les actes et les paroles de Jésus ainsi que l'autorité qu'il s'était attribuée. Il a manifesté qu'en Jésus le Règne est effectivement advenu et qu'a été scellée l'Alliance nouvelle. Jésus est le Messie promis, l'Oint du Seigneur. En lui les promesses de Dieu sont réalisées. La Résurrection est l'avènement du monde nouveau annoncé par les prophètes. Elle est crédible parce que les Écritures sont accomplies. Elles le sont parce que Dieu est fidèle et que son amour est plus fort que la mort.

209   Le Nouveau Testament exprime de deux manières l'aspect transcendant de la résurrection de Jésus : le réveil de l'homme endormi et le relèvement de celui qui est allongé. Selon la première façon de s'exprimer, Jésus s'est « réveillé des morts » le troisième jour (cf. Mt 27, 64 ; Mc 16, 6 ; Lc 24, 34 ; Jn 21, 14 ; Rm 6, 4 ; etc.) ; selon la seconde, il « se relève », se remet debout et reprend vie (cf. Mt 20, 19 ; Lc 24, 46 ; Jn 20, 9 ; Ep 5, 14 ; 1 Th 4, 14 ; etc.). Ce dernier vocabulaire renvoie à l'idée de descente et de remontée. Cette idée se développera dans les hymnes qui expriment liturgiquement, dans le Nouveau Testament, la foi au Christ ressuscité.

L'Évangile affirme parfois simplement que Jésus est « vivant » (cf. Mc 16, 11 ; Lc 24, 23). Il est le Vivant pour toujours (cf. Lc 24, 26 ; Ac 1, 3 ; 25, 19). Le registre est ici aussi temporel : à la mort de Jésus a succédé sa vie définitive, celle sur laquelle la mort ne peut plus avoir de pouvoir. Dans la tradition juive, Dieu est celui qui fait vivre et qui est capable de ressusciter les morts. C'est pourquoi la résurrection est le plus souvent attribuée à Dieu qui a ressuscité Jésus et l'a établi dans sa puissance de Fils de Dieu par sa résurrection d'entre les morts (cf. Rm 1, 4 ; 4, 24 ; 1 Co 6, 14 ; 15, 15 ; Col 2, 12 ; etc.).

Les images insistent davantage sur l'événement lui-même de la résurrection. L'affirmation qu'il est vivant insiste plus sur son résultat : Jésus, qui était mort, est désormais vivant à jamais.

L'événement de la résurrection est aussitôt l'objet d'une attestation qui s'exprime en termes d'« exaltation », c'est-à-dire d'élévation et de montée. « Élevé dans la gloire par la puissance de Dieu, dit Pierre à la Pentecôte, il a reçu de son Père l'Esprit Saint qui était promis, et il l'a répandu sur nous » (Ac 2, 33). En ressuscitant, Jésus a été élevé et reçu dans la propre gloire de Dieu. S'il siège à sa droite, c'est que Dieu le traite comme son égal. Le nom de *Seigneur* qui lui est donné est un nom proprement divin. Saint Paul se présente comme l'apôtre de l'Évangile de Dieu concernant celui qui a été « établi, selon l'Esprit qui sanctifie, dans sa puissance de Fils de Dieu par sa résurrection d'entre les morts, lui, Jésus Christ, notre Seigneur » (Rm 1, 4).

210 ### • Les titres de Jésus

Un certain nombre de désignations, de *titres*, hérités de l'Ancien Testament, appartiennent de plein droit à Jésus, en la personne et en la vie duquel ils trouvent leur pleine signification. Ils reçoivent de la Résurrection une force renouvelée et déploient jusqu'en ses ultimes conséquences la révélation divine. Ces titres sont d'ailleurs liés entre eux. Les trois principaux sont ceux de Christ, Seigneur, et Fils de Dieu.

Christ est la traduction grecque du terme hébreu Messie, qui signifie « celui qui a reçu l'onction ». C'était le cas des rois, mais aussi des prêtres et des prophètes. Ce devait être le cas du « Messie » que Dieu enverrait pour libérer et sauver son peuple : il serait roi comme « Fils de David », mais aussi prêtre et prophète.

La naissance de Jésus est annoncée aux bergers comme celle du Messie promis à Israël : « Aujourd'hui vous est né un

La Nouvelle Alliance en Jésus Christ

Sauveur, dans la ville de David. Il est le Messie, le Seigneur » (Lc 2, 11). Dès l'origine, en effet, Jésus est « celui que le Père a consacré et envoyé dans le monde » (Jn 10, 36). Cette consécration a été révélée durant la vie terrestre de Jésus quand, au baptême, « Dieu l'a consacré par l'Esprit Saint et rempli de sa force » (Ac 10, 37). Jésus n'a pas accepté sans réserve le titre de Messie qui risquait d'être interprété d'un point de vue trop politique (cf. Jn 6, 15 ; Lc 24, 21), mais il a dévoilé le contenu authentique de sa mission, en se faisant Serviteur.

C'est après la Résurrection que Pierre proclame devant le peuple : « Que tout le peuple d'Israël en ait la certitude : ce même Jésus que vous avez crucifié, Dieu a fait de lui le Seigneur et le Christ » (Ac 2, 36). La Résurrection apporte la réponse définitive à la question de l'identité messianique de Jésus. La confession de foi primitive « Jésus est le Christ » se transforme d'ailleurs, dès le Nouveau Testament, en un nom composé « Jésus Christ », qui peut se développer aussi, comme chez saint Paul, en « Jésus Christ notre Seigneur » ou en « notre Seigneur Jésus Christ ».

Seigneur (Kyrios) est le terme par lequel, dans la traduction grecque de l'Ancien Testament, est rendu le nom de « Yahvé ». C'est donc un titre proprement divin. Jésus se l'attribue de façon voilée lorsqu'il discute avec les pharisiens (cf. Mt 22, 41-46). Et tout au long de sa vie publique, il manifeste sa souveraineté divine sur la nature, la maladie, les démons.

211

Après la résurrection, Pierre dit de Jésus que « Dieu l'a fait Seigneur ». Cette expression ne veut pas dire que Jésus a été « adopté » comme Seigneur par le Père au moment de la résurrection. Elle signifie que celui qui jusqu'alors s'était manifesté dans la condition de *Serviteur* est maintenant manifesté dans la condition de *Seigneur*. Toute la prière chrétienne est marquée par le titre de « Seigneur », et ce, depuis le Nouveau Testament lui-même : « Viens, Seigneur » (1 Co 16, 22 ; cf. Ph 2, 11 ; Ap 22, 20).

Fils de Dieu gardait, dans l'Ancien Testament, un sens assez général. Il marquait une relation d'intimité particulière entre Dieu et l'une de ses créatures. Il en va tout autrement quand Pierre confesse Jésus comme « le Messie, le Fils du Dieu vivant » (Mt 16, 16), puisque Jésus lui répond : « Ce n'est pas la chair et le sang qui t'ont révélé cela, mais mon Père qui est aux cieux »

212

(Mt 16, 17). Déjà auparavant, Jésus s'est lui-même désigné comme « le Fils », qui connaît le Père (Mt 11, 27). Devant le Sanhédrin, il sera accusé de blasphème, parce qu'à la question de ses accusateurs : « Tu es donc le Fils de Dieu ? », Jésus répond : « Vous le dites bien, je le suis » (Lc 22, 70). Après la résurrection, la filiation divine de Jésus apparaît dans la puissance de son humanité glorifiée, et la résurrection confirme la relation filiale vécue par Jésus avec son Père dans l'amour et l'obéissance.

> Tel est le sens de la citation du psaume 2 dans les annonces de la résurrection faites par les apôtres : « Tu es mon fils, aujourd'hui je t'ai engendré » (Ac 13, 33 ; He 1, 5).

213 • **Le principe d'une vie nouvelle**

Jésus est ressuscité comme « le premier-né d'entre les morts » (Col 1, 18), ou « l'aîné d'une multitude de frères » (Rm 8, 29). De même qu'il est mort « pour nous », il est aussi ressuscité « pour nous ». Sa résurrection révèle notre salut en même temps qu'elle l'accomplit. Jésus nous fait participer au mystère de sa résurrection. Tel est le don du baptême, ce sacrement de la foi : « Par le baptême, vous avez été mis au tombeau avec lui, avec lui vous avez été ressuscités, parce que vous avez cru en la force de Dieu qui a ressuscité le Christ d'entre les morts » (Col 2, 12).

Ce don est aussi une exigence : croire au Christ ressuscité, c'est se laisser introduire et entraîner par lui dans une vie nouvelle : « Si, par le baptême dans sa mort, nous avons été mis au tombeau avec lui, c'est pour que nous menions une vie nouvelle, nous aussi, de même que le Christ, par la toute-puissance du Père, est ressuscité d'entre les morts » (Rm 6, 4). Toute la vie est par là réorientée : « Vous êtes ressuscités avec le Christ. Recherchez donc les réalités d'en haut ; c'est là qu'est le Christ, assis à la droite de Dieu. Tendez vers les réalités d'en haut, et non pas vers celles de la terre » (Col 3, 1-2).

214   Croire au Christ ressuscité, c'est rejoindre la longue cohorte des témoins, depuis ceux de sa vie terrestre, en passant par tous ceux qui ont cru sans avoir vu, mais ont reconnu le Seigneur aux signes qu'il nous donne. Ces signes, ce sont d'abord les sacrements, principalement, avec le baptême, le sacrement de l'eucharistie, par lesquels la Pâque du Christ devient la Pâque du chrétien : « Dieu de toute bonté, [...] les sacrements de la Pâque nous ont régénérés en nous obtenant ton pardon, en nous faisant communier à ta vie ; donne-nous d'entrer dans la lumière de la Résurrection » (prière après la communion de la messe du jour de Pâques).

Croire au Christ ressuscité, c'est emprunter, à la suite de Jésus, le chemin de l'amour : « Parce que nous aimons nos frères, nous savons que nous sommes passés de la mort à la vie » (1 Jn 3, 14).

Mais la foi ne va pas sans l'espérance : « Vous êtes morts avec le Christ, et votre vie reste cachée avec lui en Dieu. Quand paraîtra le Christ, votre vie, alors vous aussi, vous paraîtrez avec lui en pleine gloire » (Col 3, 3-4). La loi de la résurrection de Jésus sera la loi de notre propre résurrection. Elle apportera à la totalité de notre être physique et spirituel la plénitude de la vie éternelle.

- **Fait d'histoire et objet de foi** 215

Déjà, à Athènes, la prédication de Paul échoue dès que celui-ci emploie le mot de résurrection : « Les uns riaient, et les autres déclarèrent : "Sur cette question nous t'écouterons une autre fois" » (Ac 17, 32). La réaction des Athéniens d'alors serait sans doute encore celle de beaucoup de nos contemporains.

Et pourtant, nous l'avons dit, toute la foi chrétienne est liée à l'affirmation du *fait* de la résurrection de Jésus, qui est le fondement même de cette foi.

Ce fait, il est vrai, n'est pas un « fait divers ». Il est plutôt lourd d'un poids d'éternité. Accompli dans notre monde et dans notre histoire, l'événement de la résurrection de Jésus renvoie aux limites du monde et de l'histoire, en ouvrant sur l'éternité de Dieu. Au cœur de l'histoire du monde où il s'accomplit, il atteste qu'il y a dans l'histoire plus que l'histoire. C'est pourquoi la réalité de la résurrection, tout ce dont est porteur le message des apôtres qui l'annoncent, n'est véritablement atteint que dans la foi.

Il convient, à ce propos, de distinguer deux sens du mot *histoire*. 216
D'une part, il renvoie à des faits ou à des événements qui se sont produits et ont eu un impact à l'intérieur de la vie de l'humanité. Dans cette perspective, la résurrection est bien un événement réel, d'abord arrivé à Jésus, mais qui change la vie des témoins, à commencer par les apôtres, et dont l'impact historique est évident, puisque des millions de croyants au cours des âges ont placé leur foi et leur espérance dans le Christ ressuscité.

> Mais le terme d'histoire désigne, d'autre part, la science historique. Celle-ci essaie, entre autres, d'établir la preuve de la réalité des divers événements, non sans les interpréter. Il est très important que l'historien fasse ici son métier, et rende compte avec rigueur de ce que les documents nous font percevoir : le témoignage des apôtres, et ce qu'il a d'inouï et d'irréductible pour ceux qui l'entendent, juifs ou païens ; l'effet et l'impact sur les générations successives de croyants s'appuyant sur le témoignage et la foi des apôtres, de la proclamation de la Résurrection. Cependant, on se heurte à un moment donné aux limites de toute méthode, qui ne permet de voir que ce qu'on vise. D'une part, la résurrection comme événement concernant Jésus est unique et non réitérable ; d'autre part, comme irruption de la puissance de Dieu et de l'éternel dans l'histoire, elle ne se laisse justement pas enfermer dans les limites de l'espace et du temps.

217 Ainsi, on ne peut reconnaître la réalité de la Résurrection qu'au moment où l'on reçoit la grâce de se décider librement en faveur de son sens, en s'appuyant sur le *témoignage apostolique*, en même temps qu'on se convertit à la foi, en découvrant les horizons de lumière qu'elle apporte. L'historien n'est pas réduit au silence au sujet de la résurrection. Il peut analyser rigoureusement les témoignages, et conclure légitimement qu'il est historiquement certain que les apôtres ont attesté avoir vu Jésus ressuscité et avoir cru en lui. Cependant il n'est pas possible d'affirmer la résurrection de Jésus dans toute sa vérité sans conversion du regard et de toute la vie, autrement dit, en faisant l'économie de la foi.

218 ### • L'Ascension

L'Ascension est la dernière apparition de Jésus à ses disciples, celle qui clôt le cycle des quarante jours, selon les Actes des apôtres, au cours desquels le Ressuscité a préparé ceux-ci à leur mission. Elle est orientée à la fois vers le ciel et vers la terre.

Vers le ciel : elle exprime la montée définitive du Ressuscité vers le Père. Jésus « siège » désormais « à la droite de Dieu » avec son humanité. Par l'Incarnation, Dieu est venu chez nous ; par l'Ascension, notre humanité a été glorifiée auprès de Dieu.

> L'Ascension, où continue de se déployer l'unique mystère pascal, montre bien comment il y a, cachée en Dieu, notre humanité, assumée par le Verbe, et appelée à la gloire et à la vie de Dieu. Ce que nous serons est caché en Dieu (cf. Col 3, 3), comme la divinité de Jésus était cachée en son humanité. Il n'y a rien du destin historique de l'humanité tout entière, rien de ce qui nous advient, à chacun et à tous, qui n'importe au plus haut point à Dieu lui-même en l'éternité de sa vie trinitaire.

Vers la terre : le Seigneur ressuscité envoie ses disciples pour une mission universelle : « Allez donc ! De toutes les nations faites des disciples, baptisez-les au nom du Père, et du Fils, et du Saint-Esprit » (Mt 28, 19). Cela ne signifie pas que Jésus soit désormais absent. Il demeure présent à son Église, sous une forme nouvelle : « Et moi, je suis avec vous tous les jours jusqu'à la fin du monde » (Mt 28, 20). L'Église vit maintenant dans l'attente active de la Parousie, c'est-à-dire de la venue du Christ dans sa gloire.

La Pentecôte et le don du Saint-Esprit

Lorsque Jésus, sur la croix, « remit l'esprit » (Jn 19, 30), « le rideau du Temple se déchira en deux, du haut en bas ; la terre trembla et les rochers se fendirent. Les tombeaux s'ouvrirent ; les corps de nombreux saints qui étaient morts ressuscitèrent » (Mt 27, 51-52). C'est, peut-on dire, la fin du monde ancien, manifestée à travers les images traditionnelles de l'Écriture (cf. Ez 37, 12 ; Dn 12, 2 ; etc.). Les fondements de ce vieux monde sont ébranlés. A l'intérieur de la création et des institutions anciennes (symbolisées par le Temple) qui ont désormais fait leur temps, un passage est ouvert. Le souffle divin, qui a opéré cet ébranlement, va maintenant se répandre sur la terre des hommes.

• Souffle de Dieu révélé dans l'Écriture

C'est à travers le symbolisme du souffle que, dans l'Ancien Testament déjà, s'annonce la révélation de celui que l'Église confesse comme le Saint-Esprit, la troisième personne de la Sainte Trinité.

> Le souffle, c'est d'abord celui du vent, dont Jésus dira qu'il « souffle où il veut » (Jn 3, 8). Sa force est parfois irrésistible. Mais il peut aussi être un murmure, comme pour communiquer un secret. Il peut brûler la terre, mais aussi lui apporter la pluie qui la rendra féconde...
>
> Le souffle est, dans l'homme, lié à sa vie. Il lui rappelle qu'il n'en est pas le maître. Et pourtant, tout ce que l'homme vit a son retentissement dans son souffle. Il est en quelque sorte, en l'homme, plus lui-même que lui-même.
>
> Aussi n'est-il pas étonnant que le souffle puisse permettre d'exprimer, dans la Bible, de manière d'abord confuse, puis de plus en plus clairement, l'action de Dieu dans le monde et au plus intime de l'homme : « Tu envoies ton souffle : ils sont créés ; tu renouvelles la face de la terre » (Ps 103, 30). Derrière le mot « esprit », qui a la même racine que celui de

« respiration », demeure continuellement dans la Bible ce symbolisme du souffle.

221   C'est cet Esprit que l'Église reconnaît à l'œuvre dans la Création du monde, à la première page du livre de la Genèse : « La terre était informe et vide, les ténèbres étaient au-dessus de l'abîme et le souffle de Dieu planait au-dessus des eaux » (Gn 1, 2).

C'est l'Esprit qui est à l'œuvre dans l'histoire du peuple de Dieu. Il suscite les Juges (c'est-à-dire les chefs d'Israël), en « fondant » sur ces hommes que rien ne semblait spécialement prédestiner à de telles responsabilités (cf. Jg 14, 6 ; 1 S 11, 6 ; etc.). Il marque de son empreinte les rois, au moment de l'onction qui les investit de leur pouvoir (cf. 1 S 16, 13) et il les assiste dans leur gouvernement (cf. Is 11, 2 et suiv. : le nouveau David, le Messie annoncé, recevra la plénitude des dons de l'Esprit). Il « parle par les prophètes », comme l'Église le confesse dans le *Credo* (cf. Ez 11, 5 ; Za 7, 12 ; etc.). Il repose en particulier sur le mystérieux Serviteur de Dieu qui « annoncera la justice aux nations » (Is 42, 1) et, par sa souffrance, « justifiera des multitudes » (Is 53, 11) : ce Serviteur derrière lequel se profile de manière saisissante la figure de Jésus.

Le don de l'Esprit est annoncé en plénitude par les prophètes, et lié à l'Alliance nouvelle : « Voici venir des jours, déclare le Seigneur, où je conclurai avec la maison d'Israël et avec la maison de Juda une Alliance nouvelle. [...] Je mettrai ma Loi au plus profond d'eux-mêmes ; je l'inscrirai dans leur cœur » (Jr 31, 31-33 ; cf. Ez 11, 19 ; cf. aussi Jl 3, 1-5, que cite saint Pierre après le miracle des langues à la Pentecôte en Ac 2, 17-21).

222   **• L'Esprit Saint dans la vie et les paroles de Jésus**

De fait, au départ de la création nouvelle, avec la venue et l'œuvre de Jésus, l'Esprit de Dieu est là. L'ange de l'Annonciation annonce qu'il viendra sur la Vierge Marie, de telle sorte que celui qui naîtra d'elle « sera saint et sera appelé Fils de Dieu » (Lc 1, 35).

Plus tard, au baptême de Jésus, les cieux s'ouvrent, et Jésus voit l'Esprit de Dieu descendre comme une colombe et venir sur lui (cf. Mt 3, 16). C'est l'Esprit qui le conduit au désert et c'est par la force de l'Esprit qu'il résiste au Tentateur. Toute son action, l'autorité de sa Parole, les miracles, comme les gestes les plus simples qu'il accomplit sont l'œuvre de cet Esprit que Dieu lui donne « sans compter » (Jn 3, 34).

Cet Esprit, Jésus l'a promis à ses disciples au moment de les quitter : « Je prierai le Père, et il vous donnera un autre Défenseur qui sera pour toujours avec vous : c'est l'Esprit de vérité » (Jn 14, 16). En effet, pour que l'Esprit soit répandu, il est nécessaire que Jésus, son œuvre accomplie, s'en aille : « Si je ne m'en vais pas, le Défenseur ne viendra pas à vous ; mais si je pars, je vous l'enverrai » (Jn 16, 7).

Le départ de Jésus, c'est son retour au Père. Pour que l'Esprit soit donné, dans la plénitude de ce don, il fallait, en effet, que Jésus soit glorifié (cf. Jn 7, 39).

• L'événement de la Pentecôte

223

Le don de l'Esprit est réalisé dans tout son éclat au jour de la Pentecôte, qui fait partie intégrante du mystère pascal.

> Ainsi, dans l'année liturgique, le *temps pascal* s'étend de Pâques à la Pentecôte et comporte, entre ces deux fêtes, la célébration de l'Ascension du Seigneur.
> La Pentecôte juive, originellement fête de la moisson, était devenue, à la fin de l'époque du Nouveau Testament, la fête de la conclusion de l'*Alliance* au Sinaï et du don de la Loi.

C'est dans ce cadre que s'inscrit le récit de l'événement de la Pentecôte, relaté par les Actes des apôtres (cf. Ac 2, 1-13).

Le bruit, « comme celui d'un violent coup de tonnerre », rappelle la scène où Dieu, sur la montagne, s'apprête à proclamer le code de l'Alliance : les dix commandements. Des langues de feu se manifestent alors, qui vont se poser sur chacun des douze apôtres, pour signifier le don fait à chacun de l'Esprit Saint. Car l'Esprit, donné à tous, a la puissance de les rassembler dans l'unité et de rejoindre chacun d'eux dans sa particularité.

224

Il se manifeste encore dans la possibilité qui est donnée aux apôtres d'annoncer l'Évangile dans les différentes langues de ces multiples peuples qui avaient convergé à Jérusalem pour célébrer la fête. A Babel les hommes avaient voulu défier le ciel, mais avaient vu alors « leur langage embrouillé » et leur œuvre brisée en son principe (cf. Gn 11, 1-9). L'Église en train de naître à la Pentecôte rassemble au contraire dans l'unité les hommes de tout pays, de toute langue, de toute nation, sans supprimer l'originalité de chacun.

Catéchisme pour adultes

A partir de cet événement fondateur les apôtres vont porter l'Évangile jusqu'aux extrémités du monde, reproduisant, dans la force de l'Esprit, les signes que Jésus avait accomplis pendant sa vie terrestre, affrontant avec audace les puissants, subissant sans se laisser abattre les pires adversités, heureux plutôt d'« avoir été jugés dignes de subir des humiliations pour le nom de Jésus » (Ac 5, 41).

225　　*VIENS, ESPRIT SAINT, en nos cœurs,*
et envoie du haut du ciel
un rayon de ta lumière.

Viens en nous, père des pauvres,
viens, dispensateur des dons,
viens, lumière de nos cœurs.

Consolateur souverain,
hôte très doux de nos âmes,
adoucissante fraîcheur.

Dans le labeur, le repos ;
dans la fièvre, la fraîcheur ;
dans les pleurs, le réconfort.

Ô lumière bienheureuse,
viens remplir jusqu'à l'intime
le cœur de tous tes fidèles.

Sans ta puissance divine,
il n'est rien en aucun homme,
rien qui ne soit perverti.

Lave ce qui est souillé,
baigne ce qui est aride,
guéris ce qui est blessé.

Assouplis ce qui est raide,
réchauffe ce qui est froid,
rends droit ce qui est faussé.

A tous ceux qui ont la foi
et qui en toi se confient
donne tes sept dons sacrés.

Donne mérite et vertu,
donne le salut final,
donne la joie éternelle. Amen.
　　　　　　　　　　　Messe de Pentecôte.

En même temps que l'Esprit pousse les disciples à porter toujours plus loin l'Évangile du salut, il les unit dans une commune prière, dans le partage des biens, dans une même fidélité « à écouter l'enseignement des apôtres et à vivre en communion fraternelle, à rompre le pain et à participer aux prières » (Ac 2, 42). 226

Que l'Esprit Saint soit à la source de la prière chrétienne, saint Paul le met à son tour en relief : « L'Esprit Saint vient au secours de notre faiblesse, car nous ne savons pas prier comme il faut » (Rm 8, 26). Il « affirme à notre esprit que nous sommes enfants de Dieu » (Rm 8, 16), capables de crier « Abba », Père (Rm 8, 15). De même que c'est l'Esprit qui seul nous permet de confesser en vérité : « Jésus est le Seigneur » (1 Co 12, 3).

• « Il vous fera accéder à la vérité tout entière » 227

L'Esprit Saint est par excellence le don de la fin des temps inaugurée par la venue, la mort et la résurrection du Fils de Dieu et par son œuvre en faveur des hommes.

Car, si tout a été dit dans le Verbe incarné, mort et ressuscité, c'est le Verbe incarné lui-même qui déclare : « L'Esprit [...] vous guidera vers la vérité tout entière » (Jn 16, 13). Cet Esprit, laissé par Jésus en héritage à l'Église, ne parle pas de son propre chef, mais dit ce qu'il reçoit de Jésus, dont il est inséparable, et qu'il vient « glorifier » (cf. Jn 16, 14). Il entretient vivante la mémoire de Jésus et de ses paroles, dont il donne l'intelligence.

Si donc la révélation sur Jésus est achevée avec la Résurrection et la Pentecôte, les disciples n'en ont pas pour autant compris d'un seul coup toutes les implications. Ce sera l'œuvre d'une longue méditation inspirée par l'Esprit Saint, sur l'identité et l'histoire de leur Maître, à la lumière de sa résurrection et des prophéties de l'Ancien Testament. C'est ainsi que les premiers disciples, après avoir annoncé le salut accompli dans la mort et la résurrection du Christ, pénètrent toujours mieux la signification de sa vie terrestre, de ses gestes, de ses paroles. Ils voient de plus en plus clairement sa personne et son histoire inscrites à l'intérieur du dessein de Dieu dont témoignent les Écritures. Ils en perçoivent avec toujours plus d'acuité l'impact sur leur vie et sur leur mission.

Les évangiles ont été écrits dans ces perspectives. Plus largement, c'est sous la mouvance de l'Esprit et dans la contemplation du mystère du Christ comme centre de l'histoire du salut qu'ont été rédigés l'ensemble des écrits du Nouveau Testament.

228 • **« Je crois en l'Esprit Saint, qui est Seigneur et qui donne la vie »**

La pleine révélation de l'Esprit Saint est intrinsèquement liée à celle du Christ. Pour saint Irénée (IIe siècle), le Fils et l'Esprit sont comme les deux mains par lesquelles Dieu façonne le monde et son histoire.

Certes, nous ne connaissons l'Esprit Saint que dans le mouvement où il nous révèle le Fils et nous dispose à l'accueillir dans la foi : l'Esprit, qui fait connaître le Verbe, la Parole de Dieu, ne parle pas de lui-même (cf. Jn 16, 13). Mais si l'Esprit est bien l'Esprit de Jésus, il n'en a pas moins une identité propre. Il est une personne, une autre personne divine, que Jésus annonce comme « un autre défenseur » (Jn 14, 16), en référence à sa propre présence personnelle auprès des apôtres, au cours de sa vie terrestre (cf. Jn 14, 26). Il est la troisième personne de la Sainte Trinité, « Personne-amour. [Il est] Personne-don [...] d'où découle comme d'une source tout don accordé aux créatures : le don de l'existence à toutes choses par la Création ; le don de la grâce aux hommes par toute l'économie du salut » (Dom. viv. 10).

229 Que l'Esprit Saint soit une personne divine, l'Église formule cette vérité en le confessant d'abord comme Seigneur, c'est-à-dire comme Dieu, doué du pouvoir propre de donner la vie : « Il est Seigneur et il donne la vie. Il procède du Père et du Fils. Avec le Père et le Fils, il reçoit même adoration et même gloire » (Symbole de Nicée-Constantinople).

> Après avoir défendu la divinité du Christ, l'Église ancienne a dû défendre celle du Saint-Esprit en face de ceux qui auraient voulu en faire un simple intermédiaire entre le Fils et nous, ou encore l'assimiler à un don plus ou moins impersonnel. Si le Saint-Esprit est don, c'est le *don de Dieu en personne*. Et il est lui-même *donateur* de vie divine. Trois Pères de l'Église grecque, saint Basile, saint Grégoire de Nazianze et saint Grégoire de Nysse, ont particulièrement contribué à cette défense de la foi au Saint-Esprit, dont les fondements sont donnés dans le Nouveau Testament.

Puisque c'est le Père qui envoie l'Esprit de son Fils, la prière chrétienne, pour demander l'Esprit Saint, s'adresse au Père, par son Fils. Mais l'Esprit, qui nous apprend à prier (cf. Rm 8, 26) peut aussi être prié lui-même : « Viens, Esprit Saint, remplis le cœur de tes fidèles... »

4.
Le mystère trinitaire révélé par Jésus

230

« Dieu, personne ne l'a jamais vu ; le Fils unique, qui est dans le sein du Père, c'est lui qui a conduit à le connaître » (Jn 1, 18). Avec Jésus, en effet, et l'envoi qu'il fait de l'Esprit, le mystère de Dieu s'est entièrement révélé. L'Église l'a reconnu dans sa foi comme mystère de l'unique Dieu en trois personnes : le Père, le Fils et le Saint-Esprit. Conformément à l'ordre même du Christ ressuscité, les chrétiens ont été baptisés « au nom du Père, et du Fils, et du Saint-Esprit » (Mt 28, 19). Pendant la veillée pascale, ils renouvellent leur profession de foi baptismale en répondant « nous croyons » à la triple interrogation qui leur demande de confesser leur foi au Père, au Fils et à l'Esprit. « La foi de tous les chrétiens consiste dans la Trinité » (saint Césaire d'Arles).

> C'est dans les premiers siècles de son histoire, que l'Église s'est employée à formuler avec toujours plus de rigueur l'identité de ce Dieu connu par la Révélation, découvrant et annonçant avec une pénétration toujours plus grande le mystère de la Trinité.
>
> Le mot Trinité ne figure pas dans le Nouveau Testament. Et pourtant le mystère divin, que la Tradition ecclésiale appellera de ce nom, est *clairement révélé dans l'Écriture*. Il ne l'est pas sous la forme d'un enseignement théorique et abstrait, mais à travers la totalité de l'histoire de Jésus, où se révèle la présence des trois personnes divines, le *Père*, le *Fils* et l'*Esprit Saint*.
>
> Aussi ce mystère n'est-il pas sans conséquence pratique. Il structure la foi chrétienne en Dieu, puisqu'il exprime les relations du croyant avec le Père, le Fils et l'Esprit.

Catéchisme pour adultes

231   PRÉFACE DE LA SAINTE TRINITÉ
Vraiment, il est juste et bon de te rendre gloire,
de t'offrir notre action de grâce,
toujours et en tout lieu,
à toi, Père très saint,
Dieu éternel et tout-puissant.
Avec ton Fils unique et le Saint-Esprit,
tu es un seul Dieu, tu es un seul Seigneur,
dans la trinité des personnes
et l'unité de leur nature.
Ce que nous croyons de ta gloire,
parce que tu l'as révélé,
nous le croyons pareillement,
et de ton Fils
et du Saint-Esprit ;
et quand nous proclamons notre foi
au Dieu éternel et véritable,
nous adorons en même temps
chacune des personnes,
leur unique nature, leur égale majesté.

Une nouvelle révélation de Dieu

Déjà dans l'Ancien Testament, Dieu se révèle comme celui qui se fait proche de son peuple Israël (cf. Dt 4, 7). « Notre Dieu est un Dieu qui s'approche », dira plus tard Clément d'Alexandrie. Sa toute-puissance est telle qu'elle est capable d'assumer pour nous « toute faiblesse ». Lorsqu'il se livre totalement dans son Fils sur la croix, Dieu se révèle à la fois comme le plus proche et le plus transcendant. Notre Dieu est avant tout celui qui veut se communiquer, c'est-à-dire se faire connaître et se donner. C'est une révolution dans l'idée que les hommes peuvent se faire de Dieu et une *conversion radicale* de certaines images idolâtriques inventées au sujet de Dieu par le péché des hommes.

Mais si Dieu se communique à nous, s'il communie avec nous, c'est qu'il est en lui-même communion et don. S'il nous aime, c'est qu'il est en lui-même l'Amour (cf. 1 Jn 4, 8).

Le mystère pascal, sommet de la révélation trinitaire

Toute la vie et la mission de Jésus, depuis sa conception par le Saint-Esprit dans le sein de la Vierge Marie, se déroulent à l'intérieur de sa relation au Père dans l'Esprit. Mais c'est dans le mystère de sa mort et de sa résurrection, et dans le don de l'Esprit Saint à la Pentecôte, que les relations qui unissent les trois personnes divines, en même temps que leurs relations avec les hommes, se révèlent et s'expriment de manière définitive.

Dans sa passion Jésus se révèle plus que jamais le *Fils*. Sa nourriture, on pourrait dire sa vie elle-même, a toujours été de faire la volonté de celui qui l'a envoyé (cf. Jn 4, 34). Sa prière est la respiration de sa vie. Dans sa passion et jusqu'à la mort en croix inclusivement il donne tout au Père, il se remet totalement à lui : il lui remet son « esprit » (Lc 23, 46 ; Jn 19, 30).

A la résurrection, le *Père* se manifeste comme celui qui donne la vie au *Fils*. Il est celui qui déjà lui disait : « C'est toi mon Fils. Moi aujourd'hui, je t'ai engendré » (Lc 3, 22 ; cf. Ps 2, 7).

Entre le Père et le Fils il y a donc un échange total d'amour donné et rendu. L'un comme l'autre peuvent dire : « Tout ce qui est à moi est à toi » (Jn 17, 10). De l'unité entre le Père et le Fils, le fruit éternel c'est l'*Esprit*, l'Esprit que le Père donne éternellement à son Fils, et qui repose sur Jésus, Verbe incarné, depuis sa conception et son baptême jusqu'à sa résurrection pour qu'il le répande sur nous (cf. Ac 2, 33). Ce même Esprit, le Fils le retourne au Père dans un mouvement incessant, en même temps qu'il nous le donne. Déjà au soir de sa résurrection, Jésus répand son souffle sur les disciples et leur dit : « Recevez l'Esprit Saint » (Jn 20, 22). Le jour de la Pentecôte, la communauté des disciples rassemblés au cénacle reçoit l'effusion de l'Esprit de manière spectaculaire. Il en sera de même pour les païens (cf. Ac 10, 44-48). Enfin, ceux qui reçoivent le baptême au nom de Jésus pour le pardon de leurs péchés reçoivent aussi le don du Saint-Esprit (cf. Ac 2, 38).

235 Un seul Dieu, mais trois personnes divines

La révélation chrétienne de Dieu comporte un paradoxe. Il n'y a qu'un seul Dieu et le monothéisme de l'Ancien Testament est fidèlement maintenu. Ce Dieu se manifeste comme le Père qui a un Fils, avec lequel il est en relation dans l'unité d'un même Esprit. Non pas trois dieux, mais un seul Dieu en trois personnes, auxquelles l'Écriture donne trois noms divins, en les distinguant avec précision : Père, Fils et Saint-Esprit, qui accomplissent, dans cette communion divine, un même salut pour les hommes.

Déjà la première annonce faite par Pierre le jour de la Pentecôte est marquée par cette présence trinitaire : Dieu (le Père) a accrédité Jésus qui a répandu l'Esprit (cf. Ac 2, 22-36). De même saint Paul unit les trois personnes divines en les distinguant de tout l'univers créé. « Les dons de la grâce sont variés, mais c'est toujours le même Esprit. Les fonctions dans l'Église sont variées, mais c'est toujours le même Seigneur. Les activités sont variées, mais c'est toujours le même Dieu qui agit en tous » (1 Co 12, 4-7). Ou encore : « Comme votre vocation vous a tous appelés à une seule espérance, de même il n'y a qu'un seul Corps et un seul Esprit. Il n'y a qu'un seul Seigneur, une seule foi, un seul baptême, un seul Dieu et Père de tous, qui règne au-dessus de tous, par tous, et en tous » (Ep 4, 4-6).

L'invocation du nom du Père, du Fils et du Saint-Esprit qui conclut l'évangile de Matthieu (cf. Mt 28, 19) comporte un ordre : car tout vient du Père, tout arrive par le Fils et s'achève dans l'Esprit. Réciproquement, recevant le don de l'Esprit, nous sommes associés au Fils qui nous fait monter vers le Père. Mais cet ordre ne signifie pas que le Fils et l'Esprit soient inférieurs au Père.

La Trinité à l'œuvre pour notre salut révèle la Trinité éternelle

Pour entrer en vérité dans le mystère de la Trinité, il faut toujours partir de la révélation biblique, qui nous la montre à l'œuvre dans l'histoire pour notre salut. Mais l'Église a toujours compris que *Dieu se révèle à nous tel qu'il est en lui-même*. A quoi bon parler d'une action du Père, du Fils et de l'Esprit si, par là, rien ne nous est révélé du mystère même de Dieu ? La révélation trinitaire ne serait alors qu'un faux-semblant. Déjà l'évangile selon saint Jean emploie des expressions sur les *relations intimes* du Père et du Fils, qui dépassent ce qui concerne notre salut. Le Fils est le Verbe qui était au commencement auprès de Dieu (cf. Jn 1, 1). De même Jésus affirme qu'il est dans le Père et que le Père est en lui (cf. Jn 14, 11). Ou encore, l'Esprit recevra du Fils ce qu'il communique aux hommes (cf. Jn 16, 14).

Ainsi, selon l'Écriture, les relations qui unissent le Père, le Fils et l'Esprit dans la réalisation de notre salut révèlent les relations qui les unissent dans leur vie éternelle. Le Père est Père depuis toujours et n'est que Père ; le Fils est éternellement engendré par le Père et de même nature que lui (« consubstantiel »), comme le définissent les conciles de Nicée en 325 et de Constantinople en 381, et comme le dit encore aujourd'hui le *Credo*.

De même l'Esprit n'est pas une créature du Fils : « Il est Seigneur et il donne la vie : avec le Père et le Fils il reçoit même adoration et même gloire, il procède du Père » : telle est la séquence du 3e article du Symbole de Nicée-Constantinople, définie en 381, contre ceux qui faisaient de l'Esprit une créature.

Plus tard, l'Église latine ajoutera à cette séquence l'affirmation que l'Esprit procède du Père « et du Fils », afin de souligner la relation propre de l'Esprit à l'unité d'amour du Père et du Fils. Cet ajout se fera sans l'accord de l'Église d'Orient et deviendra malheureusement une pierre d'achoppement entre les deux « poumons de l'Église » (Jean-Paul II) : l'Orient disant que l'Esprit procède « du Père par le Fils » et l'Occident qu'il procède « du Père et du Fils ». Il n'y a pas ici divergence dans la foi, mais différence dans la manière de rendre compte d'un mystère qui reste mystère.

Enfin, pour désigner pareillement le Père, le Fils et l'Esprit qui ne font pas trois dieux, la Tradition de l'Église a élaboré le terme de *personne* en le distinguant de celui de *nature*. Chacune des personnes est constituée par la relation spécifique qui l'unit aux autres. Mais les personnes s'inscrivent dans l'unité de la même nature divine et ne la multiplient pas. Simplement, chaque personne a une place et un rôle originaux dans l'éternel mouvement d'échange, de don et de retour qui habite la même nature. Le dogme de la Trinité se résume donc dans la formule : *trois personnes égales et distinctes en une seule nature*.

238 Les hommes appelés à participer au mystère trinitaire

Le Dieu Trinité se révèle pour se communiquer. Dieu nous introduit dans sa propre vie de communion. L'amour est la raison essentielle et l'accomplissement total de nos existences d'hommes. Tel est le salut. Dieu le Père engendre son Fils qui, en prenant chair de la Vierge Marie, lui permet de se donner des fils ; il envoie aussi l'Esprit d'amour pour nous faire vivre de sa propre vie. Par le baptême, au nom du Père et du Fils et du Saint-Esprit, nous devenons fils adoptifs du Père (cf. Rm 8, 15), frères du Fils (cf. Rm 8, 29) et temples de l'Esprit (cf. 1 Co 6, 19). Ce qui vaut de chacun d'entre nous vaut pour l'Église tout entière, « peuple qui tire son unité de l'unité du Père, et du Fils et de l'Esprit Saint » (LG 4, citant saint Cyprien). C'est pourquoi la liturgie fait remonter sa prière dans l'Esprit, par le Fils, vers le Père.

5.
Le mystère de Jésus dans la Tradition de l'Église

« A la suite des saints Pères, nous enseignons donc tous unanimement à confesser un seul et même Fils, notre Seigneur Jésus Christ, le même parfait en divinité et parfait en humanité, le même vraiment Dieu et vraiment homme, composé d'une âme raisonnable et d'un corps, consubstantiel au Père selon la divinité, consubstantiel à nous selon l'humanité, "en tout semblable à nous sauf en péché" (He 4, 15). Avant les siècles engendré du Père selon la divinité, et né en ces derniers jours, né pour nous et pour notre salut, de Marie, la Vierge, mère de Dieu, selon l'humanité. Un seul et même Christ Seigneur, Fils unique, que nous devons reconnaître en deux natures, sans confusion, sans changement, sans division, sans séparation. La différence des natures n'est nullement supprimée par leur union, mais plutôt les propriétés de chacune sont sauvegardées et réunies en une seule personne et une seule hypostase. Il n'est ni partagé ni divisé en deux personnes, mais il est un seul et même Fils unique, Dieu Verbe, Seigneur Jésus Christ, comme autrefois les prophètes nous l'ont enseigné de lui, comme lui-même Jésus Christ nous l'a enseigné, comme le Symbole des Pères nous l'a fait connaître » (concile de Chalcédoine, DS 301-302 ; FC 313).

C'est en 451, au concile œcuménique de Chalcédoine qu'a été ainsi exprimée la foi de l'Église sur Jésus, Fils de Dieu fait homme. En même temps, en effet, qu'elle continuait à sonder les profondeurs du mystère intime de Dieu, Père, Fils et Saint-Esprit, l'Église était amenée à préciser toujours davantage l'identité du Christ, son Seigneur.

> Elle y était provoquée aussi par le passage d'un christianisme exprimé dans des mots venant de la tradition juive à un christianisme qui se vivait désormais dans un monde culturel grec. Ce passage allait poser des questions de traduction et d'interprétation des affirmations fondamentales. En même temps, la raison des hommes, devant le paradoxe d'un Dieu fait homme, allait multiplier les objections en essayant de rendre plus facilement compréhensible ce mystère, mais en courant le risque de trahir la véritable identité du Christ et de son œuvre de salut.

241 Vrai homme

Pour les disciples, nous l'avons vu, l'humanité de Jésus est une évidence. Il n'en va plus de même par la suite : des chrétiens, habitués à contempler le Christ dans sa gloire ou subissant des influences philosophiques qui développent le mépris du corps, éprouvent de la répugnance à admettre que la divinité ait pu s'unir un corps.

> Ces tendances peuvent se retrouver aujourd'hui dans certaines formes de spiritualisation de la foi qui ne donnent pas au corporel et donc à l'Incarnation toute son importance.

Dès les premiers siècles, on en est venu, ici ou là, à penser que le Christ n'avait pris qu'une apparence d'humanité et qu'il n'avait pas pu souffrir en croix. Contre cette hérésie, l'Église a réagi avec fermeté, soulignant de manière très réaliste la condition charnelle de Jésus. Si Jésus n'est pas un homme comme chacun d'entre nous, alors ce n'est pas nous qu'il peut sauver, ce n'est pas notre souffrance qu'il partage, ce n'est pas de notre péché qu'il peut nous libérer. Et tous les sacrements, en particulier l'eucharistie, sont alors vides de contenu.

La réaction de la foi ecclésiale a été la même quand, plus tard, au IVe siècle, un certain Apollinaire en est venu à nier l'existence en Jésus d'une âme vraiment humaine, capable d'exercer humainement sa liberté. Comment, en effet, celui qui n'aurait pas assumé une liberté vraiment humaine pourrait-il libérer notre liberté ?

242 Vrai Dieu

La contestation se retourne alors du côté de la divinité de Jésus. Si Dieu est unique, comment peut-on concevoir que Jésus est Dieu ?

> Arius, au IVe siècle, résout le problème en disant qu'un Dieu-Fils ne peut être qu'un Dieu engendré à un certain moment, donc un Dieu qui n'est pas co-éternel au Père, un Dieu en fait créé et, de par sa nature, inférieur au Père. D'ailleurs est-il tolérable de penser qu'un vrai Dieu ait pu souffrir les humiliations de la passion ?

Cette fois encore l'Église réagit avec une extrême vigueur, au nom de l'Écriture qui a toujours refusé d'imposer une limite à l'affirmation de la divinité du Christ. Comment, en effet, celui qui ne serait pas lui-même vrai Dieu serait-il capable de nous communiquer la vie même de Dieu ? C'est pourquoi le concile de Nicée, ayant établi que le Fils est *consubstantiel* au Père, permet d'affirmer que Jésus est Dieu. Le premier concile de Constantinople (en 381) précisera « vrai Dieu, né du vrai Dieu », expression que l'on retrouve dans le *Credo*.

L'unité du Christ

Maintenant qu'il a été clairement formulé que Jésus est vrai homme et vrai Dieu, la contestation se porte sur le mode d'unité qui existe entre la divinité et l'humanité du Christ. Pour dépasser le scandale de la raison devant le paradoxe de l'Incarnation, on a cherché à mettre une certaine distance entre la divinité du Verbe et son humanité. Le Verbe habiterait l'homme Jésus comme un dieu habite son temple.

> Nestorius (vers 428) ne veut pas que les événements arrivés à Jésus selon son humanité soient attribués au Verbe de Dieu. Mais si Nestorius avait raison, il ne serait plus vrai de dire, avec l'évangile selon saint Jean, que « le Verbe s'est fait chair » (Jn 1, 14) et, avec Paul, que « le Seigneur de gloire » (1 Co 2, 8) a été crucifié.

Aussi le concile d'Éphèse (431) proclame que l'union de la divinité et de l'humanité dans le Christ se fait à l'intérieur de l'unique personne du Verbe (union dite « hypostatique » en vocabulaire technique). C'est pourquoi Marie, mère du Christ, peut être réellement dite *Mère de Dieu*.

De nouveaux débats ayant été soulevés concernant alors le maintien de la pleine humanité du Christ dans l'unité de la personne, le concile de Chalcédoine (451) promulgue une célèbre formule que l'on peut résumer en ces termes : c'est le même Christ, Verbe, Fils de Dieu, qui est à la fois vrai Dieu et vrai homme ; les *deux natures, la nature humaine et la nature divine, se rencontrent dans l'unique personne divine de Jésus*. L'expression peut paraître abstraite, mais son sens est réel et fondamental : il vient préciser comment cet unique Jésus Christ, qui a accompli notre salut, est à la fois vraiment Dieu et vraiment homme.

> Comme pour les autres éléments de la réalité de Jésus, vrai Dieu et vrai homme, la question de la conscience de Jésus doit être abordée dans les perspectives tracées par le pape saint Léon dans sa lettre à Flavien (449), lettre dont les arguments sont repris par le IIIe concile de Constantinople (681) : « La génération singulièrement admirable et admirablement singulière [du Fils de Marie] n'est pas à comprendre comme si la nouveauté de cette création avait fait disparaître les conditions de notre race » (DS 292 ; FC 308).

245   Le Nouveau Testament ne laisse planer aucun doute sur la conscience qu'a toujours eue Jésus de se recevoir tout entier de Dieu son Père, de ne faire qu'un avec lui et donc d'être le Fils unique de Dieu, et en ce sens, d'être lui-même Dieu.

De la même façon, il connaissait le but de sa mission, avec ce qu'elle comportait, son sacrifice « pour que les hommes aient la vie » (Jn 10, 10).

Mais Jésus avait une conscience humaine de sa divinité et de ce qu'elle impliquait pour sa mission. Dans sa traduction réfléchie, cette conscience participait des conditionnements de toute conscience humaine : elle passait par les mots disponibles de la langue et prenait appui sur les choses, les situations ou les événements rencontrés. Ainsi a-t-elle pu connaître, sur ce plan, un développement, conformément à ce que saint Luc déclare de la croissance de Jésus, non seulement en taille, mais aussi « en sagesse » et « en grâce » (Lc 2, 52). L'expérience devait donc aussi, pour l'homme qu'il était, jouer le rôle qui lui revient dans la connaissance des choses qui relèvent précisément de l'expérience.

6.
Jésus Christ sauveur

246

En traitant de l'identité du Christ, vrai Dieu et vrai homme, en rappelant sa vie et son œuvre parmi les hommes, en recevant le témoignage des apôtres sur sa mort et sa résurrection, nous parlions déjà du salut. Non seulement, en effet, l'itinéraire de Jésus est ordonné à notre salut, mais Jésus lui-même est, dans sa personne, notre Sauveur et notre Salut. Il convient cependant de nous arrêter davantage sur cette donnée centrale de notre foi, d'autant plus qu'elle est loin aujourd'hui d'être toujours entendue et comprise.

Un Dieu qui sauve, un homme en attente de salut 247

Le Dieu d'Israël est un *Dieu sauveur*. Le Dieu qui créa l'univers, c'est lui qui se présente à Moïse : « La clameur des fils d'Israël est parvenue jusqu'à moi et j'ai vu l'oppression que leur font subir les Égyptiens. [...] Tu feras sortir d'Égypte mon peuple » (Ex 3, 9-10). C'est de ce même Dieu que parle le prophète Isaïe : « Ton Époux, c'est ton Créateur [...]. Ton Rédempteur, c'est le Dieu saint d'Israël. [...] Dans mon amour éternel j'ai pitié de toi, dit le Seigneur, ton Rédempteur » (Is 54, 5-8).

Quand, au seuil de l'Évangile, est annoncée la venue du Messie attendu, il reçoit le nom de Jésus, dont l'étymologie est : « Yahvé sauve. » En effet, « son nom, donné aux hommes, est le seul qui puisse nous sauver » (Ac 4, 12). Ainsi, tout au long de l'Écriture, pour faire alliance avec l'homme, Dieu le sauve, le délivre, le rachète.

L'homme a-t-il donc besoin d'être sauvé? L'homme 248 d'aujourd'hui en a-t-il encore besoin? Sauvé de quoi? Se pose-t-il encore de telles questions?

Pourtant nous sommes habités, bon gré mal gré, par le désir du bonheur, par celui de donner un sens à notre existence et de la réussir. C'est le désir de vivre, pleinement et toujours, dans une « qualité de vie », qui comporte la joie d'aimer et d'être aimé. Ce désir est absolu et il est la marque en « creux » de notre vocation. Car nous avons été créés à l'image et à la ressemblance de Dieu, dans le dessein de le voir et de communier éternellement à sa propre vie, dans une vie de ressuscités avec le Christ. Qu'il en ait ou non conscience, l'homme a faim de Dieu pour se réaliser pleinement lui-même.

• L'incapacité de l'homme à réaliser son salut

249

Les hommes sont contredits dans leur désir, non seulement parce que Dieu, qui seul pourrait combler leurs désirs, demeure inaccessible à leurs propres forces, mais aussi parce qu'ils rencontrent toujours l'échéance de la mort et le risque constant de la maladie et de la souffrance. De même, ils font l'expérience de la division qui existe entre eux et la nature (travail comportant de la « peine », désastres écologiques....). De plus, la division règne entre eux, qu'il s'agisse de la famille, des structures économiques et sociales ou de la vie politique et internationale. Enfin, chacun se trouve divisé en lui-même : « Ce qui est à ma portée, écrivait saint Paul à propos de l'homme dont la foi n'a pas transformé la vie, c'est d'avoir envie de faire le bien, mais pas de l'accomplir. Je ne réalise pas le bien que je voudrais, mais je fais le mal que je ne voudrais pas » (Rm 7, 18-19). Chacun découvre en soi une inclination au mal qui le fait trop souvent tomber dans le péché. De cette situation fondamentale, l'humanité ne peut sortir par ses seules forces.

• Le salut, délivrance et plénitude de vie

250

Pour faire entendre à ce propos son message, la Bible se sert de deux images. La première est celle du retour à la santé de l'homme malade, menacé et vivant l'angoisse de la mort. Le salut, c'est alors la *santé*, la plénitude de la vie. C'est ainsi que Jésus, quand il guérit les malades, les « sauve » : le retour à la santé physique est le signe du salut total de la personne. La seconde image est celle de la *libération de la servitude*, soit celle de l'esclave, soit celle du peuple injustement condamné à un esclavage collectif. Ainsi la libération d'Égypte du peuple d'Israël, à travers le passage de la mer Rouge, est la figure permanente de la libération de tout mal, et l'entrée dans la Terre promise est déjà la préfiguration de l'entrée dans le royaume de Dieu pour une vie pleinement heureuse.

> L'œuvre salvifique de Jésus se situe directement dans ces perspectives. Dans la scène de la Transfiguration il parle de « l'exode qu'il va accomplir à Jérusalem » (cf. Lc 9, 31). Il sera le véritable Agneau pascal dont, conformément au rituel, « aucun de ses os ne sera brisé » (Jn 19, 36).

251

Ainsi le salut chrétien comporte dans son unité concrète deux aspects. C'est la *délivrance de tout mal*, du mal et de la souffrance qui nous atteignent de l'extérieur et auxquels nous ne pouvons rien, ou si peu, comme du mal qui vient de nous, le péché, avec sa conséquence dernière, la privation éternelle de Dieu. C'est, plus encore, le *don de la vie*, d'une vie éternelle qui a les traits du Royaume que Jésus est venu instaurer, d'une vie dans l'amour, la justice et la paix. Une telle vie ne peut venir que de Dieu. Elle est le fait de notre adoption filiale (cf. Rm 8, 15-23 ; Ga 4, 5) et nous fait « participer à la nature divine » (cf. 2 P 1, 4) et à l'échange d'amour entre le Père et le Fils dans l'Esprit. Elle est déjà secrètement présente et donnée ici-bas. Elle se manifestera pleinement et définitivement dans la gloire de Dieu.

Le salut est annoncé à toutes les pages du Nouveau Testament. C'est la Bonne Nouvelle, l'Évangile. Mais ce salut s'exprime en des formules multiples et variées qu'on ne résumerait pas sans risque.

Jésus Christ, l'unique médiateur

252

Pour rendre compte de la doctrine du salut, il existe cependant une perspective centrale. C'est la personne de Jésus, considéré dans son rôle de *médiateur* : « Il n'y a qu'un seul Dieu, il n'y a qu'un seul médiateur entre Dieu et les hommes : un homme, le Christ Jésus, qui s'est donné lui-même en rançon pour tous les hommes » (1 Tm 2, 5-6).

Le titre de médiateur précise, en effet, le rôle propre du Sauveur. Un médiateur est celui qui, par sa solidarité avec les deux parties en cause, est capable de leur permettre de « faire alliance », de se réconcilier et de vivre en communion. Ainsi Jésus est-il porteur de l'Alliance, proposée aux hommes par le Père, accueillie par eux dans la foi, célébrée dans l'eucharistie. Il est « le médiateur d'une Alliance nouvelle » (He 12, 24).

Qui dit médiation dit *échange* et donc *double mouvement* : le mouvement de don qui va de Dieu à l'homme et le mouvement de réponse et d'offrande qui va de l'homme à Dieu. Le premier mouvement peut être dit « descendant » et le second « ascendant ». Le propre du médiateur est, en effet, d'assumer en sa propre personne les deux côtés de l'échange. Jésus est d'abord du *côté de Dieu* qui se donne aux hommes, mais il est aussi du *côté des hommes* qui se donnent à Dieu. Selon ce premier mouvement, on peut dire qu'en Jésus Dieu aime l'homme à en mourir ; selon le second, en Jésus l'homme aime Dieu à en mourir. Les grandes expressions du mystère du salut attestées dans l'Écriture et la Tradition peuvent s'éclairer selon ces deux perspectives unies de manière parfaite dans l'œuvre sacrificielle du Fils bien-aimé.

253   Le point de départ de l'affirmation du salut dans le Nouveau Testament se situe dans les expressions « pour nous », « pour vous », « pour la multitude ». Jésus a vécu « pour nous » ; il a institué l'eucharistie « pour nous » et il est mort « pour nous » (Rm 5, 8 ; Ep 5, 2 ; etc.) ; il « s'est donné lui-même en rançon pour tous les hommes » (1 Tm 2, 6).

     Ce « pour nous » a un triple sens. D'abord il veut dire *en notre faveur*, car il s'agit d'une initiative bienveillante de l'amour de Dieu et de Jésus pour notre bien. Mais ce sens dominant implique aussi celui de *à cause de* : c'est en raison de notre situation de pécheurs que le Christ a dû souffrir pour nous. Enfin, le « pour nous » signifie également que Jésus, solidaire des hommes pécheurs, sans l'être de leur péché, s'est offert *à leur place*, prenant sur lui la mort introduite dans le monde par le péché.

     Ce « pour nous » se développe spontanément en un « pour nos péchés » (Ga 1, 4 ; 1 Co 15, 3 ; etc.), c'est-à-dire *en raison de* (cf. Rm 4, 25), mais aussi *pour nous libérer de* nos péchés. Il s'explicite également en un « pour notre salut ». C'est donc à bon droit que le Symbole de Nicée-Constantinople a commenté le « pour nous » de l'Écriture en lui ajoutant « et pour notre salut ». Située au cœur du *Credo*, cette formule en résume toute l'intention.

254 Dans le Christ, Dieu s'approche des hommes pour les sauver

• Le Christ vainqueur et rédempteur

     Dans la Tradition de l'Église l'œuvre du Christ est dite de *rédemption*. Le mot ne fait guère partie du vocabulaire commun des hommes d'aujourd'hui. Dans celui de la Bible il renvoie à une pratique connue : celle de la rançon payée pour libérer un esclave, en le « rachetant ». Le terme sert alors à caractériser plusieurs interventions décisives de Dieu en faveur des hommes, notamment la délivrance de l'esclavage d'Égypte, qui prélude à l'Alliance que ce même Dieu entendait conclure avec Israël.

     Le terme est bien propre à désigner l'œuvre du Christ, avec tout ensemble : ce qui lui en a « coûté », le sacrifice de sa vie ; et ce qui en est résulté, la libération d'une humanité établie sous l'empire du péché et de la mort ; la constitution, à partir de là, d'une « race choisie », d'un « sacerdoce royal », d'une « nation sainte », d'un « peuple qui appartient à Dieu » (d'un peuple qu'il s'est « acquis ») : l'Église, la communauté de la Nouvelle Alliance (cf. 1 P 2, 9).

> La victoire de la croix a été onéreuse : elle a coûté le sang du Christ. « Ce qui vous a libérés de la vie sans but que vous meniez à la suite de vos pères, ce n'est pas l'or et l'argent, car ils seront détruits ; c'est le sang précieux du Christ, l'Agneau sans défaut et sans tache » (1 P 1, 18-19). Dans l'Écriture, le sang c'est la vie même (cf. Lv 17, 11.14). C'est son sang que le Christ a versé pour que nous soyons sauvés. Notre vie, il la paie de la sienne quand il se livre aux hommes pécheurs et s'offre au Père par amour.

• Le Christ libérateur　　255

Saint Paul lie le thème du salut à celui de la liberté. Lui, l'observant rigoureux de la Loi, a été libéré par la grâce de Jésus Christ : « Ne suis-je pas libre ? Ne suis-je pas apôtre ? N'ai-je pas vu Jésus, notre Seigneur ? » (1 Co 9, 1). C'est pourquoi il rappelle aux Galates : « Si le Christ nous a libérés, c'est pour que nous soyons vraiment libres. Alors tenez bon, et ne reprenez pas les chaînes de votre ancien esclavage. [...] Vous avez été appelés à la liberté » (Ga 5, 1. 13).

Irénée, évêque de Lyon (IIe siècle), aimera montrer que le salut des hommes passe par la conversion de leur liberté.

> Dans son commentaire de la scène de la tentation de Jésus, il explique que, par sa résistance à l'adversaire, Jésus a détruit l'effet d'asservissement de la chute originelle. Le nouvel acte de liberté du Christ annule en quelque sorte le résultat de l'acte ancien de la liberté de l'homme. En donnant une issue contraire à la tentation, il renverse la situation et rend l'homme à sa liberté première.

Plus tard, saint Augustin (354-430) fera l'expérience de cette libération intérieure de son être pécheur par la grâce du Christ et il deviendra le grand docteur de la grâce qui libère notre libre arbitre.

Le Christ libère l'homme tout entier, corps et âme.　256
L'homme n'est pas seulement un individu isolé. Il vit en société, dans l'histoire. Si le salut s'adresse à lui de manière personnelle, il ne s'adresse pas à lui de manière purement individuelle. Le salut

concerne l'homme dans sa vie sociale : dans sa famille, mais aussi dans la cité, jusqu'au sein de la communauté nationale et internationale. Le salut chrétien se doit donc de donner des *signes historiques et sociaux* de sa réalité. Le croyant peut légitimement discerner dans les progrès de la justice et de la liberté parmi les hommes un signe et une ébauche du Royaume qui vient (cf. GS 39).

> « Éclairée par l'Esprit du Seigneur, l'Église du Christ peut discerner dans les signes des temps ceux qui sont prometteurs de libération et ceux qui sont trompeurs et illusoires. Elle appelle l'homme et les sociétés à vaincre les situations de péché et d'injustice, et à établir les conditions d'une vraie liberté » (Congrégation pour la doctrine de la foi, *Instruction sur la liberté chrétienne et la libération*, 1986, n° 60).

257 • **Le Christ divinisateur**

Par l'œuvre de salut réalisée par le Christ, nous sommes mis en communion avec Dieu en devenant ses fils adoptifs. Le baptême, par excellence sacrement du salut, nous plonge dans la mort du Christ pour que, ensevelis avec lui pour mourir au péché, nous renaissions avec lui à une vie nouvelle pour Dieu (cf. Rm 6, 4-8). Cette vie nouvelle n'est autre que l'entrée dans les relations d'amour des personnes divines.

> « Il y a une certaine ressemblance entre l'union des personnes divines et celle des fils de Dieu dans la vérité et dans l'amour » (GS 24).

C'est en étant, par la grâce de Dieu, élevé à participer à sa propre vie, que l'homme atteint la perfection de son humanité. En se communiquant lui-même à l'homme, Dieu le hausse au-delà de sa condition naturelle. « Telle est la raison pour laquelle le Verbe s'est fait homme et le Fils de Dieu, Fils de l'homme : c'est pour que l'homme, en se mélangeant au Verbe et en recevant ainsi la filiation adoptive, devienne fils de Dieu » (saint Irénée, *Contre les hérésies*, III, 19, 1).

258 • **Le Christ « justice » de Dieu**

Jésus a accompli toute justice en « s'ajustant » parfaitement, pourrait-on dire, à la volonté de Dieu son Père (cf. Mt 3, 15).

> Le mot biblique de « justice », qui indique la totale conformité aux vues de Dieu, ne doit pas être réduit au sens qu'il a dans son emploi courant.

La Nouvelle Alliance en Jésus Christ

Il a été persécuté pour la justice et reconnu comme un juste par le centurion au pied de la croix (cf. Lc 23, 47). Mais sa justice personnelle était aussi une « justice pour nous », une justice qui condamne le péché, mais qui « justifie », c'est-à-dire qui rend juste le pécheur, en le rétablissant dans sa vraie relation à Dieu.

> Saint Paul est le grand docteur de la justification du pécheur par la grâce du Christ, moyennant la foi en lui. Il a fait l'expérience personnelle de son incapacité à réaliser sa propre justice par les œuvres de la Loi. Il a compris que nul ne peut dire de lui-même : « Je suis juste », et que Dieu seul peut nous dire : « Tu es juste ». « A cause de lui, j'ai tout perdu ; je considère tout comme des balayures, en vue d'un seul avantage, le Christ, en qui Dieu me reconnaîtra comme juste. Cette justice ne vient pas de moi-même, c'est-à-dire de mon obéissance à la loi de Moïse, mais de la foi au Christ : c'est la justice qui vient de Dieu et qui est fondée sur la foi » (Ph 3, 8-9).
> L'expérience de saint Augustin est analogue, à bien des égards, à celle de saint Paul et se transforme, comme chez l'Apôtre, en doctrine de la *souveraineté de la grâce* justifiante du Christ. Tout notre salut vient de la grâce de Dieu et notre réponse de foi est elle-même un don de la grâce.

259 Justifiés par la grâce venue du Christ, nous n'en sommes pas moins sauvés librement. La grâce vient libérer notre liberté, pour lui permettre de répondre aux prévenances divines.

> Ainsi l'amour des parents, qui guide leur action éducative, bien loin d'entraver la liberté de leurs enfants, les aide à se constituer progressivement en personnes libres, capables à leur tour d'aimer en vérité.

La grâce de Dieu, dans laquelle s'exprime son amour pour nous, libère l'homme des servitudes engendrées par le péché. Elle guérit notre liberté blessée. Elle la rend à elle-même pour nous permettre d'aimer Dieu et nos frères en vérité. Dans ce jeu intérieur de la grâce et de la liberté, tout vient de Dieu, mais s'opère réellement au cœur de l'homme.

> La question de la grâce et de la liberté fut au premier plan des débats doctrinaux au temps de la Réforme. Le concile de Trente (1545-1563) clarifie les choses. Il souligne la priorité absolue de la grâce, mais montre que la réponse de la liberté de l'homme est exigée, tout simplement parce qu'elle est *donnée*. La coopération de l'homme à son salut, tout en étant un don de la grâce, demeure un acte de sa liberté. L'homme consent au salut

dans l'amour qu'il professe et vit. « Celui qui t'a créé sans toi ne te sauvera pas sans toi » (saint Augustin).

260 Dans le Christ, l'humanité fait retour à Dieu

• Le sacrifice du Christ

L'aspect ascendant de la médiation du Christ se manifeste dans le caractère sacrificiel de sa mort.

> L'épître aux Hébreux développe un parallèle entre les sacrifices de l'Ancien Testament et le sacrifice du Christ, non sans souligner la profonde différence entre lui et eux. Alors que les sacrifices anciens étaient d'abord des sacrifices rituels où il y avait substitution d'une victime, le sacrifice du Christ est essentiellement un sacrifice existentiel, c'est-à-dire le don de sa propre vie à son Père pour ses frères.

Notre compréhension du sacrifice du Christ ne se construit pas à partir de l'histoire générale des religions, mais à partir des données de l'Écriture, Ancien et Nouveau Testament.

261 *De l'agneau pascal à Jésus*

L'événement de la libération d'Égypte est lié au sacrifice de l'agneau pascal (cf. Ex 12). C'est le sacrifice de la première Alliance, célébré chaque année par le peuple juif comme un *mémorial*. Le souvenir de cette libération d'Égypte est ainsi évoqué selon un rituel précis. Le sacrifice de Jésus, crucifié précisément au moment de la célébration de la Pâque, est le sacrifice du véritable Agneau pascal, dont le premier n'était que la figure anticipatrice.

Plus généralement, la mort sacrificielle de Jésus récapitule toute la visée des sacrifices de l'ancienne Loi, tout en présentant une nouveauté radicale.

> Les prophètes, les premiers, avaient vigoureusement critiqué la dégradation d'une pratique sacrificielle dans laquelle le geste extérieur en venait à servir d'alibi à une vie menée dans l'injustice. Deux formules clés résument cet enseignement, deux formules qui seront reprises par Jésus lui-même :
> « C'est l'amour que je désire, et non les sacrifices, la connaissance de Dieu, plutôt que les holocaustes » (Os 6, 6 ; cf. Mt 9, 13), et : « L'obéissance

vaut mieux que le sacrifice, la docilité vaut mieux que la graisse des béliers » (1 S 15, 22 ; cf. Mc 12, 33).

La nouveauté du sacrifice du Christ 262

La nouveauté du sacrifice de Jésus vient de ce que le contenu de son offrande au Père, c'est sa propre vie, toute donnée, jusqu'à la mort. Ainsi y a-t-il *identité du prêtre et de la victime*.

Selon l'épître aux Hébreux, le Christ est le nouveau grand prêtre. S'offrant lui-même à Dieu « une fois pour toutes », comme victime sans tache, « il a obtenu ainsi une libération définitive » (He 9, 12). Ce sacrifice est donc la suppression de tous les autres sacrifices : « Tu n'as pas voulu de sacrifices ni d'offrandes, mais tu m'as fait un corps. [...] alors, je t'ai dit : Me voici, mon Dieu, je suis venu pour faire ta volonté » (He 10, 5-7). Ainsi est résumée l'offrande sacrificielle faite par le Christ dès l'instant de son entrée dans le monde, avant d'être consommée sur la croix.

Le sacrifice des chrétiens 263

La vie sacrificielle du Christ devient la loi de la *vie sacrificielle* du chrétien. « Vivez dans l'amour comme le Christ nous a aimés et s'est livré pour nous en offrant à Dieu le sacrifice qui pouvait lui plaire » (Ep 5, 2).

> A ce propos aussi, pour comprendre le sacrifice chrétien, nous ne devons pas nous référer d'abord à l'histoire des religions, mais toujours penser à la vie et à la mort du Christ, assumées dans l'amour et l'obéissance. Le sacrifice chrétien est essentiellement, lui aussi, un *sacrifice existentiel*, « spirituel » (cf. 1 P 2, 5), que Dieu nous demande, non pas parce qu'il en a besoin, mais pour notre bien. Nous l'exprimons dans la célébration eucharistique : « Que l'Esprit Saint fasse de nous une éternelle offrande à ta gloire. »

Ce qui semble se présenter d'abord comme un don de l'homme à Dieu est en réalité un don de Dieu à l'homme. Comme l'a bien montré saint Augustin, le sacrifice n'est pas d'abord ce qui fait souffrir : il est ce qui nous met en communion avec Dieu et donc nous donne accès au véritable bonheur. « Est vrai sacrifice toute œuvre accomplie pour nous attacher à Dieu, autrement dit toute œuvre rapportée à ce bien suprême grâce auquel nous pouvons être véritablement heureux » (saint Augustin, *La Cité de Dieu*, X, VI). 264

Si le sacrifice implique une souffrance, celle-ci est due aux conséquences du péché qui nous habite, de même que le péché des hommes a rendu sanglant le sacrifice du Christ.

Dans l'eucharistie, le Christ associe à son sacrifice l'Église, et en elle chaque chrétien. En célébrant l'eucharistie, nous sommes offerts par le Christ au Père et nous devenons un seul corps dans le Christ. Toute l'existence du chrétien devient ainsi une *existence sacrificielle* et eucharistique. « Je vous exhorte, mes frères, écrit saint Paul, par la tendresse de Dieu, à lui offrir votre personne et votre vie en sacrifice saint, capable de plaire à Dieu : c'est là pour vous l'adoration véritable » (Rm 12, 1).

265
● L'expiation souffrante

Le sacrifice du Christ est un sacrifice « expiatoire »

Le terme d'expiation souligne le côté souffrant du sacrifice et la nécessité de réparer le désordre causé par le péché. Elle n'implique pas pour autant l'idée d'un quelconque besoin de vengeance.

Dans l'un et l'autre Testament, l'idée d'expiation est plutôt liée à celle d'intercession, c'est-à-dire d'intervention en faveur de bénéficiaires.

> Saint Paul déclare : « Dieu a exposé Jésus Christ, instrument de propitiation (on pourrait traduire aussi "instrument d'expiation") par son sang moyennant la foi » (Rm 3, 25). Le corps de Jésus recouvert du sang de sa passion est ici symboliquement comparé au « propitiatoire », c'est-à-dire au couvercle de l'arche d'Alliance, qui dans le Saint des Saints était aspergé du sang des victimes. Dans les deux cas, il s'agit d'abord et avant tout d'une intercession, d'une demande de pardon, ordonnée à la réconciliation. De même, le Serviteur souffrant d'Isaïe, auquel pensaient les auteurs du Nouveau Testament pour comprendre la passion de Jésus, offrait sa vie en expiation et « intercédait pour les pécheurs » (Is 53, 12). Jésus est également établi « propitiation » (ou « expiation ») pour nos péchés, non seulement pour les nôtres, mais aussi « pour ceux du monde entier » (1 Jn 2, 2). Il a « été un grand prêtre miséricordieux et fidèle, pour expier les péchés du peuple » (He 2, 17).

La souffrance de Jésus, qui est la conséquence du péché des hommes, et que Jésus accepte en communiant à la volonté du Père, est l'expression de toute sa *force d'intercession* pour le pardon des pécheurs. En Jésus l'intercession se fait sacrifice de la vie, don du sang exprimant un amour plus fort que la mort.

La Nouvelle Alliance en Jésus Christ

La réparation d'amour

266

On retrouve l'idée d'expiation dans l'expression médiévale de « réparation d'amour ». Cette réparation est offerte par le chrétien en raison de ses propres péchés, mais aussi en raison des péchés du monde. La dévotion au *Sacré-Cœur* s'inscrit dans cette même ligne.

> La dévotion au Cœur du Christ s'est greffée sur la contemplation des blessures du Christ : très particulièrement la plaie du côté (cf. Jn 19, 37). Dans le cœur de Jésus on voyait l'amour de Dieu blessé par nos péchés.
> Ce courant spirituel d'inspiration johannique, déjà marquant au Moyen Age, s'est répandu au XVIIe siècle grâce à saint Jean Eudes et à sainte Marguerite-Marie. Cette dévotion devait corriger l'influence de certains courants de l'époque, inspirés du calvinisme et du jansénisme, et marqués par l'idée d'un Dieu inexorable. Quelles que soient les colorations qu'elle peut comporter, son sens est d'amener à la rencontre de l'humanité souffrante et aimante du Sauveur.

La satisfaction

267

Ce mot n'est pas à prendre au sens devenu courant : « On est satisfait de ceci ou de cela. » De quoi s'agit-il donc ?

> Saint Anselme de Cantorbéry (1033-1109) a mis en valeur la place de la satisfaction dans la doctrine du salut. Anselme développe, en effet, l'idée suivante : l'homme pécheur doit pouvoir « *satisfaire* » *à Dieu*, c'est-à-dire non pas compenser exactement le mal commis, mais « en faire assez », selon l'étymologie du mot, et réparer autant qu'il peut pour montrer la sincérité de son repentir et de sa conversion. Or l'homme pécheur est devenu incapable de présenter *une satisfaction digne de Dieu*. Et pourtant seul un homme peut satisfaire au nom des hommes, mais Dieu seul serait capable d'accomplir une satisfaction digne de Dieu. Il est donc nécessaire que ce soit un Dieu-Homme qui l'accomplisse. Ce sera l'œuvre du Christ, qui, « réparant » du poids de toute sa vie et de sa mort le péché des hommes, fera par son amour infiniment plus que ce qui était nécessaire. Il n'y a pas, chez Anselme, l'ombre d'une idée de justice vindicative de la part de Dieu.

Le Christ a agi comme chef de l'humanité. Il a fait le premier, lui l'innocent, ce que, par lui, nous pouvons désormais faire pour retourner à Dieu. Il nous trace la voie par laquelle nous devons passer et nous obtient du même coup la force d'y passer après lui. Bien plus, il nous fait accomplir en lui notre retour. Nous n'avons plus qu'à nous laisser unir à lui pour nous trouver, avec lui, purifiés devant Dieu. Dans une certaine mesure il s'est substitué à nous mais, bien plus encore, il voulut prendre sur lui notre responsabilité de pécheur, l'assumant *jusque dans la mort*.

268

Le sacrifice du Christ, l'Innocent qui accepte d'aller à la mort pour les coupables, « satisfait » à la justice de Dieu : « Le Fils unique bien-aimé de Dieu, notre Seigneur Jésus Christ, qui, "alors que nous étions ennemis" (Rm 5, 10), à cause de l'extrême amour dont il nous a aimés (cf. Ep 2, 4), a mérité notre justification par sa très sainte passion sur le bois de la croix et a satisfait pour nous à Dieu son Père » (concile de Trente, DS 1529 ; FC 563).

DOXOLOGIE DE LA PRIÈRE EUCHARISTIQUE
Par lui, avec lui et en lui,
à toi, Dieu le Père tout-puissant,
dans l'unité du Saint-Esprit,
tout honneur et toute gloire,
pour les siècles des siècles. Amen.

« Notre paix »

269

Un certain nombre de termes traditionnels à travers lesquels s'exprime l'œuvre du Christ, ou du moins l'un ou l'autre aspect de cette œuvre, sont devenus étrangers aux oreilles de beaucoup de nos contemporains, ou hermétiques. Ils demandent, pour être bien entendus, des explications. Ainsi en est-il des mots « justification », « expiation », « satisfaction », voire des mots plus courants de « rédemption » et de « salut ».

L'Église contemporaine a remis en valeur un terme du Nouveau Testament qui, au contraire, parle aux hommes de notre temps : le terme de « *réconciliation* », auquel est étroitement associé celui de « *paix* ».

Peu de termes sont, en fait, aussi appropriés pour définir l'œuvre du Christ à l'égard de l'homme pécheur et d'une humanité éloignée de Dieu, traversée par les divisions et les haines meurtrières, et qui va même souvent jusqu'à la rupture de ses liens avec la nature.

La Nouvelle Alliance en Jésus Christ

Avant d'accomplir son œuvre de réconciliation sur la croix, Jésus l'a prêchée et annoncée. La parabole du fils retrouvé (cf. Lc 15, 11-32) la présente comme l'expression de l'initiative du Père. Sous sa double dimension de réconciliation avec Dieu et de réconciliation avec les frères, la réconciliation fait aussi partie intégrante de la prière enseignée par Jésus à ses disciples : le Notre Père.

270 La réconciliation est déjà donnée en son principe dans la personne de celui qui est en même temps « vrai Dieu » et « vrai homme ». C'est cependant dans le mystère pascal de Jésus qu'elle trouve son accomplissement.

Sur la croix s'opère d'abord la réconciliation des hommes pécheurs *avec Dieu*. Telle est la bonne nouvelle que saint Paul annonce aux Romains : « Si Dieu nous a réconciliés avec lui par la mort de son Fils, quand nous étions encore ses ennemis, à plus forte raison, maintenant que nous sommes réconciliés, nous serons sauvés par la vie du Christ ressuscité. Bien plus, nous mettons notre orgueil en Dieu, grâce à Jésus Christ, notre Seigneur, qui nous a réconciliés avec Dieu » (Rm 5, 10-11).

De cette réconciliation l'Apôtre est le ministre. Il est essentiellement porteur de cette « parole de réconciliation ». « Au nom du Christ, nous vous le demandons, déclare-t-il aux Corinthiens, laissez-vous réconcilier avec Dieu » (2 Co 5, 20).

271 Mais la réconciliation avec Dieu est immédiatement principe d'une réconciliation avec soi-même. L'homme pécheur est toujours un homme intérieurement divisé, désuni, tiraillé, voire déchiré par des passions contradictoires. Le fruit de la réconciliation avec Dieu est d'abord la *paix du cœur*.

Cependant, cette réconciliation avec Dieu et avec soi-même est inséparable de celle à laquelle sont appelés les hommes *entre eux* et dont le principe est également posé sur la croix.

Dans le Nouveau Testament, la réconciliation fraternelle est représentée de manière exemplaire par celle des juifs et des païens. « Maintenant, écrit saint Paul aux Éphésiens, en Jésus Christ, vous qui étiez loin, vous êtes devenus proches par le sang du Christ. C'est lui, le Christ, qui est notre paix : des deux, Israël et les païens, il a fait un seul peuple ; par sa chair crucifiée, il a fait tomber ce qui les séparait, le mur de la haine, en supprimant les prescriptions juridiques de la loi de Moïse. Il voulait ainsi rassembler les uns et les autres en faisant la paix, et créer en lui un seul Homme nouveau. Les uns comme les autres, réunis en un seul corps, il voulait les réconcilier avec Dieu par la croix » (Ep 2, 13-16 ; cf. Col 1, 19-20).

272 L'Église est le lieu dans et par lequel ne cesse de se poursuivre l'œuvre réconciliatrice du Christ (cf. LG 1). Elle l'est par sa prédication, par ses sacrements, par ses initiatives au sein de la société humaine.

> Ces initiatives gagneront d'autant plus en efficacité qu'elles seront le fait de l'ensemble des chrétiens. A cet égard le mouvement œcuménique est inséparable des efforts menés et faveur de la paix entre les peuples et les nations.

Œuvrer à la réconciliation et à la paix, telle est bien pour l'Église la manière de montrer, à l'intérieur du monde, ce qu'elle est au plus intime de son mystère : une communauté d'alliance, la communauté de la Nouvelle Alliance, scellée dans le sang du Christ.

La Nouvelle Alliance en Jésus Christ

LE CHRIST EST LA LUMIÈRE DES PEUPLES :
réuni dans l'Esprit Saint,
le saint concile souhaite donc ardemment,
en annonçant à toutes les créatures
la bonne nouvelle de l'Évangile,
répandre sur tous les hommes
la clarté du Christ qui resplendit
sur le visage de l'Église (cf. Mc 16, 15).
L'Église étant, dans le Christ,
en quelque sorte le sacrement,
c'est-à-dire à la fois le signe et le moyen
de l'union intime avec Dieu
et de l'unité de tout le genre humain,
elle se propose de préciser davantage,
pour ses fidèles et pour le monde entier,
en se rattachant à l'enseignement
des précédents conciles,
sa propre nature et sa mission universelle.
A ce devoir qui est celui de l'Église,
les conditions présentes ajoutent
une nouvelle urgence :
il faut en effet que tous les hommes,
désormais plus étroitement unis entre eux
par les liens sociaux, techniques, culturels,
réalisent également leur pleine unité
dans le Christ.

**Constitution dogmatique
sur l'Église Lumen Gentium, 1
(concile Vatican II).**

4.

L'Église, peuple de la Nouvelle Alliance

274 OUI, IL EST BON, il est doux pour des frères
de vivre ensemble et d'être unis !   Ps 132, 1

275 PRENONS UNE COMPARAISON : notre corps forme un tout,
il a pourtant plusieurs membres ;
et tous les membres, malgré leur nombre,
ne forment qu'un seul corps.
Il en est ainsi pour le Christ.
Tous, Juifs ou païens, esclaves ou hommes libres,
nous avons été baptisés dans l'unique Esprit
pour former un seul corps.
Tous nous avons été désaltérés par l'unique Esprit.

Le corps humain se compose de plusieurs membres,
et non pas d'un seul.
Le pied aura beau dire : « Je ne suis pas la main,
donc je ne fais pas partie du corps »,
il fait toujours partie du corps.
L'oreille aura beau dire : « Je ne suis pas l'œil,
donc je ne fais pas partie du corps »,
elle fait toujours partie du corps.
Si, dans le corps, il n'y avait que les yeux,
comment pourrait-on entendre ?
S'il n'y avait que les oreilles,
comment pourrait-on sentir les odeurs ?
Mais, dans le corps,
Dieu a disposé les différents membres comme il l'a voulu.

Or, vous êtes le corps du Christ
et, chacun pour votre part,
vous êtes les membres de ce corps.
Parmi ceux que Dieu a placés ainsi dans l'Église,
il y a premièrement des apôtres,
deuxièmement des prophètes,
troisièmement ceux qui sont chargés d'enseigner,
puis ceux qui font des miracles,
ceux qui ont le don de guérir,
ceux qui ont la charge d'assister leurs frères
ou de les guider,
ceux qui disent des paroles mystérieuses.
Tout le monde évidemment n'est pas apôtre,
tout le monde n'est pas prophète,
ni chargé d'enseigner ;
tout le monde n'a pas à faire des miracles,
à guérir,
à dire des paroles mystérieuses,   1 Co 12, 12-18.
ou à les interpréter.   27-30

1.
L'Église appelée, envoyée et sanctifiée par Dieu

Le Dieu qui rassemble l'Église pour le salut des hommes est le Dieu Père, Fils et Saint-Esprit, confessé dans le *Credo*. L'Église « tire son origine de la mission du Fils et de la mission du Saint-Esprit, selon le dessein de Dieu le Père » (AG 2).

L'initiative du Père

A l'origine de l'Église, il y a « la disposition absolument libre et mystérieuse de la sagesse et de la bonté » du Père éternel qui, après avoir créé le monde, « a décidé d'élever les hommes à la communion de sa vie divine » (LG 2).

Ce dessein, réalisé à travers l'œuvre rédemptrice du Christ, s'accomplit dans l'Église : « Tous ceux qui croient au

Christ, il a voulu les appeler à former la sainte Église qui, annoncée en figure dès l'origine du monde, merveilleusement préparée dans l'histoire d'Israël et dans l'Ancienne Alliance, établie enfin dans ces temps qui sont les derniers, s'est manifestée grâce à l'effusion du Saint-Esprit et, au terme des siècles, se consommera, dans la gloire » (LG 2).

277   L'Église est bien un peuple *convoqué, appelé, rassemblé* pour, à son tour et au nom de Dieu, convoquer et appeler les hommes à la communion pour laquelle ils sont faits.

L'Église n'est donc pas la simple résultante de désirs ou de projets qu'ont des hommes et des femmes de se réunir ou de coordonner leurs ressources pour un but déterminé.

Les membres de l'Église ne se choisissent pas les uns les autres. Ils *se reçoivent* plutôt comme frères et sœurs des mains de Dieu, dans la diversité de leur condition, de leur culture, de leurs goûts ou de leurs opinions. Ils se laissent ainsi hausser au-delà des limites de leurs projets humains, pour être introduits dans la *fraternité sans frontières* à laquelle les convie le Père commun, désireux de leur dévoiler tout ce qu'il a préparé pour ceux qui l'aiment (cf. 1 Co 2, 9).

278 L'œuvre du Christ

L'initiative du Père a trouvé sa réalisation dans l'œuvre du Christ, par qui tout existe (cf. Jn 1, 3) et qui est venu « rassembler dans l'unité les enfants de Dieu dispersés » (Jn 11, 52).

• L'annonce de la venue du règne de Dieu

Pendant sa vie mortelle, « le Seigneur Jésus donna naissance à son Église en prêchant l'avènement du règne de Dieu promis dans les Écritures depuis des siècles » (LG 5). Les *miracles*, opérés par lui, manifestaient la réalisation déjà commencée de ce règne de Dieu. Par de nombreuses *paraboles*, Jésus annonçait la *croissance* attendue de ce qui était semé (cf. Mt 13, 1-53). Sa *vie*, toute filiale et toute donnée aux hommes, révélait l'intention de Dieu sur l'humanité.

L'Église, peuple de la Nouvelle Alliance

• L'appel de disciples   279

Dès le début de sa vie publique, Jésus, désigné par le Père comme son Fils et habité par l'Esprit, constitua autour de lui une communauté de *disciples*.

> Tous appartenaient au peuple juif, mais les évangélistes font apparaître leur diversité : selon Marc, quatre sont des pêcheurs galiléens, et Lévi est publicain (cf. Mc 1, 16-20 ; 2, 14) ; selon Jean, il y a des hommes de l'entourage de Jean Baptiste (cf. Jn 1, 35-51). Luc mentionne également des femmes qui deviendront témoins de la passion et seront les premières à annoncer la Résurrection (cf. Lc 8, 2-3 ; 23, 49 ; 24, 8-10) ; il ajoute Marie (cf. Lc 10, 38-40), mais aussi la mère et les « frères » de Jésus, et tous ceux-là qui l'écoutent (cf. Lc 8, 19-21).
>
> Le mot « frère » a ici, comme dans la langue hébraïque, une extension très large et ne signifie pas nécessairement « enfants du même père ». De la même manière, en français, le mot « parent » peut désigner des personnes ayant une parenté plus ou moins lointaine, et pas seulement le père et la mère des enfants.

Appelés par Jésus, les disciples le suivent, vivent dans son intimité et reçoivent un enseignement plus profond et plus exigeant que celui qui s'adresse à la foule. Jésus leur apprend à prier. Il envoie soixante-douze d'entre eux annoncer en paroles et en actes la venue du règne de Dieu.

• Le choix des Douze   280

C'est parmi ses disciples et en leur présence que, après avoir prié son Père (cf. Lc 6, 12), Jésus choisit les Douze : « Il appela ceux qu'il voulait. Ils vinrent auprès de lui, et il en institua douze pour qu'ils soient avec lui, et pour les envoyer prêcher » (Mc 3, 13-14). Leur nombre rappelle symboliquement les douze tribus d'Israël. En tant que compagnons quotidiens de Jésus, ils témoignent, pour les générations à venir, de l'authenticité des actes et des paroles de Jésus, depuis son baptême par Jean jusqu'à son ascension (cf. Ac 1, 22).

« Leur donnant la forme d'un collège, c'est-à-dire d'un groupe stable, le Seigneur Jésus mit à leur tête Pierre, choisi parmi eux » (LG 19). Pierre est le roc, sur lequel Jésus a voulu bâtir son Église (cf. Mt 16, 18-19), auquel il demande d'« affirmer ses frères » (cf. Lc 22, 32), et auquel, une fois ressuscité, il confie la charge de « paître » l'ensemble de son troupeau (cf. Jn 21, 15-17).

281 ### • La Pâque du Christ

Le Christ a fondé l'Église, rassemblement de ses disciples, en confiant au groupe des apôtres la charge de continuer son œuvre. Plus largement, cette fondation repose sur la vie de Jésus, sur tous les actes qui font apparaître la puissance d'amour qui habitait son cœur, et surtout sur l'œuvre de sa Pâque.

Avant la fête de la Pâque, quand « l'heure était venue pour lui de passer de ce monde à son Père » (Jn 13, 1), Jésus laissa à ses disciples, afin qu'ils puissent continuer son œuvre, un *triple héritage* : l'eucharistie, sacrement de la Nouvelle Alliance ; son « commandement », celui d'un amour fraternel et humble, semblable au sien ; la promesse de la venue de l'Esprit Saint. L'Église procède de ces trois dons, étroitement unis.

Le commencement et le développement futur de l'Église, évoqués par Jésus lui-même (cf. Jn 12, 32), sont signifiés par « le sang et l'eau sortant du côté ouvert de Jésus crucifié » (LG 3). Quant à la mission de l'Église, elle fait l'objet d'un ordre formel du Ressuscité : « De même que le Père m'a envoyé, moi aussi, je vous envoie » (Jn 20, 21).

282 ## Le don de l'Esprit Saint

L'initiative du Père, réalisée par l'œuvre du Fils, le Christ, trouve son achèvement dans le *don de l'Esprit*.

• Présence et mission de l'Esprit

L'Esprit Saint, qui a « reposé » sur le Christ, est envoyé sur les apôtres et sur les disciples.

Toute la mission de Jésus avait déjà été accomplie dans l'Esprit Saint : « L'Esprit du Seigneur est sur moi, avait-il déclaré dans la synagogue de Nazareth. [...] Il m'a envoyé porter la Bonne Nouvelle » (Lc 4, 18). Dans tout ce qu'il disait et faisait, Jésus manifestait la présence en lui de l'Esprit Saint. Quand il annonçait le Royaume, quand il pardonnait aux pécheurs, quand il guérissait les malades, quand il choisissait ses apôtres, l'Esprit de Dieu était toujours « sur lui ».

Et il avait promis ce même Esprit à ceux qui croiraient en lui. Après son départ, celui-ci serait leur « consolateur » et leur « défenseur ». En même temps qu'il devait leur permettre d'accéder « à la vérité tout entière » (Jn 16, 13) que Jésus leur avait livrée, il les soutiendrait dans le témoignage qu'ils auraient à porter devant le monde, en demeurant eux-mêmes dans l'unité.

Au soir de Pâques, Jésus ressuscité transmet aux apôtres l'Esprit Saint pour continuer l'œuvre de salut par la rémission des péchés, opérée en son principe par sa mort et sa résurrection : « "De même que le Père m'a envoyé, moi aussi, je vous envoie." Ayant ainsi parlé, il répandit sur eux son souffle et leur dit : "Recevez l'Esprit Saint. Tout homme à qui vous remettrez ses péchés, ils lui seront remis ; tout homme à qui vous maintiendrez ses péchés, ils lui seront maintenus" » (Jn 20, 21-23).

• L'Église de Pentecôte

283

Au jour de la Pentecôte, cet Esprit communiqué par le Christ à ses apôtres manifeste sa présence et son action. Il ne devait plus cesser de « sanctifier l'Église en permanence », de « la rajeunir » et de « la renouveler sans cesse, l'acheminant à l'union parfaite avec son Époux » (cf. LG 4).

L'Esprit Saint qui « donne la vie » et a « parlé par les prophètes » était à l'œuvre dès les origines, créant tout être vivant. Il préparait dans le peuple d'Israël l'Église du Christ. Il était en plénitude sur Jésus durant sa vie terrestre. Mais il ne s'est manifesté pleinement comme don fait aux croyants que le jour de Pentecôte, où l'Église a pris naissance.

Ce jour-là, après que chacun eut entendu l'annonce des merveilles de Dieu dans sa propre langue (cf. Ac 2, 6), saint Pierre exposa le mystère de cette Église née de l'œuvre commune du Père, du Fils et du Saint-Esprit : « Élevé dans la gloire par la puissance de Dieu, il a reçu de son Père l'Esprit Saint qui était promis, et il l'a répandu sur nous : c'est cela que vous voyez et que vous entendez » (Ac 2, 33).

284

En accueillant le message de Pierre qui proclame le don de l'Esprit à « toute chair » et qui invite à la conversion, les croyants deviennent la première communauté chrétienne. Cette Église naissante est communauté de foi, de prière et de partage. Elle est chargée d'annoncer la résurrection du Seigneur Jésus, en vivant la communion fraternelle (cf. Ac 2, 42-47 ; 4, 32-37).

Le cénacle, où les apôtres sont réunis avec des disciples et quelques femmes, est un premier lieu de communion. C'est aussi un premier lieu de diffusion de la foi, annoncée dans leur propre langue aux Juifs de tout pays, venus à Jérusalem pour la fête et rejoints dans leur propre culture.

Les frères assemblés, en tant que disciples de Jésus, se trouvent transformés spirituellement et deviennent le *peuple nouveau*. Ils avaient suivi Jésus et l'avaient vu ressuscité ; ils sont désormais son Église.

285 *Pierre et les autres apôtres* occupent dans cette Église une place essentielle. Ils en sont, pour toujours, les colonnes (cf. Ga 2, 9), les fondements et les portes (cf. Ap 21, 12-14). Transformés eux aussi, ils sont, au sens plein, des apôtres, envoyés par Jésus ressuscité avec la puissance de l'Esprit pour rassembler tous les peuples (cf. Mt 28, 16-20). A partir de Jérusalem d'autres Églises se constituent, en Samarie, à Antioche, à travers le bassin méditerranéen et jusqu'à Rome. Chacune porte justement le nom d'Église de Dieu et toutes le portent aussi ensemble. Depuis les temps apostoliques, la même mission se poursuit, pour atteindre, jusqu'à aujourd'hui, tous les peuples de la terre.

<small>La vocation de Paul donne une dimension nouvelle à la charge apostolique. Paul n'avait pas appartenu au groupe des Douze. Cependant il tient à accomplir sa mission auprès des nations païennes en communion avec Pierre et Jacques, et avec l'Église de Jérusalem (cf. Ga 2, 7-10). L'Église commençait ainsi son expansion dans la fidélité à son origine.</small>

286 **• L'Église, Temple sanctifié et vivifié par l'Esprit**

L'Esprit Saint, qui est donné à tout baptisé (cf. GS 22), vivifie, anime et sanctifie l'Église, peuple de fidèles qui ont reçu « la dignité et la liberté des fils de Dieu ». Dans leur cœur « habite, comme dans un *temple*, l'Esprit Saint » (LG 9).

<small>Dans le *Credo*, la confession de l'Église est liée à celle de l'Esprit Saint : « Je crois au Saint-Esprit, à la sainte Église catholique. » Une des versions les plus anciennes du Symbole des Apôtres liait même encore plus étroitement le Saint-Esprit et l'Église en déclarant : « Je crois au Saint-Esprit dans l'Église. »</small>

L'Église est le lieu d'habitation de l'Esprit Saint dans ce monde. Elle en est le « Temple » (PO 1 ; AG 7). Ce Temple, dans lequel officie une « nation sainte » (1 P 2, 9), est constitué de « pierres vivantes » (1 P 2, 5). Certes, l'Esprit est présent dans le monde entier et à l'œuvre dans toute la création, mais de façon discrète et difficile à reconnaître bien souvent. Il est présent et agissant dans l'Église de façon certaine et assurée, ce qui ne veut pas dire évidente.

> « N'oubliez pas, dit saint Paul aux chrétiens de Corinthe, que vous êtes le temple de Dieu, et que l'Esprit de Dieu habite en vous. Si quelqu'un détruit le temple de Dieu, Dieu le détruira ; car le temple de Dieu est sacré, et ce temple, c'est vous » (1 Co 3, 16). « Ne savez-vous pas, demande-t-il encore avec plus de précision pour fonder le rejet de la débauche, que votre corps est le temple de l'Esprit Saint qui est en vous et que vous avez reçu de Dieu ? [...] Rendez gloire à Dieu dans votre corps » (1 Co 6, 19-20).

2. L'Église de Dieu parmi les hommes

287

L'Église a été fondée pour être dans le monde le peuple qui vit et témoigne de l'Alliance nouvelle et éternelle que Dieu a, dans le Christ, conclue avec les hommes.

Singularité de l'Église

L'Église « prend place dans l'histoire humaine, bien qu'elle soit en même temps transcendante aux limites des peuples dans le temps et dans l'espace » (LG 9). Mystère de foi, l'Église est en même temps réalité humaine. Vivant de l'Esprit, elle est cependant visible aux yeux des hommes.

• Réalité humaine

L'Église se présente comme une communauté humaine. Elle se distingue, certes, des groupes humains dont la finalité est d'ordre purement culturel, politique, social ou économique. Même si sa vie et son action ont des répercussions dans le domaine temporel, sa finalité est d'ordre religieux. En ce sens, le christianisme se rapproche des grandes religions telles que le judaïsme, l'islam ou l'hindouisme qui, elles aussi, proposent aux hommes, dans des perspectives universelles, des voies pour aller vers Dieu à l'intérieur d'une démarche communautaire.

288   Comme toute société humaine, l'Église, dont la vitalité et le rayonnement dépendent de l'adhésion libre et de l'engagement responsable de ses membres, est organisée, pourvue d'institutions. Certaines de ces institutions sont liées à sa nature même (Écriture Sainte, sacrements, ministères ordonnés, etc.). D'autres, comme en tout groupe, portent la marque de circonstances historiques (langues et formes liturgiques, structures territoriales, etc.).

L'Église peut profiter des avancées de la civilisation, en même temps que porter les stigmates de l'histoire humaine. Mais elle a aussi marqué cette histoire de son empreinte.

Une part visible de son histoire est accessible à tous, avec la richesse de ses traditions caritatives, culturelles, artistiques, liturgiques et théologiques, avec aussi les marques du péché qui ont terni son visage et nui à son rayonnement.

289   Aujourd'hui encore, les regards portés sur l'Église sont des plus contrastés. Pour un certain nombre de nos contemporains, elle est le vestige d'une religion appartenant au passé. D'autres, au contraire, continuent à en redouter la puissance au sein de la société.

Chez les chrétiens eux-mêmes, les sentiments éprouvés ou les attentes entretenues à l'égard de l'Église varient considérablement. Nombreux sont ceux qui trouvent avec bonheur dans l'Église un lieu de *vie fraternelle*, de respect, de liberté ; un lieu où ils reçoivent soutien et stimulation pour une vie plus généreuse ; un lieu d'*espérance* et de *paix* : cette paix profonde que le Christ a laissée aux siens, et qui n'est « pas à la manière du monde » (Jn 14, 27). Cependant, un certain nombre voudraient se réclamer de Jésus Christ *indépendamment* de l'Église, car ils trouvent que celle-ci fait écran entre la figure du Sauveur et le croyant, ou dénature la simplicité et l'efficacité de son Évangile.

D'autres, au contraire, veulent voir avant tout dans l'Église catholique une *institution solide*, propre à contrebalancer les ferments de désordre enfouis dans les sociétés contemporaines. Elle serait la gardienne de l'ordre et des principes de la moralité. Le Christ et son Évangile, avec leurs appels à la conversion et à un continuel dépassement, tendent alors à être tenus pour secondaires, à moins qu'ils ne soient simplement oubliés.

L'Église, peuple de la Nouvelle Alliance

- **Communauté de l'Alliance**   290

Le mystère de foi que constitue l'Église se manifeste dans le nom même par lequel on la désigne. *Église* transcrit le mot grec *Ekklèsia* (assemblée), choisi dès l'âge apostolique pour désigner le groupe des disciples de Jésus ressuscité.

> Les langues latines, comme le français, ont généralement transcrit le grec directement en *Ecclesia, Chiesa, Iglesia*. Les langues germaniques et anglo-saxonnes ont le mot *Kirche, Church*, d'un adjectif grec, *kyriakê*, qui signifie *du Seigneur*. L'Église est alors désignée comme l'œuvre du Christ, le Seigneur. Quel que soit l'aspect que le nom privilégie, l'Église se reconnaît comme l'assemblée des hommes convoqués par le Seigneur, Jésus ressuscité (cf. LG 9).

L'Église est la communauté de la Nouvelle Alliance établie dans le sang du Christ. Elle prolonge l'assemblée convoquée par Dieu, faisant alliance avec son peuple par l'intermédiaire de Moïse. « Le Christ a établi ce lien nouveau, l'Alliance nouvelle en son sang (cf. 1 Co 11, 25) ; il appelle juifs et païens à devenir un seul peuple, rassemblé non pas par des liens charnels, mais dans l'unité de l'Esprit, pour constituer le nouveau peuple de Dieu » (LG 9).

Peuple convoqué par son Seigneur, l'Église se distingue   291
des autres sociétés et groupes humains. Seuls, cependant, mesurent cette particularité les chrétiens qui reçoivent l'Église de la part de Dieu, Père, Fils et Esprit Saint. Pénétrer dans ce *mystère divin* de l'Église, c'est pénétrer dans l'Alliance établie par Dieu avec les hommes et offerte à notre foi.

C'est dans l'Église, dans la communauté des croyants, que nous confessons notre foi au Dieu Père, Fils et Esprit. Et, ce faisant, nous reconnaissons l'Église comme la communauté nécessaire pour dire et vivre la foi en vérité.

> S'il est vrai que l'Église ne peut se comprendre qu'en relation avec l'Esprit Saint qui la soude et l'anime, cet Esprit Saint continue cependant de « souffler où il veut » (cf. Jn 3, 8), y compris en dehors des limites visibles de cette Église (cf. GS 38 ; LG 16).

Telle est la singularité de l'Église : à la fois réalité   292
humaine, « sujet historique », qui agit dans l'histoire, et « mys-

tère », fruit de la miséricorde de Dieu qui appelle ses enfants à vivre avec lui.

Les deux aspects sont indissociables. Si la réalité humaine de l'Église lui permet d'être l'objet d'observations, d'analyses, voire de sondages, ces modes d'approche sont incapables de rendre compte de la totalité de ce qui fait l'Église. Car si elle comporte certains traits d'une société, d'une administration, d'une entreprise, elle est avant tout communion d'amour dans l'Esprit Saint. Celui-ci rassemble des hommes et des femmes partageant la même foi au Christ, dans la totalité de leur être, avec leur intelligence et leur cœur.

Même les chrétiens, dans les jugements qu'ils portent sur l'Église, ont trop souvent tendance à « séparer ce que Dieu a uni ». L'Église n'est pas le Christ. Il convient de ne pas les confondre et de ne pas méconnaître l'aspect humain de l'Église. Mais il ne faut pas non plus les opposer. L'Église vit du Christ, témoigne du Christ. Elle l'annonce, dans la faiblesse des moyens humains et malgré le péché. Mais elle est toujours l'Église du Christ et on ne peut prétendre être du Christ en refusant l'Église.

Si le Christ est lui-même signe de contradiction (cf. Lc 2, 34), l'Église l'est aussi à sa façon. Elle est un mystère de foi.

293 Noms donnés à l'Église

Le mystère de l'Église ne peut se laisser enfermer dans une seule définition. Aussi est-ce « sous des images variées que la nature intime de l'Église nous est montrée » (LG 6). Les images et les noms qui, dans la Bible, servent à l'évoquer, et que Vatican II rappelle (cf. LG 6-9) sont un bon guide pour en saisir la richesse.

> Ces images sont multiples. Aucune n'a la prétention de dire la totalité du mystère. Chacune en souligne un aspect. L'important est de les faire jouer les unes avec les autres, sans se limiter à une seule. Tel croyant, ou telle communauté ecclésiale, ou telle époque peut donner sa préférence à l'une ou à l'autre. Tous ont à admettre que le regard qu'ils portent sur l'Église est partiel et qu'ils ne peuvent laisser dans l'ombre les aspects de l'Église auxquels ils portent moins d'attention.

L'Église, peuple de la Nouvelle Alliance

- **Des noms empruntés à l'expérience des hommes**   *294*

Certaines de ces images sont empruntées à la vie pastorale : l'Église est alors le *bercail*, dont le Christ est la porte, ou encore le *troupeau* dont le Christ est le vrai pasteur. Cette image permet à Jésus de parler d'autres brebis qu'il possède et qui ne sont pas encore de cet enclos : il faut qu'il les mène elles aussi (cf. Jn 10, 1-16).

D'autres images sont empruntées à la vie des champs. l'Église est alors le *terrain* dans lequel est déposée la semence, le *champ cultivé* de Dieu (cf. 1 Co 3, 9) ou encore la *vigne* qu'il a plantée (cf. LG 6 ; Mt 21, 33-43).

Plusieurs images tournent autour de l'idée de construction ou d'habitation. L'Église est appelée l'*édifice de Dieu* (cf. 1 Co 3, 9), la *maison de Dieu* (cf. 1 Tm 3, 15) ou le *temple saint* (cf. Ep 2, 21). De cet édifice, le Christ est la pierre de fondation ; les croyants, devenus *temples de l'Esprit*, y sont intégrés comme des *pierres vivantes*. Les édifices ne trouvent, en effet, leur sens que par ceux qui y habitent.

L'Église peut être dite également la *famille* de Dieu (cf. Ep 2, 19). Elle « s'appelle encore "la Jérusalem d'en haut" et "notre mère" (Ga 4, 26 ; cf. Ap 12, 17) ; elle est décrite comme l'épouse immaculée » (LG 6) et bien-aimée du Christ (cf. Ap 21, 2 ; Ep 5, 26).

- **Corps du Christ**   *295*

Le concile Vatican II ne manque pas d'accorder la place qui convient à l'image paulinienne de l'Église, *Corps du Christ*, en insistant sur son importance pour la vie des chrétiens.

L'image du corps permet d'exprimer l'« incorporation » de chaque membre de l'Église au Christ Jésus, telle qu'elle se réalise par le baptême et l'eucharistie. C'est par le baptême que les croyants sont incorporés au Christ, c'est en recevant le corps eucharistique du Seigneur qu'ils deviennent son corps ecclésial. Dans la célébration du Repas du Seigneur, « si nombreux que nous soyons, nous sommes un seul pain, un seul corps » (saint Augustin).

Mais l'image du corps et de ses membres permet aussi de rendre compte de la diversité des grâces et des responsabilités représentées dans l'Église. Entre le Christ, qui est la Tête du corps, et ceux qu'il anime de son Esprit, existe une véritable union organique.

Enfin, cette image de l'Église Corps du Christ, étroitement unie à son Seigneur, fait comprendre comment l'Église réalise dans le monde une authentique présence du Christ ressuscité : elle est le sacrement du Christ.

296 • **Peuple de Dieu**

Le concile a également remis en valeur une autre dénomination : celle de *peuple de Dieu* (cf. LG 9).

Si l'on emploie le même mot pour désigner Israël et l'Église du Christ, c'est pour marquer à la fois la *continuité* et la radicale *nouveauté* de cette dernière par rapport au peuple d'Israël : continuité et nouveauté qui sont exactement celles de l'Ancienne et de la Nouvelle Alliance.

L'expression « peuple de Dieu » exprime aussi l'égale dignité de tous les baptisés.

Elle indique enfin que l'Église est appelée à vivre son histoire à travers les siècles en étant tout à la fois fidèle à l'Évangile et mêlée à tous les peuples de la terre.

> « Bien qu'il ne comprenne pas encore effectivement l'universalité des hommes et qu'il garde souvent les apparences d'un petit troupeau », le peuple assemblé dans l'Église est ouvert à tous ceux qui « regardent avec la foi vers Jésus, auteur du salut » et « constitue pour tout l'ensemble du genre humain le germe le plus fort d'unité, d'espérance et de salut » (LG 9).

297 L'Église se plaît à faire appel à plusieurs de ces images ou désignations traditionnelles, lorsqu'elle célèbre la dédicace des édifices qu'elle construit pour s'y assembler.

> La liturgie chante alors poétiquement ce mystère de l'Église du Christ édifiée pour la gloire de Dieu : « Dans cette maison que tu nous as donnée, où tu accueilles le peuple qui marche vers toi, tu nous offres un signe merveilleux de ton Alliance : ici, tu construis pour ta gloire le temple vivant que nous sommes ; ici, tu édifies l'Église, ton Église universelle,

pour que se constitue le Corps du Christ; et cette œuvre s'achèvera en vision de bonheur dans la Jérusalem céleste » (préface de la Dédicace d'une église).

L'Église, « comme un sacrement » 298

C'est un autre type de réflexion sur sa propre nature qui conduit l'Église à se désigner « comme un sacrement ».

> Le mot français « sacrement » vient du latin *sacramentum* qui correspond au grec *mysterion*. En employant ce terme d'allure technique, on rejoint, à travers les Pères de l'Église, la réflexion de saint Paul sur le *mystère*, qui est le projet de Dieu révélé aux croyants dans l'Église (cf. Ep 3, 8-11).

L'Église, enseigne Vatican II, est « dans le Christ, en quelque sorte le sacrement, c'est-à-dire à la fois le signe et le moyen de l'union intime avec Dieu et de l'unité de tout le genre humain » (LG 1). Autrement dit, c'est dans l'Église que se réalise le salut, sous la forme de cette Alliance que Dieu a, dans son Fils, scellée avec les hommes.

> La formule « hors de l'Église pas de salut », qui fait difficulté pour beaucoup, peut ainsi se comprendre dans sa signification très positive. Elle ne préjuge pas de la situation de ceux qui, sans faute de leur part, mais par suite des circonstances ou pour quelque autre raison (cf. LG 16), ne sont pas parvenus à reconnaître dans l'Église ce lieu unique du salut de Dieu. Le salut n'est pas impossible pour un non-chrétien. Mais il est vrai que, pour les hommes que Dieu aime, l'Église est signe efficace de cet amour. L'homme sauvé l'est toujours, en définitive, par la passion et la résurrection du Christ, c'est-à-dire par le mystère pascal dont l'Église est le témoin et auquel l'Esprit Saint l'associe d'une façon mystérieuse mais réelle (cf. GS 22).

Dire que l'Église est comme un sacrement, c'est affirmer sa totale subordination à Dieu qui se révèle dans le Christ.

> Le concile Vatican II n'identifie pas purement et simplement l'Église au sacrement (il déclare qu'elle est « en quelque sorte » sacrement, LG 1).

Catéchisme pour adultes

L'Église ne possède pas en elle-même la source de sa sacramentalité. Elle la reçoit de l'Esprit Saint et du Christ. Le Christ en est la Tête et la remplit de sa plénitude (cf. Ep 1, 22-23). Une différence demeure donc toujours entre le Christ et son Église, son Épouse (cf. Ep 5, 25-27).

299
• « Sacrement » du salut

L'Église, qui est comme un sacrement, n'est pas une société close sur elle-même. Elle a mission universelle. Missionnaire, elle s'associe au travail du Sauveur, en poursuivant son œuvre de réconciliation. Missionnaire, elle collabore activement aux efforts humains de justice, d'amour et de paix, et en se faisant messagère de la charité de Dieu. Entrer dans l'Église, en accueillant la Bonne Nouvelle dont elle est porteuse, c'est avoir accès aux sources même du salut.

300
• « Sacrement » du Royaume

L'Église est sacrement du royaume de Dieu, prêché et inauguré par le Christ. Elle est, en effet, ce lieu où Dieu règne réellement aujourd'hui. La souveraine présence de Dieu est *déjà* attestée, même si son Règne, tant que dure l'histoire, n'est *pas encore* réalisé dans sa totalité.

> Les chrétiens risquent toujours de gauchir, à ce propos, l'enseignement de Jésus. Les uns, se fondant sur le fait que le règne de Dieu est là, risquent d'identifier leurs entreprises terrestres, et le type de société dans laquelle ils vivent, avec ce Royaume ; ils tendent à dénier toute autonomie aux réalités créées. D'autres, se fondant sur l'appel à la « venue » du Règne, risquent de rejeter dans le futur et hors de ce monde la souveraineté de Dieu, et de vivre sans intérêt pour ce monde où Dieu leur semble ne pas répondre. Pourtant, ce monde est fait pour être déjà quelque peu transfiguré en attendant activement le monde nouveau où Dieu sera tout en tous.

Ainsi l'Église est sur terre « le germe et le commencement du Royaume » (LG 5). Mais, comme le Règne est encore à venir dans sa totalité, elle sait qu'elle n'aura son achèvement que dans la gloire céleste.

3.
L'Église une, sainte, catholique et apostolique

301

« Je crois en l'Église, une, sainte, catholique et apostolique. » Lorsque les chrétiens, dans le *Credo*, proclament leur foi, ils affirment que l'Église se caractérise par ces qualificatifs. Ce sont les « notes » de l'Église. Elles ne décrivent pas seulement l'Église de l'extérieur ; elles indiquent la vérité profonde de son mystère. Les affirmer relève de la foi et pas seulement d'un regard sur les apparences.

Église une

« L'Église universelle apparaît comme "un peuple qui tire son unité de l'unité du Père et du Fils et de l'Esprit Saint" » (LG 4, citant saint Cyprien).

• L'Église est communion

302

La *source* de l'unité de l'Église est exprimée dans la lettre de Paul aux Éphésiens : « Comme votre vocation vous a tous appelés à une seule espérance, de même il n'y a qu'un seul Corps et un seul Esprit. Il n'y a qu'un seul Seigneur, une seule foi, un seul baptême, un seul Dieu et Père de tous, qui règne au-dessus de tous, par tous, et en tous » (Ep 4, 4-6).

Ainsi, l'Église affirme qu'elle ne tire pas son unité d'elle-même. Elle la reçoit comme un don de l'Esprit Saint.

Cette unité est visible et, selon la promesse du Christ (cf. Mt 16, 18), elle ne peut jamais être perdue. Elle s'exprime dans la profession d'une *seule et même foi*, formulée par un même *Credo* (ou « symbole de foi »). Elle est fondée dans l'unique baptême qui

303

fait de tous les disciples du Christ un seul peuple. L'eucharistie, sacrement de l'unité, fortifie, construit et renouvelle sans cesse cette communion des croyants, les gardant unis par « les liens de la charité ». Le ministère apostolique, le service des évêques, des prêtres et des diacres, est service de la communion ecclésiale.

Car l'unité de l'Église n'est pas seulement celle d'une bonne organisation ou d'une ferme discipline. Elle est de l'ordre de la « communion ». L'ecclésiologie de communion est « l'idée centrale et fondamentale » (synode extraordinaire de 1985) qui se dégage des documents du second concile de Vatican. Cette communion est communion avec le Père et avec son Fils, Jésus Christ, dans l'Esprit (cf. 1 Jn 1, 3), et communion des disciples entre eux dans la charité.

> L'unité est aussi un élément fondamental et nécessaire du témoignage des chrétiens dans le monde et de la crédibilité de la mission (cf. Jn 13, 35 ; 17, 21).

304   Cette unité se manifeste de façon privilégiée dans la communion des évêques entre eux et avec le successeur de Pierre, à qui est confiée l'autorité sur l'Église universelle.

> « De même que, par disposition du Seigneur, saint Pierre et les autres apôtres constituent un seul Collège, d'une manière semblable, le pontife romain, successeur de Pierre, et les évêques, successeurs des apôtres, sont unis entre eux » (CIC 330). « L'évêque de l'Église de Rome, en qui demeure la charge que le Seigneur a donnée d'une manière singulière à Pierre, premier des apôtres, et qui doit être transmise à ses successeurs, est le chef du Collège des évêques, Vicaire du Christ et Pasteur de l'Église tout entière sur cette terre ; c'est pourquoi il possède dans l'Église, en vertu de sa charge, le pouvoir ordinaire, suprême, plénier, immédiat et universel qu'il peut toujours exercer librement » (CIC 331 ; cf. LG 22). Le pape a aussi « sur toutes les Églises particulières et leurs regroupements la primauté du pouvoir ordinaire par laquelle est à la fois affermi et garanti le pouvoir propre ordinaire et immédiat que les évêques possèdent sur les Églises particulières, confiées à leur soin » (CIC 333).

« Il est le principe perpétuel et visible et le fondement de l'unité qui lie entre eux soit les évêques, soit la multitude des fidèles » (LG 23). Les évêques, unis à l'évêque de Rome, constituent en effet le Collège épiscopal succédant au Collège des apôtres envoyés par le Christ. La fidélité à cette communion est, pour les évêques, une exigence particulièrement grave et une nécessité absolue pour la vérité et la fécondité de leur ministère.

Car c'est en étant unis à leur propre évêque et, avec lui, au pape que les chrétiens prennent place dans la communion universelle et peuvent en recueillir les fruits. Dans une Église particulière, dans un diocèse, la communion se vit de multiples façons, par la participation à la vie sacramentelle, au témoignage, à la mission et par les responsabilités assumées à l'intérieur de la communauté des croyants. Ainsi l'Église, vivant dans l'unité, témoigne de l'amour du Christ pour tous les hommes, et concourt à l'unité du genre humain.

• Les charismes dans la vie de l'Église   305

L'unité de l'Église est riche de la variété des *charismes*, qui correspond à la diversité des dons de Dieu. Les charismes sont, en effet, des grâces particulières, des « manifestations » (cf. 1 Co 12, 7) du Saint-Esprit pour l'édification du peuple de Dieu.

> Le mot charisme, formé en grec sur la même racine que le mot « grâce », souligne la gratuité de ces dons, la liberté avec laquelle l'Esprit les distribue.

Saint Paul décrit la variété des charismes (cf. 1 Co 12, 1-30), et souligne qu'elle est au bénéfice de tous et de chacun, à l'intérieur de l'unique Église. Car ils procèdent tous du même et unique Esprit.

L'ÉGLISE EST UNE,   306
elle forme une multitude
toujours plus étendue
grâce à une fécondité
toujours plus grande.
Ainsi les rayons du soleil sont nombreux,
mais sa lumière est unique ;

• • •

Catéchisme pour adultes

. . .

nombreuses sont les branches de l'arbre,
mais unique est le tronc vigoureux,
planté sur des racines tenaces ;
d'une seule source
viennent bien des ruisseaux,
et bien que leur multiplicité
ne découle que de la surabondance des eaux,
leur origine est cependant unique.
Sépare un rayon de soleil de sa masse
et l'unité de la lumière
n'en subit pas de division ;
arrache une branche à l'arbre
et la branche arrachée
ne pourra plus germer ;
coupe un ruisseau de sa source,
et coupé il tarit.
Il en est de même de l'Église.
Illuminée de la lumière du Seigneur,
elle répand ses rayons dans le monde entier :
mais une est sa lumière partout diffusée,
sans que l'unité de son corps en soit morcelée.
Ses branches couvrent la terre entière
de leur vitalité exubérante,
ses ruisseaux s'épanchent au loin avec largesse ;
pourtant unique est la tête,
unique la source,
unique la mère aux fécondes et successives maternités.
C'est elle qui nous enfante,
son lait qui nous nourrit,
son esprit qui nous anime.

Cyprien, évêque de Carthage,
† martyr en 258.

L'Église, peuple de la Nouvelle Alliance

> « Les dons de la grâce sont variés, mais c'est toujours le même Esprit. Les fonctions dans l'Église sont variées, mais c'est toujours le même Seigneur. Les activités sont variées, mais c'est toujours le même Dieu qui agit en tous. Chacun reçoit le don de manifester l'Esprit en vue du bien de tous » (1 Co 12, 4-7).

Les charismes « peuvent prendre les formes les plus diverses, soit comme expression de la liberté absolue de l'Esprit qui les accorde, soit comme réponse aux multiples exigences de l'histoire de l'Église » (CL 24). Extraordinaires ou simples et courants, les charismes sont toujours soumis au primat de la charité et de la vérité évangélique.

Accueillis avec reconnaissance comme « manifestations de l'Esprit en vue du bien de tous » (cf. 1 Co 12, 7), ils sont à discerner avec prudence. Car il faut s'assurer qu'il s'agit véritablement de dons venus de l'Esprit Saint et exercés de manière conforme à ses impulsions. C'est pourquoi il revient tout particulièrement aux pasteurs de l'Église de discerner l'authenticité de ces dons. « C'est à eux qu'il convient spécialement, non pas d'éteindre l'Esprit, mais de tout éprouver pour retenir ce qui est bon (1 Th 5, 12. 19-21) » (LG 12).

> L'histoire passée et présente de l'Église laisse apparaître des tensions, des conflits, voire des divisions. Celles-ci peuvent devenir de véritables ruptures. On parle alors de *schismes*, dont l'origine peut être disciplinaire, mais aussi doctrinale. Ces ruptures, qui contredisent la volonté formelle du Christ (cf. Jn 17, 21), sont « pour le monde un objet de scandale » (UR 1) et constituent un obstacle à l'évangélisation. C'est pourquoi le dernier concile a fait de la restauration de l'unité entre tous les chrétiens une de ses grandes préoccupations. Des progrès ont été réalisés depuis lors, même s'il reste encore du chemin à parcourir.

Église sainte

La sainteté est un qualificatif que beaucoup peuvent avoir du mal à accorder à l'Église. Son histoire n'est-elle pas entachée de médiocrités, de crimes et de violences ? Les chrétiens sont-ils meilleurs que les autres ?

La sainteté ne signifie pas d'abord la perfection morale, mais le fait d'être mis à part et d'appartenir à Dieu. La sainteté de l'Église fait partie de sa nature la plus intime. L'Église est sainte parce qu'elle prend sa source en Dieu qui est saint. Elle est sainte parce qu'elle est étroitement liée au Christ et qu'elle est animée par l'Esprit qui ne lui fait pas défaut.

Elle est sainte par son *Credo*, par ses sacrements, par les ministères qui lui permettent d'accomplir son œuvre. Le Christ « voulait se la présenter à lui-même, cette Église, resplendissante, sans tache, ni ride, ni aucun défaut ; il la voulait sainte et irréprochable » (Ep 5, 27). Comment ne serait-elle pas sainte si elle est, de par la volonté de Dieu et du Christ, instituée en instrument et lieu de *sanctification* ?

309   La sainteté de l'Église suscite la sainteté de ses membres. L'Église manifeste dans le monde que la foi qu'elle professe est capable de produire d'authentiques fruits de sainteté. Ceux-ci se reconnaissent dans l'innombrable cortège des *saints* illustres, dont les noms jalonnent son histoire. Ils affleurent aussi dans le témoignage de ces vies qu'inspire le contact de l'Évangile et qui reflètent *quelque chose de la sainteté du Christ*.

L'Église ne cesse pourtant pas d'implorer pour elle-même la miséricorde et d'entendre l'appel à la conversion. Elle sait, en effet, que ses membres sont pécheurs. Elle est, pour eux, communauté de pardon et de réconciliation : « Nous avons constamment besoin de la miséricorde de Dieu et nous devons tous les jours dire dans notre prière : "Pardonne-nous nos offenses" (Mt 6, 12) » (LG 40).

310   ● **Vocation commune à la sainteté**

Dans l'Église, *tous* sont appelés à la sainteté. Le concile Vatican II, dans la Constitution sur l'Église, consacre un chapitre entier à « l'appel universel à la sainteté » (LG 39-42). Le baptême implique cette vocation, commune à tous les membres du peuple de Dieu (cf. LG 40), qu'ils soient laïcs ou ministres ordonnés, qu'ils vivent dans le monde ou dans une communauté religieuse, qu'ils soient mariés ou célibataires. Quelle que soit sa condition physique, culturelle, intellectuelle ou sociale, qu'il soit homme ou femme, enfant ou vieillard, tout(e) baptisé(e) travaille à faire rayonner le royaume de Dieu par la sainteté de sa vie.

C'est par la fidélité à leur baptême que les croyants répondent à cet appel, en « persévérant dans la prière et la louange de Dieu » (cf. Ac 2, 42-47), en offrant leur personne et leur vie « en sacrifice saint, capable de plaire à Dieu » (Rm 12, 1) par le Christ, avec lui et en lui, dans l'unité du Saint-Esprit, pour la gloire de Dieu le Père.

Cette sainteté se déploie en charité, don de Dieu qui est Amour. Charité à l'égard des frères, mais aussi de chacun des hommes, aimés de l'amour que leur porte Dieu lui-même. 311

> La mission et la responsabilité des chrétiens dans le monde sont liées à leur vocation à la sainteté. La source la plus abondante de la fécondité apostolique et missionnaire de l'Église demeure la sainteté de ses membres.
> L'Esprit Saint nous fait découvrir que la sainteté, de nos jours, est d'autant mieux perçue comme un signe de Dieu qu'elle est vécue au service des pauvres.

L'appel commun à la sainteté atteint chacun là où il vit, suivant sa condition propre, dans l'Église particulière à laquelle il appartient.

• Vocation des fidèles laïcs 312

« Commune est la dignité des membres [de l'Église] du fait de leur régénération dans le Christ ; commune la grâce d'adoption filiale ; commune la vocation à la perfection ; il n'y a qu'un salut, une espérance, une charité sans division » (LG 32). Cette dignité commune, conférée par le baptême et la confirmation, rend les laïcs responsables, pour leur part, de la mission de l'Église, en relation avec les ministres ordonnés.

Les laïcs « sont appelés par Dieu pour travailler comme du dedans à la sanctification du monde, à la façon d'un ferment » (LG 31). Par là ils se sanctifient. « Le "monde" devient ainsi le milieu et le moyen de la vocation chrétienne des fidèles laïcs, parce qu'il est lui-même destiné à glorifier Dieu le Père dans le Christ » (CL 15).

> Le mariage et la famille sont un domaine privilégié où les laïcs vivent leur vocation à la sainteté : sainteté dans la vie conjugale, dans la vie de père ou de mère de famille. Les parents sont aussi, auprès de leurs enfants, les premiers messagers de la foi, dans le service de la vocation propre de chacun (cf. LG 11).
> La mission des laïcs s'exerce également dans tous les domaines de l'existence sociale, culturelle, scientifique et politique. Ils peuvent s'associer pour s'entraider dans leur apostolat et leur vie spirituelle (cf. CIC 298 et suiv. ; GS 43 ; CL 2).

313

> Les laïcs peuvent aussi prendre des responsabilités dans la vie de l'Église. Les femmes, dont le rôle est de grande importance, notamment dans la transmission de la foi et l'animation des communautés, doivent se voir reconnues dans ces responsabilités (cf. AA 9). Les fidèles laïcs ont leur place dans les conseils pastoraux, les conseils paroissiaux, les conseils pour les affaires économiques, les équipes d'animation paroissiale, ainsi que le prévoit le Droit de l'Église (cf. CIC 517 ; 536-537).

314 • Vocation religieuse

Parmi les baptisés, hommes et femmes, quelques-uns sont appelés, non pas à une sainteté plus grande que les autres, mais à choisir un état de vie qui est précisément, dans l'Église, signe de la sainteté à laquelle, sous des modalités diverses, tous les disciples du Christ sont appelés (cf. LG 44).

Ils décident de professer publiquement les conseils évangéliques proposés à tous : ils s'engagent par vœux à pratiquer la chasteté, la pauvreté et l'obéissance, qu'ils vivent en communauté (cf. PC 12-15 ; CIC 607).

La vie religieuse revêt des formes diverses : vie contemplative, vie apostolique... Chaque forme possède son histoire.

Don de Dieu à l'Église, solidaire de la condition humaine, exposée aux défis du monde, la vie religieuse est pour tous les membres de l'Église un rappel de leur vocation à une sainteté toujours plus grande (cf. LG 44). Elle témoigne aussi au milieu des hommes, par les choix et les ruptures qu'elle implique, d'une vie évangélique dans l'esprit des béatitudes.

> A côté des instituts de vie religieuse qui ont chacun leur charisme particulier, les instituts séculiers sont également des instituts de vie consacrée, mais dont les membres gardent les conditions de vie communes à ceux qui les entourent.

315 Église catholique

C'est saint Ignace d'Antioche qui, le premier, au début du IIe siècle, emploie le mot « catholique » pour désigner l'Église : « Là où est le Christ Jésus, là est l'Église catholique » (*Lettre aux chrétiens de Smyrne*, 2).

L'Église, peuple de la Nouvelle Alliance

- **Le sens du mot**

Catholique est souvent pris dans un sens confessionnel pour désigner exclusivement l'ensemble des chrétiens unis au pape.

> Cela s'explique par l'histoire. On désignait comme catholique la grande Église répandue en tous lieux, vivant par la communion des Églises particulières unies entre elles et avec le Siège apostolique de Rome, en la distinguant des communautés locales qui se voulaient autonomes et liées à un seul peuple.
> L'adjectif vient d'un mot grec qu'on traduit parfois par « universel ». Mais « universel » ne recouvre qu'imparfaitement le contenu du mot « catholique » qui comporte un sens à la fois plus riche et plus concret.

L'adjectif « catholique » évoque d'abord l'expansion géographique : l'Église est destinée à s'étendre à toutes les nations (elle a, dans ce sens, vocation universelle).

Mais le mot évoque surtout la « plénitude de grâce et de vérité » (UR 3) qui est confiée à l'Église catholique, dès le jour de la Pentecôte, et qui lui permet d'évangéliser tout l'homme en même temps que tous les hommes. La catholicité de l'Église se manifeste dans la capacité qu'elle a d'accueillir dans leur diversité les aspirations et les situations des hommes, de réunir dans l'unité, et sans les réduire, l'infinie variété des cultures et des réalités humaines, tant individuelles que sociales.

Certes, tout n'est pas accompli. La foi catholique et l'Église n'ont pas encore rejoint la totalité des hommes ni la totalité de leur vie, sur toute la surface de la terre, ni à l'intérieur de chaque diocèse. Pourtant, par la puissance de l'Esprit qui lui est donné, l'Église est capable d'enraciner l'Évangile dans les diverses cultures, de sorte qu'il soit une force de conversion des courants de pensée et des systèmes de valeur en désaccord avec les vues de Dieu. Par ce même Évangile dont elle est dépositaire, l'Église est en mesure d'épanouir dans les cultures ce qui correspond au bien des hommes.

316

La confession de la catholicité de l'Église est l'affirmation d'un fait. Pour les croyants, elle définit aussi une *tâche* : tâche d'ouverture, d'évangélisation, d'élargissement de la communauté chrétienne qui, comme la « maison du Père », doit pouvoir contenir beaucoup de demeures (cf. Jn 14, 2).

• L'Église catholique manifestée dans les Églises particulières

317   L'Église n'existe que réalisée en des lieux divers, parmi les peuples de la terre, où se sont constituées les Églises particulières. « Celles-ci sont formées à l'image de l'Église universelle ; c'est en elles et à partir d'elles qu'existe l'Église catholique une et unique » (LG 23).

> « Universelle par vocation et par mission », l'Église, « jetant ses racines dans la variété des terrains culturels, sociaux, humains, prend dans chaque portion du monde des visages, des expressions extérieures diverses » (EN 62).
> Déjà au temps de saint Paul qui parle, par exemple, de façon significative de « l'Église de Dieu qui est à Corinthe » (cf. 1 Co 1, 2 ; 2 Co 1, 1), on voit comment l'Église se manifeste dans sa réalité catholique, à la fois en étant implantée ici et là, et aussi par les liens de communion de chaque communauté avec les autres, de chaque Église avec les autres.

318   Inversement les Églises particulières ne peuvent exister authentiquement que dans leur pleine relation avec l'Église universelle dont elles sont, en un lieu déterminé, la figure et la réalisation. Cette relation implique la communion de chacune des Églises particulières avec les autres Églises et d'abord avec l'Église de Rome. Au service de l'Église universelle, le successeur de Pierre « préside à la charité ». Par son ministère apostolique, il assure la cohésion de la foi et la communion entre les Églises particulières.

> « Dans l'exercice de sa charge de Pasteur suprême de l'Église, le pontife romain est toujours en lien de communion avec les autres évêques ainsi qu'avec l'Église tout entière ; il a cependant le droit, selon les besoins de l'Église, de déterminer la façon personnelle ou collégiale d'exercer cette charge » (CIC 333). La communion des Églises se noue ainsi toujours autour du pape, l'évêque de Rome, qui « garantit les légitimes diversités et veille en même temps à ce que, loin de porter préjudice à l'unité, les particularités, au contraire, lui soient profitables » (LG 13).

319   Plus habituellement, plutôt que « d'Église particulière » on parle d'*Église diocésaine* ou de *diocèse*. « Un diocèse est une portion du peuple de Dieu confiée à un évêque pour qu'avec l'aide de son presbyterium, il en soit le pasteur : ainsi le diocèse, lié à son pasteur et par lui rassemblé dans le Saint Esprit, grâce à l'Évangile et à l'eucharistie, constitue une Église particulière en laquelle est vraiment présente et agissante l'Église du Christ, une, sainte, catholique et apostolique » (CD 11).

L'Église, peuple de la Nouvelle Alliance

Dans le cadre du diocèse, et donc de l'Église universelle, existent divers types de communautés ecclésiales plus restreintes. Dans ces communautés unies à leurs pasteurs, souvent petites et pauvres et éloignées les unes des autres (cf. LG 26), le Christ est présent ; il y construit son Église une, sainte, catholique et apostolique.

Parmi ces communautés il faut mentionner spécialement la *paroisse*, communauté de fidèles, cellule de l'Église particulière, qui « rassemble dans l'unité tout ce qui se trouve en elle de diversités humaines et les insère dans l'universalité de l'Église » (AA 10).

Église apostolique 320

L'Église est apostolique, parce qu'elle procède de la mission confiée par Jésus à ses apôtres et parce qu'elle accueille dans l'obéissance de la foi la Révélation que les apôtres lui ont transmise. Elle se sait responsable de transmettre de génération en génération, sous l'action de l'Esprit Saint, cette Révélation, consignée dans l'Écriture.

> « Le Christ Jésus lui-même, avant de donner librement sa vie pour le monde, a de telle sorte organisé le ministère apostolique et promis d'envoyer le Saint-Esprit, que ce ministère et cette mission sont tous deux associés pour mener à bien, toujours et partout, l'œuvre du salut » (AG 4).
>
> On appelle « Apôtres », au sens strict du terme, les premiers témoins de la résurrection du Christ, envoyés par lui annoncer l'Évangile au monde entier. Il s'agit des Douze, mais aussi de l'apôtre Paul (cf. 1 Co 9, 1-2).
>
> Le mot « apôtre » désigne aussi dans le Nouveau Testament, de façon plus large, ceux qui participent à l'annonce de l'Évangile. Est alors également apôtre, dans ce sens, celui qui, n'ayant pas été témoin direct du Seigneur ressuscité, continue la mission reçue des Apôtres.

• Une foi apostolique 321

L'Église est apostolique parce que sa foi elle-même est apostolique, c'est-à-dire reçue des apôtres. La foi apostolique est un bien et une responsabilité, partagés par l'ensemble des membres du peuple de Dieu. A l'Église comme telle est promise la fidélité dans cette foi.

> « La collectivité des fidèles, ayant l'onction qui vient du Saint (cf. 1 Jn 2, 20. 27), ne peut se tromper dans la foi ; ce don

particulier qu'elle possède, elle le manifeste par le moyen du sens surnaturel de foi qui est celui du peuple tout entier, lorsque, "des évêques jusqu'aux derniers des fidèles laïcs" (saint Augustin), elle apporte aux vérités concernant la foi et les mœurs un consentement universel » (LG 12).

322 • **Le ministère apostolique**

L'Église est également apostolique en tant que rassemblée et gouvernée par les « successeurs des apôtres » que sont les *évêques* (cf. LG 22).

L'histoire de l'Église témoigne de la succession ininterrompue du ministère apostolique des évêques, en même temps que du souci permanent de la transmission fidèle de la foi reçue des apôtres.

Cette « succession apostolique », c'est-à-dire la succession des évêques dans la charge confiée par Jésus aux apôtres, est au service de la continuité apostolique de toute l'Église. Cette fonction est exercée par chaque évêque au sein de l'Église particulière confiée à sa charge. Mais elle s'exerce aussi collégialement, c'est-à-dire que tout évêque, au titre de l'ordination sacramentelle qu'il reçoit, participe, en union avec le pape et les autres évêques, à la charge apostolique de l'Église universelle.

323 Au ministère des évêques sont adjoints, pour le seconder, le ministère ordonné des *prêtres* et celui des *diacres*. Par eux aussi le Christ rassemble et vivifie organiquement son Corps dans l'unité en vue de la mission. Sans les ministères ordonnés, l'Église ne pourrait pas subsister. Ils appartiennent à sa structure essentielle.

Le ministère hiérarchique de l'Église signifie et exerce de manière visible la présence et l'action personnelles de Jésus qui édifie son Corps en vue du salut de tous. Les évêques et les prêtres, ministres ordonnés, dons du Christ à son Église (cf. Ep 4, 11), sont revêtus d'une grâce particulière du Saint-Esprit qui les conforme au Christ Tête, Pasteur et Serviteur, et les rend capables d'agir en son nom, pour la vie et la mission de l'Église entière. Leur ministère est « la réalisation et la manifestation d'une participation au sacerdoce du Christ, différente, par sa nature et non simplement par son degré, de la participation donnée par le baptême et par la confirmation à tous les fidèles » (CL 22).

L'Église, peuple de la Nouvelle Alliance

> Ces ministères tiennent donc une place tout à fait spécifique parmi les dons de l'Esprit dévolus à l'Église : « La grâce accordée aux apôtres tient la première place : l'Esprit lui-même soumet à leur autorité jusqu'aux bénéficiaires des charismes » (LG 7 ; cf. 1 Co 14).

Par le sacerdoce ministériel des évêques et des prêtres, par le service des diacres, l'Église apostolique trouve sa structure organique, parce que ce ministère sacramentel lui permet de se construire jusqu'à la « plénitude du Christ » (cf. Ep 4, 13).

Outre les ministères ordonnés, l'Église se donne certaines structures d'organisation pour vivre son unité, grandir dans la sainteté, signifier la catholicité et poursuivre la mission reçue des apôtres : conseils presbytéraux, conseils pastoraux, synodes diocésains, où chaque fidèle apporte la contribution de ses charismes, de sa compétence, de son ministère ou de son service particulier, selon son état. Par ces structures et en ces diverses occasions s'exprime et se renforce l'unité d'une Église riche de la diversité des dons qu'y répand et y entretient le Saint-Esprit. *324*

Église une, sainte, catholique et apostolique : ces quatre « notes » se complètent en se renvoyant l'une à l'autre. Confesser l'Église une, c'est la regarder plutôt en elle-même comme communion. La dire sainte, c'est la voir dans sa source et dans le projet définitif de Dieu. La dire catholique, c'est la situer dans la diversité du monde où elle prend corps. Affirmer qu'elle est apostolique, c'est la contempler dans l'histoire en continuité avec ses origines. *325*

Aussi bien, une unité qui, par exemple, ne serait pas en même temps catholique risquerait de se comprendre de manière unitaire, nivelante, tout comme une catholicité qui serait pensée indépendamment de l'exigence d'unité risquerait de se dissoudre dans la diversité des formes où la foi chercherait à se couler. Les quatre « notes » doivent être comprises ensemble comme signe de la présence de l'Esprit Saint dans l'Église.

La communion des saints *326*

Cette Église, dans ses communautés, dans ses membres, et jusque dans ses structures et son organisation, est appelée à vivre et à témoigner de la sainteté et de la charité du Christ. Dans le Symbole des Apôtres, la « communion des saints » est mentionnée aussitôt après « la sainte Église catholique ». « Communion des saints » peut être une désignation de l'Église.

L'Église est communion des saints dans la mesure où ses membres sont *sanctifiés*, c'est-à-dire rendus saints au baptême par le don de l'Esprit et par leur incorporation alors réalisée au Corps du Christ ; dans la mesure aussi où elle vit de ces réalités saintes que constituent tous les sacrements, et en particulier l'eucharistie.

En effet, la communion des saints est d'abord cette communion actuelle réalisée par l'Esprit Saint entre tous les disciples du Christ vivant aujourd'hui et rassemblés dans l'Église. Ce sont eux qui, selon l'usage du Nouveau Testament, sont appelés « saints ».

327   La communion des saints est une communion réalisée également avec la Sainte Vierge Marie et avec tous les *saints du ciel*, en particulier ceux qui sont canonisés, c'est-à-dire ceux dont l'Église a reconnu officiellement le témoignage exemplaire. En effet, les chrétiens ne trouvent pas seulement « dans la vie des saints, un modèle », mais aussi « dans la communion avec eux une famille, et dans leur intercession, un appui » (préface des Saints I).

Mais la communion des saints s'étend également à tous « ceux qui sont morts dans la paix du Christ » (prière eucharistique IV). C'est ainsi que l'Église a, « dès les premiers temps du christianisme, entouré de beaucoup de piété la mémoire des défunts » (LG 50), en offrant pour eux ses prières.

Elle s'étend encore à tous les morts dont Dieu seul connaît la foi (cf. prière eucharistique IV), autrement dit à tous ceux qui, sans avoir été baptisés, sont aujourd'hui citoyens de la Cité d'en haut, la Jérusalem du ciel, par grâce de Dieu qui accorde à toute personne humaine la possibilité d'être associée au mystère pascal (cf. GS 22).

La fête de la *Toussaint* rassemble dans une même action de grâce tous ceux, connus et inconnus, qui constituent la « cité sainte, la Jérusalem nouvelle » (Ap 21, 2), accomplissement de l'humanité selon le dessein de Dieu.

4. L'Église en mission au cœur du monde

328

« Envoyée par Dieu aux païens pour être "le sacrement universel du salut", l'Église, en vertu des exigences intimes de sa propre catholicité et obéissant au commandement de son fondateur (cf. Mc 16, 16), est tendue de tout son effort vers la prédication de l'Évangile à tous les hommes » (AG 1).

Le mot français *mission*, d'origine latine, est de contenu analogue au mot *apostolat*, d'origine grecque. L'Église apostolique est une Église missionnaire, envoyée. Catholique, elle est impatiente de voir l'Évangile rejoindre tous les hommes. « Malheur à moi, si je n'annonçais pas l'Évangile ! » (1 Co 9, 16) : cette exclamation de saint Paul ne cesse de retentir à ses oreilles.

La mission de l'Église a sa source en Dieu : elle prolonge la mission que le Fils a reçue du Père de réconcilier le monde avec lui, mission de sanctification et de communion qui s'accomplit dans l'Esprit Saint, envoyé par le Père et le Fils (cf. AG 2-4).

Cette mission, Jésus ressuscité la confia aux disciples, quand il leur dit : « Tout pouvoir m'a été donné au ciel et sur la terre. Allez donc ! De toutes les nations faites des disciples, baptisez-les au nom du Père, et du Fils et du Saint-Esprit ; et apprenez-leur à garder tous les commandements que je vous ai donnés. Et moi, je suis avec vous tous les jours jusqu'à la fin du monde » (Mt 28, 18-20).

La mission incombe donc à un titre particulier « à l'ordre des évêques, assistés par les prêtres en union avec le successeur de Pierre » (AG 5). Mais elle est confiée, en union avec eux, à tous les baptisés. C'est l'Église tout entière qui est missionnaire. L'évangélisation incombe à tout le peuple de Dieu. « Le Christ [...] accomplit sa fonction prophétique jusqu'à la pleine manifestation de la gloire, non seulement par la hiérarchie qui enseigne en son nom et avec son pouvoir, mais aussi par les laïcs dont il fait pour cela également des témoins en les pourvoyant du sens de la foi et de la grâce de la parole » (LG 35).

329

Catéchisme pour adultes

Reprenant l'enseignement du concile Vatican II, faisant écho également aux voix qui s'étaient fait entendre lors du synode des évêques de 1987, consacré à « la vocation et [à] la mission des fidèles laïcs dans l'Église et dans le monde », Jean-Paul II, dans son Exhortation apostolique sur *Les fidèles laïcs*, rappelle ce qui fonde cette mission des laïcs : les sacrements de l'initiation chrétienne et le don du Saint-Esprit, qui les fait participants à la fonction sacerdotale, prophétique et royale de Jésus Christ (cf. CL 13-14).

330 Implanter l'Église sur des terres nouvelles

Le mot mission revêt souvent un sens particulier. Il s'agit de « l'évangélisation et [de] l'implantation de l'Église dans les peuples ou les groupes humains dans lesquels elle n'a pas encore été enracinée » (AG 6).

Cette tâche missionnaire, pour laquelle toute l'Église doit unir ses forces, incombe aussi à l'Église particulière, à l'égard de « ceux qui, ne croyant pas au Christ, demeurent avec elle sur le même territoire » (AG 20).

L'Église réalise cette activité par l'annonce de la Parole de Dieu et par le témoignage de ses membres, qui manifestent la joie de croire et de vivre selon l'Évangile.

L'évangélisation est un trait essentiel de l'Église. Celle-ci est missionnaire par essence (cf. Rm 15, 17-21). Tous les baptisés confirmés par l'Esprit et qui se nourrissent de l'eucharistie sont envoyés dans le monde pour y vivre comme témoins et comme apôtres. Lorsqu'on a découvert l'énergie transformatrice de l'Évangile, on ne peut que vouloir la partager. Or l'Évangile ne construit pas une autre société terrestre. Il est le ferment de notre monde. L'homme « est la première route que l'Église doit parcourir en accomplissant sa mission : il est la première route et la route fondamentale de l'Église, route tracée par le Christ lui-même, route qui, de façon immuable, passe par le mystère de l'Incarnation et de la Rédemption » (RH 14).

331

La mission se distingue cependant radicalement d'un prosélytisme qui fait bon marché des libertés et du respect des personnes.

Dans cette activité missionnaire, le rôle des laïcs est capital. De tout temps, ils ont contribué de différentes façons, en communion avec leurs

L'Église, peuple de la Nouvelle Alliance

pasteurs, à se laisser conduire par les impulsions de l'Esprit et à être souvent en première ligne de la vie missionnaire, en particulier dans tous les domaines de leur vie sociale et professionnelle.

Pour que cette activité missionnaire soit mieux organisée et plus féconde, l'Église encourage les chrétiens à prendre leurs responsabilités dans les communautés paroissiales et diocésaines, dans les associations de fidèles, les mouvements apostoliques, spirituels et caritatifs.

Aujourd'hui encore, c'est un signe de vitalité pour une Église d'envoyer certains des siens, laïcs, religieux ou prêtres, porter l'Évangile dans le monde entier ou coopérer à l'activité missionnaire des Églises lointaines. Une Église qui envoie des missionnaires bénéficie en retour de leur expérience et peut accueillir, grâce à eux, ce qui est vécu par les jeunes Églises.

Notre temps requiert un nouvel élan d'évangélisation. L'Église doit voir dans l'évangélisation, comme elle l'a toujours vu, sa grâce et sa vocation propres (cf. EN 14). Elle doit reconnaître, parmi les charismes et les ministères qui lui sont donnés pour qu'elle soit pleinement catholique, la vocation missionnaire de laïcs, religieux ou prêtres envoyés vers les non-chrétiens. Elle doit puiser dans la prière, comme l'y invite son Seigneur, la force de poursuivre ardemment sa tâche missionnaire (cf. CL 35).

L'Église désire avec force faire partager sa foi, permettre à ceux auxquels elle s'adresse de rencontrer le Christ, d'accueillir son Évangile et de vivre de sa vie. C'est pour cela qu'elle vit, qu'elle prie, qu'elle témoigne et qu'elle agit. Mais elle sait bien que l'adhésion à la foi chrétienne dépend de l'action intérieure de l'Esprit et qu'elle n'est vraie que si elle est libre.

332

L'activité missionnaire, parce qu'elle vise à faire resplendir l'Évangile au cœur des hommes et des peuples, dans leurs milieux de vie et dans leurs cultures, est inconcevable indépendamment du dialogue avec ces hommes auxquels cet Évangile est destiné.

Le dialogue loyal recherché par l'Église, « conduit par le seul amour de la vérité et aussi avec la prudence requise, n'exclut personne : ni ceux qui honorent de hautes valeurs humaines, sans en reconnaître encore l'auteur, ni ceux qui s'opposent à l'Église et la persécutent de diverses façons » (GS 92). Ce dialogue, qui prend la forme d'échanges sur le présent et l'avenir de l'humanité, sur le monde à construire, est mené dans l'Église à partir de la lumière de l'Évangile. Il est ordonné au bien de l'homme, à une plus grande humanisation de la famille humaine.

Poursuivre l'œuvre du « bon pasteur »

333

Appeler la communauté chrétienne à conformer sa vie à l'Évangile ne détourne pas de la mission.

> Saint Paul, l'apôtre des Gentils, recommande de travailler « pour le bien de tous, surtout celui de nos proches dans la foi » (Ga 6, 10).

Dans la communauté chrétienne les fidèles sont appelés à vivre et à témoigner à la manière des premiers disciples (cf. Ac 2, 42 et suiv.). Ce qui importe, c'est l'union des croyants, leur progrès dans la foi, l'espérance et la charité, le soutien de leur vie sacramentelle, de leur vie morale, de leur témoignage et de leur action missionnaire.

Dans l'Église tous les croyants, tous les baptisés, y compris « ceux qui, malgré le baptême reçu dans l'Église, ont abandonné la pratique des sacrements ou même la foi » (LG 28), ont droit à l'aide et au soutien des pasteurs. Une préférence doit cependant se manifester en faveur de ceux et de celles dont l'« évangélisation » constitue le signe de l'avènement du règne de Dieu : les *pauvres*, de pauvreté matérielle, morale ou spirituelle (cf. Mt 11, 5).

334

Cette tâche incombe en premier lieu aux pasteurs de l'Église et tout particulièrement aux évêques. Cependant les religieux et les laïcs ont à exercer, en union avec eux, leur part de responsabilité. En effet, le souci des frères dans la foi, ainsi que celui des communautés, incombe à tous les chrétiens.

L'annonce de l'Évangile aux générations nouvelles, en particulier la *catéchèse des enfants et des jeunes* et leur initiation chrétienne véritable, tient bien sûr une place de première importance dans la vie de l'Église. L'accueil des catéchumènes, leur formation et leur accompagnement, leur intégration dans les communautés chrétiennes, représentent aussi pour l'Église des responsabilités de premier ordre. Car, par leur désir de baptême explicitement exprimé, les catéchumènes sont déjà unis à l'Église, qui « les enveloppe comme siens dans son amour en prenant soin d'eux » (LG 14).

Il en est de même, toujours dans la fidélité à l'Évangile, pour la visite des malades, l'accueil des étrangers, la rencontre des personnes âgées et le soutien de ceux qui souffrent de handicaps divers.

L'Église, peuple de la Nouvelle Alliance

Les fonctions et les formes d'activité de l'Église, à l'intérieur d'elle-même et au service du monde, peuvent être présentées en d'autres termes que ceux que nous avons retenus. Mentionnons seulement quelques-uns de ces termes traditionnels. La *koinônia* est la fonction ou le service de « communion » qu'assure l'Église et qui peut finir par la désigner tout entière, ainsi que nous l'avons vu. La *diakonia* désigne le service de charité, également constitutif de l'Église. C'est sur le même radical qu'est formé le mot « diacre ». La *marturia* désigne la fonction de témoignage de la foi et de l'amour de Dieu, fonction que l'Église est appelée à exercer dans le monde. C'est sur ce mot qu'est formé celui de « martyr ». Le martyr est un « confesseur de la foi ». La *leiturgia* est le service du culte public que l'Église doit rendre à son Dieu en célébrant les grandes œuvres accomplies par lui en faveur des hommes. Elle est « le sommet auquel tend l'action de l'Église, et en même temps la source d'où découle toute sa vertu » (SC 10).

Ces formes d'activité de l'Église sont celles qui la caractérisent durant son pèlerinage terrestre au cours duquel elle avance à travers les persécutions du monde et les consolations de Dieu, annonçant la croix et la mort du Seigneur jusqu'à ce qu'il vienne (cf. LG 8).

Dans un large dialogue

Parce qu'elle est dépositaire d'un message de salut destiné à tous les hommes, l'Église doit entretenir avec eux le plus large dialogue. Tout véritable dialogue suppose, chez ceux qui l'engagent, la clarté par rapport à ses risques et à ses limites. Mais la prudence nécessaire, le souci d'éviter les « irénismes » trop faciles doivent aller de pair avec l'audace évangélique.

• Avec tous les hommes de bonne volonté

Le dialogue loyal recherché par l'Église n'a pas pour unique objet les questions religieuses, ni pour uniques destinataires ceux qui s'intéresseraient à ces questions (cf. GS 92). C'est avec tous les hommes et en tout ce qui fait leur vie que l'Église désire entrer et demeurer en dialogue.

Ce dialogue est stimulé par la conviction que l'Esprit Saint agit intérieurement en chaque personne que Dieu aime (cf. AG 4 ; LG 16 ; GS 22). Il s'inspire de l'attitude de Jésus lui-même qui dialoguait avec ses contemporains pour les guider vers la lumière divine (cf. AG 11). Il est une voie d'évangélisation.

337 • **Avec les croyants des autres religions**

L'Église se soucie de rencontrer aussi, comme tels, les croyants d'autres religions, notamment les musulmans, que les chrétiens, en France, sont amenés à côtoyer fréquemment.

> Le concile Vatican II dit ceci : « L'Église regarde aussi avec estime les musulmans, qui adorent le Dieu un, vivant et subsistant, miséricordieux et tout-puissant, créateur du ciel et de la terre, qui a parlé aux hommes. Ils cherchent à se soumettre de toute leur âme aux décrets de Dieu, même s'ils sont cachés, comme s'est soumis à Dieu Abraham, auquel la foi islamique se réfère volontiers. Bien qu'ils ne reconnaissent pas Jésus comme Dieu, ils le vénèrent comme prophète ; ils honorent sa Mère virginale, Marie, et parfois même l'invoquent avec piété. De plus, ils attendent le jour du jugement, où Dieu rétribuera tous les hommes ressuscités. Aussi ont-ils en estime la vie morale et rendent-ils un culte à Dieu, surtout par la prière, l'aumône et le jeûne » (NA 3).

Elle ne manque pas d'estimer ce qui, dans ces grandes religions, est authentiquement religieux, tout en attestant la foi qui lui fait reconnaître dans le Christ « le Chemin, la Vérité et la Vie » (Jn 14, 6 ; cf. NA 2).

Elle favorise toute action, toute démarche, tout effort qui contribuent à améliorer les relations avec ces religions, pour le service commun de l'ensemble des peuples.

> En octobre 1986, l'initiative du pape Jean-Paul II d'inviter à Assise les représentants de toutes les religions à prier pour la paix est un bon exemple de la voie à suivre.

338 • **Avec le peuple juif**

Parmi les croyants avec lesquels l'Église se soucie d'entrer et de demeurer en dialogue, les juifs occupent une place à part, privilégiée. Ils appartiennent, en effet, au « peuple qui reçut les alliances et les promesses, et dont le Christ est issu selon la chair (cf. Rm 9, 4-5), peuple très aimé du point de vue de l'élection » (LG 16). Aujourd'hui encore, « l'Église ne peut oublier qu'elle a reçu la révélation de l'Ancien Testament par ce peuple avec lequel Dieu, dans sa miséricorde indicible, a daigné conclure l'antique Alliance » (NA 4).

« La religion juive ne nous est pas "extrinsèque" mais, en un certain sens, elle est "intrinsèque" à notre religion. Nous avons donc à son égard des rapports que nous n'avons avec aucune autre religion » (discours de Jean-Paul II à la synagogue de Rome, avril 1986, n° 4).

L'histoire des relations entre chrétiens et juifs a été douloureuse. L'Église encourage d'autant plus avec les membres du peuple juif un dialogue fraternel, fait d'estime et d'une meilleure connaissance réciproques. Elle condamne toute forme d'antisémitisme et porte dans sa prière ceux dont elle ne peut dissocier sa foi : « Dieu éternel et tout-puissant, toi qui as choisi Abraham et sa descendance pour en faire les fils de ta promesse, conduis à la plénitude de la Rédemption le premier peuple de l'Alliance, comme ton Église t'en supplie » (liturgie du Vendredi saint).

• A l'intérieur du monde chrétien, le dialogue œcuménique

Depuis le concile Vatican II, le dialogue avec les autres chrétiens, également disciples du Christ, mais ne partageant pas pleinement la communion ecclésiale, est devenu une préoccupation primordiale de l'Église catholique. Cette préoccupation, dite œcuménique, est celle d'une « restauration de l'unité entre tous les chrétiens » (UR 1).

Le souci de l'unité est communion au vœu et à la prière du Christ, tels qu'il les formule à la dernière Cène, au moment de quitter ses disciples : « Que tous, ils soient un, comme toi, Père, tu es en moi, et moi en toi. Qu'ils soient un en nous, eux aussi, pour que le monde croie que tu m'as envoyé » (Jn 17, 21).

L'objectif du travail œcuménique est donc de surmonter les obstacles à la pleine communion ecclésiale entre ceux qui « portent à juste titre le nom de chrétiens », ont en commun le même baptême au nom de Dieu, révélé en Jésus Christ comme Père, Fils et Saint-Esprit, et déjà « se trouvent dans une certaine communion, bien qu'imparfaite, avec l'Église catholique » (UR 3).

La poursuite de la tâche œcuménique ne contredit pas la conviction que « l'unité d'une seule et unique Église [...] subsiste de façon inamissible dans l'Église catholique [...]. Bien que l'Église catholique ait été enrichie de la vérité révélée par Dieu ainsi que de tous les moyens de grâces, néanmoins ses membres n'en vivent pas avec toute la ferveur qui conviendrait. Il en résulte que le visage de l'Église resplendit moins aux yeux de nos frères séparés ainsi que du monde entier » (UR 4).

L'Église catholique entend mettre en valeur, et faire reconnaître à ses fidèles, les authentiques réalités chrétiennes qui se rencontrent dans les autres Églises ou communautés ecclésiales : la Sainte Écriture, au premier chef, comme règle de foi et de vie, la confession du Dieu trinitaire, le baptême et les autres sacrements, la Prière du Seigneur, etc. Tous ces éléments de sanctification et de vérité subsistent hors des structures de l'Église catholique. Ils appartiennent donc au don que Dieu lui-même fait à l'Église du Christ, si bien qu'« ils appellent par eux-mêmes l'unité catholique » (LG 8).

341 La tâche œcuménique postule de la part des chrétiens un certain nombre d'exigences, de dispositions et de résolutions pratiques.

La première exigence est la *conversion intérieure*, nécessaire pour être libre de tout attachement à ce qui ne relève pas de la foi elle-même, et pour devenir porteur, après en avoir bénéficié, de la parole de réconciliation reçue du Christ.

La conversion intérieure est indissociable de la *prière*, qui est l'âme du travail œcuménique : prière commune entre chrétiens de différentes Églises ou communautés ecclésiales ; prière pour l'unité, notamment pendant la semaine qui lui est spécialement consacrée chaque année ; reprise de la prière de Jésus lors de la dernière Cène, dans l'espérance de pouvoir partager un jour, entre tous les chrétiens, la même eucharistie.

La tâche œcuménique implique aussi un effort de *connaissance mutuelle*. Beaucoup d'ignorance, en effet, et parfois de préjugés, limitent encore une véritable compréhension et la nécessaire estime des uns et des autres.

Mais l'unité est également promue par *l'engagement commun*, chaque fois qu'il est possible, au service des hommes de notre temps et des grandes causes de l'humanité.

342 Les rencontres diverses de Paul VI et de Jean-Paul II avec des responsables d'autres Églises chrétiennes, les relations de l'Église catholique avec le Conseil œcuménique des Églises, les différents dialogues... manifestent la volonté de voir la communion réelle, mais encore partielle, devenir progressivement pleine communion.

Le dialogue engagé, s'il est mené comme il se doit, dans la fidélité à la Révélation et l'accueil généreux de l'autre, est exigeant. Il postule patience et persévérance. Mais ceux qui s'y livrent découvrent qu'il contribue à les renouveler dans l'intelligence de leur foi et dans leur souci de fidélité à l'Évangile. Il leur fait faire une nouvelle expérience de l'action de l'Esprit Saint dans l'Église de notre temps.

5.
La Vierge Marie dans le mystère du Christ et de l'Église

Parler de l'Église, c'est aussi parler de la Vierge Marie. Parler de Marie, c'est encore parler de l'Église. Marie n'est-elle pas « celle qui occupe dans la Sainte Église la place la plus élevée au-dessous du Christ, et nous est toute proche » (LG 54) ? Aussi, après avoir abordé le mystère du Christ, puis celui de l'Église, il est normal de mettre en lumière, comme le fait la Constitution du concile Vatican II sur l'Église, « le rôle de la Bienheureuse Vierge dans le mystère du Verbe incarné et du Corps mystique » (LG 54).

La Fille de Sion, « comblée de grâce »

« Réjouis-toi, comblée de grâce [...]. Sois sans crainte, Marie, car tu as trouvé grâce auprès de Dieu » (Lc 1, 28-30). Cette salutation de l'ange Gabriel est beaucoup plus qu'un simple bonjour. En elle résonne l'appel à la joie, adressé jadis à la Fille de Sion, au peuple de Dieu, à qui est annoncée sa délivrance (cf. So 3, 14-17 ; Za 2, 14). Ce salut introduit une révélation : Marie est « comblée de grâce ».

Comment comprendre cette expression ? La grâce, c'est le don gratuit, la bienveillance amoureuse de Dieu envers les hommes qui commande tout le dessein de création et de salut. C'est cette grâce que célèbre le début de l'épître aux Éphésiens dans un élan de prière, où l'« action de grâce » répond au don de la grâce : « Béni soit Dieu, le Père de notre Seigneur Jésus Christ. Dans les cieux, il nous a comblés de sa bénédiction spirituelle en Jésus Christ. En lui, il nous a choisis avant la création du monde, pour que nous soyons, dans l'amour, saints et irréprochables sous son regard. Il nous a d'avance destinés à devenir pour lui des fils par Jésus Christ : voilà ce qu'il a voulu dans sa bienveillance à la louange de sa gloire, de cette grâce dont il nous a comblés en son Fils bien-aimé » (Ep 1, 3-6).

C'est de cette grâce, exprimée ici par plusieurs mots (bénédiction, bienveillance, choix, amour, prédestination, adoption), que Marie a été comblée. Comme chacun de nous, elle a été élue pour être fille adoptive du Père. Mais sa vocation a quelque chose d'unique : elle a été choisie pour être la Mère de Jésus, de celui qui « sera saint et sera appelé Fils de Dieu » (Lc 1, 35).

Appelée à « donner au monde la vie, la vie même qui renouvelle tout », elle « fut pourvue par Dieu de dons à la mesure d'une si grande tâche » (LG 56). On doit dire que tout en Marie vient de la grâce de Dieu.

L'Église, peuple de la Nouvelle Alliance

LE CANTIQUE DE MARIE 345
Mon âme exalte le Seigneur,
exulte mon esprit en Dieu, mon Sauveur !

Il s'est penché sur son humble servante ;
désormais, tous les âges me diront bienheureuse.

Le Puissant fit pour moi des merveilles ;
saint est son nom.

Son amour s'étend d'âge en âge
sur ceux qui le craignent.

Déployant la force de son bras,
il disperse les superbes.

Il renverse les puissants de leur trône,
il élève les humbles.

Il comble de biens les affamés,
renvoie les riches les mains vides.

Il relève Israël, son serviteur,
il se souvient de son amour,

de la promesse faite à nos pères,
en faveur d'Abraham et de sa race, à jamais.
Lc 1, 46-55

Catéchisme pour adultes

346 La foi de Marie

Mais on doit dire aussi que tout, en Marie, est réponse libre et active de la foi, réponse que la grâce appelle et suscite. A la parole de l'ange, c'est-à-dire à la parole de Dieu qui lui est transmise, la Vierge de Nazareth répond : « Voici la servante du Seigneur ; que tout se passe pour moi selon ta parole » (Lc 1, 38). Par cette réponse Marie apportait « au salut des hommes, non pas simplement la coopération d'un instrument passif aux mains de Dieu, mais la liberté de sa foi et de son obéissance » (LG 56). Aussi Élisabeth énonce-t-elle la grande béatitude de la Vierge Marie : « Heureuse, celle qui a cru à l'accomplissement des paroles qui lui furent dites de la part du Seigneur » (Lc 1, 45).

> « La foi de Marie à l'Annonciation inaugure la Nouvelle Alliance. [...] Les paroles d'Élisabeth : "Bienheureuse celle qui a cru", ne se rapportent pas seulement à ce moment précis de l'Annonciation. Assurément, celui-ci représente le point culminant de la foi de Marie dans son attente du Christ, mais c'est aussi le point de départ, le commencement de tout son *itinéraire vers Dieu*, de tout son cheminement dans la foi » (RM 14). Cette foi connaît les épreuves liées à la naissance et à l'enfance de son Fils, puis au ministère public de Jésus. « Gardant fidèlement l'union avec son Fils » (LG 58), Marie se retrouve debout au pied de la croix, vivant dans la nuit de la foi le démenti apparent des paroles de l'ange, mais « donnant à l'immolation de la victime, née de sa chair, le consentement de son amour » (LG 58). Comme la foi d'Abraham avait marqué le début de l'Ancienne Alliance, la foi de Marie est située à l'aurore de la Nouvelle Alliance. Marie, elle aussi, a cru et espéré contre toute espérance.

Tout le rôle de Marie dans l'histoire du salut doit être compris à cette double lumière de la grâce et de la foi donnée.

347 Mère de Jésus, donc Mère de Dieu

Telle est l'affirmation centrale de la foi chrétienne au sujet de Marie : Marie a été choisie pour devenir la mère de Jésus, le Christ, le Fils de Dieu, notre Sauveur. On l'appelle Mère de Jésus mais, puisque Jésus est le Fils de Dieu et Dieu lui-même, la Tradition de l'Église affirme que Marie est Mère de Dieu.

> Ce titre, déjà acquis au IVe siècle, est proclamé en 431 au concile d'Éphèse, au moment des débats sur l'unité personnelle du Christ, homme

et Dieu. Il ne signifie pas que Marie donne naissance à la divinité du Christ, ce qui n'aurait aucun sens. Elle a engendré selon sa chair celui qui est éternellement engendré par Dieu. Parce que « le Fils de Dieu prit d'elle la nature humaine » (LG 55), elle est véritablement la Mère de Dieu, celle que les chrétiens d'Orient appellent la « *Theotokos* », c'est-à-dire « celle qui engendre Dieu ».

Ce titre n'ajoute rien à ce qui se trouve déjà dans les évangiles. Et pourtant il représente une intelligence approfondie, et donc neuve, du rôle de Marie dans l'Incarnation. Mère de Dieu, Marie, Nouvelle Ève, est devenue, à la croix, mère des hommes, lorsque le Rédempteur l'a confiée au disciple qu'il aimait (cf. RM 45).

Marie « toujours vierge » 348

La conception virginale de Jésus signifie son origine à la fois divine et humaine. Jésus a Dieu seul pour Père. Mais la foi de l'Église a scruté le rapport entre maternité et virginité de Marie. Elle a vu dans cette virginité le signe de la consécration absolue de la Mère au Fils, le signe de la disponibilité totale de Marie à l'œuvre de Dieu.

Aussi la foi chrétienne a-t-elle reconnu en Marie celle qui est *toujours vierge*, la Vierge par excellence. Elle tient que la naissance de Jésus n'a pas porté atteinte à la virginité de sa mère et que Marie est restée vierge pendant toute sa vie dans une fidélité totale.

Marie, la Vierge sainte conçue sans péché 349

C'est en approfondissant les paroles de l'ange : « Je te salue, *comblée de grâce* », que la Tradition a pu exprimer le double mystère de l'*Immaculée Conception* et de l'*Assomption*, au commencement et à l'accomplissement de la vie de la Vierge.

« Au premier instant de sa conception, par la grâce et le privilège de Dieu tout-puissant, et en considération des mérites de Jésus Christ, Sauveur du genre humain, la Vierge Marie fut préservée intacte de toute souillure du péché originel. » Telle est la foi de l'Église catholique, définie en 1854 par le pape Pie IX.

Marie est entièrement sainte, elle n'a commis aucun péché. Plus encore, sa sainteté est « originelle ». C'est la sainteté qui a été accordée gratuitement par Dieu à celle qui a donné au monde la source de la grâce. Mais le dogme de l'Immaculée Conception ne dit pas que Marie a échappé au besoin de rédemption et de salut, qui concerne toute la famille humaine. Elle appartient pleinement au peuple des rachetés, elle est la première rachetée. Par rapport à la Rédemption, elle est du même côté que nous. Comme nous tous, elle a été libérée du péché et sauvée par le Christ. Mais la grâce de Dieu la précède de façon unique, le salut lui vient déjà, « dès le premier instant de sa conception », par anticipation, de la mort et de la résurrection de son Fils. Le salut prend chez elle, non la forme de la guérison ou de la purification, mais celle de la préservation.

> Nous ne pouvons pas oublier que Marie est vénérée à Lourdes par des millions de croyants, justement comme celle qui a dit : « Je suis l'Immaculée Conception. »

350 Marie dans la gloire

L'*Assomption* est, au terme de la vie terrestre de Marie, le répondant de ce qu'est l'Immaculée Conception à son origine : Marie a été préservée, d'une part de la mort spirituelle du péché, et d'autre part de la corruption du tombeau. En 1950, le pape Pie XII a solennellement défini que « l'Immaculée Mère de Dieu, Marie toujours Vierge, après avoir achevé le cours de sa vie terrestre, a été élevée en corps et en âme à la gloire céleste » (FC 410).

> Ainsi Dieu « a préservé de la dégradation du tombeau le corps qui avait porté son propre Fils et mis au monde l'auteur de la vie » (cf. préface de la fête de l'Assomption). Le Ressuscité a déjà pleinement manifesté en Marie la fécondité de sa propre résurrection, nous donnant en elle le signe vivant de notre accomplissement à venir. Nous croyons en l'Assomption, sur le fondement de la foi traditionnelle de l'Église interprétant les données du Nouveau Testament. L'Assomption était devenue l'objet d'une foi unanime dans l'Église catholique avant d'être définie par le pape Pie XII en 1950.

351 La « coopération » de Marie à l'œuvre du salut

En devenant la Mère de Dieu, Marie a coopéré à la réalisation de notre salut. Elle en est devenue la servante. Son service fut celui de l'obéissance aimante, antithèse vivante de la désobéissance d'Ève. Service de l'intercession comme à Cana. « Elle apporta à l'œuvre du Sauveur une coopération absolument sans pareille par son obéissance, sa foi, son espérance, son ardente charité, pour que soit rendue aux âmes la vie surnaturelle. C'est pourquoi elle est devenue pour nous, dans l'ordre de la grâce, notre Mère » (LG 61).

Quand, en effet, vient l'« Heure » de Jésus, l'heure du salut par la croix, Marie, la « femme » (Jn 19, 26), la Nouvelle Ève, comme le suggère saint Jean, enfante le monde nouveau qui naît du calvaire : Mère humaine du Christ, Marie devient alors, selon la volonté de son Fils, Mère des croyants (cf. Jn 19, 26-27). Depuis, elle apporte à la naissance et à l'éducation des croyants la coopération de son amour maternel (cf. LG 63).

> Cette « *coopération* » doit être bien comprise. Marie n'est pas une seconde médiatrice à côté du Christ, comme si elle ajoutait quelque chose à l'œuvre de celui-ci. Marie se trouve du côté des sauvés. Par cette plénitude de grâce et de vie surnaturelle reçue du Christ, « elle était particulièrement prédisposée à la coopération avec le Christ, médiateur unique du salut de l'humanité » (RM 39). 352
>
> C'est sur la compréhension de cette coopération de Marie à l'œuvre du salut que demeure une difficulté importante entre catholiques et protestants. Ceux-ci portent la constante préoccupation de ne rien faire ou dire qui paraisse accorder à Marie quelque chose de la place qui revient à Jésus seul. Cependant il existe parmi les protestants bien des différences dans la façon de comprendre le rôle de la Vierge.

Marie et l'Église 353

« Dans la communion de toute l'Église », au cœur de la prière eucharistique, nous nommons « en premier lieu la Bienheureuse Marie toujours Vierge ». Marie est, en effet, « membre suréminent et absolument unique de l'Église, modèle et exemplaire admirables pour celle-ci dans la foi et dans la charité » (LG 53).

A la fin du dernier concile, le pape Paul VI a proclamé Marie *Mère de l'Église*, c'est-à-dire Mère de ses pasteurs et de ses fidèles. Comme une mère, Marie a son rôle propre dans la famille dont elle fait partie, rôle que l'on trouve déjà esquissé dans le Nouveau Testament.

Déjà, à la naissance de Jésus, Marie est présentée comme la première croyante, icône de l'Église en prière, qui « retenait tous ces événements et les méditait dans son cœur » (Lc 2, 19). A la naissance de l'Église, au matin de la Pentecôte, à Jérusalem, Marie, avec les disciples, appelait elle aussi de ses prières le don de l'Esprit Saint sur le peuple de Dieu (cf. LG 59). « Ainsi celle qui est présente dans le mystère du Christ, comme Mère, est rendue présente — par la volonté du Fils et par l'Esprit Saint — dans le mystère de l'Église. Et dans l'Église encore, elle continue à être une présence maternelle » (RM 24).

354 C'est pourquoi, quand elle contemple la sainteté de la Vierge, l'Église « devient à son tour une Mère, grâce à la Parole de Dieu qu'elle reçoit dans la foi : par la prédication en effet, et par le baptême elle engendre, à une vie nouvelle et immortelle, des fils conçus du Saint-Esprit et nés de Dieu » (LG 64).

Enfin, dans son Assomption, Marie, « est élevée dans la gloire du ciel : parfaite image de l'Église à venir, aurore de l'Église triomphante, elle guide et soutient l'espérance de son peuple encore en chemin » (cf. préface de la fête de l'Assomption). Dès maintenant, « elle brille déjà comme un signe d'espérance assurée et de consolation devant le peuple de Dieu en pèlerinage » (LG 68).

355 Les croyants et leur Mère

L'Église, dans sa tradition, a spontanément trouvé l'attitude croyante à l'égard de Marie, à l'exemple de celle du disciple bien-aimé. Cette attitude peut se résumer en quelques mots.

Vénérer Marie : c'est entrer dans le « culte du peuple de Dieu » (LG 66) envers la Vierge ; c'est entrer dans le mouvement séculaire des générations qui la proclament bienheureuse ; c'est honorer, respecter, louer la Mère de Dieu. Ce n'est évidemment pas l'adorer : l'adoration n'est due qu'à Dieu.

Imiter Marie : c'est s'ouvrir comme elle à la grâce de Dieu ; c'est vivre de la foi comme elle en a vécu elle-même ; c'est servir comme elle a servi. Marie est l'exemple et le modèle par excellence de l'existence chrétienne. Là-dessus tous les chrétiens s'accordent.

Prier Marie : c'est se confier à son amour maternel, lui demander son aide et son appui ; c'est faire appel à elle afin qu'elle intercède pour nous auprès de son Fils. Les catholiques redisent

L'Église, peuple de la Nouvelle Alliance

chaque jour cette prière dont les premiers mots sont empruntés au récit de l'Annonciation :

> *Je vous salue, Marie,*   356
> *pleine de grâce*
> *le Seigneur est avec vous.*
> *Vous êtes bénie*
> *entre toutes les femmes,*
> *et Jésus, le fruit de vos entrailles, est béni.*
> *Sainte Marie, mère de Dieu,*
> *priez pour nous, pauvres pécheurs,*
> *maintenant et à l'heure de notre mort.*
> *Amen.*

5.

Les sacrements de la Nouvelle Alliance

357 MOÏSE DIT AU PEUPLE :
« Qu'on se souvienne de ce jour
358 où vous êtes sortis d'Égypte,
de la maison de servitude,
car c'est à main-forte
que le Seigneur vous a fait sortir de là. […]
Sept jours, tu mangeras des pains sans levain.
Le septième jour ce sera fête
pour le Seigneur. »   Ex 13, 3.6

AVANT LA FÊTE DE LA PÂQUE,
sachant que l'heure était venue pour lui
de passer de ce monde à son Père,
Jésus, ayant aimé les siens qui étaient dans le monde,
les aima jusqu'au bout.
Au cours du repas,
alors que le démon avait déjà inspiré
à Judas Iscariote, fils de Simon,
l'intention de le livrer,
Jésus, sachant que le Père a tout remis entre ses mains,
qu'il est venu de Dieu et qu'il retourne à Dieu,
se lève de table, quitte son vêtement,
et prend un linge qu'il se noue à la ceinture ;
puis, il verse de l'eau dans un bassin,
il se met à laver les pieds des disciples
et à les essuyer avec le linge qu'il avait à la ceinture.
Il arrive ainsi devant Simon-Pierre.
Et Pierre lui dit :
« Toi, Seigneur, tu veux me laver les pieds ! »
Jésus lui déclara :
« Ce que je veux faire,
tu ne le sais pas maintenant ;
plus tard tu comprendras. »
                                            Jn 13, 1-8

1.
Les sacrements dans l'Église

Dans l'Église, le Christ ressuscité se rend présent et agit de manière privilégiée par les sacrements.

Pas d'Église sans sacrements

L'Église, enseigne Vatican II, est « en quelque sorte le sacrement, c'est-à-dire à la fois le signe et le moyen de l'union intime avec Dieu et de l'unité de tout le genre humain » (LG 1).

Cependant, il ne suffit pas de parler de l'Église en général pour dire ce que sont les sacrements, ni pour manifester la place singulière qu'ils occupent dans cette Église et dans l'existence des chrétiens.

Les sacrements sont des « actions du Christ et de l'Église » (CIC 840) : des actes du Christ accomplis dans l'Église et par son ministère. Ce sont tous des *actes d'Alliance* qui unissent au Christ par l'action du Saint-Esprit, relient les hommes à Dieu et à leurs frères par le plus intime d'eux-mêmes, et incorporent à l'Église. Par eux, les hommes sont introduits et progressent dans le *monde nouveau* « pour connaître la liberté, la gloire des enfants de Dieu » (Rm 8, 21) qui leur sont réservées à l'intérieur de la création renouvelée.

Il n'y a pas de christianisme sans Christ, Dieu venu dans notre humanité visible. Il n'y a pas non plus d'Église sans sacrements, signes visibles de la grâce invisible.

360 Les sacrements célébrés dans l'Église

L'Église, cette portion de l'humanité qui accueille et communique l'amour du Père pour tous les hommes, ne cesse de contempler le don du salut réalisé par la naissance, la vie, les paroles, les miracles, la mort et la résurrection du Seigneur. Corps du Christ, elle prolonge sur terre sa prière d'intercession et de louange. Envoyée au monde, elle célèbre l'action de « l'Esprit qui poursuit son œuvre dans le monde et achève toute sanctification » (prière eucharistique IV). Elle répond ainsi à l'invitation du Christ : « L'heure vient — et c'est maintenant — où les vrais adorateurs adoreront le Père en esprit et en vérité : tels sont les adorateurs que recherche le Père » (Jn 4, 23).

« La liturgie est considérée comme l'exercice de la fonction sacerdotale de Jésus Christ, exercice dans lequel la sanctification de l'homme est signifiée par signes sensibles, est réalisée d'une manière propre à chacun d'eux, et dans lequel le culte public intégral est exercé par le Corps mystique de Jésus Christ, c'est-à-dire par le Chef et par ses membres » (SC 7).

361 Dans l'ensemble de la vie liturgique de l'Église, en son cœur, sont les *sacrements*. Ils témoignent que toute l'action sainte et sanctifiante que l'Église exerce dans sa liturgie a sa source et son fondement dans l'institution du Christ.

Il est de la nature des sacrements d'être *célébrés*, c'est-à-dire d'avoir une expression publique, voire solennelle. Ils sont toujours des actes liturgiques. Inversement, toute la liturgie de l'Église gravite autour des sacrements et notamment de l'eucharistie. Tel est en particulier le cas de l'*Office divin*, qui rythme la prière officielle de l'Église, et dont s'acquittent les religieux, les religieuses et les ministres ordonnés, mais que se plaisent aussi aujourd'hui à accomplir, en tout ou en partie, un nombre toujours plus grand de laïcs.

Pas de sacrement, autrement dit, qui ne soit action liturgique. Et pas de liturgie qui n'entretienne quelque lien à la structure sacramentelle de l'Église et de son culte.

Les sacrements dans le monde et dans l'histoire des hommes

362

Les sacrements du Christ, célébrés dans l'Église, comportent une dimension profondément humaine.

• Des expériences humaines symbolisées

On retrouve dans les rites sacramentels plusieurs des grands *symboles*, tels que l'eau ou le pain, dans lesquels se reflètent les rapports constitutifs de l'homme avec le cosmos.

C'est même en prenant corps, en quelque sorte, dans les éléments les plus fondamentaux de la nature et de l'existence humaine que la grâce sacramentelle, cette action spécifique de Dieu, se communique en chaque sacrement : dans le baptême « par le bain d'eau qu'une parole accompagne » (Ep 5, 26), dans l'eucharistie par la participation à un repas, dans l'onction des malades par une onction d'huile... Les réalités du monde sensible et les actes qui traduisent les relations entre les hommes sont par là comme transfigurés.

• Dans des actions rituelles

363

Les symboles sont vécus à travers des ensembles de gestes, de paroles. Un enchaînement les structure et leur donne sens. Ils prennent forme dans des *rites*. Les sacrements sont des *actions rituelles* confiées par le Christ à l'Église.

> Les rites sont des actions accomplies et renouvelées conformément à des règles. Ces règles sont toujours propres à un groupe humain déterminé. De telles actions rituelles se retrouvent dans toute vie sociale. Elles sont indispensables à la cohésion du groupe. Les membres du groupe se

reconnaissent entre eux à travers ces rites qui leur sont communs. Leur vie en est marquée. Elle en reçoit ses orientations, son « style », qui souvent déconcertent les personnes extérieures au groupe.

Les sacrements conservent les propriétés générales et constitutives du rite. Ils structurent la vie de l'Église et de chacun de ses membres. Certains de leurs aspects secondaires peuvent être plus ou moins adaptés aux possibilités ou aux circonstances. Mais, en eux-mêmes, dans leur caractère proprement rituel, les sacrements ne se laissent pas manipuler. Nul ne les invente pour lui seul. Il n'appartient à aucun groupe particulier de les modifier ou de les aménager à sa façon. Ce serait les vider d'une signification qu'ils trouvent seulement dans leur lien avec l'Église universelle.

364 • **Des rites proprement chrétiens**

Le caractère rituel des sacrements atteste que la foi ne se construit pas elle-même, mais se laisse construire. Personne n'est propriétaire des sacrements. Éléments essentiels de la Tradition de l'Église, qui remonte au Christ, ils règlent, édifient et nourrissent la foi catholique. Dans l'Église, les fidèles croient comme ils prient et ils prient comme ils croient. C'est ce que déclare le vieil adage « *lex orandi, lex credendi* », qu'on pourrait transcrire ainsi : « la règle de la prière de l'Église est en même temps la règle de la foi » ou encore « ce que l'Église célèbre, c'est aussi ce qu'elle croit ».

L'action ritualisée, parce qu'elle vient de la Tradition, précède chaque assemblée qui y participe. Par sa seule existence, elle empêche l'assemblée liturgique chrétienne de ramener ce qui va s'accomplir à la mesure de ses désirs ou de ses projets. Ainsi, avant même qu'il ne se remplisse de tous ses traits concrets, le rite (la plongée ou l'eau répandue, l'onction, le pain partagé...) manifeste aux croyants qu'ils ne sont pas rassemblés en leur propre nom mais au nom d'un Autre.

365 Le caractère rituel et symbolique des assemblées chrétiennes ouvre un espace caractéristique dans lequel la foi de chacun va pouvoir s'épanouir. Dans cet espace le croyant se reconnaît chez lui. « Heureux les invités au Repas du Seigneur ! », pourra-t-il s'entendre dire avant d'aller communier. Il se retrouve alors avec tous ceux qui, comme lui, se laissent instruire et transformer par les actions liturgiques et sacramentelles.

Les sacrements de la Nouvelle Alliance

Dans la pratique liturgique aujourd'hui, on oscille parfois entre une application très étroite du rituel et une créativité qui ne prend pas en compte les règles liturgiques. Les perspectives ouvertes par la *Constitution sur la Sainte Liturgie* de Vatican II permettent de tracer un chemin entre un laxisme qui aboutirait à une profanation des sacrements, en faisant n'importe quoi (ou ce que chacun voudrait), et un rubricisme qui trahirait l'« humanité » de Dieu et de son Église. Le pape et les évêques sont chargés de guider l'Église entre ces deux écueils, afin que les chrétiens découvrent toujours davantage les richesses de la Sainte Écriture, du rythme de l'année liturgique, des gestes, des attitudes et des rites qui expriment la louange, l'intercession, l'action de grâce des croyants rassemblés.

2.
Une logique à l'œuvre dans toute l'histoire du salut

366

L'Écriture tout entière le montre, et le concile Vatican II l'a rappelé : « La Révélation comprend des événements et des paroles intimement unis entre eux » (DV 2).

Déjà dans la première Alliance

La Bible témoigne des « grandes œuvres » de Dieu. Par la Création, Dieu tire l'univers du chaos originel et donne vie à l'humanité (cf. Gn 1-2). On le voit empêcher que la perversité n'engloutisse l'humanité dans le déluge : une famille au moins, Noé et les siens, sera épargnée, pour devenir une nouvelle semence (cf. Gn 6, 14 et suiv.). Plus tard, Dieu entend la clameur de son peuple exilé, réduit en esclavage, et il le sauve de l'oppression des Égyptiens (cf. Ex 2, 23 et suiv.). Il fait alliance avec lui et lui donne les dix Paroles de Vie. Il le nourrit pendant sa marche au désert (cf. Ex 16). Plus tard encore il le ramènera de l'exil (cf. Is 40-45). Il le forme comme son peuple, lui apprend « à marcher avec lui » et pourvoit à l'ordonnance de son culte.

Lorsqu'Israël est établi sur la terre promise, le Seigneur continue de le guider, lui donne des « juges » et des rois. Il appelle et envoie des prophètes pour le remettre sur le chemin de l'Alliance et raviver son espérance.

367   Dieu agit à la fois dans les événements, dans l'histoire et dans les cœurs (cf. Jr 24, 7). Il sait, en effet, qu'il y a des yeux qui ne voient pas et des oreilles qui n'entendent pas (cf. Jr 5, 21 ; Mc 8, 18). Il travaille sans cesse à éviter la division entre les actes de l'homme et ses intentions, entre ce que disent les lèvres et ce que croit le cœur.

On a parfois employé l'expression : « sacrements de l'Ancienne Alliance ». Ces « sacrements » constituaient des rites par lesquels les grandes œuvres de Dieu accomplies en faveur de son peuple étaient régulièrement célébrées dans une liturgie. Les sacrements de la Nouvelle Alliance se distinguent de ces actions rituelles, mais ils y trouvent un enracinement.

> L'eucharistie chrétienne, par exemple, s'est inscrite dans le cadre du repas religieux juif, et notamment du repas pascal. Le baptême chrétien a repris, non sans en modifier profondément le sens (cf. Mt 3, 11), ce que faisaient des groupes religieux juifs contemporains du Christ. On parle à leur propos de *mouvements baptistes* parce qu'ils pratiquaient un baptême.

368 Dans la Nouvelle Alliance

L'œuvre de Dieu, rapportée par l'Ancien Testament et réalisée en faveur d'Israël, se poursuit jusqu'à trouver son parfait accomplissement dans celle de Jésus.

Jésus parle, enseigne, exhorte. Il suffit d'évoquer le grand discours sur la montagne (cf. Mt 5-7). Mais, autant que ses *paroles*, les évangiles rapportent les *gestes* qu'il accomplit tout au long de son passage parmi les hommes. Par ses gestes et ses paroles Jésus manifeste la nature de la mission de salut qu'il réalise au bénéfice de tous les hommes.

Lorsque Jean Baptiste, qui l'avait désigné comme le Messie, éprouve cependant le besoin de lui demander s'il est bien celui qui doit venir ou s'il faut en attendre un autre, il répond simplement : « Allez rapporter à Jean ce que vous entendez et voyez : les aveugles voient, les boiteux marchent, les lépreux sont purifiés, les sourds entendent, les morts ressuscitent et la Bonne Nouvelle est annoncée aux pauvres » (Mt 11, 4-5).

Les sacrements de la Nouvelle Alliance

De la même manière, Jésus dévoile le sens de son ministère dans la synagogue de Nazareth : « On lui présenta le livre du prophète Isaïe. Il ouvrit le livre et trouva le passage où il est écrit : "L'Esprit du Seigneur est sur moi, parce que le Seigneur m'a consacré par l'onction. Il m'a envoyé porter la Bonne Nouvelle aux pauvres, annoncer aux prisonniers qu'ils sont libres, et aux aveugles qu'ils verront la lumière, apporter aux opprimés la libération, annoncer une année de bienfaits accordée par le Seigneur". [...] Alors il se mit à leur dire : "Cette parole de l'Écriture que vous venez d'entendre, c'est aujourd'hui qu'elle s'accomplit" » (Lc 4, 17-21).

La prédication de Jésus est indissociable des *miracles* qui jalonnent son itinéraire sur les routes de Palestine. Loin de dispenser de la foi, les miracles de Jésus la requièrent souvent de ceux en faveur desquels il les accomplit (cf. Mc 6, 5-6). Car ils introduisent un monde nouveau dans le monde ancien du péché et de la mort. Ils révèlent la venue du royaume de Dieu. Mais chacun ne peut le voir et y entrer que par une adhésion personnelle dans la foi.

Aussi saint Jean désigne-t-il les miracles de Jésus comme des *« signes »*. Ceux-ci visent une réalité qui est au-delà de ce qui frappe les sens. Cette réalité, plus profonde, n'apparaît qu'à ceux dont le cœur s'ouvre à la foi. On peut être capable d'entendre des sons sans rien percevoir de l'harmonie d'une œuvre musicale ; on y reste alors totalement étranger. Ainsi en allait-il pour beaucoup de ses contemporains. Et Jésus évoque cette possible fermeture des oreilles et cet obscurcissement des yeux déjà stigmatisés par le prophète Isaïe (cf. Mt 13, 14-15).

Après la résurrection, saint Pierre, pour résumer l'itinéraire de Jésus, rappelle l'onction d'Esprit Saint et de puissance qui lui a été conférée par le Père. Et il ajoute : « Là où il passait, *il faisait le bien*, et il guérissait tous ceux qui étaient sous le pouvoir du démon. Car Dieu était avec lui » (Ac 10, 38).

3.
Les sacrements : présence et action continuées du Christ dans l'Église

370

Les sacrements actualisent la présence et l'œuvre du Christ parmi les hommes, sommet de toute l'économie du salut.

Dans la lumière de l'Incarnation et du mystère pascal

La Nouvelle Alliance est fondée sur la personne du Christ Jésus, *Parole incarnée,* Verbe « fait chair » (Jn 1, 14), qui a vécu parmi les hommes et a réalisé au milieu d'eux avec *puissance* des gestes de guérison et de salut.

Toutes les paroles et tous les actes de Jésus trouvent leur accomplissement dans le mystère de sa passion, de sa mort et de sa résurrection.

La croix de Jésus, dans laquelle se récapitule tout ce qu'il a manifesté et déjà donné de lui-même « en faisant le bien », n'est pas seulement un événement du passé, arrivé « sous Ponce Pilate », comme nous le proclamons dans le *Credo.*

371

En effet, le crucifié est le *Fils de Dieu,* livré aux hommes mais aussi tout entier livré à la volonté du Père, ne faisant qu'un avec lui. Traversé par le douloureux sentiment de l'abandon, il demeure mystérieusement uni au Père et s'en remet à lui dans l'Esprit Saint.

La croix est inséparable de la *Résurrection.* Elle a été plantée sur notre terre. Mais, croix du Ressuscité, elle *touche le ciel.* La mort de Jésus s'inscrit dans le cours de notre histoire et y prend date. Mais la Résurrection atteste, en même temps que la victoire du Christ, le caractère *définitif* et *permanent* de son œuvre de salut.

L'épître aux Hébreux insiste sur ce caractère « éternel » de l'œuvre, réalisée « une fois pour toutes », et dont la fécondité continue de porter ses fruits dans l'Église (cf. He 9, 12 ; 10, 10).

Les sacrements de la Nouvelle Alliance

Institués par le Christ

Les sacrements tirent leur origine de ces gestes du Christ (pardon des péchés, guérisons, nourriture des foules...) qui jalonnent sa mission parmi les hommes, et dont le mystère pascal dévoile l'impérissable portée. Ils reçoivent leur fécondité de l'œuvre suprême de la croix, à l'heure où Jésus passe de ce monde vers le Père. C'est pourquoi le Christ est proprement l'auteur et l'origine des sacrements. C'est lui qui les a institués (cf. concile de Trente, DS 1601 ; FC 663).

En instituant l'Église, il lui confie les sacrements comme moyens privilégiés pour permettre aux croyants de le rencontrer et de vivre de sa vie.

Que l'institution des sacrements remonte au Christ, c'est particulièrement net pour ce « sacrement des sacrements » qu'est l'*eucharistie*. Les trois évangiles synoptiques et la première lettre aux Corinthiens (cf. 1 Co 11, 23-26) la relatent dans le récit de la dernière Cène, le Jeudi saint. L'eucharistie est l'institution par excellence de la Nouvelle Alliance. Dans la mesure où « tous les autres [sacrements] sont ordonnés à ce sacrement comme à leur fin » (saint Thomas d'Aquin, *Somme théologique*, III, Q 65, a 3), l'eucharistie les relie au Christ.

Pour ce qui est du *baptême*, le Nouveau Testament atteste formellement son institution par Jésus ressuscité (cf. Mt 28, 19). Au début de sa mission, Jésus s'est lui-même soumis au rite baptismal pratiqué par Jean Baptiste. A Nicodème il révèle le sens du baptême d'eau et d'Esprit comme nouvelle naissance (cf. Jn 3, 3-9). Après sa résurrection il envoie ses disciples : « De toutes les nations faites des disciples, baptisez-les au nom du Père, et du Fils, et du Saint-Esprit » (Mt 28, 19). Les Actes des apôtres et plusieurs autres écrits du Nouveau Testament nous montrent les apôtres baptisant au nom de Jésus, conformément à son ordre.

Jésus a aussi manifestement remis aux apôtres le *pouvoir de pardonner les péchés* (cf. Jn 20, 22-23 ; Mt 18, 18), même s'il n'a pas précisé le rite par lequel ils devraient accomplir ce ministère de réconciliation.

Pour les autres sacrements, outre le rapport étroit qu'ils entretiennent avec le baptême et l'eucharistie, leur lien apparaît avec la pratique de Jésus quand il pardonne les péchés, guérit et relève les malades, envoie les disciples en mission, rappelle le sens de l'union de l'homme et de la femme. Ainsi, lorsque les apôtres, après la résurrection, refont dans la communauté chrétienne les gestes inaugurés par lui, ils font ce que Jésus leur a dit de faire. Ils agissent alors par fidélité à Jésus, dans la puissance de sa résurrection et sous la conduite de son Esprit.

374 Confiés par le Christ à l'Église

Les sacrements constituent *l'action propre du Seigneur* au cœur des communautés. C'est le Christ qui les a institués pour la sanctification de l'Église, qu'il a purifiée « par le bain d'eau qu'une parole accompagne » (Ep 5, 26). Il les confie à l'Église, c'est-à-dire à la communauté tout entière, mais d'abord, en un sens particulier, aux apôtres et à leurs successeurs établis comme « intendants des mystères de Dieu » (1 Co 4, 1).

De fait, l'Église s'est toujours reconnu un large pouvoir pour déterminer les modalités de la célébration des sacrements. Elle en a modelé le « cérémonial » ; elle a défini tous les éléments qui en déploient le sens. Mais elle sait depuis toujours qu'elle est simplement gardienne de ce qui en constitue la *substance* (cf. concile de Trente, DS 1699 et 1728 ; FC 881 et 758) : les gestes et les paroles du Christ qui les a institués, autrement dit l'essentiel du rite.

> Ainsi, par exemple, l'Église ne se reconnaît pas le pouvoir d'« effacer » un baptême ou une ordination. Elle peut au plus les reconnaître ou les déclarer invalides, s'ils n'ont pas été conférés ou reçus selon les normes ecclésiales. Elle ne se reconnaît pas la maîtrise sur la substance des sacrements qui lui sont confiés.
>
> En notre temps la réforme liturgique de Vatican II a bien montré la latitude que le Christ laisse à l'Église pour modeler et adapter les formes de leur célébration sans modifier ce qui les constitue essentiellement.

375 Gestes du Christ en personne, posés tout ensemble *par*, *dans* et *devant* l'Église, les sacrements exercent leur action *en vertu même du rite* accompli (cf. concile de Trente, DS 1608 ; FC 670). *Ils réalisent ce qu'ils signifient*. Leur action dépasse de beaucoup les dispositions du ministre qui les célèbre ou de celui qui les reçoit, même si ces dispositions interviennent dans les effets produits par le sacrement. Le baptême conféré à un enfant encore incapable d'y

adhérer personnellement, et même s'il est demandé par une famille peu croyante, demeure un vrai baptême. En effet, il reste un geste du Christ célébré dans la foi de l'Église.

Parce qu'ils réalisent ce qu'ils signifient, les sacrements suscitent et stimulent la foi. Ils sont *appels à la foi*. Leur pleine signification se déploie dans la réponse explicite et personnelle du croyant.

Signes sensibles, efficaces, comportant des paroles 376

Les sacrements sont des signes *sensibles* et *efficaces* de l'action du Christ en faveur des hommes. Le salut, qui s'est réalisé à travers ce que le Christ a vécu et souffert dans son corps, continue à nous être donné à l'intérieur de notre existence corporelle et sociale. Les sacrements témoignent de la prévenance de Dieu, qui s'adresse aux hommes dans leur humanité la plus concrète.

Dans les sacrements plusieurs *grands symboles* humains sont mis au service de la grâce de Dieu et de la réponse des hommes. Ce sont ceux que nous avons déjà évoqués et à travers lesquels les peuples ont, dans leur histoire, tenté d'exprimer leurs rapports au sacré ou à la divinité : l'eau, la lumière, le repas...

Mais l'ambivalence des gestes et des symboles (l'eau, par 377 exemple, peut être porteuse de vie ou de mort) est levée par la *parole* qui les accompagne toujours : les sacrements sont une action symbolique à laquelle s'ajoute une parole.

La célébration des sacrements commence toujours par une liturgie de la Parole, qui situe les rites sacramentels dans les perspectives de l'histoire du salut.

> Pour saisir tout cela de façon concrète et vivante, il suffit de se rappeler la liturgie de la veillée pascale.

La célébration sacramentelle culmine lorsque sont prononcées les paroles qui réalisent ce qu'elles signifient : « Ceci est mon corps » ; « Je te baptise » ; « Sois marqué de l'Esprit Saint » ; etc.

378 **Signes porteurs des promesses du Royaume**

S'il n'y a pas de sacrements sans Parole, c'est que les sacrements ne sont pas fondés simplement sur la nature de l'homme. Ils sont des signes visibles de la grâce invisible. Ce dont ils témoignent et à quoi ils renvoient, c'est l'*histoire* et l'œuvre singulières du *Christ Jésus*, centre et sommet de l'histoire du salut. S'ils utilisent généralement les grands symboles humains ou cosmiques, ils n'ont pas seulement la signification universelle que peuvent comporter ces symboles. Ils ne parlent pas seulement de la lumière et des ténèbres, de la vie et de la mort, *en général*. Ils renvoient aux événements *singuliers* de la vie, de la mort et de la résurrection du Christ, et à la vie « éternelle », c'est-à-dire à la vie même de Dieu, connue par l'ensemble de la Révélation.

Témoins de l'histoire du Christ, les sacrements comportent toujours, comme élément constitutif, un caractère de « *mémorial* ». Ils rappellent et actualisent les gestes historiques de Jésus et, avant tout, le geste suprême d'amour sauveur accompli par sa mort et sa résurrection.

Les sacrements sont également *signes du Royaume à venir*. Car la « mémoire du Seigneur » qu'ils célèbrent est porteuse de multiples promesses. Célébrer l'eucharistie, c'est proclamer « la mort du Seigneur, jusqu'à ce qu'il vienne » (1 Co 11, 26). Les sacrements nous annoncent la plénitude de vie que nous connaîtrons en perfection dans la gloire de la vie future. Ils nous y associent dès à présent.

Les sacrements de la Nouvelle Alliance

4.
Sacrements de la foi

L'action personnelle du Christ qui s'exerce dans les sacrements est accueillie dans la foi de l'Église qui les célèbre.

Célébrés dans la foi

Les sacrements sont célébrés dans le cadre d'une communauté, au cours d'une liturgie présidée par un ministre ordonné. C'est seulement dans des circonstances exceptionnelles que le développement de la liturgie peut être réduit au strict nécessaire.

Culte et prière de la communauté réunie autour de ses pasteurs, la liturgie appelle la participation « consciente, active et fructueuse » (SC 11) de chaque fidèle.

Dans chaque sacrement, un minimum de participation active est toujours nécessaire. Il faut, pour le moins, « se présenter », ou « être présenté », aux sacrements : on présente un enfant au baptême, on se présente à la communion ou au sacrement de pénitence, on se rend à l'église pour le sacrement de mariage...

Si les sacrements « supposent la foi », ils sont là aussi pour l'instruire, l'édifier, la faire croître : « Les sacrements ont pour fin de sanctifier les hommes, d'édifier le Corps du Christ, enfin de rendre le culte à Dieu ; mais, à titre de signes, ils ont aussi un rôle d'enseignement. Non seulement ils supposent la foi, mais encore ils la nourrissent, ils la fortifient, ils l'expriment ; c'est pourquoi ils sont dits sacrements de la foi » (SC 59).

Grâce et engagement sacramentels

Les sacrements sont porteurs de la grâce du Christ.

La grâce est fondamentalement le don que Dieu fait de sa vie. Elle est le fruit de l'œuvre du Christ. A l'endroit de l'homme pécheur, elle comporte un caractère « médicinal ». Mais « sanctifiante », elle fait aussi participer à la vie même de Dieu. Elle intervient de manière gratuite, et toujours neuve, « actuelle », au sein de l'existence et de l'action humaines. Mais, donnée de manière « habituelle », elle peut aussi définir un « état ».

Grâce du Christ, elle se communique de manière privilégiée dans la prolongation de ses gestes, que sont les sacrements. Les sacrements sont porteurs d'une *grâce sacramentelle*, propre à chacun d'eux. Celle-ci correspond à ce qu'ils signifient (nouvelle naissance dans le baptême, pardon des péchés dans la pénitence, vie du Christ reçue en nourriture dans l'eucharistie...).

Dans le monde grec, au mot « sacrement » correspond le mot « *mystère* ». Celui-ci désigne la pensée secrète de Dieu manifestée et réalisée dans le don gratuit de la vie, de la mort et de la résurrection de Jésus Christ. Les sacrements témoignent de cette réalisation et comportent une profondeur qui ne se découvre pleinement que par la foi. Le mot « mystère » évoque également cette profondeur.

Don de Dieu, les sacrements engagent ceux qui les reçoivent *dans la foi de l'Église*. Ils se pratiquent. On parle justement de la *pratique* des sacrements. Dans cette pratique, la foi conserve son caractère éminemment *personnel*. Mais elle y acquiert et manifeste son caractère *public et ecclésial*. La réception d'un sacrement implique aussi un engagement de l'existence. La foi proclamée dans le sacrement « prend corps » dans la vie du croyant.

382 Les sacrements dans l'existence du chrétien

Les sacrements sont donnés à des moments déterminés, mais rayonnent sur l'*ensemble de la vie* du croyant : du baptisé, du confirmé, du prêtre, des époux... La grâce du sacrement accompagne toute leur existence. Chaque jour de la semaine demeure sous le rayonnement puissant de l'eucharistie dominicale, à plus forte raison si l'eucharistie est aussi célébrée ou reçue quotidiennement.

Ainsi l'existence chrétienne tout entière revêt une *dimension sacramentelle*. Elle est transformée en « sacrifice saint, capable de plaire à Dieu » (Rm 12, 1). La *vie morale* devient l'expression de notre être chrétien.

Saint Paul en témoigne à propos du baptême (cf. Rm 6, 3-11) et de l'eucharistie. Les divisions et rivalités, par exemple, contredisent la participation à l'eucharistie. « Celui qui mangera le pain ou boira la coupe du Seigneur indignement se rendra coupable envers le corps et le sang du Seigneur. Que chacun s'éprouve soi-même, avant de manger ce pain et de boire cette coupe ; car celui qui mange et boit sans discerner le corps du Seigneur mange et boit sa propre condamnation » (1 Co 11, 27-29).

5.
Un ensemble organique

Les sacrements ne doivent donc pas être isolés de l'ensemble de l'existence et de l'agir chrétiens. Ils ne doivent pas être détachés de l'ensemble de la vie de l'Église, et notamment de sa vie liturgique, qui « gravite » autour d'eux. Ils ne doivent pas non plus être séparés les uns des autres.

Sept sacrements

L'Église catholique reconnaît sept rites institués par le Christ, auxquels elle réserve l'appellation propre de *sacrements*. Ce sont le baptême, la confirmation, l'eucharistie, la pénitence, l'onction des malades, l'ordre et le mariage (cf. concile de Trente, DS 1601 ; FC 663).

> Les sept sacrements ont toujours été vécus et pratiqués dans l'Église, tant en Orient qu'en Occident. Cependant la réflexion sur l'unité organique entre ces sept sacrements n'apparaît qu'au XIIe siècle. Elle est liée à un approfondissement de la nature même des sacrements.
> Les communautés ecclésiales issues de la Réforme ne connaissent généralement que deux sacrements, baptême et eucharistie (ou Sainte Cène), qui ont d'ailleurs toujours été considérés, dans toute l'Église, comme les plus importants. Mais le concept de sacrement n'est pas le même dans la Réforme protestante et dans la doctrine catholique, telle qu'elle a été définie au concile de Trente.

Trois de ces sacrements, le baptême, la confirmation et l'ordre, ne peuvent pas être réitérés : ils impriment en ceux qui les reçoivent un « caractère, qui est une sorte de signe spirituel indélébile » (concile de Trente, DS 1609 ; FC 671).

> Les sacrements sont distingués d'un certain nombre d'autres rites ou pratiques symboliques, qui reçoivent le nom de *sacramentaux* : ainsi l'imposition des cendres au début du carême, la bénédiction, la distribution et la procession des Rameaux, les funérailles, etc.
> Alors que l'institution des sacrements remonte au Christ, celle des sacramentaux est le fait de l'Église, qui tout entière prie pour ses membres. « Par eux, les hommes sont disposés à recevoir l'effet principal des sacrements, et les diverses circonstances de la vie sont sanctifiées » (SC 60).
> Même si les sacramentaux sont institués par l'Église, celle-ci les relie toujours d'une manière ou d'une autre à l'œuvre du Christ, d'où procèdent toute bénédiction et toute grâce.

385 Une diversité structurée

Les sacrements constituent un ensemble organique au centre duquel se situent le baptême et l'eucharistie. Les rôles qu'ils exercent dans la vie des communautés et de chaque fidèle sont divers. Il convient cependant de les situer les uns par rapport aux autres.

Baptême, confirmation et eucharistie constituent les sacrements de l'« *initiation chrétienne* ».

> L'initiation chrétienne désigne traditionnellement l'ensemble de la démarche d'entrée dans la foi. Cette entrée est le plus souvent progressive, qu'il s'agisse de l'intelligence ou de la pratique de cette foi. L'idée d'initiation trouve un regain d'actualité là où, comme dans notre pays, la foi va de moins en moins de soi. Dans ces conditions il est nécessaire d'y être progressivement *introduit*.
> Tel est notamment l'objectif du *catéchuménat* des adultes, qui revêt aujourd'hui une importance renouvelée dans les pays de tradition chrétienne eux-mêmes. Le rituel du baptême des enfants en âge scolaire prévoit une démarche du même type que celle de ce catéchuménat des adultes.
> Mais la *catéchèse* postbaptismale elle-même, aussi bien pour les adultes que pour les enfants, envisage de plus en plus souvent une démarche analogue. En effet, « un certain nombre d'enfants baptisés dès la première enfance viennent à la catéchèse paroissiale sans avoir reçu aucune autre initiation à la foi, et sans avoir encore aucun attachement explicite et personnel à Jésus Christ » (CT 19).

386

Le *baptême* est au départ de toute vie sacramentelle. Il délivre du péché, configure au Christ, incorpore à l'Église et régénère en faisant devenir enfant de Dieu. Aucun autre sacrement ne peut être conféré à celui qui n'est pas devenu fidèle du Christ par le baptême. Dans la *confirmation* le baptisé est marqué par l'Esprit Saint, sanctifié et rendu témoin de l'Évangile. L'accomplissement de l'initiation chrétienne est donné dans l'*eucharistie*. La place singulière occupée par l'eucharistie dans l'édifice sacramentaire tient à ce que ce sacrement contient non seulement la grâce, mais l'auteur même de la grâce (cf. concile de Trente, DS 1639 ; FC 738).

Celui qui s'approche du sacrement de *pénitence* et de *réconciliation* reçoit de la miséricorde de Dieu le pardon de ses péchés. Réconcilié avec Dieu, il est aussi réconcilié avec l'Église que son péché a blessée (cf. LG 11). Par l'*onction des malades* au temps de la maladie grave, « c'est l'Église tout entière qui recommande les malades au Seigneur souffrant et glorifié, pour qu'il les soulage et les sauve (cf. Jc 5, 14-16) » (LG 11). L'onction des malades fait participer le malade gravement atteint à la puissance du Christ victorieux du mal et de la mort, miséricordieux et compatissant. Elle l'aide à « s'associer volontairement à la passion et à la mort du Christ » (LG 11), en apportant sa part au combat du peuple de Dieu pour le maintien de sa santé et de sa vigueur. *387*

Ordre et mariage contribuent à l'édification et à la croissance du peuple de Dieu. Le sacrement de l'*ordre* établit dans leur charge ceux qui sont appelés à exercer dans et pour l'Église, de manière permanente, reconnue et instituée, le ministère de pasteur au nom du Christ. *388*

> Une expression latine rend compte de cette *configuration* particulière du ministre ordonné au Christ (cf. PO 2) : elle dit qu'il agit *in persona Christi Capitis*, textuellement « dans la personne du Christ Tête ». Ceci apparaît tout particulièrement lorsque le prêtre prononce les paroles consécratoires : « Ceci est mon corps... » Il agit réellement dans la personne du Christ ou comme le Christ en personne. Les expressions « au nom du Christ », « à la place du Christ », plus fréquemment utilisées dans la langue française, ne parviennent pas à exprimer toute la richesse de cette expression latine qui n'a pas son équivalent français.

Dans le *mariage* est contractée une union destinée à la fois à sanctifier les époux, à donner naissance à des enfants, c'est-à-dire à continuer la famille humaine et à faire croître le peuple de Dieu. Le mariage est fondé sur l'Alliance entre le Christ et l'Église, et signifie cette Alliance. Il participe à son mystère d'unité et d'amour fécond (cf. LG 11).

389 Le baptême

Le premier sacrement de l'initiation chrétienne est le baptême. Il est « la porte des sacrements » (CIC 849). C'est par lui que le croyant entre dans l'Alliance et commence à en vivre. Jésus déclare que le baptême est une *nouvelle naissance*, par laquelle on entre dans le royaume de Dieu : « Personne, déclare-t-il à Nicodème, à moins de naître de l'eau et de l'Esprit, ne peut entrer dans le royaume de Dieu » (Jn 3, 5). Le concile Vatican II exprime cette nécessité du baptême : « Appuyé sur la Sainte Écriture et sur la Tradition, il enseigne que cette Église en marche sur la terre est nécessaire au salut. Seul, en effet, le Christ est médiateur et voie de salut : or, il nous devient présent en son Corps qui est l'Église ; et en nous enseignant expressément la nécessité de la foi et du baptême (cf. Mc 16, 16 ; Jn 3, 5), c'est la nécessité de l'Église elle-même, dans laquelle les hommes entrent par la porte du baptême, qu'il nous a confirmée en même temps » (LG 14).

> Qu'en est-il du salut de ceux qui n'ont pas reçu le baptême ? Le concile Vatican II répond de manière très claire : « Ceux qui, sans qu'il y ait de leur faute, ignorent l'Évangile du Christ et son Église, mais cherchent pourtant Dieu d'un cœur sincère et s'efforcent, sous l'influence de sa grâce, d'agir de façon à accomplir sa volonté telle que leur conscience la leur révèle et la leur dicte, ceux-là peuvent arriver au salut éternel » (LG 16).

390 • Sacrement du « passage »

Toute initiation évoque un passage : l'entrée dans un monde inexploré. C'est spécialement le cas des types d'initiation pratiqués dans les sociétés traditionnelles et, en premier lieu, de cette initiation par laquelle l'enfant fait son entrée dans le monde des adultes.

Mais cela est beaucoup plus vrai de l'initiation *chrétienne*. Les Pères de l'Église l'appellent une « illumination ». Elle fait passer des ténèbres du monde ancien, établi sous la loi du péché et de la mort, à la lumière du monde nouveau de Dieu, rayonnant des promesses de vie et d'éternité.

Les sacrements de la Nouvelle Alliance

En grec, baptême signifie *plongée*. Par le baptême le chrétien est plongé dans le mystère du Christ mort et ressuscité. « Ne le savez-vous donc pas, demande saint Paul dans sa lettre aux Romains : nous tous, qui avons été baptisés [plongés] en Jésus Christ, c'est dans sa mort que nous avons été baptisés [plongés]. Si, par le baptême dans sa mort, nous avons été mis au tombeau avec lui, c'est pour que nous menions une vie nouvelle, nous aussi, de même que le Christ, par la toute-puissance du Père, est ressuscité d'entre les morts. Car, si nous sommes déjà en communion avec lui par une mort qui ressemble à la sienne, nous le serons encore par une résurrection qui ressemblera à la sienne » (Rm 6, 3-5).

391

> Le langage de saint Paul devient encore plus parlant lorsque le baptême est donné par immersion, comme c'est le cas chez les chrétiens d'Orient. Dans la liturgie romaine, le baptême par immersion n'a jamais cessé d'être autorisé chaque fois qu'il est réalisable (cf. introduction au rituel, 22).

Le « passage » du Christ vers son Père, sa « Pâque », a été préfiguré dans le passage des Hébreux à travers la mer Rouge ; ils échappaient alors, par grâce, à l'esclavage d'Égypte (cf. 1 Co 10, 1-2). Plongé dans l'eau du baptême, le fidèle du Christ échappe à l'esclavage du péché et naît à la liberté des enfants de Dieu.

• Arrachement et renonciation au monde du péché

392

Tout passage comporte un point de départ et un point d'arrivée. Plus précisément encore, il est abandon de la situation dans laquelle on se tenait, afin de pouvoir s'établir dans la nouvelle. Le baptême comporte une face, qu'on peut dire négative, d'*arrachement* à la situation dans laquelle naissent tous les fils et toutes les filles d'homme : celle que définit la doctrine du péché originel. Le baptême nous délivre de ce péché (mais non de ses conséquences et séquelles). En même temps, de façon positive, il nous fait commencer une vie de *communion* et d'alliance avec Dieu.

Le baptême libère aussi le catéchumène des péchés personnels dont il est vraiment repentant. Libération du péché et participation à la vie même de Dieu ne peuvent se comprendre l'une sans l'autre. C'est parce qu'il lui est donné de participer à la vie même de Dieu que le baptisé est libéré du péché : « L'homme qui est né de Dieu ne commet pas le péché » (1 Jn 5, 18). La liturgie du baptême met successivement en valeur ces deux aspects de la vie nouvelle.

Dans le baptême des adultes

393

Le rituel du baptême des adultes prévoit toute une suite de démarches par lesquelles s'expriment l'arrachement et les renoncements à réaliser.

Vers la fin du catéchuménat, en lien généralement avec les dimanches du Carême, ont lieu les « *scrutins* ». Cet ancien terme de la tradition liturgique rappelle l'examen que l'on faisait, devant la communauté, de ce que le catéchumène avait retenu de la formation reçue. Il suggère aussi que le catéchumène est convié à ouvrir son cœur au *regard* pénétrant de Dieu et à sa lumière. « Dieu ne regarde ["scrute"] pas comme les hommes, car les hommes regardent l'apparence, mais le Seigneur regarde le cœur » (1 S 16, 7). Ce regard est un regard d'amour et de miséricorde. Il permet de vivre autrement l'expérience humaine du combat contre toutes les forces de mort et d'enfermement. C'est un regard *libérateur*, qui fait passer des ténèbres à la lumière, de la mort à la vie, du péché à la grâce.

Les scrutins sont conclus par une prière d'*exorcisme*, inspirée des gestes et des paroles de Jésus en faveur d'un certain nombre de ses contemporains que les esprits mauvais tenaient enchaînés (cf. Mc 5, 8).

Enfin, au moment même de *professer la foi de l'Église*, le catéchumène est appelé à déclarer personnellement qu'il veut renoncer au péché, à Satan, et fuir le mal en évitant les occasions de péché. Il s'engage alors dans la foi de l'Église avant d'être « plongé » dans la mort et la résurrection du Christ par la puissance de l'Esprit de Dieu.

Dans le baptême des petits enfants

394

Le rituel du baptême des petits enfants ne comporte évidemment pas les scrutins. Mais il prévoit, en plus de la prière d'exorcisme, une renonciation analogue à celle qui est fixée pour le baptême des adultes et que prononcent les parents et les parrains.

> Même si le baptême des petits enfants s'est généralisé, surtout lorsque l'ensemble de la société est devenue chrétienne, l'Église, dès les premiers siècles, gardait en mémoire la parole de Jésus sur la nécessité de « naître de l'eau et de l'Esprit » (Jn 3, 5) pour entrer dans le royaume de Dieu. Elle a ainsi compris que les enfants ne devaient pas être privés du baptême : que tout enfant en danger de mort devait être baptisé « dans la foi de l'Église », professée en particulier par les parents et les parrains. C'est dans ces perspectives que les parents se doivent d'entrer en relation avec leur curé

« afin de demander le sacrement pour leur enfant et d'y être dûment préparés » (CIC 867).

« A travers sa doctrine et sa pratique, l'Église a manifesté ne pas connaître d'autre moyen, en dehors du baptême, pour assurer aux enfants l'accès à la béatitude éternelle : pour cela, qu'on se garde donc de négliger la mission reçue du Seigneur de faire "renaître de l'eau et de l'Esprit" tous ceux qui peuvent être baptisés. Quant aux enfants morts sans baptême, l'Église ne peut que les confier à la miséricorde de Dieu, comme elle le fait dans le rite des obsèques prévu pour eux » (Congrégation pour la doctrine de la foi, *Instruction sur le baptême des petits enfants*, 1980, n° 13).

Parrain et marraine tiennent souvent une place importante dans l'esprit des familles. Leur présence témoigne de la part que doit prendre dans le baptême, au-delà des parents, la communauté chrétienne, plus large que la famille, dans laquelle le baptême fait officiellement entrer. Ils sont invités à se soucier, en même temps que les parents, de l'éducation chrétienne de leur filleul(e). Ils peuvent même être amenés, en certains cas, à remplacer les parents dans cette tâche.

• Incorporation au Christ et à l'Église   395

L'incorporation au Christ et à l'Église, c'est-à-dire au peuple de Dieu sauvé, constitue l'aspect prépondérant du baptême.

Il et souhaitable que le baptême soit célébré dans la communauté rassemblée, spécialement aux grandes fêtes comme Pâques, Pentecôte et Noël.

Profession de foi trinitaire

L'Église est communauté de foi. Le baptême est par excellence « sacrement de la foi ». Aussi implique-t-il, comme premier moment, la *confession de foi*. Dans le cas du baptême des adultes, le Symbole des Apôtres est « remis », c'est-à-dire transmis et exposé, au catéchumène au cours de sa longue préparation, pour qu'il puisse progressivement se l'approprier. Ayant ainsi reçu le Symbole, il le professe à son tour. La Tradition parle à ce propos de « reddition » du Symbole par le catéchumène. Au jour du baptême il le prononce en faisant « *profession de foi* », preuve de l'adhésion personnelle qu'il lui apporte.

La profession de foi, dans le cas du baptême des petits   396
enfants, est prononcée par les parents et par les parrains et marraines. Elle se fait en réponse aux questions que pose, au nom de l'Église, le ministre du baptême, normalement l'évêque, le prêtre ou le diacre. L'interrogation porte sur chacune des Personnes de la Trinité, dans leur être intime et dans leur œuvre de salut.

C'est alors, en invoquant le nom de ces trois Personnes, que le ministre accomplit le rite essentiel du baptême : l'immersion, ou le geste de verser l'eau sur la tête du baptisé, avec les paroles :
« N., je te baptise
au nom du Père, et du Fils,
et du Saint-Esprit. »

> Il est bon de rappeler qu'en cas d'urgence absolue, toute personne peut donner le baptême, à condition de respecter le rite et l'intention de l'Église (cf. CIC 861).

397 *Participation, dans l'Église, à la triple fonction du Christ*

La première épître de Pierre exprime, dans le cadre d'une exhortation, ce que donne cette incorporation au Christ et à l'Église : « Vous êtes la race choisie, le sacerdoce royal, la nation sainte, le peuple qui appartient à Dieu ; vous êtes donc chargés d'annoncer les merveilles de celui qui vous a appelés des ténèbres à son admirable lumière » (1 P 2, 9).

L'apôtre Pierre s'adresse ainsi à l'ensemble des baptisés et non aux seuls ministres. « La participation des laïcs à la triple fonction de Jésus, Prêtre, Prophète et Roi, trouve d'abord sa racine dans l'onction du baptême, puis son développement dans la confirmation, et son achèvement et son soutien dans l'eucharistie » (CL 14).

> L'incorporation à l'Église, Corps du Christ, se réalise concrètement au sein de communautés locales diverses. C'est là qu'un appui doit être cherché pour que le nouveau chrétien persévère sur les chemins d'une vie nouvelle selon le royaume de Dieu. C'est là aussi qu'il découvrira sa forme personnelle de participation active à la vie de l'Église.

Les sacrements de la Nouvelle Alliance

CATÉCHÈSE AUX NOUVEAUX BAPTISÉS 398
*Vous avez été conduits par la main
à la piscine du baptême,
comme le Christ est allé de la croix au tombeau
qui est là devant vous.*

*On a demandé à chacun
s'il croyait au nom du Père, et du Fils,
et du Saint-Esprit.
Vous avez proclamé
la confession de foi qui donne le salut
et vous avez été plongés trois fois dans l'eau,
et ensuite vous en êtes sortis.
C'est ainsi que vous avez rappelé symboliquement
la sépulture du Christ pendant trois jours.*

*De même, en effet, que Notre Sauveur
a passé trois jours et trois nuits au cœur de la terre,
c'est ainsi que vous,
en sortant de l'eau pour la première fois,
vous avez représenté la première journée du Christ
dans la terre, et la nuit,
en étant plongés.
Celui qui est dans la nuit ne voit plus rien,
tandis que celui qui est dans le jour vit dans la lumière.
C'est ainsi qu'en étant plongés comme dans la nuit
vous ne voyiez rien ;
mais en sortant de l'eau
vous vous retrouviez comme dans le jour.
Dans un même moment vous mouriez et vous naissiez.
Cette eau de salut
est devenue à la fois votre sépulture et votre mère.*

Cyrille, évêque de Jérusalem,
† **en 386.**

399   Le baptisé participe à la *fonction sacerdotale* du Christ quand, par amour, il offre à Dieu sa personne et son existence. Tout spécialement lors de la célébration eucharistique, par sa participation consciente et active.

Le baptisé participe à la *fonction prophétique* du Christ quand il annonce la Bonne Nouvelle par ses paroles et le témoignage d'une conduite selon l'Évangile.

Le baptisé participe à la *fonction royale* du Christ chaque fois qu'il combat contre les forces du mal en lui-même et dans le monde, par le service de ses frères, chaque fois qu'il contribue à réorienter la création dans le sens voulu par le Créateur.

L'onction, prévue après le rite de l'eau quand la confirmation ne suit pas immédiatement le baptême, est significative de cette consécration sacerdotale, prophétique et royale.

> Sauf raison grave, la confirmation suit immédiatement le rite de l'eau dans la célébration du baptême des adultes. Il en va de même pour les petits enfants dans les Églises d'Orient.

400   ● **Participation à la vie même de Dieu**

L'incorporation au Christ et à l'Église fait participer le baptisé à la vie même de Dieu Père, Fils et Esprit. Le baptisé est alors habité par la *grâce sanctifiante*, don de l'Esprit Saint.

> La grâce sanctifiante unit le baptisé à Dieu, soit de manière « habituelle », par un lien d'amitié (il est alors en « état de grâce »), soit de manière « actuelle », sous forme d'un secours spécial dans une circonstance déterminée.

Par le baptême, le baptisé participe au *mystère du Christ* (cf. Rm 6, 4-5). Il devient *fils de Dieu*. « L'Esprit que vous avez reçu ne fait pas de vous des esclaves, des gens qui ont encore peur ; c'est un Esprit qui fait de vous des fils ; poussés par cet Esprit, nous crions vers le Père en l'appelant : "Abba !". C'est donc l'Esprit Saint lui-même qui affirme à notre esprit que nous sommes enfants de Dieu » (Rm 8, 15-16). De son côté, saint Jean s'exclame : « Voyez comme il est grand, l'amour dont le Père nous a comblés : il a voulu

que nous soyons appelés enfants de Dieu — et nous le sommes — »
(1 Jn 3, 1). La deuxième épître de Pierre parle de devenir « participants de la nature divine » (2 P 1 , 4). Et les Pères de l'Église n'hésiteront pas à parler de « divinisation ».

• Une existence nouvelle 401

La nouveauté de l'existence inaugurée par la grâce du baptême est marquée par deux rites symboliques secondaires.

Le premier est celui du *vêtement blanc*, qui évoque le vêtement du Christ dans sa transfiguration (cf. Lc 9, 29) et, plus généralement, cette vie nouvelle que le baptisé vient de « revêtir » : « Vous êtes une créature nouvelle, vous avez revêtu le Christ » déclare le ministre du sacrement, faisant allusion à certaines formules de saint Paul (cf. Ga 3, 27 ; Rm 13, 14).

Le second symbole est celui du *cierge pascal* et de la lumière. Dans le baptême, appelé « illumination » par les chrétiens d'Orient, le nouveau baptisé est éclairé de la lumière de Pâques. Il accueille le Christ, lumière du monde, pour être à son tour lumière dans le monde.

• Porte du salut 402

Le baptême est le premier pas dans le monde nouveau qui agit, par la Pâque du Christ, à l'intérieur du monde ancien. Avec le baptême, les fondements de la vie chrétienne sont posés. Ceux qui ont reçu le baptême sont définitivement marqués pour le Royaume. Cette marque indélébile s'appelle le « caractère » baptismal, qui rend le baptisé apte à participer pleinement au culte de l'eucharistie en communiant au corps du Christ. Les deux autres sacrements de l'initiation chrétienne viendront parachever ce qui a été accompli au baptême.

• Un trésor œcuménique 403

Avec la Bible, le baptême est un des grands trésors partagés par les chrétiens, par-delà leurs divisions. Il constitue pour la tâche œcuménique un point d'appui solide, en même temps qu'un perpétuel rappel. Déjà « ceux qui croient au Christ et qui ont reçu validement le baptême se trouvent dans une certaine communion, bien qu'imparfaite, avec l'Église catholique » (UR 3).

404 **La confirmation**

La confirmation rend « parfaite », en quelque sorte, l'œuvre du baptême. « N. a été baptisé et rendu parfait », disait un ancien formulaire oriental de la confirmation. Dans le même sens, après avoir parlé des baptisés, Vatican II déclare : « Par le sacrement de confirmation, leur lien avec l'Église est rendu plus parfait, ils sont enrichis d'une force spéciale de l'Esprit Saint et obligés ainsi plus strictement tout à la fois à répandre et à défendre la foi par la parole et par l'action en vrais disciples du Christ » (LG 11).

Le signe de cette perfection est celui de la *chrismation*, nom ancien de ce sacrement. L'*onction* d'huile était traditionnellement le rite par lequel les rois, les prêtres et les prophètes choisis par Dieu étaient consacrés et recevaient leur dignité et leur fonction. « Christ », en hébreu « Messie », signifie « Oint » (cf. Lc 4, 18). Cette onction est faite avec le « saint chrême », huile parfumée consacrée par l'évêque, pour tout son diocèse, au moment de Pâques. Elle signifie l'acte de Jésus Christ donnant son Esprit. En faisant cette onction, l'évêque, ministre ordinaire de la confirmation dans l'Église latine, dit :

« N., sois marqué de l'Esprit Saint, le don de Dieu. »

L'*imposition des mains* est le second rite accompli dans la célébration de la confirmation. Geste traditionnel pour communiquer l'Esprit Saint aux baptisés envoyés en mission, il est hautement significatif. Quand il refait ce geste sur les confirmands, l'évêque demande à Dieu de répandre en plénitude sur eux « l'Esprit qui reposait sur son Fils Jésus : esprit de sagesse et d'intelligence, esprit de conseil et de force, esprit de connaissance et d'affection filiale, [...] esprit d'adoration » (cf. rituel romain, 25).

405
« Les fidèles sont tenus par l'obligation de recevoir ce sacrement en temps opportun » (CIC 890). La confirmation les soutient dans les luttes qu'ils ont à mener pour vivre dans la foi, l'espérance et la charité.

Pour être admis à la confirmation on doit être en état de grâce. Un adulte doit bénéficier d'une catéchèse adaptée, entrer en relation avec la communauté chrétienne, être préparé à rendre témoignage de sa vie chrétienne et disposé à exercer l'apostolat. Dans le cas d'un enfant, il est nécessaire qu'il ait pris conscience de l'engagement de son baptême et qu'il soit disposé à l'assumer personnellement, à sa mesure (cf. rituel romain, 12).

En France, « à la décision de chaque évêque pour son diocèse, l'âge de la confirmation pourra se situer dans la période de l'adolescence, c'est-à-dire de douze à dix-huit ans » (*Bulletin officiel de la conférence des évêques de France*, n° 30).

> « La confirmation se rattachant étroitement au baptême, il convient que le parrain de baptême soit aussi le parrain de confirmation. Ainsi la fonction et les responsabilités de parrain peuvent être exercées de manière plus efficace » (rituel romain, 5). On peut cependant choisir un parrain de confirmation différent, si cela parait opportun.

• L'Esprit de Pentecôte

Dans le déroulement de l'initiation chrétienne, on peut rapprocher le lien existant entre le baptême et la confirmation de celui qui existe entre Pâques et Pentecôte. Le don de l'Esprit à la confirmation est, comme dans le baptême, un fruit direct de l'événement pascal (cf. Jn 20, 21-22). Néanmoins les Actes des apôtres relatent une venue de l'Esprit tout à fait décisive cinquante jours après Pâques, au jour de la Pentecôte (cf. Ac 2, 1-41). C'est alors que se manifestent les fruits extraordinaires du don de l'Esprit.

L'Église commence sa « mission » ; elle se répand à travers le monde pour porter l'Évangile aux peuples de toutes langues et de toutes cultures. A Babel, les hommes ne se comprennent plus (cf. Gn 11, 1-9) ; à la Pentecôte, l'unique Bonne Nouvelle est entendue par chacun dans sa propre langue.

> La confirmation est la Pentecôte de ceux qui sont entrés par le baptême dans la Pâque du Christ. L'unité de l'initiation chrétienne est manifestée dans la célébration de la confirmation par le renouvellement de la profession de foi baptismale et de la renonciation au péché.

La confirmation communique aux confirmands l'*Esprit de Pentecôte*. Le confirmand est ainsi « marqué » à jamais d'un nouveau « caractère » : celui d'envoyé en *mission* en vue du règne de Dieu.

En Occident, c'est habituellement l'évêque qui donne le sacrement (il peut en concéder la faculté à des prêtres déterminés). « Ainsi la confirmation est plus clairement reliée à la première effusion de l'Esprit Saint au jour de la Pentecôte. En effet, les Apôtres, après avoir été remplis de l'Esprit Saint, le transmirent eux-mêmes par l'imposition des mains à ceux qui crurent. Ainsi, le fait de recevoir l'Esprit Saint par le ministère de l'évêque met davantage en valeur le lien qui rattache les confirmés à toute l'Église, et le commandement reçu du Christ de rendre témoignage au milieu des hommes » (rituel romain, 7).

408
- **Une responsabilité accrue dans l'Église et dans le monde**

« Par [le] don de l'Esprit Saint », reçu dans la confirmation, « les fidèles sont rendus plus parfaitement semblables au Christ, et ils sont fortifiés de la force de l'Esprit pour rendre témoignage au Christ afin que le corps du Christ s'édifie dans la foi et la charité » (rituel romain, 2). La confirmation est un temps fort de l'action de l'Esprit aujourd'hui dans l'Église et dans le monde, un événement privilégié dans l'assemblée des baptisés (cf. rituel romain, 2).

Comme le suggère son nom, la confirmation rend « ferme », fort dans la foi. Elle communique la force de l'Esprit Saint pour le témoignage à rendre au Christ. Elle engage à participer à la *mission prophétique* de l'Église avec une aptitude renouvelée, à lutter contre le mal et ce qui conduit au péché, même dans les situations difficiles, et à s'investir au service de la foi, de la liberté et de la paix, à la suite du Christ.

409 Dans la confirmation se réalise ce que le prophète Joël avait annoncé pour la fin des temps, et dont saint Pierre dévoile la réalisation au jour de la Pentecôte : « Il arrivera dans les derniers jours, dit Dieu, que je répandrai mon Esprit sur toute créature, vos fils et vos filles deviendront prophètes, vos jeunes gens auront des visions, et vos anciens auront des songes. Même sur mes serviteurs et mes servantes je répandrai mon Esprit en ces jours-là, et ils seront prophètes » (Ac 2, 17-18).

Sacrement bien spécifique, « la confirmation ne prend [cependant] tout son sens que dans sa liaison organique avec le baptême et l'eucharistie » (rituel romain, 2).

410 **L'eucharistie**

L'eucharistie est le troisième sacrement de l'initiation chrétienne. Elle en est l'*accomplissement*. Dans le cas d'un baptême d'adulte, la liturgie la situe immédiatement après le baptême et la confirmation. L'unité des trois sacrements de l'initiation chrétienne est alors mieux signifiée puisqu'une même célébration les réunit.

> Les Églises d'Orient ont conservé cette unité visible de l'initiation. Les trois sacrements y sont donnés dans la même célébration, par le prêtre généralement. En Occident, la confirmation des petits enfants, réservée à l'évêque, a été le plus souvent séparée de leur baptême et de leur première communion. Puis la confirmation et la première communion ont été précédées d'une préparation en vue d'une participation plus consciente. En France actuellement, la confirmation est généralement conférée à l'entrée de l'adolescence, alors que l'eucharistie a été reçue quelques années plus tôt.

L'eucharistie est le « sacrement des sacrements », le « Saint Sacrement ». Elle rend *réellement présent l'auteur même de la grâce* dans le don qu'il fait de sa propre vie sur la croix. C'est pourquoi « tous les autres sont ordonnés à ce sacrement comme à leur fin » (saint Thomas d'Aquin, *Somme théologique*, III, Q 65, a 3).

Située au cœur de l'Église, elle est pour celle-ci l'objet d'un *soin jaloux* : toucher à l'eucharistie, c'est toucher au Christ et toucher ainsi à l'unité de cette Église.

• Le pain de la vie

411

Depuis les origines, l'homme cherche la nourriture de la vie véritable.

Israël, au désert, risquait de mourir de faim. Le Seigneur l'avait alors gratifié d'une nourriture mystérieuse, la *manne*, venant du ciel, chaque jour renouvelée (cf. Ex 16). Cependant le peuple s'était lassé de ce « pain de misère ». Il attendait confusément une autre nourriture et un autre repas.

Après avoir multiplié les pains pour nourrir une foule désemparée, Jésus se réfère à ce signe de la manne pour faire entendre qu'il est le vrai « pain de la vie » (Jn 6, 35). Il l'est dans le don de sa Parole qui nourrit et de sa vie offerte en sacrifice : « Le pain que je donnerai, c'est ma chair, donnée pour que le monde ait la vie. [...] Si vous ne mangez pas la chair du Fils de l'homme, et si vous ne buvez pas son sang, nous n'aurez pas la vie en vous. Celui qui mange ma chair et boit mon sang a la vie éternelle ; et moi, je le ressusciterai au dernier jour. En effet, ma chair est la vraie nourriture, et mon sang est la vraie boisson » (Jn 6, 51-55).

Le pain consacré est destiné à être mangé et le vin consacré à être bu. La vie que Jésus propose dans cette nourriture est une vie *réellement donnée.* Une vie qui ressuscite et fait vivre par le don qu'à son tour elle suscite.

• Testament de Jésus

412

Le don qu'évoque Jésus dans son discours sur le pain de vie est pleinement réalisé sur la croix.

« La veille de sa passion », au cours de la dernière Cène à laquelle il a convié ses disciples, il célèbre l'Alliance nouvelle et éternelle. Il fait connaître et livre son « Testament » : un Testament fait du *don de son corps et de son sang*, laissés en nourriture et en boisson. « Pendant le repas, Jésus prit du pain, prononça la bénédiction, le partagea et le leur donna, en disant : "Prenez, ceci est mon corps." Puis, prenant la coupe et rendant grâce, il la leur donna, et ils en burent tous. Et il leur dit : "Ceci est mon sang, le sang de l'Alliance, répandu pour la multitude" » (Mc 14, 22-24).

413 Dans la Cène, à l'heure de passer de ce monde à son Père, Jésus vit pleinement, ressaisit et conduit à son accomplissement toute *l'histoire de l'Alliance*.

> Cette histoire va de l'offrande « d'Abel le juste », en passant par le sacrifice d'Abraham, puis par le mystérieux rite du pain et du vin accompli par le grand prêtre Melchisédech (cf. prière eucharistique I), jusqu'au vin des noces de Cana, à la multiplication des pains et aux repas de réconciliation partagés par Jésus, pendant sa vie publique, avec les pécheurs.

Jésus révèle et déploie en même temps la *signification* attachée au don de sa vie en forme de nourriture. Ce don, ce « Testament » est à la fois le pain qui est son corps et le vin qui est son sang. Il est aussi expression de son désir le plus profond : « Je vous donne un commandement nouveau : c'est de vous aimer les uns les autres. Comme je vous ai aimés, vous aussi, aimez-vous les uns les autres » (Jn 13, 34), déclare Jésus après avoir lavé les pieds de ses disciples.

Les sacrements de la Nouvelle Alliance

Mes frères, CES MYSTÈRES
portent le nom de « sacrements »,
parce que l'apparence ne correspond pas
à leur réalité profonde.
Que voit-on ? Un objet matériel.
Mais l'esprit y discerne une grâce spirituelle.
Veux-tu comprendre ce qu'est le corps du Christ ?
Écoute l'Apôtre dire aux fidèles :
Vous êtes le corps du Christ et ses membres.
Si donc vous êtes le corps du Christ et ses membres,
c'est votre propre symbole
qui repose sur la table du Seigneur.
C'est votre propre symbole que vous recevez.
A ce que vous êtes, vous répondez : « Amen »,
et cette réponse est votre adhésion.
Tu entends : « Le corps du Christ »,
et tu réponds : « Amen. »
Sois un membre du corps du Christ
afin que ton « amen » soit vrai.

414

Augustin,
évêque d'Hippone (Afrique du Nord),
† **en 430.**

415
- **Sacrement de la Pâque de Jésus, célébrée dans l'Église**

Les évangiles soulignent le lien entre l'institution de l'eucharistie et la célébration de la *Pâque* (cf. Mt 26, 17-19 ; Mc 14, 12-16 ; Lc 22, 7-13).

L'eucharistie est le sacrement qui rend présente à l'Église et aux croyants la Pâque de Jésus. L'Église, en célébrant l'eucharistie, « fait mémoire » de lui et de son sacrifice (cf. Lc 22, 19). L'eucharistie est le *« mémorial »* de la passion, de la mort et de la résurrection du Seigneur : Jésus est l'Agneau pascal, « l'Agneau de Dieu, qui enlève le péché du monde » (Jn 1, 29).

416
- **Œuvre de l'Esprit**

Mais le mémorial eucharistique est tout autre qu'une « cérémonie du souvenir », qu'une minute de silence pendant laquelle chacun évoque le passé. Il s'agit d'une *mémoire vivante et efficace* qui rend actuel le sacrifice pascal du Christ Jésus. C'est là l'œuvre de l'Esprit qui rend présent celui dont nous faisons mémoire.

Après la Cène, Jésus promet à ses disciples l'envoi de l'Esprit Saint : « Le Père l'enverra en mon nom, [...] et il vous fera souvenir de tout ce que je vous ai dit » (Jn 14, 26). L'Esprit ne cesse d'actualiser, autrement dit de faire passer dans l'actualité de l'Église, le sacrifice de Jésus et la Rédemption qu'il a opérée « une fois pour toutes » (He 9, 12). C'est pourquoi le prêtre, à la messe (prières eucharistiques II, III, IV), demande d'abord au Père d'envoyer son Esprit Saint sur le pain et sur le vin pour qu'ils deviennent le corps et le sang du Christ, « dans la célébration de ce grand mystère, que lui-même nous a laissé en signe de l'Alliance éternelle ». Après la consécration, le prêtre implore à nouveau la venue de ce même Esprit sur « tous ceux qui vont partager ce pain et boire à cette coupe », pour qu'ils soient « rassemblés en un seul corps » et « qu'ils soient eux-mêmes une vivante offrande à la louange de sa gloire » (cf. prière eucharistique IV).

Les sacrements de la Nouvelle Alliance

417   Le mémorial eucharistique réalise la présence du Christ, à la fois comme Rédempteur s'offrant à son Père et comme nourriture pour tous les membres de son Église.

> L'Église emploie des mots spécifiques pour parler de l'action eucharistique. Le mot *anamnèse* désigne la mémoire que nous faisons, par l'action sacramentelle elle-même, de la passion, de la mort, de la résurrection et de l'ascension du Christ, dans l'attente de son retour. L'anamnèse est l'action sacramentelle qui, en signifiant ces mystères dans la consécration du pain et du vin, nous apporte leur puissance de salut. Le mot *épiclèse* définit la double demande de la venue de l'Esprit Saint, sur le pain et sur le vin, puis sur l'assemblée. Comme à l'Annonciation l'Esprit a donné au monde le Sauveur dans le sein de Marie, ce même Esprit agit ainsi mystérieusement pour donner sacramentellement au monde le Christ, par l'Église.

Sous l'action de l'Esprit Saint promis à l'Église, par les paroles du Christ que prononce le prêtre, agissant « dans la personne du Christ », le pain et le vin deviennent véritablement le corps et le sang du Christ. Tout en gardant leur apparence ordinaire, ils ne sont plus du pain et du vin mais le Seigneur glorifié, invisiblement mais réellement présent. Ce changement accompli par la puissance de Dieu, l'Église l'appelle *transsubstantiation* (cf. concile de Trente, DS 1642 ; FC 739). Le mot ne prétend pas expliquer ce qui demeure « le mystère de la foi », mais affirmer que, grâce à cette « conversion de toute la substance du pain », le Christ est vraiment et réellement présent et se donne en nourriture.

418   L'eucharistie n'est pas un simple signe rappelant la fidélité du Christ. Lui, la Parole créatrice et vivante du Père, transforme en « pain de la vie » et en « vin du royaume éternel » ces éléments de notre terre, fruit de la création et du travail de l'homme. Le Fils de Dieu a la puissance d'accomplir ce qu'il dit lorsqu'il affirme : « Ceci est mon corps » ; « Ceci est mon sang ». C'est pourquoi nous accueillons dans la foi le sacrement de son corps « livré pour nous » et de son sang « répandu pour la multitude ». L'eucharistie n'est pas une évocation de sa venue sous la forme d'un pain qui resterait du pain. Elle est *présence réelle et substantielle* du corps et du sang du Christ maintenant glorifié.

La présence de Jésus ainsi réalisée n'est pas celle des jours de sa vie sur la terre. C'est sa présence de Seigneur glorieux et ressuscité : une présence d'ordre sacramentel mais qui n'en est pas moins réelle ; une présence pour nous, qui sommes en chemin aujourd'hui ; une nourriture pour pèlerins ; une présence efficace qui nous fait communier réellement à sa mort et à sa résurrection.

419
- **Offerte en sacrifice de communion et de louange**

L'eucharistie est étroitement liée au sacrifice de la croix, puisque le pain y devient le « corps livré » et le vin le « sang versé ». L'eucharistie est la représentation et l'offrande sacramentelles du sacrifice de la croix.

> La Tradition chrétienne a emprunté le mot sacrifice au langage de l'Ancien Testament. Il rappelle les multiples sacrifices de la première Alliance. Le prêtre sacrificateur, préposé au culte, immolait alors des animaux. Le sang répandu signifiait l'Alliance entre Dieu et les hommes. Il demeurait incapable de la réaliser. Le Christ, lui, est l'unique prêtre de la Nouvelle Alliance. Et c'est sa propre vie qu'il a consacrée et offerte au Père. Il en a fait une réalité sainte pour la rémission de tous les péchés. Le mot sacrifice le rappelle. Sacrifier une réalité, c'est en faire une chose sainte, consacrée, sanctifiée. L'eucharistie nous invite à faire librement de toute notre existence une réalité sainte, consacrée à l'amour de Dieu et des autres.

Que l'on puisse parler du sacrifice eucharistique ne veut pas dire que l'eucharistie constitue un sacrifice nouveau, indépendant, qui viendrait s'ajouter ou se substituer au sacrifice de la croix. L'unique sacrifice du Christ est actualisé et rendu sacramentellement présent dans l'eucharistie. A la Cène, Jésus consentait déjà à son sacrifice, anticipant, par ses paroles et ses gestes, l'événement pascal. De même, dans l'eucharistie de l'Église le pain et le vin deviennent le sacrement de la présence du Christ, son corps et son sang, dans l'acte même par lequel il s'offre en sacrifice pour le salut des hommes.

> « Dans ce divin sacrifice qui s'accomplit à la messe, le même Christ [...] est contenu et immolé de manière non sanglante [...]. C'est une seule et même victime, c'est le même qui s'offre maintenant par le ministère des prêtres, qui s'est offert lui-même sur la croix ; seule la manière d'offrir diffère » (concile de Trente, DS 1743 ; FC 768). « Comme sa mort ne devait pas mettre fin à son sacerdoce, à la dernière Cène, "la nuit" où il fut livré, il voulut laisser à l'Église, son épouse bien-aimée, un sacrifice visible comme le réclame la nature humaine » (concile de Trente, DS 1740 ; FC 766).

420
Dans son sacrifice, Jésus accomplit les significations variées des divers sacrifices de la première Alliance. Ces significa-

tions doivent être prises en compte si l'on veut saisir la richesse du sacrifice eucharistique.

L'eucharistie est *sacrifice de louange et d'action de grâce*. Le mot même d'eucharistie le dit expressément. La « prière eucharistique » est une longue action de grâce rendue au Père par le Fils dans l'Esprit.

L'eucharistie est en même temps un *sacrifice d'expiation et de propitiation* pour les péchés. « Ceci est mon sang, le sang de l'Alliance, répandu pour la multitude en rémission des péchés » (Mt 26, 28). Celui qui participe à l'eucharistie reçoit le pardon de ses fautes quotidiennes ou vénielles. Il reçoit la force de lutter pour éviter les fautes graves. Le sacrifice de la messe est également célébré à l'intention des défunts pour le pardon des péchés qu'ils ont commis durant leur existence terrestre.

L'eucharistie concerne tous ceux qui appartiennent à la « communion des saints ». Elle est *sacrifice d'intercession* pour les vivants et pour les morts. Dans l'eucharistie, le Christ intercède pour tous ceux qui ne sont pas encore entrés dans la gloire de Dieu.

L'eucharistie est *sacrifice de communion*. Pour ceux qui participent au repas de l'Alliance, l'eucharistie traduit et réalise la communion avec Dieu et entre eux. Sacrifice de communion, l'eucharistie est, au sens fort, *communion au sacrifice du Christ*. C'est déjà cela qui scandalisait les juifs : « Comment cet homme-là peut-il nous donner sa chair à manger ? » (Jn 6, 52). Jésus les appelle à dépasser leur vue trop charnelle pour accéder à la réalité spirituelle que dévoilent ses paroles et ses gestes. « C'est l'esprit qui fait vivre, la chair n'est capable de rien. Les paroles que je vous ai dites sont esprit et elles sont vie » (Jn 6, 63).

Les fidèles sont tenus de communier au moins une fois l'an au cours du temps pascal. Ils sont tenus de participer à l'eucharistie dominicale, en écoutant la Parole de Dieu et en s'associant à la prière de l'Église. La même exigence vaut à l'égard de ceux qui, pour une raison ou pour une autre, ne peuvent pas être admis à la communion (cf. CIC 915-916).

Avant de communier à la Table du Seigneur, le fidèle doit « s'examiner ». Est-ce bien le Seigneur qu'il a conscience de recevoir ? Pour quelles raisons va-t-il communier : routine, désir de faire comme le reste de l'assemblée ou décision de s'unir très profondément à son Seigneur et à ses frères ? La vie qu'il mène est-elle en harmonie avec la communion au Christ ? S'il a conscience d'avoir commis un péché grave, il doit rentrer en grâce avec Dieu en sollicitant d'abord le sacrement de la réconciliation ou, si ce n'est vraiment pas possible, au moins en revenant vers lui par un acte de contrition parfaite qui inclut la résolution de se confesser au plus tôt (cf. CIC 916). « Celui qui mangera le pain ou boira la coupe du Seigneur indignement se rendra coupable envers le corps et le sang du Seigneur. Que chacun s'éprouve soi-même, avant de manger ce pain et de boire cette coupe ; car celui qui mange et boit sans discerner le corps du Seigneur mange et boit sa propre condamnation » (1 Co 11, 27-29).

422   Le Christ a voulu rendre présent à son Église son sacrifice pour la faire vivre de sa charité et de l'Esprit d'amour qui l'unit au Père, pour nourrir en chaque croyant la vie divine. Sacrement du sacrifice de Jésus Christ, l'eucharistie est aussi *sacrifice de l'Église*, Corps du Christ. « Que l'Esprit Saint fasse de nous, demande-t-on dans la troisième prière eucharistique, une éternelle offrande à ta gloire. » Elle est aussi pour chacun exigence et soutien d'une existence appelée à être *tout entière sacrificielle* : « Je vous exhorte, mes frères, par la tendresse de Dieu, à lui offrir votre personne et votre vie en sacrifice saint, capable de plaire à Dieu : c'est là pour vous l'adoration véritable » (Rm 12, 1). L'eucharistie est ainsi « source et sommet de toute la vie chrétienne » (LG 11).

La participation du croyant au mystère eucharistique ne s'arrête pas avec la célébration de la messe. Après celle-ci « l'unique et indivisible existence du Seigneur glorieux au ciel [...] demeure présente [...] dans le Saint-Sacrement qui est, au tabernacle, le cœur vivant de chacune de nos églises » (*Credo* de Paul VI). Le pain consacré, conservé après la messe (la « réserve » eucharistique), était avant tout, dans la pratique ancienne de l'Église, destiné à être porté aux malades. Cette destination demeure.

Mais la présence du Christ dans le Saint-Sacrement garde son sens indépendamment de la communion aux malades. Celui qui prie en présence du Saint-Sacrement exprime son désir de communier plus intensément à la personne du Christ et à son mystère pascal. Cependant, il est important de se rappeler que c'est toujours en référence au sacrifice de la messe et à la communion que l'adoration eucharistique, sous le mode de l'exposition ou de la procession du Saint-Sacrement, ou simplement devant le tabernacle, trouve tout son sens.

Les sacrements de la Nouvelle Alliance

• L'assemblée, la Parole et le Pain

423

La célébration de l'eucharistie comporte toujours comme partie constitutive, à côté de la liturgie eucharistique, une liturgie de la Parole de Dieu. Ces deux parties de la célébration sont « si étroitement unies entre elles qu'elles constituent un seul acte de culte » (SC 56).

La liturgie de la Parole est précédée par un *rite pénitentiel* qui ouvre le cœur à Dieu. C'est comme si les chrétiens rassemblés s'entendaient dire : « Aujourd'hui, ne fermez pas votre cœur, mais écoutez la voix du Seigneur. » Après l'acclamation joyeuse du Gloria, des *textes bibliques* sont lus, un psaume est chanté ; ces textes préparent à l'écoute de l'*Évangile*, sommet de cette liturgie, proclamé par le prêtre ou le diacre. Après un *temps de méditation* et d'assimilation, favorisé par l'homélie ou le silence, l'assemblée donne son *adhésion* en proclamant, le dimanche et les jours de fête, la foi de l'Église et en s'unissant à sa *prière pour le monde*.

La liturgie eucharistique se compose d'un *rite de préparation* du pain et du vin qui vont être offerts, puis de la grande *prière eucharistique*, introduite par la *préface*. L'Esprit Saint est invoqué pour que le pain et le vin deviennent le corps et le sang du Christ : c'est l'*épiclèse*. Le prêtre prononce alors les *paroles consécratoires* : « **Au moment d'être livré et d'entrer librement dans sa passion, il prit le pain, il rendit grâce, il le rompit et le donna à ses disciples, en disant : "Prenez, et mangez-en tous, ceci est mon corps livré pour vous." De même, à la fin du repas, il prit la coupe ; de nouveau il rendit grâce et la donna à ses disciples, en disant : "Prenez, et buvez-en tous, car ceci est la coupe de mon sang, le sang de l'Alliance nouvelle et éternelle, qui sera versé pour vous et pour la multitude en rémission des péchés. Vous ferez cela, en mémoire de moi"** » (prière eucharistique II). Vient alors l'*anamnèse* : l'assemblée d'abord reconnaît et acclame le Christ présent en son mystère pascal, puis le prêtre, faisant mémoire de ce mystère, présente au Père l'offrande de Jésus. Le prêtre demande ensuite que l'assemblée tout entière soit transformée par l'Esprit Saint en un seul corps pour devenir dans le Christ une vivante offrande à la louange du Père : c'est l'*épiclèse sur le peuple de Dieu*. Puis, après les *intercessions* et les demandes pour l'Église, pour les vivants et pour les morts, vient la *doxologie*, c'est-à-dire la grande acclamation à la gloire de Dieu à laquelle l'assemblée répond par son « Amen » : « Par lui [le Christ], avec lui et en lui, à toi, Dieu le Père tout-puissant, dans l'unité du Saint-Esprit, tout honneur et toute gloire, pour les siècles des siècles. Amen. » On parvient alors aux *rites de communion*, qui commencent par la récitation commune du Notre Père.

Les croyants rassemblés sont *envoyés pour vivre* ce qu'ils ont entendu, compris et reçu, en communiant à leur Seigneur.

424

425 *NOTRE PÈRE qui es aux cieux,*
que ton nom soit sanctifié,
que ton règne vienne,
que ta volonté soit faite
sur la terre comme au ciel.
Donne-nous aujourd'hui
notre pain de ce jour.
Pardonne-nous nos offenses,
comme nous pardonnons aussi
à ceux qui nous ont offensés.
Et ne nous soumets pas à la tentation,
mais délivre-nous du Mal.
Car c'est à toi qu'appartiennent
le règne, la puissance et la gloire
pour les siècles des siècles.
Amen !

Les sacrements de la Nouvelle Alliance

A la messe, l'Église se rassemble. Par là, elle dit ce qu'elle est : « assemblée convoquée » (c'est le sens même du mot Église). Elle se rassemble pour entendre la Parole et faire, en mémoire du Seigneur, ce qu'il lui a dit de faire avant de mourir. « L'Église fait l'eucharistie. » Mais, quand lui est donné, par l'Esprit Saint qu'elle demande au Père, le corps eucharistique de Jésus, c'est pour qu'elle soit son corps ecclésial. « L'Église fait l'eucharistie et l'eucharistie fait l'Église. »

- **« Jusqu'à ce qu'il vienne »** 426

Mémorial de la mort et de la résurrection du Christ, sacrement de sa présence parmi nous et de son sacrifice rédempteur, l'eucharistie est, pour les croyants, *nourriture de la route*, tandis qu'ils cheminent encore « loin du Seigneur » (2 Co 5, 6) et cela jusqu'à la dernière étape, comme le suggère le nom de *viatique*. Ce mot désigne la communion donnée aux mourants : c'est la nourriture de la Pâque ultime, du passage vers le Père. Mais pour tous, l'eucharistie est « remède d'immortalité » (saint Ignace d'Antioche), sacrement de la vie éternelle. Elle transforme ceux qui s'en nourrissent, pour qu'ils deviennent ce qu'ils célèbrent et reçoivent. En effet, selon la formule de saint Jean Chrysostome, « l'eucharistie ne sera jamais achevée tant que nous ne serons pas devenus nous-mêmes eucharistie », entrés définitivement dans le royaume de Dieu.

L'eucharistie est la source de la vie chrétienne. Elle maintient vivante l'espérance de la pleine réalisation de ce qu'elle signifie et produit. Elle commence à rendre présent dès maintenant le *monde nouveau*. Au sein même d'un monde divisé, traversé par tant de haines, « le Repas du Seigneur » (1 Co 11, 20) rassemble dans l'unité des hommes et des femmes qui s'ignoraient et peut-être se rejetaient. Au milieu des obscurités et des épreuves, l'eucharistie soutient l'attente ardente du Seigneur ressuscité, « jusqu'à ce qu'il vienne ». 427

Elle demeure au cœur de la mission, tout ensemble source et aboutissement de l'évangélisation. Loin d'en détourner, elle la réalise. Elle est signe d'une Église vivant de la Bonne Nouvelle.

• L'eucharistie du dimanche

428

Dans l'ensemble de ces perspectives, on perçoit mieux l'importance de la célébration eucharistique du *dimanche* (« jour du Seigneur »). L'eucharistie, où « s'exerce l'œuvre de notre rédemption », réalise singulièrement ce que le concile Vatican II dit de la liturgie, qui « contribue au plus haut point à ce que les fidèles, par leur vie, expriment et manifestent aux autres le mystère du Christ et la nature authentique de la véritable Église » (SC 2). C'est pour cela que l'Église fait une obligation grave aux fidèles de participer à la célébration eucharistique dominicale et qu'elle insiste pour que leur participation soit consciente et active. On comprend cette recommandation que l'on trouve déjà dans un document du début du IIIe siècle : « Qu'il [le peuple] se réunisse et que personne ne diminue l'Église en n'allant pas à l'assemblée et ne prive d'un membre le corps du Christ » (*Didascalie des apôtres*, 59, 1).

Dans les lieux où, faute de prêtre disponible, il est impossible de célébrer l'eucharistie chaque dimanche, l'Église recommande que la communauté chrétienne locale célèbre cependant le jour du Seigneur, notamment en se rassemblant pour une célébration de la Parole de Dieu et, selon l'opportunité, par la communion eucharistique.

Le partage de la Parole et du pain eucharistique engage les croyants à se faire des hommes de partage. La quête, mieux désignée par le nom de « collecte », est le signe de ce partage réel des biens et de cette entraide, qui tenaient une si grande place dans l'Église primitive (cf. Ac 2, 44 et suiv. ; 11, 29-30 ; 1 Co 16, 1-4).

Le sacrement de pénitence et de réconciliation

429

La vie sainte dans laquelle introduisent les sacrements de l'initiation chrétienne continue d'être entretenue et structurée, non seulement par l'eucharistie, mais aussi par un certain nombre d'autres sacrements, parmi lesquels celui de la pénitence et de la réconciliation, destiné au rétablissement de l'amitié avec Dieu, détruite ou entachée par le péché.

Les sacrements de la Nouvelle Alliance

- **L'œuvre divine de réconciliation**

Pendant sa vie terrestre, Jésus accueille les pécheurs et pardonne leurs péchés. Il parle et ceux qui accueillent sa Parole se convertissent. Il les invite à devenir « adorateurs du Père en esprit et en vérité ». Il scelle la Nouvelle Alliance en versant son sang « en rémission des péchés » (Mt 26, 28). Ressuscité, le Christ envoie l'Esprit Saint sur les apôtres. Il leur donne mission et pouvoir de remettre les péchés : « Tout homme à qui vous remettrez ses péchés, ils lui seront remis » (Jn 20, 23). Ainsi les apôtres sont envoyés pour continuer son œuvre de réconciliation et de réhabilitation de l'homme. « Dieu nous a réconciliés avec lui par le Christ, et il nous a donné pour ministère de travailler à cette réconciliation » (2 Co 5, 18).

L'histoire d'Israël a été, elle aussi, l'histoire du pardon de Dieu toujours offert et toujours renouvelé alors que le peuple, lui, multiplie les infidélités à l'Alliance. Il se laisse séduire par le culte du Veau d'or. Il se livre à la persécution des justes, des faibles ou des émigrés... Dieu, lui, demeure fidèle. Quels que soient les refus de l'homme, il ne cesse de rappeler son amour. Il cherche à toucher le cœur du peuple infidèle. Il lui envoie des prophètes. Ceux-ci dénoncent avec vigueur les comportements mauvais aussi bien du peuple tout entier que de ses rois ou de ses prêtres. Ils les invitent à reconnaître leurs fautes, à se détourner du mal et à revenir à Dieu et à l'Alliance. Dieu conduit son peuple au désert ou en exil. Il lui demande, en l'appelant « épouse infidèle », de raviver son amour de « fiancée » (cf. Os 2-3 ; Ez 16). Il annonce enfin une Nouvelle Alliance. Ce sera celle d'un peuple réconcilié avec son Dieu, porteur de paix en lui-même et pour le monde entier (cf. Jr 31, 31 et suiv. ; Ez 16, 60 et suiv.). *430*

Cette Nouvelle Alliance est effectivement réalisée par le don que Dieu fait de son propre Fils, venu « chercher et sauver ce qui était perdu » (Lc 19, 10). « Dieu a tant aimé le monde qu'il a donné son Fils unique : ainsi tout homme qui croit en lui ne périra pas, mais il obtiendra la vie éternelle. Car Dieu a envoyé son Fils dans le monde, non pas pour juger le monde, mais pour que, par lui, le monde soit sauvé » (Jn 3, 16-17). *431*

A cet effet Jésus, par l'Esprit Saint, confère à de simples hommes, les apôtres, et après eux les évêques et les prêtres, qui sont eux-mêmes pécheurs, le pouvoir de remettre les péchés par son autorité.

432
• La réconciliation : un long itinéraire

La rémission des péchés, proclamée dans le *Credo*, est d'abord et fondamentalement l'œuvre du baptême. Il inaugure la vie nouvelle des fils de Dieu, arrachés au péché et à son monde de perdition.

Mais les disciples et les apôtres, illuminés par la vie nouvelle qu'ils venaient de découvrir, l'ont toujours su : les chrétiens demeurent des hommes fragiles et pécheurs.

> Dès les premiers temps de l'Église, certains baptisés ont abandonné la foi, renié leur Seigneur (apostasie) ou commis des actes gravement contraires à l'amour de Dieu ou à l'amour des autres : homicide, adultère, faux témoignages ou injustices aux conséquences meurtrières. Ils se sont mis en état de rupture avec Dieu et avec l'Église. L'apôtre Jean leur rappelle qu'ils ne sont pas abandonnés dans leur faiblesse. Il écrit dans sa première lettre : « Mes petits enfants, je vous écris pour que vous évitiez le péché. Mais, si l'un de nous vient à pécher, nous avons un défenseur devant le Père : Jésus Christ, le Juste » (1 Jn 2, 1).

433
L'Église les invite alors à vivre ce que l'Évangile enseigne pour se disposer à la réconciliation avec Dieu. Jésus, en effet, a laissé à ses disciples le tracé de tout un *itinéraire de réconciliation* : « Si ton frère a commis un péché, va lui parler seul à seul et montre-lui sa faute. S'il t'écoute, tu auras gagné ton frère. S'il ne t'écoute pas, prends encore avec toi une ou deux personnes afin que toute l'affaire soit réglée sur la parole de deux ou trois témoins. S'il refuse de les écouter, dis-le à la communauté de l'Église ; s'il refuse encore d'écouter l'Église, considère-le comme un païen et un publicain. Amen, je vous le dis : tout ce que vous aurez lié sur la terre sera lié dans le ciel, et tout ce que vous aurez délié sur la terre sera délié dans le ciel » (Mt 18, 15-18).

En réponse à l'appel de Jésus, l'Église tout entière s'engage dans cette aide au « retour vers Dieu » des pécheurs qui sont ses membres.

Elle organise un ensemble de *démarches fraternelles*, de *prières* et d'*actes de conversion*. Elle propose au pécheur jeûne, aumônes, correction fraternelle dans le sens des recommandations de Jésus, appels à la miséricorde de Dieu, dont les psaumes sont remplis. S'il s'y engage, le chrétien ne cesse de rechercher, sous l'impulsion de la grâce, le pardon de ses péchés et le rétablissement de la paix. Il se remet à vivre selon l'Alliance. Il laisse l'Esprit de Dieu opérer en lui une œuvre de retournement et de conversion.

- **La réconciliation, œuvre du Christ confiée à l'Église** 434

Au cœur de ces démarches le sacrement destiné à ceux qui, après le baptême, se sont *écartés* du chemin de vie, opère le pardon et la réconciliation.

> L'évêque, le Jeudi saint, prononçait l'absolution personnelle sur le chrétien pénitent. Il le réconciliait avec l'Église et lui ouvrait l'accès à la communion eucharistique.
>
> Durant les six premiers siècles, l'Église réserve le sacrement aux pécheurs coupables de fautes particulièrement graves, telles que l'apostasie, le meurtre ou l'adultère. Mais à tous les baptisés, quotidiennement pécheurs, l'Église enseigne que Dieu pardonne sans délai leurs fautes légères. Pour qu'il en soit ainsi, certaines conditions s'imposent. Elle leur demande de reconnaître ces fautes en vérité. Elle les invite à rester proches de Dieu par la prière quotidienne, spécialement celle du Notre Père. Elle leur indique les voies quotidiennes d'un authentique pardon : la réconciliation accordée aux frères, l'aide apportée à leur retour avec Dieu, l'aumône et le partage des biens, la visite des malades et des prisonniers, le jeûne, l'affliction du cœur et l'humilité, et surtout la charité et la foi vécues avec le plus d'intensité possible. Dans la Tradition de l'Église, les voies de la sanctification sont aussi des voies du pardon pour toutes les fautes légères commises par faiblesse et manque de générosité (cf. RP 26). Et ceci demeure toujours vrai aujourd'hui.
>
> Progressivement, à partir du VIe siècle, on assiste dans l'Église à la disparition de la longue préparation à la réconciliation sacramentelle. Sans doute est-elle devenue trop exigeante pour que beaucoup s'y engagent.
>
> Guidée par l'expérience des moines, l'Église ouvre alors le sacrement de réconciliation à tous les fidèles, autant de fois qu'ils le désirent, quelle que soit la gravité des péchés dont ils demandent à être purifiés. Elle aménage l'ordre des démarches pénitentielles. Elle accorde l'absolution dès que le pécheur regrette ses fautes et les avoue humblement.
>
> Le concile de Trente reconnaît et organise cette pratique sacramentelle du pardon et de la réconciliation pour toutes les fautes et autant de fois que le chrétien pénitent les confesse.

Dans la célébration du sacrement du pardon et de la réconciliation, le prêtre, ordonné par l'Église, agit comme ministre du Christ qui accueille et guérit. Il en appelle à Dieu le Père, qui a réalisé l'œuvre de notre salut par le Christ et l'Esprit Saint, et, agissant par le pouvoir qu'il tient du Christ, il prononce et communique l'*absolution personnelle* : « Que Dieu notre Père vous montre 435 sa miséricorde ; par la mort et la résurrection de son Fils, il a réconcilié le monde avec lui et il a envoyé l'Esprit Saint pour la rémission des péchés : par le ministère de l'Église, qu'il vous donne le pardon et la paix. Et moi, au nom du Père et du Fils et du Saint-Esprit, je vous pardonne tous vos péchés. »

C'est le moment où Dieu, en réponse au pénitent, se rend présent à lui pour le réconcilier avec lui. Signe efficace de l'intervention du Père qui réconcilie ses fils par son Esprit, en considération de l'immense amour de son Fils unique.

436 • **Dispositions et actes du pénitent**

Le pardon sacramentel, ainsi opéré par le ministère de l'Église, suppose toujours un certain nombre de *dispositions* ou d'*actes du pénitent*. Ils sont constitutifs du sacrement et ils résument ce que l'Église a toujours demandé au pécheur qui se convertit. Ils sont la preuve de l'authenticité de sa démarche au moment où il demande le sacrement. Ils la précèdent, la motivent et lui donnent corps. Sans eux, le sacrement de réconciliation risquerait de devenir une démarche purement formelle, grandement dévalorisée, voire rabaissée au rang de routine.

La première disposition est le *regret*, la « *contrition* ». Le pécheur doit être lucide et reconnaître qu'il a mal agi, qu'il a blessé l'amour de Dieu et des autres, qu'il a fait du tort à l'Église et à la communauté humaine.

> Le mot de contrition souligne la profondeur de cette attitude intérieure : avoir le cœur broyé, brisé. Bien évidemment, plus le chrétien aime Dieu, plus il regrette ; moins il aime, moins il a le cœur contrit. La contrition est proportionnelle à l'amour et non d'abord à la faute, à la différence du remords lié à la culpabilité et à son retentissement dans la conscience. Les motivations du regret peuvent être multiples, allant de l'amour parfait pour Dieu à une simple crainte des conséquences engendrées par les fautes commises. L'attitude spirituelle de regret, de contrition ou de pénitence constitue l'un des aspects de la grâce sacramentelle. Le prix attaché à cette grâce explique qu'un chrétien puisse désirer recevoir souvent le sacrement.

437 La contrition engendre logiquement chez le pécheur la volonté de changer sa manière de penser et de vivre, et celle de *réparer* les dommages commis chez les autres ou en soi-même. Cette réparation est appelée traditionnellement la « *satisfaction* » ou encore la « *pénitence* ».

Les sacrements de la Nouvelle Alliance

Beaucoup trop oubliée, la réparation des dommages commis ne concerne pas seulement le vol, le faux témoignage, la paternité-maternité hors foyer, le travail mal fait. Elle doit habiter le cœur et engendrer un engagement personnel. Elle aide à prendre la mesure du mal dont on est la source et qui prolifère même lorsque nous cessons d'y collaborer. En approfondissant la conscience du péché, elle contribue à la guérison du pécheur.

L'acte significatif que doit poser le pénitent est l'*aveu* (la « *confession* ») personnel de son péché fait au prêtre. Geste de loyauté et de courage. Attitude humble de celui qui s'en remet au jugement de la miséricorde de Dieu. Contrition, satisfaction, aveu et ferme propos de conversion constituent les actes de la vertu de pénitence, dont le concile Vatican II a rappelé qu'elle consiste à détester « le péché en tant qu'il est une offense à Dieu » (SC 109). 438

L'aveu sincère peut souvent avoir un pouvoir libérateur sur le plan psychologique. Mais quand le chrétien avoue ses péchés, c'est qu'il reconnaît essentiellement l'amour fidèle de Dieu et veut recommencer à en vivre. Le croyant, qui confesse sa totale confiance en un Dieu d'amour et de pardon, confesse ainsi tout à la fois l'amour de Dieu et le regret de ses péchés.

L'aveu doit porter sur tous les péchés graves commis après le baptême, dont on a conscience après un sérieux examen de soi-même, et qui n'ont pas encore été accusés en confession individuelle et remis par le pouvoir de l'Église (cf. CIC 988).

C'est un des commandements de l'Église que les péchés graves soient confessés au moins une fois l'an, pas nécessairement au temps pascal. Et ceci à partir de l'âge de raison qui est celui de la conscience éveillée (cf. CIC 989). 439

La *confession des péchés véniels* est « recommandée » (cf. CIC 988) : elle approfondit le mouvement de conversion du baptisé et augmente la contrition spirituelle. De même la « *confession de dévotion* » qui entretient la lucidité sur le péché et la confiance en la miséricorde de Dieu. Ceux qui la pratiquent ne doivent pourtant jamais oublier les *autres voies non sacramentelles et quotidiennes du pardon*.

Le lieu le plus adapté à la célébration du sacrement est l'église (cf. CIC 964), de même que le baptistère est le lieu le mieux adapté à la célébration du baptême.

• Sous la lumière de la Parole de Dieu et dans des perspectives communautaires 440

Le rituel du sacrement de pénitence et de réconciliation prévoit, après l'accueil mutuel du prêtre et du pénitent, une *écoute de la Parole de Dieu*. Elle va illuminer l'ensemble de la démarche. Elle fait découvrir le péché. Elle rappelle la fidélité de Dieu qui pardonne. Elle invite à regarder vers le Christ, crucifié par le péché des hommes pécheurs et implorant pour eux le pardon du Père. Elle insère l'acte sacramentel dans la longue histoire des réconciliations entre Dieu et l'homme. Elle empêche d'oublier que Dieu prend toujours l'initiative de ces réconciliations. Ce n'est pas nous qui l'aimons les premiers : c'est lui qui nous aime alors que nous sommes pécheurs.

441 La « confession », toute personnelle qu'elle soit, revêt nécessairement une *dimension ecclésiale*, donc communautaire. Nos péchés sont toujours aussi une blessure du Corps du Christ, qui est l'Église. « Cette accusation arrache d'une certaine façon le péché des secrètes profondeurs du cœur et donc du cercle de la pure individualité, en mettant aussi en relief son caractère social ; en effet, par l'entremise du ministre de la Pénitence, c'est la communauté ecclésiale, lésée par le péché, qui accueille de nouveau le pécheur repenti et pardonné » (RP 31).

> L'Église entière, en tant que peuple sacerdotal, agit de façon diversifiée en exerçant l'œuvre de réconciliation (cf. rituel romain, 4). Elle a prévu *plusieurs liturgies différentes* : la réconciliation individuelle ; la célébration communautaire avec confession et absolution individuelles ; la célébration pénitentielle non sacramentelle. La dimension communautaire du sacrement est plus manifeste dans les *célébrations communautaires*, qui entourent la confession et l'absolution individuelles. L'absolution collective ne peut être qu'exceptionnelle, liée à des raisons impératives ; elle reste soumise à l'autorisation expresse de l'évêque du lieu (cf. CIC 961). « Pour qu'un fidèle bénéficie validement d'une absolution sacramentelle donnée à plusieurs ensemble, il est requis non seulement qu'il y soit bien disposé, mais qu'il ait en même temps le propos de confesser individuellement, en temps voulu, les péchés graves qu'il ne peut pas confesser ainsi actuellement » (CIC 962). « Un fidèle dont les péchés graves sont remis par une absolution générale recourra à la confession individuelle le plus tôt possible et dès qu'il en a l'occasion, avant de recevoir une nouvelle absolution générale, à moins que n'intervienne une juste cause » (CIC 963).

442 L'accueil du pécheur par la communauté ecclésiale marque que le sacrement de réconciliation est *œuvre de paix*. Cette œuvre de paix dépasse le cercle de ceux qui le reçoivent. Le sacrement agit au bénéfice de tous les hommes et rend présentes au monde la miséricorde et la réconciliation auxquelles ils aspirent et que Dieu rend possibles.

> C'est pourquoi, ceux qui sont réconciliés avec Dieu, avec leurs frères et avec eux-mêmes, par le sacrement, sont appelés à devenir, de manière

Les sacrements de la Nouvelle Alliance

grandissante, des messagers de la paix et de la joie qui leur ont été données ou rendues. « A l'Église est confiée la parole de réconciliation pour la réaliser dans le monde. Elle montre à l'homme les chemins et lui offre les moyens de se réconcilier avec Dieu, avec lui-même, avec ses frères et toute la Création » (cf. RP 8).

L'onction des malades 443

L'onction des malades est par excellence le sacrement de la miséricorde du Christ et de l'Église.

• L'épreuve de la maladie 444

La maladie et la souffrance marquent la vie de tout homme, souvent de manière très aiguë, au point de pouvoir conduire à la révolte ou au désespoir. Par ailleurs le grand âge, à lui seul, comporte souvent des handicaps qui s'apparentent à la maladie.

L'épreuve de la maladie favorise le souvenir des expériences et des choix qui ont marqué la vie. Elle peut raviver parfois le sentiment des erreurs commises et de leurs conséquences. Elle s'ouvre souvent sur une angoisse concernant le jour et l'heure de la fin. Le croyant s'interroge sur la fidélité de sa vie à l'Évangile. Il peut en venir à douter de la miséricorde de Dieu et de la vie éternelle. Nul n'est assuré de sa persévérance finale dans la foi, l'espérance et la charité.

Devant ces épreuves le Christ ne laisse pas ses fidèles démunis. Pour son Église et ceux qu'elle sert, il a voulu le sacrement de sa compassion.

• Sacrement de la « compassion » du Christ et de l'Église 445

Le Christ, qui « a connu l'épreuve comme nous, et n'a pas péché » (He 4, 15), a témoigné d'une compassion toute particulière pour les malades et tous ceux qui étaient atteints par la souffrance physique. Annonçant la Bonne Nouvelle du salut, il guérissait ceux qui venaient à lui (cf. Mt 9, 35 ; 14, 35-36). Homme des douleurs, il a porté toutes les souffrances des hommes et c'est grâce aux blessures de sa passion qu'il apporte la guérison (cf. Is 53).

Son attitude en face de la souffrance et de la mort, il veut qu'elle soit aussi celle de ses disciples. « Guérissez les malades », leur ordonne-t-il en les envoyant en mission (cf. Mt 10, 8). Et, de fait, « ils chassaient beaucoup de démons, faisaient des onctions d'huile à de nombreux malades, et les guérissaient » (Mc 6, 13).

446 Après la résurrection *les apôtres continuent* cette mission que Jésus leur a confiée, comme le montre l'exhortation contenue dans l'épître de saint Jacques : « Si l'un de vous est malade, qu'il appelle ceux qui exercent dans l'Église la fonction d'Anciens : ils prieront sur lui après lui avoir fait une onction d'huile au nom du Seigneur. Cette prière inspirée par la foi sauvera le malade : le Seigneur le relèvera et, s'il a commis des péchés, il recevra le pardon. Reconnaissez vos péchés les uns devant les autres, et priez les uns pour les autres afin d'être guéris, car la supplication du juste agit avec beaucoup de puissance » (Jc 5, 14-16).

Dans ce texte de l'Écriture se trouvent déjà mentionnés les *rites principaux du sacrement* : la prière, l'imposition des mains et l'onction d'huile par le prêtre (s'y ajoute l'écoute de la Parole de Dieu), en même temps que les effets du sacrement. Dans cette liturgie « l'Église recommande les fidèles dangereusement malades au Seigneur souffrant et glorifié pour qu'il les relève et les sauve » (CIC 998 ; cf. LG 11).

447 Dans *l'onction des malades*, le Christ associe, comme il le faisait durant sa vie terrestre, le souci du *bien des corps* et celui des *biens spirituels*. C'est pourquoi ce sacrement est un sacrement de guérison. Guérison intérieure d'abord, des angoisses, des doutes et des déchirements qu'apporte toute maladie grave ou une blessure corporelle sérieuse. Guérison physique aussi parfois, car le Christ est toujours agissant dans son Corps qui est l'Église. Le prêtre, en faisant l'onction, dit au malade : « N., par cette onction sainte, que le Seigneur, en sa grande bonté, vous réconforte par la grâce de l'Esprit Saint ; ainsi, vous ayant libéré de tous péchés, qu'il vous sauve et vous relève. » Au chrétien dans l'*épreuve*, il donne la grâce spéciale qui lui permettra d'être associé à la passion et à l'agonie du Christ jusqu'au *dernier combat avec la mort*.

448 L'onction des malades signifie d'abord sacramentellement l'action du Christ sur le malade, c'est-à-dire son relèvement et son salut. Par la grâce de cet amour, les fidèles malades ou gravement handicapés sont situés — ou devraient l'être toujours davantage — au cœur du mystère pascal. Mais ce mystère est toujours vécu *en Église*. La célébration communautaire de l'onction des malades permet aux malades, à leurs proches et à l'assemblée des bien portants qui y participent, de célébrer la « compassion » du Christ et de son Église envers ceux qui souffrent. Elle renouvelle souvent la manière dont une communauté situe ou devrait situer les malades : à l'une des premières places. Comme tous les sacrements, le sacrement des malades contribue à construire l'Église. Il signifie aussi que le règne de Dieu est ouvert à tous, notamment à ceux qui vivent une situation d'exclusion ou de rejet.

> « L'onction des malades peut être administrée au fidèle qui, parvenu à l'usage de la raison, commence à se trouver en danger pour cause de maladie ou de vieillesse » (CIC 1004). « Le sacrement sera donné aux malades qui, lorsqu'ils étaient conscients, l'ont demandé au moins implicitement » (CIC 1006). « L'onction des malades ne sera pas donnée à ceux qui persévèrent avec obstination dans un péché grave manifeste » (CIC 1007).
>
> « Pour autant qu'il soit possible, la célébration de l'onction doit être précédée du sacrement de pénitence ; ceci est nécessaire pour les fidèles qui ont péché gravement et sont en mesure de confesser leur péché dans le sacrement de la réconciliation. Postérieurement au sacrement de l'onction, le fidèle, si c'est possible, recevra l'eucharistie » (rituel romain, 30).
>
> « Ce sacrement peut être réitéré si le malade, après guérison, tombe de nouveau gravement malade ou si, au cours de la même maladie, le danger s'aggrave » (CIC 1004).

449

• Une heure de grâce

450

Dans la grâce de l'onction des malades, qui conforme le fidèle au Christ s'offrant à son Père, les périodes de maladie peuvent être spirituellement fécondes. Elles sont un temps possible de confiance renouvelée et d'abandon au Père. Elles sont souvent périodes décisives de relèvement et de salut.

La paix reçue se transforme en *action de grâce*. L'eucharistie complète le plus souvent la célébration de ce sacrement. La communion au corps et au sang du Christ associe alors pleinement le malade au corps du Christ comme membre souffrant, accomplissant dans sa propre chair « ce qu'il reste à souffrir des épreuves du Christ […] pour son corps qui est l'Église » (Col 1, 24).

Catéchisme pour adultes

451 ● **Le viatique, sacrement des mourants**

Pour les mourants l'eucharistie est vraiment le « dernier sacrement ». Reçue à l'intérieur ou en dehors de la messe, l'ultime communion du chrétien porte le nom de *viatique* : nourriture pour la dernière étape, celle du passage vers le Père et de l'entrée dans le Royaume. Le viatique est la grande communion pascale du chrétien. Elle porte jusqu'aux extrêmes limites de cette vie la présence réelle du Christ et les lumières de son Alliance, capables de transfigurer la souffrance et même la mort. Cette communion est semence de vie éternelle et suprême profession de foi en cette vie éternelle. « Celui qui mange ma chair et boit mon sang a la vie éternelle ; et moi, je le ressusciterai au dernier jour » (Jn 6, 54).

> « A l'heure où pour le malade tout semble s'effondrer, la communion au Corps et au Sang du Christ manifeste qu'en Jésus Christ, Dieu fait avec nous une Alliance éternelle ; elle annonce aussi qu'au-delà de la mort Dieu invite à la joie du banquet messianique » (rituel romain, 26).

452 **L'ordre**

Le Seigneur Jésus, pour le service du peuple de Dieu, a institué dans son Église des pasteurs qui tendent au bien de tout le corps ecclésial. Ces chrétiens, à qui est confié le ministère pastoral, sont habilités à cette tâche par le sacrement de l'ordre. « Par la vertu du sacrement de l'ordre, à l'image du Christ prêtre suprême et éternel », les prêtres « sont consacrés pour prêcher l'Évangile, pour être les pasteurs des fidèles et pour célébrer le culte divin en vrais prêtres du Nouveau Testament » (LG 28).

453 ● **Un unique médiateur**

Dieu ne cesse de proposer à l'homme son Alliance. Il choisit un médiateur pour la première Alliance : Moïse. Celui-ci est l'artisan visible de la libération du peuple, son guide dans la marche au désert, l'intermédiaire par lequel Dieu donne sa Loi et scelle l'Alliance au Sinaï. En faveur du peuple qui a péché, Moïse intercède et devient ainsi la figure du médiateur.

Les sacrements de la Nouvelle Alliance

L'Évangile nous présente Moïse et Élie auprès du Christ transfiguré (cf. Mt 17, 3). Ils soulignent ainsi que la réalité définitive est désormais présente en Jésus dont ils n'étaient que la figure. Le Christ agit comme médiateur de la Nouvelle Alliance. Sur la montagne, il donne les béatitudes, charte du Royaume qu'il instaure. Il parle en médiateur avec une autorité totalement nouvelle. Cette Loi vient de lui, comme Fils unique du Père. « Celui-ci est mon Fils bien-aimé, en qui j'ai mis tout mon amour ; écoutez-le ! » (Mt 17, 5). Le Christ n'est pas seulement le porte-parole de Dieu, comme Moïse et Élie. Il est Dieu fait homme. A lui seul, il est déjà la Nouvelle Alliance réalisée. Quand il prie et intercède, il présente à Dieu toutes les aspirations et les souffrances de l'humanité. Quand il parle, ce sont les secrets du Père qui prennent chair en des paroles humaines. Il est médiateur au sens le plus fort.

La communion entre Dieu et l'humanité ne s'accomplira jamais parfaitement qu'en la personne du Christ. Il en est l'unique artisan. « Il n'y a qu'un seul Dieu, il n'y a qu'un seul médiateur entre Dieu et les hommes : un homme, le Christ Jésus, qui s'est donné lui-même en rançon pour tous les hommes » (1 Tm 2, 5-6 ; cf. He 8, 6 ; 9, 15 ; 12, 24). « Car Dieu a voulu que dans le Christ toute chose ait son accomplissement total. Il a voulu tout réconcilier par lui et pour lui, sur la terre et dans les cieux, en faisant la paix par le sang de sa croix » (Col 1, 19-20).

• Un unique Prêtre

Les prêtres, selon les récits de l'Ancien Testament, offraient régulièrement à Dieu des sacrifices de louange et de repentance. Ils étaient choisis dans la descendance d'Aaron, de la tribu de Lévi. Leurs fonctions étaient héréditaires. Ils entraient dans une longue tradition d'offrants depuis Abel le Juste, Abraham, le père des croyants, et Melchisédech, le grand prêtre (cf. prière eucharistique I). Par eux la fonction sacerdotale d'offrande sacrificielle était institutionnalisée.

Jésus, lui, n'était pas descendant de la famille sacerdotale d'Aaron. Il n'avait donc ni rang ni fonction de prêtre. Il n'a offert qu'un seul et unique sacrifice, entièrement nouveau : le sacrifice de sa propre vie. Il accomplissait et dépassait ainsi tous les sacrifices de la première Alliance (cf. He 8-10). Il a scellé l'Alliance nouvelle dans son sang. C'est par sa naissance de Fils unique de Dieu en notre chair qu'il est devenu Prêtre en ce sens exceptionnel. S'étant aussi présenté comme nouveau Temple de Dieu, il affirme que, désormais, le vrai sacrifice sera célébré dans ce Temple, lieu où l'homme rencontre Dieu.

La lettre aux Hébreux souligne ce caractère absolument unique du sacerdoce de Jésus (cf. He 9, 11. 13-14).

De même qu'il est l'unique médiateur de la Nouvelle Alliance, le Christ en est l'unique Prêtre. A juste titre, l'épître aux Hébreux réserve donc au Christ seul le mot antique de « prêtre », au sens de : homme du sacré, homme du temple, homme sacerdotal.

455 • **Une « communauté sacerdotale »**

C'est toute la communauté de la Nouvelle Alliance qui est désormais appelée « sacerdotale ». Elle prend le relais de la descendance d'Aaron, mais dans un sens radicalement transformé. Grâce au Christ et en lui, tous les fidèles de la Nouvelle Alliance deviennent temple de Dieu, lieu où il demeure et où il est célébré. A la suite du Christ, « par lui, avec lui et en lui » ils offrent le sacrifice spirituel de leur propre existence. Le Christ, unique prêtre, les consacre par le don de l'Esprit (cf. Jn 17, 19). Ils ont à devenir ensemble hostie vivante, offerte au milieu du monde. « Je vous exhorte, mes frères, par la tendresse de Dieu, à lui offrir votre personne et votre vie en sacrifice saint, capable de plaire à Dieu : c'est là pour vous l'adoration véritable » (Rm 12, 1). « Comme des pierres vivantes, vous êtes édifiés en maison spirituelle, pour constituer une sainte communauté sacerdotale, pour offrir des sacrifices spirituels, agréables à Dieu par Jésus Christ » (1 P 2, 5).

Lorsque Pierre dit aux chrétiens qu'ils forment un « sacerdoce saint », un « sacerdoce royal », il souligne cette nouveauté du sacerdoce chrétien. Il aide les fidèles à prendre conscience de ce qu'ils sont : un peuple s'offrant et se consacrant dans l'Alliance. Il rappelle que cette qualité d'offrants et d'offerts à Dieu doit sans cesse progresser.

Cette communauté sacerdotale reçoit son identité de celui qui en demeure la « tête » (Ep 1, 22). Plus elle vit en communion avec le Christ, plus elle devient le peuple sacerdotal dont le Christ demeure l'unique Tête.

Les sacrements de la Nouvelle Alliance

- **Le sacerdoce ministériel** 456

Pourtant, nous voyons Jésus instituer des ministres pour son Église. Ces ministres ne prennent pas sa place d'unique prêtre et n'enlèvent pas à la communauté son caractère sacerdotal, prophétique et royal. « Celui qui a reçu le sacerdoce ministériel jouit d'un pouvoir sacré pour former et conduire le peuple sacerdotal, pour faire, dans le rôle du Christ, le sacrifice eucharistique et l'offrir à Dieu au nom du peuple tout entier » (LG 10).

Au début de son ministère public, Jésus choisit, par un appel souverain, douze disciples qu'il associe de manière particulière à sa tâche (cf. Mc 3, 13-18). Il les envoie dans une première mission, de courte durée, à travers les villages où il avait l'intention de se rendre. Il les charge d'annoncer la paix et l'imminence du Royaume. Il leur demande une grande disponibilité. Pour être les précurseurs du Royaume, ils doivent mener une vie simple, vivre au milieu des gens et guérir (cf. Lc 9, 1-6). « Quand les Apôtres revinrent, ils racontèrent à Jésus tout ce qu'ils avaient fait. Alors Jésus, les prenant avec lui, partit à l'écart » (Lc 9, 10). Il leur explique le sens des paraboles qui demeure encore partiellement incompris des foules (cf. Lc 8, 10). Il les interroge sur ce que les foules pensent de lui (cf. Mt 16, 13-20). Jusqu'au dernier moment, Jésus forme, en les associant au service du Royaume, ceux auxquels il veut confier la charge de continuer cette mission de Pasteur.

A la veille de sa mort, il les institue dans le sacerdoce en leur 457
demandant de perpétuer la présence efficace et la célébration de son sacrifice rédempteur dans l'eucharistie : « Faites cela en mémoire de moi » (Lc 22, 19 ; cf. concile de Trente, DS 1740 ; FC 766). Après la résurrection, il apparaît aux Onze, se fait reconnaître d'eux, les invite à la paix. Il guérit en eux la blessure causée par leur propre absence au moment où il offrait sa vie sur la croix. Il leur communique l'Esprit Saint pour pardonner les péchés (cf. Jn 20, 22-23). Il leur ouvre l'esprit à l'intelligence des Écritures et il conclut : « C'est bien ce qui était annoncé par l'Écriture : les souffrances du Messie, sa résurrection d'entre les morts le troisième jour, et la conversion proclamée en son nom pour le pardon des péchés, à toutes les nations, en commençant par Jérusalem. C'est vous qui en êtes les témoins. Et moi, je vais envoyer sur vous ce que mon Père a promis » (Lc 24, 45-48). Au moment de les quitter, il leur confie la mission de baptiser et de porter son Évangile jusqu'aux extrémités de la terre (cf. Mt 28, 19-20).

Pierre demande à l'assemblée réunie au cénacle de choisir un homme pour remplacer Judas. Il rappelle que ce choix doit porter sur des hommes qui ont accompagné le Seigneur depuis le baptême de Jean jusqu'au jour où le Christ leur fut « enlevé ». Car la mission de cet homme sera essentiellement de « devenir témoin de sa résurrection » (cf. Ac 1, 22). Un lien très fort est donc établi, dès le début, entre le ministère des apôtres et le témoignage à rendre au Christ devant le monde. C'est désormais le collège des apôtres qui authentifie le choix des témoins au sein de la communauté ecclésiale. Il a conscience de le faire au nom du Christ. Il sait que ce choix devient choix du Christ Tête. Le collège des

Douze montre ainsi que sa responsabilité ne vient pas de lui-même mais du Christ qui demeure la véritable Tête vivante de l'Église.

458 Les Actes des apôtres décrivent les rites essentiels de cet établissement dans le ministère de témoin de la Résurrection. La communauté prie, souvent en jeûnant. Elle discerne les aptitudes du nouveau témoin. Les apôtres, une fois la décision prise, imposent les mains sur les hommes choisis et les envoient. C'est de l'Esprit que ces envoyés tiennent leur mission (cf. Ac 13, 1-4 ; 20, 28).

Au temps des apôtres comme dans les années qui vont suivre, nous voyons ces ministres de l'Évangile rappeler le commandement de Jésus, rassembler les fidèles et célébrer la fraction du pain ou eucharistie. Ils président à la charité et à l'entraide. C'est au nom du Christ qu'ils assument cette responsabilité diversifiée. Ils demeurent toujours situés dans une communauté, même s'ils passent de communauté en communauté pour porter le Christ jusqu'aux extrémités du monde. Leur assurance vient de l'Esprit, reçu par l'imposition des mains, et du rayonnement de l'Évangile qu'ils proclament (cf. 2 Tm 1, 6-14). Choisis, envoyés, investis de cette grâce de témoignage, de présidence et de responsabilité, ils demeurent sous l'influence du Christ, non seulement par ce qu'ils font mais aussi par ce qu'ils sont.

459 • **Un sacrement appelé « ordre »**

Très tôt, s'appuyant sur les épîtres de saint Paul qui emploient les trois termes d'évêque, de presbytre (que l'on traduit en français par prêtre) et de diacre, l'Église a distingué trois degrés dans ce sacrement unique. Le mot choisi pour le caractériser, *ordre*, désignait dans l'antiquité romaine les corps constitués, au sens civil. L'Église a repris ce terme à propos de ses propres corps constitués et notamment de l'ordre des évêques, des prêtres et des diacres. L'intégration dans l'un de ces corps de l'Église se fait par une *ordination* comprenant l'imposition des mains et la prière de consécration, qui fait d'un fidèle baptisé un ministre ordonné.

460 ### *Les évêques*

Les *évêques* reçoivent « la plénitude du sacrement de l'ordre » (LG 21). Ils entrent ainsi dans le Collège apostolique, qui succède au Collège des douze Apôtres. Ils sont collégialement envoyés au monde entier et portent en commun le souci de toutes les

Les sacrements de la Nouvelle Alliance

Églises. Au sein et à la tête de ce Collège épiscopal, l'évêque de Rome assume la charge confiée par le Christ à Pierre au milieu des Douze. « Le Collège des évêques, dont le chef est le pontife suprême [...], et dans lequel se perpétue le corps apostolique, est lui aussi en union avec son chef et jamais sans lui, sujet du pouvoir suprême et plénier sur l'Église tout entière » (CIC 336). « Par la consécration épiscopale elle-même, les évêques reçoivent, avec la charge de sanctifier, celles d'enseigner et de gouverner, mais, en raison de leur nature, ils ne peuvent les exercer que dans la communion hiérarchique avec le chef et les membres du Collège » (CIC 375 ; cf. LG 21).

Les évêques reçoivent ordinairement la charge d'un diocèse. Ils président au nom et en place de Dieu le troupeau, dont ils sont les pasteurs, avec l'aide des prêtres et des diacres qu'ils sont les seuls à ordonner (cf. LG 20).

461
La consécration épiscopale est célébrée par trois évêques au moins. Ils imposent les mains sur le nouvel évêque. Une prière de consécration est prononcée tandis que le livre des évangiles est tenu sur sa tête et ses épaules : elle exprime le sens du ministère épiscopal et sa réalisation par l'Esprit du Christ. Les évêques consécrateurs disent ensemble : « Et maintenant, Seigneur, répands sur celui que tu as choisi la force qui vient de toi, l'Esprit qui fait les chefs, l'Esprit que tu as donné à ton Fils bien-aimé, Jésus Christ, celui qu'il a donné lui-même aux saints Apôtres qui établirent l'Église en chaque lieu comme ton sanctuaire, à la louange incessante et à la gloire de ton Nom. »

Le mot « évêque » vient du grec « *episcopos* » et désigne la mission de veiller sur le troupeau, en voyant ce qui lui convient et en intervenant pour qu'il se comporte le plus parfaitement possible en peuple de Dieu.

Les prêtres

462

Dans l'unité du « presbyterium », les *prêtres* sont établis par l'ordination coopérateurs des évêques, participant à « l'autorité par laquelle le Christ lui-même construit, sanctifie et gouverne son Corps ». En effet, ils sont configurés au Christ Prêtre pour être rendus « capables d'agir au nom du Christ Tête en personne » (PO 2).

Le mot « prêtre » qui les désigne, et mieux encore celui de « *presbyterium* », collège des prêtres (comme aussi le mot de « presbytère »), vient d'un mot grec signifiant « ancien ». Il rappelle que, depuis l'époque apostolique, les prêtres sont choisis parmi des baptisés qui ont donné la preuve de leur attachement au Seigneur et de leurs aptitudes à servir le bien de la communauté qui leur est confiée.

Catéchisme pour adultes

L'ordination presbytérale est conférée à des hommes choisis et formés au sein de la communauté ecclésiale et, dans l'Église latine, ayant choisi le célibat dans un esprit de consécration totale de leur personne.

463 La tradition antique de l'Église latine d'exiger que les clercs majeurs s'abstiennent du mariage est attestée par des canons conciliaires dès le début du IVe siècle. Par le signe de la chasteté vécue dans le célibat les prêtres expriment leur attachement déterminant au Christ Prêtre et à l'Église son Épouse. Ce signe n'est pas d'abord celui d'un effort de perfection personnelle dans une rupture avec le monde, mais la manifestation et le moyen d'une vie donnée, saisie par le Christ et le service de son Évangile, au point de n'« appartenir » à personne d'autre.

L'évêque interroge ceux qu'il a choisis et appelés pour s'assurer de leur liberté et de leurs aptitudes à devenir pasteurs. Il leur impose les mains et prononce la prière d'appel à l'Esprit Saint qui précise le sens de leur ministère : « Nous t'en prions, Père tout-puissant, donne à tes serviteurs que voici d'entrer dans l'ordre des prêtres ; répands une nouvelle fois au plus profond d'eux-mêmes l'Esprit de sainteté. Qu'ils reçoivent de toi, Seigneur, la charge de seconder l'ordre épiscopal. Qu'ils incitent à la pureté des mœurs par l'exemple de leur conduite. Qu'ils soient de fidèles collaborateurs des évêques pour faire parvenir à toute l'humanité le message de l'Évangile et pour que toutes les nations rassemblées dans le Christ soient transformées en l'unique peuple de Dieu. » Les prêtres présents s'associent à cette imposition des mains pour signifier l'entrée dans un « presbyterium ».

464 « La fonction des prêtres, en tant qu'elle est unie à l'ordre épiscopal, participe à l'autorité par laquelle le Christ lui-même construit, sanctifie et gouverne son Corps. [...] Participant, pour leur part, à la fonction des apôtres, les prêtres reçoivent de Dieu la grâce qui les fait ministres du Christ Jésus auprès des nations, assurant le service sacré de l'Évangile » (PO 2).

A la suite de Jésus, le bon pasteur (cf. Jn 10, 1-21), les prêtres ont charge de conduire le peuple de Dieu. Revêtus du ministère sacerdotal, ils communiquent la grâce par les sacrements qu'ils confèrent. Ils annoncent la Parole dont eux-mêmes et tous les chrétiens sont invités à témoigner dans le monde. Ils président la célébration de l'eucharistie où leur ministère trouve son accomplissement (cf. PO 2). Ils pardonnent les péchés et donnent l'onction des malades.

465 Continuateur pour sa part du ministère apostolique, le ministère des prêtres, comme celui des évêques, est tout à la fois pastoral, sacramentel et missionnaire. En rattachant l'institution du ministère sacerdotal aux paroles de Jésus à la Cène : « Faites cela en mémoire de moi » (Lc 22, 19 ; 1 Co 11, 24), le concile de Trente (cf. DS 1740 ; FC 766) souligne que l'eucharistie est le sommet et l'aboutissement de ce ministère.

> Les prêtres sont choisis par Dieu à l'intérieur de son peuple. C'est au sein de ce peuple qu'ils entendent son appel (la *vocation*), dont l'authenticité est vérifiée par l'Église. La perception des besoins de la mission, la rencontre de l'incroyance comme l'appel à guider et animer les communautés ecclésiales constituent les chemins par lesquels est perçu l'appel au ministère de prêtre. Mais la réponse positive demande un climat de prière et de générosité spirituelle. La qualité de la vie chrétienne des familles et des communautés constitue un soutien important. Tout le peuple de Dieu a ainsi la responsabilité d'entretenir les conditions qui permettent à ces vocations particulières d'éclore et de s'épanouir, pour son propre service et celui de l'Évangile.

Les diacres 466

Les *diacres* (ce mot signifie serviteur) « en communion avec l'évêque et son presbyterium » (LG 29) sont ordonnés à la « diaconie », c'est-à-dire au service de la liturgie, de la parole et de la charité (cf. LG 29). Le diaconat, premier degré du sacrement de l'ordre, est au cœur de l'Église le signe efficace du Christ Serviteur. Il fait du diacre un collaborateur de l'évêque dans le service de l'Église et du monde, spécialement le monde des plus petits et des pauvres. Il donne le pouvoir de prêcher l'Évangile dans la communauté rassemblée, d'assister le ministre qui préside l'eucharistie et de donner la communion, de baptiser, de bénir les mariages au nom de l'Église, de présider la prière officielle de l'assemblée, par exemple lors des funérailles. Il ne donne pas le pouvoir de présider l'eucharistie, ni celui de remettre les péchés au nom du Christ ou de donner l'onction des malades. Il rend apte à coopérer à la charge pastorale (cf. CIC 517).

> L'ordination diaconale est conférée par l'évêque. A ceux qu'il a choisis 467
> et auxquels il a fait donner une formation adaptée, l'évêque impose les mains en invoquant l'Esprit du Christ qui n'est « pas venu pour être servi, mais pour servir » (Mt 20, 28). Il fait ce geste seul : ni les prêtres ni les diacres ne l'accompagnent dans l'imposition des mains. L'évêque dit : « Regarde maintenant, Dieu très bon, N. à qui nous imposons les mains aujourd'hui : nous te supplions de le consacrer toi-même, pour qu'il serve dans l'ordre des diacres. Envoie sur lui, Seigneur, l'Esprit Saint. Qu'il soit ainsi fortifié des sept dons de ta grâce, pour remplir fidèlement son ministère. Fais croître en lui les vertus évangéliques : qu'il fasse preuve

d'une charité sincère, prenne soin des malades et des pauvres et s'efforce de vivre selon l'Esprit. » Cette célébration met en relief le lien direct créé par le diaconat entre l'évêque, pasteur de l'Église, et ceux qu'il se donne comme assistants, pour des services particuliers et non comme responsables de communautés.

Que le diaconat soit conféré à titre de degré vers le presbytérat ou à celui de diacre dit permanent, c'est-à-dire demeurant à ce degré, sa nature est toujours d'être conféré « non pas en vue du sacerdoce, mais en vue du service » (LG 29). Les diacres permanents peuvent être choisis parmi les hommes mariés ; ils continuent alors à vivre dans le sacrement du mariage, à assurer leurs charges d'époux, de père de famille et, selon les pays, leur activité professionnelle.

468 • **Ministres et serviteurs**

Un terme commun convient à tous ceux qui reçoivent le sacrement de l'ordre : celui de « ministres » ou « serviteurs ». La racine des deux mots est identique. Elle convient à ceux qui sont choisis dans la communauté des baptisés pour en devenir les serviteurs (cf. Lc 22, 24-27).

Par les « ministres ordonnés », évêques, prêtres, diacres, le Seigneur Jésus, Prêtre et Serviteur, demeure sacramentellement présent à son Église. C'est par leur ministère que le Christ prend corps dans l'histoire des hommes. Ils sont consacrés à donner aux hommes la vie nouvelle, à assurer la communion entre tous les fidèles en éveillant chacun à sa responsabilité de baptisé. Veilleurs, guides, pasteurs, les évêques et les prêtres incarnent dans le peuple de Dieu la présence du Christ ressuscité qui marche à sa tête.

Et puisqu'il n'y a pas d'Église sans eucharistie, il ne peut non plus y avoir d'Église sans prêtres ni sans le sacrement de l'ordre.

L'ordre est, avec le baptême et la confirmation, un des trois sacrements qui confèrent à ceux qui le reçoivent un *caractère* indélébile. Il les configure au Christ, envoyé du Père pour le salut des hommes, annonçant son dessein, distribuant les richesses de sa grâce, rassemblant et envoyant tous les disciples dans le monde pour l'accomplissement du royaume de Dieu.

469 **Le mariage**

Tandis que le sacrement de l'ordre est destiné à la sanctification de l'ensemble du peuple de Dieu, le sacrement de mariage vient sanctifier l'union de l'homme et de la femme, par laquelle la croissance de ce même peuple de Dieu ne cesse de se poursuivre au long des âges.

• Dans les desseins du Créateur

Depuis les origines le mariage est inscrit dans l'ordre de la *Création*. Le livre de la Genèse révèle l'intention du Créateur : susciter l'homme et la femme comme deux êtres capables de lier leur destin dans un amour intégral. Unis par leur relation d'amour au point d'être considérés comme « une seule chair », ils sont déclarés, l'un avec l'autre, image de Dieu et invités à vivre en ressemblance avec Dieu. C'est du Créateur qu'ils reçoivent mission de croître, de se multiplier et de dominer la terre. Ils deviennent ainsi « pro-créateurs », associés par Dieu même à la naissance de nouveaux êtres humains.

La Genèse présente cette union de l'homme et de la femme comme la première institution. Les différents livres de l'Ancien Testament utilisent fréquemment l'image de l'union de l'époux et de l'épouse pour parler de l'Alliance que Dieu établit avec son peuple (cf. Os 2, 18 ; Jr 2, 32).

L'amour, la sexualité, la fécondité, la relation de l'homme et de la femme tiennent ainsi une grande place dans la Révélation et dans la vie du peuple d'Israël.

• Dans la lumière de la Nouvelle Alliance, un sacrement

470

Pour rendre compte de son œuvre, Jésus (et le Nouveau Testament) utilise également le langage de l'union conjugale. Venu sceller l'Alliance définitive entre Dieu et l'humanité, il se révèle comme époux plein d'amour (cf. Lc 5, 34-35). Jean Baptiste le désigne comme « l'époux » (Jn 3, 29) et se présente comme « ami de l'époux ». L'Apocalypse termine la Révélation en parlant de l'Église comme de « l'épouse » aimée, purifiée, parvenue à la maturité dans l'Alliance (cf. Ap 22, 17).

Dans le mystère de l'union du Christ et de l'Église

471

Le mariage est une réalité humaine importante, qui a sa consistance propre dans la construction de l'humanité. C'est cette réalité même que le Christ a élevée à la dignité de sacrement.

Lorsque deux baptisés se marient, leur union est un sacrement parce qu'elle est une expression visible et un fruit effectif de l'union du Christ et de l'Église (cf. Ep 5, 25-32). « Le mariage des baptisés devient ainsi le symbole réel de l'Alliance nouvelle et éternelle, scellée dans le sang du Christ. L'Esprit, que répand le Seigneur, leur donne un cœur nouveau et rend l'homme et la femme capables de s'aimer, comme le Christ nous a aimés. L'amour conjugal atteint cette plénitude à laquelle il est intérieurement ordonné » (Fam. cons. 13).

Le mariage des baptisés donne la grâce d'aimer dans la fidélité et la fécondité. Il rend l'homme et la femme capables de vivre la communion entre eux et, ensemble, avec Dieu. Il suscite entre les époux une donation personnelle et réciproque, définitive et ouverte aux exigences d'une fécondité responsable.

472 Comme tous les sacrements, le mariage concerne l'Église. Par lui, l'amour de l'homme et de la femme devient signe de l'amour dont elle est aimée par son Seigneur.

> Si le mariage concerne l'Église c'est aussi qu'« au sein du mariage et de la famille se tisse un ensemble de relations interpersonnelles — rapports entre conjoints, paternité-maternité, filiation, fraternité — à travers lesquelles chaque personne est introduite dans la "famille humaine" et dans la "famille de Dieu" qu'est l'Église » (Fam. cons. 15).

Ainsi le mariage comporte-t-il toutes les caractéristiques du sacrement. « Le mariage, comme tout sacrement, est un mémorial, une actualisation et une prophétie de l'événement du salut. Mémorial, le sacrement leur donne [aux époux] la grâce et le devoir de faire mémoire des grandes œuvres de Dieu et d'en témoigner auprès de leurs enfants ; actualisation, il leur donne la grâce et le devoir de mettre en œuvre dans le présent, l'un envers l'autre et envers leurs enfants, les exigences d'un amour qui pardonne et qui rachète ; prophétie, il leur donne la grâce et le devoir de vivre et de témoigner l'espérance de la future rencontre avec le Christ » (Fam. cons. 13).

473 ### Engagement célébré

Comme tous les sacrements, la célébration du mariage comporte des paroles et des actes. Il est engagement, « serment », consentement.

> « C'est le consentement des parties légitimement manifesté entre personnes juridiquement capables qui fait le mariage ; ce consentement ne

peut être suppléé par aucune puissance humaine. Le consentement matrimonial est l'acte de la volonté par lequel un homme et une femme se donnent et se reçoivent mutuellement par une alliance irrévocable pour constituer le mariage » (CIC 1057). C'est donc l'expression de ce consentement qui constitue l'essentiel des rites du mariage entre baptisés. « Entre baptisés, il ne peut exister de contrat matrimonial valide qui ne soit, par le fait même, un sacrement » (CIC 1055).

Selon l'opinion la plus courante dans l'Église latine, ce sont les époux qui se donnent le sacrement de mariage lorsqu'ils concluent, dans la foi, l'engagement de réaliser ensemble une communauté de vie et d'amour, telle que l'a voulue le Créateur, et représentent le mystère d'amour qui lie le Christ et son Église.

Toutefois, l'engagement ainsi contracté, quand il s'agit de deux conjoints catholiques, requiert, pour la validité du sacrement, la présidence du prêtre ou du diacre, comme « témoin autorisé » de cet engagement, auquel viennent se joindre les autres témoins choisis par les époux. Le prêtre (ou le diacre) reçoit alors l'engagement au nom de l'Église. A sa demande s'engage le dialogue de la fiancée et du fiancé : « *Le fiancé* : N., veux-tu être ma femme ? *La fiancée* : Oui (je le veux). Et toi, N., veux-tu être mon mari ? *Le fiancé* : Oui (je le veux). N., je te reçois comme épouse et je me donne à toi pour t'aimer fidèlement tout au long de notre vie. *La fiancée* : N., je te reçois comme époux et je me donne à toi pour t'aimer fidèlement tout au long de notre vie. » L'Église a progressivement précisé les conditions de validité du sacrement afin de mettre fin à l'indétermination dans laquelle s'établissaient certains baptisés qui vivaient ensemble sans avoir pris et manifesté devant l'Église leur décision définitive de se lier en mariage de manière non équivoque.

L'engagement prend place dans une *célébration* qui comporte au moins l'écoute de la Parole de Dieu, le Notre Père et la bénédiction nuptiale. Cette célébration doit permettre aux époux de comprendre, vouloir et demander que leur engagement mutuel mette en lumière le mystère d'unité et d'amour fécond entre le Christ et l'Église (cf. CIC 1063). 474

La bénédiction et la remise réciproque des deux « *alliances* » symbolisent très heureusement l'Alliance du Seigneur et de son peuple, à l'intérieur de laquelle s'inscrit l'alliance sacramentelle de l'homme et de la femme.

La célébration du sacrement de mariage est particulièrement bien située au cours d'une messe puisque l'eucharistie est, par excellence, le sacrement de la Nouvelle Alliance.

Un lien unique et indissoluble 475

« Les propriétés essentielles du mariage sont l'unité et l'indissolubilité » (CIC 1056 ; cf. GS 48). Elles en sont les conditions indispensables. Il ne peut y avoir de mariage valide entre baptisés refusant de se donner l'un à l'autre de manière exclusive et définitive. La grâce sacramentelle donne chaque jour aux époux la capacité de vivre selon cet engagement.

La fidélité conjugale peut être un signe caractéristique de l'amour chrétien. Elle est particulièrement signifiante dans un monde où le divorce est souvent considéré comme une solution normale aux difficultés ou aux échecs. En certaines circonstances, elle ne peut être vécue ou retrouvée qu'avec une force spirituelle dépassant les capacités humaines. Elle reproduit alors l'un des traits de l'Alliance indéfectible conclue par Dieu avec son peuple dans le sang du Christ.

Tout au long de leur vie conjugale, les époux doivent se rappeler que leur union est non seulement le fruit de leur décision, mais celui de la puissance de Dieu. L'homme ne doit pas séparer « ce que Dieu a uni » (Mt 19, 6). Ce lien sacramentel que les baptisés ont librement tissé entre eux est « un lien sacré » (GS 48). L'Église ne cesse donc de prier pour leur croissance dans la fidélité. Elle en a contracté elle-même le devoir en accueillant la célébration du sacrement.

L'Église est, en retour, soutenue elle-même dans la fidélité à son Seigneur par la fidélité que se gardent les époux unis par elle dans le mariage. L'héroïsme que cette fidélité peut parfois impliquer est un témoignage du plus haut prix pour l'ensemble des baptisés.

476   Questionné par les pharisiens au sujet de la répudiation de la femme, Jésus s'exprime de manière très claire : « "N'avez-vous pas lu l'Écriture ? Au commencement, le Créateur les fit homme et femme, et il leur dit : *Voilà pourquoi l'homme quittera son père et sa mère, il s'attachera à sa femme, et tous deux ne feront plus qu'un.* A cause de cela, ils ne sont plus deux, mais un seul. Donc, ce que Dieu a uni, que l'homme ne le sépare pas !" Les pharisiens lui répliquèrent : "Pourquoi donc Moïse a-t-il prescrit la remise d'un acte de divorce avant la séparation ?" Jésus leur répond : "C'est en raison de votre endurcissement que Moïse vous a concédé de renvoyer vos femmes. Mais au commencement il n'en était pas ainsi" » (Mt 19, 4-8).

Parlant avec autorité, Jésus rappelle ainsi l'origine et l'idéal à retrouver. Les disciples eux-mêmes font alors état de leur interrogation : « Si telle est la situation de l'homme par rapport à sa femme, il n'y a pas intérêt à se marier » (Mt 19, 10). La réponse de Jésus suggère que, bien que tous ne comprennent pas, Dieu est capable de soutenir l'homme et la femme dans cette alliance difficile, tout comme il en aide d'autres à découvrir la possibilité de vivre sans se marier.

Les biens du mariage 477

Le mariage est ordonné au *bien des conjoints* en même temps qu'à la *génération* et à l'*éducation* des enfants.

« Les actes qui réalisent l'union intime et chaste des époux [...], vécus d'une manière vraiment humaine, [...] signifient et favorisent le don réciproque par lequel les époux s'enrichissent tous les deux dans la joie et la reconnaissance (GS 49). Par ces actes, ils sont appelés normalement à être féconds et à donner vie à des enfants, reflets vivants de leur amour, dons de Dieu, signes durables de leur unité, synthèse vivante et indissociable de leur être de père et de mère (cf. Fam. cons. 14). Ils correspondent alors aux vues du Créateur : « Soyez féconds et multipliez-vous » (Gn 1, 28). Tel est le commandement, qui est en même temps une bénédiction et que, dès l'origine, Dieu donne à l'homme et à la femme. « Le mariage et l'amour conjugal sont d'eux-mêmes ordonnés à la procréation et à l'éducation. D'ailleurs, les enfants sont le don le plus excellent du mariage et ils contribuent grandement au bien des parents eux-mêmes. [...] Dès lors, un amour conjugal vrai et bien compris, comme toute la structure de la vie familiale qui en découle, tendent, sans sous-estimer pour autant les autres fins du mariage, à rendre les époux disponibles pour coopérer courageusement à l'amour du Créateur et du Sauveur qui, par eux, veut sans cesse agrandir et enrichir sa propre famille » (GS 50).

Donner la vie implique d'accompagner la croissance de 478
cette vie, de l'éduquer. C'est une des premières responsabilités des époux. Cette éducation s'opère d'abord à l'intérieur de la famille et dure le temps nécessaire pour que les enfants parviennent à leur maturité de personnes (cf. GS 52).

> Elle s'exerce en suscitant la coopération de l'enfant à sa propre croissance. Elle met les parents en relation avec les multiples instances éducatives qui conjuguent leurs efforts pour que l'enfant devienne vraiment une personne, humainement et chrétiennement.

Par la grâce du sacrement de mariage, la mission éducative des parents est élevée à la dignité et à la vocation d'un service authentique de l'Église pour l'édification de ses membres (cf. Fam. cons. 38).

479 • **Sainteté du mariage et construction du royaume de Dieu**

Dans l'amour du Christ pour son Église, le mariage chrétien se présente comme une école de perfection personnelle et de sanctification mutuelle. Les enfants bénéficient de l'exemple de leurs parents et des réponses qu'ils donnent à leurs interrogations sur la vie et la foi chrétiennes. Ils concourent à la sanctification de leurs parents. Le foyer chrétien est un lieu de communication mutuelle des valeurs d'humanité et de sainteté, spécialement par la prière en famille et la sanctification du dimanche. Chacun y joue le rôle de coopérateur de la grâce et de témoin de la foi. Tous donnent et reçoivent (cf. GS 48).

L'amour conjugal et l'amour familial, comme tout amour, s'éprouvent et se construisent *dans le temps*. Souvent le meilleur et le pire sont mêlés : don et possession, amour et haine, réconciliation et refus. La grâce du sacrement de mariage exerce son action à l'intérieur de l'amour humain et de ses fragilités, pour conformer cet amour à celui qui constitue toute la vie du Christ, et qu'il ne cesse de nous témoigner.

480 • **Sous le rayonnement de l'eucharistie**

L'eucharistie demeure la nourriture de ceux qui sont engagés sur ce chemin de perfection. L'amour humain est affermi, purifié et transfiguré par le mystère de l'Alliance qui y est célébré. Vécue en couple et en famille, l'eucharistie nourrit et soutient la marche de chacun vers la sainteté à laquelle Dieu invite tout être humain. La cellule familiale, créée par le sacrement du mariage, est comme un monde et une Église en miniature où prennent forme et se développent la création et le royaume de Dieu.

L'eucharistie, source de tous les sacrements, irrigue de sa grâce l'ensemble de la vie de l'Église, cette communauté de l'Alliance nouvelle, scellée dans le sang du Christ.

6.

La loi de vie de la Nouvelle Alliance

481 HOMME, LE SEIGNEUR T'A FAIT SAVOIR
ce qui est bien,
ce qu'il réclame de toi :
rien d'autre que pratiquer la justice,
aimer la miséricorde,
et marcher humblement avec ton Dieu.   Mi 6, 8

482 QUANT À VOUS, MENEZ UNE VIE DIGNE
DE L'ÉVANGILE du Christ.
Soit que je vienne vous voir,
soit que de loin j'entende parler de vous,
il faut que vous teniez bon dans un seul esprit :
luttez ensemble, d'un seul cœur,
pour la foi en l'Évangile.
Ne vous laissez pas intimider par les adversaires :
vous donnerez ainsi la preuve de leur perte
et de votre salut.
Et tout cela vient de Dieu qui, pour le Christ,
vous a fait la grâce non seulement de croire en lui
mais aussi de souffrir pour lui.
Ce combat que vous soutenez,
vous m'avez vu le mener moi aussi,
et vous savez que je le mène encore.
S'il est vrai que dans le Christ
on se réconforte les uns les autres,
si l'on s'encourage dans l'amour,
si l'on est en communion dans l'Esprit,
si l'on a de la tendresse et de la pitié,
alors, pour que ma joie soit complète,
ayez les mêmes dispositions,
le même amour, les mêmes sentiments ;
recherchez l'unité.
Ne soyez jamais intrigants ni vantards,
mais ayez assez d'humilité
pour estimer les autres supérieurs à vous-mêmes.
Que chacun de vous ne soit pas préoccupé
de lui-même, mais aussi des autres.
Ayez entre vous les dispositions
que l'on doit avoir dans le Christ Jésus.   Ph 1, 27 - 2, 5

Vivre en fils et filles de Dieu

   Le Dieu vivant fait Alliance avec nous. Il nous offre son amour et sa vie. L'Alliance scellée avec Moïse est accomplie par Jésus dans la Nouvelle Alliance, infiniment au-delà de nos demandes et de nos pensées (cf. Ep. 3, 20).
   Non seulement nous sommes le peuple choisi par Dieu, mais nous devenons réellement ses enfants : « Voyez comme il est grand, l'amour dont le Père nous a comblés : il a voulu que nous soyons appelés enfants de Dieu, et nous le sommes. [...] Nous le savons : lorsque le Fils de Dieu paraîtra, nous serons semblables à lui parce que nous le verrons tel qu'il est » (1 Jn 3, 1-2).

Catéchisme pour adultes

484

CE N'EST PAS TOI QUI FAIS DIEU
mais Dieu qui te fait.
Si donc tu es l'ouvrage de Dieu,
attends la main de l'Artiste,
qui fait tout en temps opportun,
par rapport à toi qui es façonné.
Présente-lui un cœur souple et meuble
et conserve la forme que l'Artiste t'a donnée ;
tu possèdes en toi l'Eau (l'Esprit),
sans laquelle, en te durcissant,
tu perds l'empreinte de ses doigts.
En gardant cette conformité,
tu monteras jusqu'à la perfection,
car l'art de Dieu dissimulera en toi la glaise.

Irénée, évêque de Lyon,
† martyr vers l'an 200.

• Marcher à la suite du Christ

485 C'est l'Esprit du Père et du Fils, donné par le baptême et la confirmation, qui fait de nous des enfants de Dieu. Il importe de mener une vie digne de cette qualité de fils et de filles de Dieu. L'Ancienne Alliance appelait déjà à la perfection : « Soyez saints, car moi, le Seigneur votre Dieu, je suis saint » (Lv 19, 2). Jésus reprend en écho : « Soyez parfaits comme votre Père céleste est parfait » (Mt 5, 48). Tout chrétien est appelé à vivre en ressuscité dès sa vie présente : « Vous êtes ressuscités avec le Christ. Recherchez donc les réalités d'en haut : c'est là qu'est le Christ, assis à la droite de Dieu » (Col 3, 1).

486 Le Christ invite à marcher à sa suite. Croire n'est pas seulement adhérer intellectuellement à ce qu'il dit. C'est s'engager avec lui. « Si quelqu'un veut marcher derrière moi, [...] qu'il prenne sa croix et qu'il me suive » (Mt 16, 24).

> Saint Jean met les deux termes sur le même plan : marcher (aller vers, aller avec) et croire : « Voulez-vous partir, vous aussi ? », demande Jésus à ses disciples. Simon Pierre répond « Seigneur, vers qui pourrions-nous aller ? Tu as les paroles de la vie éternelle. Quant à nous, nous croyons, et nous savons que tu es le Saint, le Saint de Dieu » (Jn 6, 67-69). Se laisser conduire par l'Esprit du Christ, c'est être enfant du Père : « Tous ceux qui se laissent conduire par l'Esprit de Dieu, ceux-là sont fils de Dieu » (Rm 8, 14).

La foi chrétienne et la fidélité au Christ, nourries par la prière et les sacrements, débordent largement les comportements religieux et une simple profession de foi. Elles engagent toute la vie de chaque baptisé et des communautés elles-mêmes : « Il ne suffit pas de me dire : "Seigneur ! Seigneur !" pour entrer dans le royaume des cieux ; mais il faut faire la volonté de mon Père qui est aux cieux » (Mt 7, 21).

487 La volonté de Dieu n'est pas le caprice d'un tyran ; Dieu n'a pas d'autre dessein que notre vie et notre joie : « Moi je suis venu pour que les hommes aient la vie, pour qu'ils l'aient en abondance » (Jn 10, 10). « C'est nous qui écrivons cela, afin que nous ayons la plénitude de la joie » (1 Jn 1, 4). La volonté du Père, révélée dans l'Alliance avec Moïse, formulée à nouveau par Jésus, est déjà comme inscrite au cœur des hommes qui peuvent entrevoir au tréfonds d'eux-mêmes le vrai sens de la vie, ce qui est bon pour l'homme et ce qui est mauvais (cf. Rm 2, 15).

En effet, pour les chrétiens, l'homme est créé à l'image de Dieu et pour Dieu. Il ne peut trouver le bonheur qu'en acceptant de devenir ce pour quoi il a été créé et ce que, fondamentalement, il est. Même combattues par toutes sortes de tendances, son intelligence, sa responsabilité, son inclination naturelle vers le bien, le beau et le vrai le provoquent à des choix qui, par la force de la grâce, lui permettent de s'accomplir en s'ouvrant aux autres et à Dieu. Tous ces dynamismes ne peuvent trouver leur ultime plénitude que dans l'intimité de Dieu et la participation à l'échange éternel d'amour entre le Père et le Fils dans l'Esprit.

488
- **Au milieu d'autres recherches**

Sûrs du don que Dieu fait à chaque homme et à chaque femme en les aimant personnellement et en leur donnant, par son amour, d'aimer à leur tour, les chrétiens ne prétendent donc pas au monopole de la recherche et de la vie morale. Depuis des siècles, un effort de réflexion et d'action a été mené par des hommes soucieux d'honorer leur qualité d'êtres humains en vivant dans la dignité et la vraie liberté. De grands noms jalonnent la longue histoire de la réflexion morale de l'humanité.

Aujourd'hui aussi, beaucoup de gens entendent mener une vie digne et honnête, même s'ils ne soupçonnent pas leur vocation de fils et de filles d'un Dieu qu'ils ne connaissent pas. Il est bon de parcourir avec eux le long chemin vers l'accomplissement de l'homme et du monde puisque nous sommes tous appelés à vivre ensemble.

1.
La morale redécouverte

489

Après une certaine éclipse de la morale, on parle de son retour. Une communauté humaine, en effet, ne peut pas vivre durablement sans une réflexion morale, qui sous-tend des comportements moraux. Aussi les hommes ont toujours cherché comment vivre en hommes. Mais la tâche est ardue. Le peuple de Dieu a beaucoup reçu en accueillant la révélation du Seigneur sur son dessein d'amour pour les hommes.

Vivre en homme   490

L'homme est appelé à prendre en main son destin. C'est sa grandeur et aussi sa responsabilité. Pour accomplir sa vocation et accueillir le bonheur auquel Dieu le destine, l'homme a un combat incessant à mener. Pour le gagner, il reçoit de Dieu la grâce. Son cheminement vers un amour personnel, vers une responsabilité authentique et vers la sainteté, est souvent long. Le péché est pour lui une entrave. La tentation est grande de renoncer au projet du Créateur. C'est une épreuve.

Il est difficile de devenir véritablement homme. Il faut y mettre le prix. Pour aimer l'autre, il faut consentir à lui faire place, s'effacer devant lui pour qu'il existe, mourir à soi-même, à sa prétention spontanée de se prendre pour le centre du monde.

Rappeler la loi, sans prendre acte du temps nécessaire pour apprendre à la vivre, peut écraser l'homme et l'emprisonner dans sa culpabilité. Au contraire, le rappel de la loi, assorti d'une longue patience avec soi-même et avec les autres, est un chemin d'accomplissement. A condition que cette lenteur ne soit pas un prétexte pour ne rien faire, une manière d'être complice de ses propres faiblesses. Ici encore, l'amour est le moteur de l'accomplissement de l'homme et des communautés. Mais où l'homme trouvera-t-il la force d'aimer?

• Éclipse et retour de la morale   491

Au-delà des slogans qui se succèdent sur la fin de la morale ou sur son retour, on peut penser que la question morale, même si elle se déplace, est toujours au premier rang des préoccupations des hommes et des femmes de notre temps : parce qu'ils veulent être heureux ; parce qu'ils sont confrontés à des limites de toutes sortes, alors qu'ils rêveraient de ne pas être limités : ainsi ont-ils la nostalgie d'un amour sans défaillance, d'une véritable communion entre les êtres humains, d'une harmonie entre eux et la nature ; parce que les progrès techniques leur posent des questions nouvelles qui se résument finalement en une seule : dans quelle mesure ces techniques concourent-elles au bien de l'humanité ?

> Le nucléaire, par exemple, met entre nos mains une énergie capable de transformer la terre... et de la désintégrer. La chimie permet de créer toutes sortes de nouveaux matériaux, mais empoisonne aujourd'hui les forêts et demain les villes. Quant à la génétique, elle autorise les plus grands espoirs pour la guérison de nombreuses maladies, mais elle peut conduire à la destruction de l'être humain si elle oublie ce qu'il est fondamentalement.

L'homme saura-t-il maîtriser ces nouveaux pouvoirs, ou bien en sera-t-il esclave ? Cédera-t-il à l'ivresse de sa puissance ou saura-t-il s'imposer une régulation ?

492 • Une morale humaine

On redécouvre ainsi le caractère vital pour l'homme de la démarche éthique : refuser de chercher le bien de l'homme, c'est courir des risques mortels. Les anciens moralistes plaçaient la morale sous le signe du bonheur vrai, du côté de la vie, alors que le laisser-faire, le laisser-aller conduisaient à la mort... On rend hommage aujourd'hui à leur sagesse.

En même temps, les recherches des sciences humaines aboutissent à des conclusions voisines. Les spécialistes des origines de l'homme font apparaître la démarche morale comme « constitutive de l'homme ».

> Il est deux interdits que l'on retrouve dans les cultures de tous les temps : l'interdit de l'inceste et l'interdit du meurtre. Les psychanalystes parlent du « rôle structurant » de la loi : l'enfant a autant besoin des exigences de ses parents que de leur tendresse pour édifier sa personnalité.

493

Ceux qui réfléchissent sur ce qui est bien et sur ce qui est mal pour l'homme n'ont pas de difficulté à se mettre d'accord sur les principes les plus larges : « Il faut faire le bien et éviter le mal » et « ne fais pas aux autres ce que tu ne veux pas qu'ils te fassent ».

Ils peuvent même s'accorder sur ce qui est bon et sur ce qui est mauvais pour l'homme. Est bon tout ce qui le construit, ce qui le rend plus homme, plus libre, plus responsable, plus aimant. *Est bon tout ce qui humanise l'homme et la communauté humaine. Est mauvais tout ce qui déshumanise.*

La loi de vie de la Nouvelle Alliance

• La Loi naturelle 494

En créant l'être humain intelligent et libre, Dieu lui a donné le moyen de découvrir, comme à tâtons, ce qui allait dans le sens de son accomplissement, de sa dignité, de sa liberté. La Création et, à son sommet, l'homme, sont en eux-mêmes la première source de la morale.

> La Création apparaît ainsi comme une Alliance implicite de Dieu avec les hommes. D'ailleurs, à une loi de croissance : « Soyez féconds et multipliez-vous, remplissez la terre et soumettez-la » (Gn 1, 28), la Bible joint une loi de sagesse, l'interdit du fruit de l'arbre de la connaissance du bien et du mal : vous n'êtes pas Dieu, ne vous trompez pas de rôle, sinon vous ne pourrez pas vivre. Cette première Alliance a été suivie par une seconde Alliance de paix scellée par Dieu avec Noé, après le déluge (cf. Gn 9, 12).
>
> La création de l'homme fonde l'unité de l'humanité par-delà toutes les différences de langue, de race et de religion : tous les hommes sont frères puisqu'ils sont créés à l'image et à la ressemblance de Dieu.

Dieu, en créant le monde, y inscrit les règles d'un fonctionnement harmonieux. En créant l'homme à son image et à sa ressemblance, il inscrit dans le cœur de celui-ci la loi de son propre développement, et le rend capable de découvrir cette loi plus ou moins clairement par lui-même, parce qu'ils est une créature douée de raison. 495

On appelle traditionnellement *Loi naturelle* cette loi fondamentale de l'homme. Elle exprime le projet de Dieu sur lui, sa nature profonde d'être humain en lien avec les autres et avec le Créateur : elle lui permet de discerner son véritable bien.

> Cette expression n'est pas toujours bien comprise, pour deux raisons. Les uns opposent la loi à la liberté de l'homme. Ils ont raison de défendre la liberté mais la « loi » dont il est question ici ne s'oppose pas à la liberté. Bien au contraire elle lui indique un chemin pour que cette liberté ne soit plus seulement théorique mais prenne corps dans des actes. Les autres pensent que l'homme se distingue de la nature par sa culture. Ils ont raison, mais le mot nature est pris ici dans un autre sens que le leur : la nature désignée est la nature profonde de l'homme, c'est-à-dire ce qui le constitue dans sa dignité, son intelligence, sa spiritualité, sa responsabilité, sa capacité d'aimer. Ainsi la Loi naturelle ne peut s'accomplir que dans l'exercice de la liberté de l'homme.

Certains philosophes et certaines communautés humaines sont parvenus, d'une manière tout à fait admirable, à discerner la sagesse de Dieu inscrite dans l'homme et le monde. En cherchant la 496 vérité, ils ont découvert un ordre universel, un appel intérieur au bien, à l'amour personnel, au respect de tout homme et à l'adoration aimante du Créateur.

> Le Christ révélera aux hommes que le cœur de tous ces principes universels est l'*amour* et que Dieu répond en plénitude à la soif humaine d'aimer, d'adorer et de contempler, en donnant l'Esprit Saint, l'amour même de Dieu. Toute la morale chrétienne se résume en ce mot : « Aimez-vous les uns les autres comme je vous ai aimés » (Jn 15, 12). Pour un chrétien, l'amour ne prend toute sa signification qu'à la lumière du Christ donnant sa vie.

Mais comment exprimer effectivement le respect de l'autre, l'amour ? On ne peut éviter la question du passage des principes universels à leur application concrète dans une société donnée, à un moment donné.

En effet, dès que l'on s'éloigne des grands principes pour descendre sur le terrain des applications concrètes, des divergences ne tardent pas à se manifester et les choses sont moins claires. Et c'est pourtant dans le concret du quotidien que se posent les problèmes.

> Par exemple, respecter la vie d'un innocent, c'est bien ; ne pas la respecter, c'est mal. Mais qui est innocent ? Le soldat mobilisé pour une guerre qui le dépasse est-il un innocent ou un injuste agresseur ? Il faut respecter le bien du prochain. Mais le chômeur sans le sou qui prend du pain au supermarché, a-t-il le droit de prendre ainsi ce dont il a besoin pour vivre ?

497 • **Des conceptions différentes de l'homme**

Pour répondre à la question : « Qu'est-ce qui est bon pour l'homme ? », il faut savoir ce qu'est l'homme. Si l'on met l'accent sur la force de ses besoins instinctifs plus ou moins régulés par la raison ou si on le considère comme une personne douée d'intelligence et de liberté, mais vouée à une mort définitive, les réponses seront différentes. Dans le premier cas, les camps nazis et le goulag ne sont pas loin. Mais la réponse sera encore toute différente si l'homme est perçu comme créé à l'image de Dieu, appelé par le Christ à partager la vie divine.

Une réflexion morale élaborée met en jeu des questions philosophiques et religieuses fondamentales à propos desquelles les hommes sont très loin d'être d'accord. Derrière toute morale, se profile, au moins implicitement, une conception globale de l'homme. La réponse n'est pas simple, car l'homme est un mystère à ses propres yeux.

Pourtant, dans nos sociétés pluralistes, avec des religions, des philosophies et même des morales différentes, il doit être possible de trouver des terrains de rencontre.

• Les Droits de l'homme 498

Heureusement des forces d'unité travaillent le monde. Des blocs de pays antagonistes sont amenés à s'entendre s'ils veulent éviter de détruire la planète. Les pays riches du Nord sont conduits, bon gré mal gré, à partager avec les pauvres du Sud, sinon leur prospérité elle-même s'évanouira. La menace de notre puissance démesurée devrait nous acculer à une sagesse commune. L'expérience montre d'ailleurs que les hommes peuvent s'entendre sur un certain fond commun de ce qui est à promouvoir et de ce qui est à éviter. La Déclaration universelle des droits de l'homme représente un grand progrès à cet égard.

Jean-Paul II s'y réfère souvent, comme à une base commune pour le bien de l'humanité, tout en situant la source des Droits de l'homme en Dieu dont il est l'image. Les Droits de l'homme sont loin d'être respectés par tous ceux qui s'en réclament. Du moins demeurent-ils pour tous un appel. Ils sont comme une expression commune de la Loi naturelle.

La conscience et la Loi 499

La loi morale apparaît comme un éclairage extérieur sur le vrai bien de l'homme. Mais l'homme bénéficie aussi d'un éclairage intérieur sur le bien, qui est la conscience.

• La conscience

Il existe en chacun comme une « boussole intérieure » qui aide à pressentir où sont le bien et le mal. C'est ce qu'on appelle la *conscience*. Par elle, chacun, éclairé par l'Esprit Saint, apprend à discerner ce qui est bon pour lui et pour les autres.

Catéchisme pour adultes

> Le concile Vatican II souligne fortement le rôle et la noblesse de la conscience morale : « Au fond de sa conscience, l'homme découvre la présence d'une loi qu'il ne s'est pas donnée lui-même, mais à laquelle il est tenu d'obéir. Cette voix, qui ne cesse de le presser d'aimer et d'accomplir le bien et d'éviter le mal, au moment opportun résonne dans l'intimité de son cœur : "Fais ceci, évite cela." Car c'est une loi inscrite par Dieu au cœur de l'homme ; sa dignité est de lui obéir, et c'est elle qui le jugera. La conscience est le centre le plus secret de l'homme, le sanctuaire où il est seul avec Dieu et où sa voix se fait entendre. C'est d'une manière admirable que se découvre à la conscience cette loi qui s'accomplit dans l'amour de Dieu et du prochain. Par fidélité à la conscience, les chrétiens, unis aux autres hommes, doivent chercher ensemble la vérité et la solution juste de tant de problèmes moraux que soulèvent aussi bien la vie privée que la vie sociale » (GS 16).

500   Mais bien des problèmes se posent ici. D'abord l'homme peut voir où est le bien et cependant faire le mal. C'est précisément en cela que réside le mal moral, la faute : faire le mal, en le sachant et en y consentant. Il y a en effet une blessure dans le cœur de l'homme. L'élan spontané vers le bien, vers la vie, est comme blessé par une secrète complicité avec le mal. Notre cœur est habité par une sorte d'opposition spontanée contre Dieu et contre la loi de vie qu'il nous propose. Cédant à notre orgueil, nous prétendons décréter ce qui est bien pour nous et ce qui est mal, sans tenir compte de ce que sont vraiment le bien et le mal. Cette attitude spontanée qui nous situe en défiance par rapport à Dieu, à notre vrai bien, au sens authentique de la vie, est une conséquence du péché originel.

501   ● **Libérer la liberté et éclairer sa conscience**

L'engagement moral de l'homme n'est donc pas simplement une affaire d'intelligence. Il concerne tout son être, sa volonté, son affectivité.

La liberté de l'homme rencontre des contraintes. Elle est handicapée, freinée par toutes sortes de pesanteurs, de séquelles d'une éducation mal faite, d'habitudes anciennes, par les exemples mauvais de l'entourage, certaines structures déshumanisantes de la société, sans compter la secrète complicité du cœur avec le mal dont nous venons de parler.

Aussi la vie morale est un combat incessant dans le cœur des hommes et dans le monde. Le combat engage la liberté de chacun : nul ne peut se permettre de juger le cœur des autres. On comprend l'appel du Christ : « Ne jugez pas, et vous ne serez pas jugés » (Lc 6, 37). Personne n'est à même de mesurer la liberté de

La loi de vie de la Nouvelle Alliance

l'autre dans le bien comme dans le mal. Autre chose est de juger les comportements et les situations car il n'est pas vrai que tout est acceptable. *Juger les comportements, c'est se conduire en homme. Mais juger les personnes, c'est se prendre pour Dieu.*

La liberté est donnée comme un germe à faire grandir plus que comme une réalité pleinement constituée. Il faut en quelque sorte l'aider à se développer, à s'exercer en vue du bien. Chacun, s'il veut vivre en homme, doit progressivement apprendre à « libérer sa liberté » des chaînes qui l'entravent. Ce n'est facile pour personne. Certains auront plus de mal que d'autres à se libérer, mais leur cœur peut rester droit et ouvert à la conversion. C'est pourquoi le Christ ose dire aux pharisiens : « Les publicains et les prostituées vous précèdent dans le royaume de Dieu » (Mt 21, 31).

Si, malgré les protestations de notre conscience, nous continuons à faire ce qu'elle réprouve, la conscience s'émousse. Parfois, complètement faussée, elle fonctionne à l'envers en décrétant bonnes les pires déviations. Plus la conscience droite l'emporte, plus les personnes et les groupes s'éloignent d'une décision aveugle et tendent à se conformer aux normes objectives de la moralité. Toutefois, il arrive souvent que la conscience s'égare, par suite d'une ignorance invincible, sans perdre pour autant sa dignité. Mais il arrive aussi que l'homme se soucie peu de rechercher le vrai et le bien, et que l'habitude du péché rende peu à peu sa conscience presque aveugle (cf. GS 16). La conscience a donc besoin d'être formée. *Nous sommes responsables devant notre conscience*, ultime témoin de Dieu auprès de nous. *Mais nous sommes responsables aussi de notre conscience.* Pour qu'elle soit droite et vraie, il nous faut la tenir en éveil, l'exercer dans les décisions concrètes et la tester, en quelque sorte, en la confrontant à la loi. 502

Où aller chercher une loi morale qui conduira au bien authentique de l'homme et de la communauté humaine? Tant de systèmes s'offrent aux hommes, et si différents!

• Loi civile et loi morale 503

La loi civile a pour but de promouvoir le bien commun, dans le respect des personnes. Elle est juste à deux conditions : qu'elle soit fondée sur la loi morale naturelle, en référence à ce qui est le vrai bien de tout l'homme et de tout homme; qu'elle réglemente le domaine de la vie sociale sans s'immiscer dans celui des consciences.

Dans une société pluraliste, il arrive que la loi se contente de traduire un consensus des citoyens au niveau le plus bas, c'est-à-dire des moindres exigences, par exemple en matière de solidarité et de politique familiale. Il arrive même que la loi civile, par faiblesse devant une opinion publique déformée, légalise des pratiques illicites complètement opposées aux Droits de l'homme, comme l'apartheid ou l'avortement. En ce cas, la première condition fait défaut, la loi est donc injuste.

Les pouvoirs totalitaires violent non seulement la loi morale mais aussi les consciences par des lois injustes, par exemple en supprimant le droit à la liberté d'expression ou à la liberté religieuse.

504 Ainsi, ce qui est légal n'est pas toujours moral. Le chrétien ne peut se résoudre à voir en désaccord légalité et moralité. C'est pourquoi le concile Vatican II demande aux laïcs, d'une part de travailler à ce que les lois civiles soient conformes à la loi morale (cf. AA 14), d'autre part d'obéir aux lois justes, car elles obligent en conscience (cf. CD 19).

La loi morale déborde de loin les limites de la loi civile. C'est elle qui juge la loi civile et non l'inverse. Mais où et comment la conscience et la réflexion des hommes pourront-elles trouver la lumière nécessaire pour juger la loi civile sous l'angle moral ?

Les Droits de l'homme sont un point de repère de grande valeur mais inégalement admis. Tant d'obstacles empêchent de percevoir le vrai bien de l'homme et de l'humanité.

Les juifs et les chrétiens savent reconnaître combien est précieuse, même d'un simple point de vue humain, la révélation de la Loi de Dieu exprimée dans le Décalogue, les dix commandements, que beaucoup appellent la loi de Moïse.

505 **• Loi morale des hommes et loi morale de Dieu**

Tout l'Ancien Testament est préparation à la venue du Christ. A la lumière de la Résurrection, il peut se lire comme le livre des fiançailles entre Dieu et son peuple, ce qui colore évidemment toute sa recherche éthique.

Par ailleurs, la loi inscrite par Dieu dans le cœur de l'homme ne s'oppose évidemment pas à la loi de Moïse. Ce que les

La loi de vie de la Nouvelle Alliance

hommes, depuis les origines jusqu'à Moïse, ont pu découvrir et formuler de la morale, apparaît comme une première ébauche de la Loi de Dieu.

Mais avant de nous arrêter à la loi du peuple de l'Alliance, il nous faut apporter quelques précisions sur l'action morale. La morale éclaire l'engagement de chaque personne vis-à-vis d'une autre personne, de la communauté où elle se trouve, ou de Dieu.

Quelques précisions sur l'action morale 506

Le jugement moral considère la valeur *objective* des situations et des comportements. Mais l'engagement *personnel* relève de la décision morale. Il faut donc examiner maintenant la structure d'une décision morale, caractéristique de tout acte humain délibéré.

• Les conditions de la rectitude morale

La liberté

Le champ de la morale est celui de la liberté.

> Les animaux n'ont pas de morale. Leur conduite est réglée par leur vie instinctive. Les spécialistes disent des choses passionnantes sur leur comportement ; mais ce ne sont pas des comportements libres. La question morale ne se pose qu'au niveau d'actes humains au plein sens du mot, conscients et libres, responsables.

Si l'éveil du sens moral apparaît par et dans l'amour, la morale n'existe qu'avec la liberté. Elle ne joue que là où vit une liberté, souvent partielle, mais liberté tout de même. Et une conduite morale tend à développer cette liberté, à rendre l'homme plus responsable, plus aimant, plus homme.

L'intention 507

C'est dans le « cœur » de l'homme, au sens de la Bible, dans son moi profond, que surgissent le bien et le mal (cf. Mt 15, 19). C'est pourquoi l'élément décisif d'une conduite morale, après la liberté, c'est l'intention par laquelle l'homme s'oriente vers son bien, sa finalité.

> Une mauvaise intention empêche toujours les comportements d'être bons moralement.

Catéchisme pour adultes

L'objet

Pour qu'un acte soit bon, il faut que la nature même de l'acte, c'est-à-dire son objet, soit bonne. Tuer (sauf cas de légitime défense), voler, mentir à quelqu'un qui a le droit à la vérité, commettre l'adultère, sont par nature des actes mauvais.

508 ### *La fin et les moyens*

La bonne intention est très importante, mais ne suffit pas. Il faut encore prendre les moyens adéquats pour atteindre le bien visé.

> C'est une bonne chose d'apporter de la nourriture à ceux qui ont faim. Mais si, pour le faire, je vide le garde-manger du voisin pendant son week-end, mon acte est mauvais. Ce que je fais, ici un vol, est un mal et le demeure malgré ma bonne intention. Celle-ci n'innocente pas le vol, ni ne le transforme en bienfaisance.

La fin ne justifie pas les moyens. Ceux-ci doivent être cohérents avec l'action menée et la bonne intention. Poser un acte mauvais, même avec une bonne intention, reste moralement mauvais.

509 ### *Les circonstances*

Les circonstances peuvent évidemment influencer la qualification morale d'un acte : il faut examiner l'action entreprise dans tout son environnement.

> Un syndicat de la Santé, pour défendre les droits bafoués des aides-soignants, peut déclencher légitimement une grève du personnel ; cela peut être juste et même méritoire. Mais lors d'une grave épidémie, les circonstances sont telles qu'il pourrait devenir immoral de déclencher ou de maintenir une grève à ce moment-là.

La moralité d'un acte exige que ses diverses composantes soient bonnes en même temps : objet, intention, moyens employés, circonstances. Si un seul de ces éléments est mauvais, l'action sera moralement mauvaise, même si, à celui qui agit, une erreur de bonne foi enlève la responsabilité morale du mal.

510 ### *L'art du bon choix : la prudence*

Ces rappels seraient pourtant insupportables s'ils réduisaient l'action de l'homme à une vérification systématique analogue au « check-up » des pilotes d'avion avant le décollage. En fait, le dynamisme de l'action et l'amour du vrai et du bien permettent de tenir ensemble tous ces éléments. Souvent d'ailleurs, l'habitude d'agir bien conduit à intégrer ces données. C'est cette habitude dynamique que l'on appelle traditionnellement *vertu*.

Un certain sens spirituel permet à l'homme droit de percevoir ce qui est juste et bon dans le maquis des situations concrètes. Cette aptitude à faire les bons choix s'appelle la vertu de *prudence*, au sens noble du mot, qui n'a rien à voir avec le manque de courage. Au contraire, elle allie l'intelligence de l'analyse, le don de soi et le risque lucide qui, lui, engage la personne dans l'action.

Il ne s'agit pas simplement de savoir où est le bien, mais de trouver l'énergie pour l'accomplir, de trouver assez d'amour de Dieu, de soi-même et du prochain pour agir vraiment bien.

Les vertus morales 511

A côté de la prudence, les moralistes évoquent volontiers d'autres dynamismes qui aident à agir bien, efficacement et avec joie, dans les grandes affaires de la vie : la *justice* qui aide à rendre à chacun son dû, la *tempérance* qui aide à user avec une saine modération des biens et des plaisirs de la vie, et la *force* qui aide à affronter les difficultés et les épreuves de la vie. Comme toutes les réalités morales, ces « vertus » demandent à être exercées sous peine de s'atrophier.

• Une morale culpabilisante ou libératrice ? 512

La littérature a souvent mis en scène le drame de l'homme en proie au remords. Les psychanalystes ont pris le relais en mettant en lumière le poids d'une culpabilité écrasante. Aujourd'hui la tendance spontanée est de déculpabiliser. Mais faut-il déculpabiliser à tout prix ?

Ce n'est pas de cette culpabilité que parle l'Évangile : « La vérité vous rendra libres » (Jn 8, 32). La vérité du péché reconnu est un premier pas vers le pardon. Loin de refouler la culpabilité, elle la reconnaît. Et l'aveu rend au pécheur, pour une part, sa dignité. En faisant la vérité, il redevient un homme responsable, libre. Pourtant, pour que sa responsabilité ne l'écrase pas, il faut qu'il expérimente, en réponse à son aveu, le pardon de l'autre qu'il a blessé par son péché. Ce pardon dans la vérité est source de joie : « Heureux l'homme dont la faute est enlevée, et le péché remis ! » (Ps 31, 1).

Mais si l'autre ne lui pardonne pas ? S'il ne se pardonne pas à lui-même ? Qui pourra lui dire en vérité : « Tes péchés sont pardonnés » (Lc 7, 48) et le rendre à la liberté ? Ce ne sont pas le refoulement ni la négation qui libèrent de la faute, c'est la vérité, mais une vérité portée par l'amour qui fait revivre.

513
- **La faute et le péché**

Tout homme qui fait le mal consciemment et volontairement est en faute. Même sans la loi (de Dieu), des païens « montrent que l'œuvre voulue par la loi est inscrite dans leur cœur ; leur conscience en témoigne également ainsi que leurs jugements intérieurs qui tour à tour les accusent et les défendent » (Rm 2, 15).

Mais c'est dans une perspective religieuse que le péché prend toute sa mesure, dans le refus de Dieu qu'est le refus de sa loi de vie, de même que la miséricorde et la grâce prennent toute leur mesure dans l'accueil du don de Dieu.

2.
Vivre en enfants de Dieu

514

L'homme, créé à l'image de Dieu, trouve en lui-même, et dans une réflexion intelligente sur le monde où il est inséré, la source du bien vivre, de la morale telle que le Créateur l'a voulue pour lui. Cependant la foi lui fait franchir un seuil. Elle affirme que Dieu intervient dans l'histoire des hommes.

Après une très longue préparation du cosmos tout entier, après la recherche tâtonnante des hommes depuis les origines, Dieu s'est choisi un peuple : il a fait Alliance avec Israël. Il l'a choisi par pure libéralité. Il l'a appelé à être son peuple à lui, un peuple saint. Il l'a libéré de la servitude d'Égypte. Pour l'aider à s'affranchir de la servitude plus menaçante du péché, il lui a donné sa Loi. Puis, « lorsque les temps furent accomplis, Dieu a envoyé son Fils » (Ga 4, 4) pour nous appeler à devenir ses enfants (cf. 1 Jn 3, 1-2) et à vivre en fils et filles de Dieu par le don de son Esprit (cf. Rm 8, 14-15).

La loi de l'Alliance

515

La Loi de Dieu n'est pas une suite d'interdits. Elle est une Loi de sainteté, de liberté et de vie. Le Décalogue articule l'amour de Dieu et l'amour du prochain ; il place au cœur de la morale et de la relation avec l'autre une recherche spirituelle et religieuse. La Table des dix commandements est toujours présentée dans l'Ancien Testament comme liée à l'acte par lequel Dieu libère son peuple : « Je suis le Seigneur ton Dieu, qui t'ai fait sortir du pays d'Égypte, de la maison d'esclavage » (Ex 20, 2). Le peuple consacré à Dieu doit être saint comme Dieu : « Soyez à moi, saints, car je suis saint, moi, le Seigneur ; et je vous ai distingués du milieu des peuples pour que vous soyez à moi » (Lv 20, 26).

Cette loi de sainteté est une loi de vie parce qu'elle guide l'homme et l'humanité sur le chemin difficile de son accomplissement. Moïse disait au peuple d'Israël : « Je te propose aujourd'hui de choisir ou bien la vie et le bonheur, ou bien la mort et le malheur. Écoute les commandements que je te donne aujourd'hui : aimer le Seigneur ton Dieu, marcher dans ses chemins, garder ses ordres, ses commandements et ses décrets. Alors, tu vivras [...]. Choisis donc la vie, pour que vous viviez, toi et ta descendance » (Dt 30, 15-16. 19).

La « loi de Moïse » n'est donc pas, quant au contenu, globalement différente de la Loi naturelle, qu'elle explicite en quelque sorte. Elle est comme symbolisée dans le Décalogue qui en est le sommet. Dans nombre de détails, elle est tributaire des coutumes du temps et engagée dans des détails qui ne pouvaient servir qu'à Israël. Dans ses prescriptions cultuelles, elle est presque entièrement caduque. Dans son orientation morale, la Loi sera parachevée par le Christ.

516

Cette loi de vie est aussi déjà une loi d'amour : « Tu aimeras le Seigneur, ton Dieu, de tout ton cœur, de toute ton âme et de toute ta force » (Dt 6, 5 ; cf. Jos 23, 11). Les prophètes reprendront constamment cet appel à l'amour du Seigneur comme source de la vie de tout homme ; le psaume 118 est une sorte d'hymne à la Loi comme expression de l'amour du Seigneur.

Les prophètes reprochent aussi à Israël ses infidélités aux exigences de l'Alliance. En ces infidélités mêmes, Israël se montre

517

encore figure de l'humanité, notre figure, à chaque fois que nous péchons. Mais Dieu demeure fidèle et toujours prêt à la miséricorde. Au point que les prophètes en viennent à annoncer une Alliance nouvelle et éternelle : « Je mettrai ma Loi au plus profond d'eux-mêmes ; je l'inscrirai dans leur cœur. Je serai leur Dieu, et ils seront mon peuple » (Jr 31, 33). « Je vous donnerai un cœur nouveau, je mettrai en vous un esprit nouveau. J'enlèverai votre cœur de pierre, et je vous donnerai un cœur de chair. Je mettrai en vous mon esprit : alors vous suivrez mes lois, vous observerez mes commandements et vous y serez fidèles » (Ez 36, 26-27).

518 La loi de la Nouvelle Alliance

En Christ s'accomplit la promesse transmise par Ézéchiel. Empli de l'Esprit, Jésus est l'homme au cœur nouveau. Il vit les béatitudes. En lui est scellée une Alliance nouvelle et éternelle dont la loi est l'amour déposé dans les cœurs par l'Esprit Saint (cf. Rm 5, 5). Cet amour, loin d'évacuer les commandements, les accomplit et leur donne pleine signification.

• La loi intérieure : l'Esprit Saint

La Loi nouvelle est d'abord la grâce de l'Esprit Saint diffusée dans le cœur des fidèles, remarque saint Thomas d'Aquin. Ceci est capital. Nous ne sommes pas sauvés par la pratique de la Loi. Nous sommes sauvés par grâce, gratuitement, par le don de Dieu qui nous aime sans attendre que nous en soyons dignes. « Voici à quoi se reconnaît l'amour : ce n'est pas nous qui avons aimé Dieu, c'est lui qui nous a aimés » (1 Jn 4, 10).

Sauvés par grâce (cf. Rm 3, 24-25), nous avons à répondre à notre salut, en vivant désormais sous le souffle de l'Esprit. Dans toutes les situations complexes de la vie terrestre, nous devons chercher à « reconnaître quelle est la volonté de Dieu : ce qui est bon, ce qui est capable de lui plaire, ce qui est parfait » (Rm 12, 2).

519 La charte de la morale chrétienne est tracée par saint Paul, dans l'épître aux Galates : « Vous avez été appelés à la liberté. Mais que cette liberté ne soit pas un prétexte pour satisfaire votre égoïsme ; au contraire, mettez-

vous, par amour, au service les uns des autres. Car toute la Loi atteint sa perfection dans un seul commandement, et le voici : *Tu aimeras ton prochain comme toi-même.* Si vous vous mordez et vous dévorez les uns les autres, prenez garde : vous allez vous détruire les uns les autres. Je vous le dis : vivez sous la conduite de l'Esprit de Dieu ; alors vous n'obéirez pas aux tendances égoïstes de la chair. Car les tendances de la chair s'opposent à l'esprit, et les tendances de l'esprit s'opposent à la chair. En effet, il y a là un affrontement qui vous empêche de faire ce que vous voudriez. Mais en vous laissant conduire par l'Esprit, vous n'êtes plus sujets de la Loi. On sait bien à quelles actions mène la chair : débauche, impureté, obscénité, idolâtrie, sorcellerie, haines, querelles, jalousie, colère, envie, divisions, sectarisme, rivalités, beuveries, gloutonnerie et autres choses du même genre. Je vous préviens, comme je l'ai déjà fait : ceux qui agissent de cette manière ne recevront pas en héritage le royaume de Dieu. Mais voici ce que produit l'Esprit : amour, joie, paix, patience, bonté, bienveillance, foi, humilité et maîtrise de soi. Face à tout cela, il n'y a plus de loi qui tienne. Ceux qui sont au Christ Jésus ont crucifié en eux la chair, avec ses passions et ses tendances égoïstes. Puisque l'Esprit nous fait vivre, laissons-nous conduire par l'Esprit » (Ga 5, 13-25).

• L'amour et les commandements 520

Le Christ se défend d'abolir la Loi. Il l'accomplit, ce qui n'est pas la même chose (cf. Mt 5, 17). Il en redresse les déformations (par exemple à propos du mariage). Il en radicalise les exigences (par exemple à propos du pardon, de l'adultère, de l'amour des ennemis, etc.). Quand un jeune homme riche lui demande que faire pour accéder à la vie éternelle, Jésus rappelle les commandements, puis il l'invite à aller au-delà (cf. Mc 10, 19). L'évangile qui parle le plus de l'amour, celui de Jean, est celui qui parle le plus des commandements : « Si vous m'aimez, vous resterez fidèles à mes commandements » (Jn 14, 15). « Si vous êtes fidèles à mes commandements, vous demeurerez dans mon amour » (Jn 15, 10). La « loi du Christ » (Ga 6, 2) appelle le chrétien à donner sa vie comme le Christ. On comprend alors mieux le mot de saint Augustin : « Aime et fais ce que tu veux », aime le Seigneur et l'Esprit dynamisera ta liberté pour accueillir dans ta vie la volonté de Dieu.

La vie selon l'Esprit n'abolit donc pas la Loi : elle l'intègre et la dépasse. Les saints donnent l'exemple d'une vie selon l'Esprit, d'une vie inspirée par la loi d'amour. Ils « oublient » la Loi, non parce qu'ils s'estiment au-dessus d'elle, mais parce qu'ils l'accomplissent sans avoir besoin de s'y référer. Un peu comme des époux très aimants ne pensent même pas à faire appel à leurs devoirs et à leurs droits.

521   Si la « loi du Christ » accomplit la loi de Moïse, celle-ci reprend et explicite la Loi naturelle. Aussi cette loi du Christ illumine le chemin de tous les hommes, et pas seulement celui des chrétiens.

> L'enseignement du concile Vatican II montre le lien fondamental entre Jésus Christ et tous les hommes : « Le Verbe de Dieu, par qui tout a été fait, s'est lui-même fait chair et est venu habiter la terre des hommes. Homme parfait, il est entré dans l'histoire du monde, l'assumant et la récapitulant en lui. C'est lui qui nous révèle que "Dieu est charité" (1 Jn 4, 8) et qui nous enseigne en même temps que la loi fondamentale de la perfection humaine, et donc de la transformation du monde, est le commandement nouveau de l'amour. A ceux qui croient à la divine charité, il apporte ainsi la certitude que la voie de l'amour est ouverte à tous les hommes et que l'effort qui tend à instaurer une fraternité universelle n'est pas vain. Il nous avertit aussi que cette charité ne doit pas seulement s'exercer dans des actions d'éclat, mais, et avant tout, dans le quotidien de la vie » (GS 38).

522   • **Une dimension pascale**

« Si quelqu'un veut marcher derrière moi, qu'il renonce à lui-même, qu'il prenne sa croix et qu'il me suive. Car celui qui veut sauver sa vie la perdra, mais qui perd sa vie à cause de moi la gardera » (Mt 16, 24-25). Le monde est un monde de lutte. L'égoïsme et le péché tiennent de solides bastions dans les cœurs et dans la société. L'amour du Christ n'a vaincu le péché et la haine qu'en allant jusqu'au bout (cf. Jn 13, 1), jusqu'à la mort, et la mort par la croix. Ainsi la résurrection du Christ marque le triomphe de l'amour, mais le chemin qui y mène passe par la croix.

« Le serviteur n'est pas plus grand que son maître. Si l'on m'a persécuté, on vous persécutera vous aussi » (Jn 15, 20). La vie chrétienne se déploie sous le signe de la croix et de la résurrection. Toute conversion est mort à soi-même pour accéder à une vie pour Dieu, une vie offerte et consacrée (cf. Jn 17, 19). Pas plus que la souffrance, la croix n'a de signification par elle-même ; c'est l'amour qui lui donne sens : « Il faut que le monde sache que j'aime mon Père, et que je fais tout ce que mon Père m'a commandé » (Jn 14, 31), dit Jésus à la veille de sa mort.

523   A la suite du Christ, le baptême nous introduit dans ce mystère de mort et de résurrection.

> Aussi pour le renouvellement des promesses du baptême à la vigile pascale, la liturgie reprend la solennelle proclamation de saint Paul aux

La loi de vie de la Nouvelle Alliance

Romains : « Nous tous, qui avons été baptisés en Jésus Christ, c'est dans sa mort que nous avons été baptisés. Si, par le baptême dans sa mort, nous avons été mis au tombeau avec lui, c'est pour que nous menions une vie nouvelle, nous aussi, de même que le Christ, par la toute-puissance du Père, est ressuscité d'entre les morts. [...] Et si nous sommes passés par la mort avec le Christ, nous croyons que nous vivrons aussi avec lui. Nous le savons en effet : ressuscité des morts, le Christ ne meurt plus ; sur lui la mort n'a plus aucun pouvoir. Car il est mort, et c'est au péché qu'il est mort une fois pour toutes ; lui qui est vivant, c'est pour Dieu qu'il est vivant. De même vous aussi : pensez que vous êtes morts au péché, et vivants pour Dieu en Jésus Christ » (Rm 6, 3-4. 8-11).

• Une dimension ecclésiale   524

Chacun peut entendre la voix de Dieu dans le secret de sa conscience. Mais Dieu a voulu « que les hommes ne reçoivent pas la sanctification et le salut séparément, hors de tout lien mutuel » (LG 9). Par le baptême, nous sommes agrégés au peuple de Dieu, membres vivants de son Corps, l'Église. C'est en Église que tous, nous avons à vivre notre vocation de fils et de filles de Dieu.

Les chrétiens d'hier, comme une « nuée de témoins », entraînent à marcher à leur suite les fidèles d'aujourd'hui. Ils inscrivent dans le réel humain les exigences et les signes évangéliques. Ils aident à discerner les appels de Dieu et à écouter la Parole de celui qui, aujourd'hui encore, veut guider son peuple sur les chemins de la vie.

En étant membres actifs de leurs paroisses ainsi que des associations de fidèles, ceux-ci pourront acquérir une formation plus adaptée, développeront leur sens de la communion ecclésiale et nourriront leur vie spirituelle.

Pour le service de son peuple, le Seigneur a confié spécialement à ses pasteurs une tâche d'accompagnement, de discernement et d'enseignement pour le bien de tous : « Celui qui vous écoute, m'écoute ; celui qui vous rejette me rejette » (Lc 10, 16). Ce service des pasteurs s'exerce selon des modalités différentes.   525

Quand il s'agit des requêtes fondamentales de la vie selon l'Évangile, le magistère de l'Église les rappelle « à temps et à contretemps » (2 Tm 4, 2). A certaines époques et dans certains domaines, où s'obscurcit la conscience collective, par exemple sur la vie éternelle ou sur le mariage, l'Église doit avoir la lucidité et le courage des prophètes pour rappeler les desseins de Dieu. Elle affronte alors inévitablement l'incompréhension, l'hostilité, même

Catéchisme pour adultes

de la part de certains fidèles. Cependant que d'autres, même parmi les incroyants, s'y retrouvent volontiers. Mais plus elle se heurte aux idées reçues, plus elle doit manifester le respect et la miséricorde du Seigneur envers les personnes. Les grandes lignes du sens chrétien de l'homme et de la communauté, valables toujours et partout, sont exprimées, par exemple, dans la première partie de la Constitution pastorale du concile Vatican II *L'Église dans le monde de ce temps*.

Quant aux problèmes nouveaux et très complexes qui se posent aujourd'hui à nos sociétés, l'Église n'a pas, pour en juger, compétence universelle. Pourtant, quand ces problèmes ont une incidence morale (pensons à la bioéthique, à la vie économique, au chômage, au développement, à la solidarité...), l'Église ne peut se dispenser d'intervenir pour apporter les éléments d'un discernement moral.

526   Le concile Vatican II a donné comme une charte de l'intervention et du rôle de l'Église dans ces domaines.

> S'interrogeant sur le sens et la valeur de l'activité des hommes d'aujourd'hui, le Concile répond : « L'Église, gardienne du dépôt de la Parole divine, où elle puise les principes de l'ordre religieux et moral, n'a pas toujours, pour autant, une réponse immédiate à chacune de ces questions ; elle désire toutefois joindre la lumière de la Révélation à l'expérience de tous, pour éclairer le chemin où l'humanité vient de s'engager » (GS 33).

Ainsi, dans l'écoute des hommes compétents et en dialogue avec eux, l'Église veut tracer les chemins nouveaux à la lumière de l'Évangile et du sens chrétien de l'homme. Elle constitue peu à peu ce corps de réflexion et de ligne d'action dont *la doctrine sociale de l'Église* est un des éléments les plus importants. Le pape et les évêques précisent ces positions en fonction des événements (encycliques, exhortations, déclarations, etc.).

527   Les pasteurs de l'Église, assistés par l'Esprit, doivent écouter le peuple de Dieu et les hommes de leur temps. Les fidèles laïcs qui, eux aussi, sont assistés par l'Esprit, ont le droit et le devoir — selon leurs compétences — de dialoguer avec leurs pasteurs, et d'exprimer leur opinion sur les grandes questions en débat (cf. LG 37).

> « C'est à leur conscience [de laïcs], préalablement formée, qu'il revient d'inscrire la loi divine dans la cité terrestre. Qu'ils attendent des

prêtres lumières et forces spirituelles. Qu'ils ne pensent pas pour autant que leurs pasteurs aient une compétence telle qu'ils puissent leur fournir une solution concrète et immédiate à tout problème, même grave, qui se présente à eux, ou que telle soit leur mission. Mais plutôt, éclairés par la sagesse chrétienne, prêtant fidèlement attention à l'enseignement du magistère, qu'ils prennent eux-mêmes leurs responsabilités » (GS 43).

Mais ils doivent écouter dans la foi leurs pasteurs et s'informer de l'enseignement de l'Église sur les problèmes vitaux dans lesquels l'homme est engagé. En effet, les évêques — et d'une manière toute spéciale le pape — doivent être reçus par tous comme les docteurs authentiques de la foi (cf. LG 25).

- **Une dimension théologale : la foi, l'espérance et la charité** 528

Croire

Toute la vie de celui qui croit au Dieu et Père de Jésus Christ est transformée par la foi.

Don de Dieu, initiative du Seigneur, grâce, la foi est aussi réponse de l'homme qui engage son intelligence et sa liberté dans « l'obéissance de la foi » (Rm 1, 5). Crucifiante, en nous mettant en face de nos limites, la foi est libératrice, puisqu'elle nous situe dans la vérité de notre condition d'hommes mortels, limités et pécheurs, mais pécheurs pardonnés, appelés à vivre de la vie de Dieu et à être coopérateurs du salut à notre tour.

> La foi est don gratuit de Dieu. L'humilité et une certaine inclination du cœur vers la vérité qui nous dépasse (ce qui n'est point crédulité) nous disposent à l'accueillir : « Père, Seigneur du ciel et de la terre, je proclame ta louange : ce que tu as caché aux sages et aux savants, tu l'as révélé aux tout petits » (Mt 11, 25).
>
> Aujourd'hui, beaucoup de gens perçoivent mal le domaine et les limites de la démarche scientifique, au moment où beaucoup de savants deviennent plus humbles : ils ne s'appellent plus des savants, mais des chercheurs. Les sciences de l'homme elles-mêmes commencent à reconnaître que l'homme est un mystère. C'est là déjà une ouverture à une réponse possible qui vient de plus loin que l'homme. *L'intelligence de l'intelligence, c'est l'humilité, la capacité de reconnaître ses propres limites.* Ceci n'est pas encore la foi, mais une préparation à l'accueil de la foi.

La foi est adhésion à la Parole de Dieu, déposée dans 529 l'Écriture et confiée à l'Église. C'est pourquoi les chrétiens soucieux de vivre selon l'Évangile sont attentifs à l'enseignement de l'Église.

Catéchisme pour adultes

La foi, en tant que libre adhésion de l'intelligence de l'homme à Dieu qu'il ne voit pas, est le lieu d'un combat. Elle doit être nourrie par la Parole de Dieu, la prière, les sacrements et la vie chrétienne. Elle doit se cultiver. Acquérir une formation doctrinale, adaptée aux responsabilités exercées par chacun, est un devoir urgent face aux questions actuelles, aux possibles dérives morales et à la prolifération des sectes.

530   ***Espérer***

L'espérance est cette inclination du cœur par laquelle le Seigneur nous dispose à attendre avec confiance tout ce qu'il nous a promis. L'espérance est le dynamisme de la foi, projeté vers l'avenir. Elle rend confiants en la fidélité de Dieu à mettre en œuvre ses promesses de vie.

Elle culmine dans l'abandon total au Père capable de retourner les situations les plus désespérées, comme il a ressuscité Jésus Christ d'entre les morts. Abraham, le père des croyants, est aussi le père de ceux qui espèrent : « Il est notre père devant Dieu en qui il a cru, Dieu qui donne la vie aux morts et qui appelle à l'existence ce qui n'existait pas. Espérant contre toute espérance, il a cru, et ainsi il est devenu le père d'un grand nombre de peuples » (Rm 4, 17-18).

L'espérance a porté les saints dans leurs épreuves et dans les obscurités de la foi. Elle a donné force aux martyrs d'hier. Elle permet à beaucoup de chrétiens de notre époque de rester fidèles, persuadés qu'ils sont de ce que dit saint Paul : « Aucun don spirituel ne vous manque, à vous qui attendez de voir se révéler notre Seigneur Jésus Christ. C'est lui qui vous fera tenir solidement jusqu'au bout [...]. Car Dieu est fidèle, lui qui vous a appelés à vivre en communion avec son Fils, Jésus Christ notre Seigneur » (1 Co 1, 7-9).

531   ***Aimer***

La foi et l'espérance sont ordonnées à la charité : « Ce qui demeure aujourd'hui, c'est la foi, l'espérance et la charité ; mais la plus grande des trois, c'est la charité » (1 Co 13, 13). La racine de la vie chrétienne, c'est l'amour « car Dieu est Amour », et tout le reste s'efface devant l'amour. C'est pourquoi nous serons jugés sur l'amour.

La loi de vie de la Nouvelle Alliance

Pour les chrétiens, le cœur de la vie est inséparablement l'amour de Dieu et l'amour du prochain. L'Alliance ancienne soulignait déjà le rôle central de l'amour du peuple élu en réponse à l'amour gratuit de Dieu (cf. Dt 6, 5). Le Christ ressuscité, après avoir scellé l'Alliance nouvelle dans son sang et donné sur la croix le signe du plus grand amour, répand dans nos cœurs l'amour de Dieu par le don de l'Esprit Saint (cf. Rm 5, 5).

Depuis que, dans le sein de la Vierge Marie, Dieu s'est fait homme, rien ni personne ne pourra plus jamais nous séparer de Dieu. La vérité de l'amour de l'homme se trouve dans l'amour que Dieu a pour lui et dans sa réponse à cet amour. « Tous ceux qui aiment sont enfants de Dieu, et ils connaissent Dieu » (1 Jn 4, 7). Aimer Dieu véritablement, c'est aimer les hommes, ses frères.

> Le Christ s'identifie aux membres de l'Église : « Je suis Jésus, celui que tu persécutes » (Ac 9, 5), et même à tout homme quel qu'il soit : « Car j'avais faim, et vous m'avez donné à manger [...]. Chaque fois que vous l'avez fait à l'un de ces petits qui sont mes frères, c'est à moi que vous l'avez fait » (Mt 25, 35. 40). Le lien indissoluble de l'amour de Dieu et de l'amour du prochain est affirmé par Jésus lui-même, dans un dialogue avec un docteur de la Loi qui lui avait demandé quel était le plus grand commandement : « *Tu aimeras le Seigneur ton Dieu de tout ton cœur, de toute ton âme et de tout ton esprit.* Voilà le grand, le premier commandement. Et voici le second, qui lui est semblable : *Tu aimeras ton prochain comme toi-même.* Tout ce qu'il y a dans l'Écriture — dans la Loi et les Prophètes — dépend de ces deux commandements » (Mt 22, 37-40).

• Une dimension sacramentelle

Il n'y a pas de vie morale chrétienne sans vie sacramentelle car les grandes composantes de la vie des baptisés (les dimensions pascale, ecclésiale et théologale) s'expriment dans les sacrements. Chaque sacrement en effet, selon sa grâce propre, associe le chrétien à la passion, à la mort et à la résurrection du Seigneur, l'enracine dans l'Église, déploie en lui la foi, l'espérance et la charité, et le renvoie à sa mission dans le monde.

La vie chrétienne consiste à grandir dans l'amour de Dieu et du prochain. Au légiste qui lui a redit le double commandement de l'amour, Jésus affirme : « Tu as bien répondu. Fais ainsi et tu auras la vie » (Lc 10, 28). Le commandement de l'amour de Dieu — et de celui de l'amour du frère qui lui est semblable — est le cœur de l'agir chrétien. L'amour s'exprime dans des actes concrets tout au long de la vie. Les commandements balisent les chemins de la croissance de l'homme dans l'amour. Plus encore qu'ils ne mettent en relief les transgressions, ils promettent l'aide de Dieu pour l'accomplissement de l'homme.

3.
Péché et réconciliation

534

La Loi de Dieu est loi de sainteté, de liberté et d'amour. Elle ouvre aux hommes un chemin de vie.

En l'homme, cependant, elle se heurte à des obstacles. Le premier est la tentation. Lorsque le Christ, en nous apprenant à prier, nous fait demander « ne nous soumets pas à la tentation », il manifeste que, dans le quotidien de nos vies, nous rencontrons l'appel de Dieu, certes, mais aussi la séduction du Tentateur. En effet, le mot *tentation*, dans le Notre Père, ne se réfère pas seulement à la psychologie humaine, mais à celui qui veut faire tomber l'homme dans le péché comme il a tenté Jésus dans le désert. Être tenté, c'est subir la tentation du « Mauvais ».

535   *Pécher*, c'est dire « non » à l'amour de Dieu et à ses commandements. C'est manquer de confiance en Dieu en cherchant son bonheur dans d'autres directions.

Avoir le *sens du péché*, c'est prendre conscience de ce refus de l'amour de Dieu lorsque nous posons certains actes contraires à sa volonté ou que nous en omettons d'autres qui lui sont conformes.

Chez certaines personnes, ce sens du péché peut être exagéré par suite d'un trouble maladif de la conscience. Elles peuvent alors éprouver un sentiment de culpabilité sans véritable objet. Chez d'autres, en revanche, il peut être atrophié par suite de troubles du même ordre. Mais, pour la plupart, la transgression des commandements de Dieu engendre inquiétude et remords, qui sont signe de l'existence du péché, appel à le reconnaître devant Dieu et à se convertir en faisant l'expérience de son pardon.

Il y a péché et péché

Tous les péchés offensent Dieu mais certains ne remettent pas fondamentalement en cause l'orientation d'une vie ouverte à Dieu et aux autres. On parle alors de *péchés véniels*. Ceux-ci ne sont pourtant pas innocents : ils peuvent blesser l'homme et la communauté humaine.

D'autres péchés s'opposent en eux-mêmes gravement au bien de l'homme. On parle alors de « matière grave ». Quand, dans de tels actes, l'homme ne s'engage pas totalement, par manque de liberté vraie et de connaissance, ses péchés demeurent alors véniels.

D'autres péchés traduisent un engagement conscient et voulu en matière grave. Ils sont alors considérés par l'Église comme des *péchés mortels*, car ils conduisent effectivement à la mort de la relation entre l'homme et le Dieu de Vie, fondement de toutes les autres relations de l'homme.

Jérémie traduit bien cette folie mortelle de l'homme qui se coupe de ses sources : « Ils m'ont abandonné, moi, la source d'eau vive, et ils se sont creusé des citernes : des citernes fissurées, qui ne retiennent pas l'eau ! » (Jr 2, 13).

Le péché revêt souvent aussi une dimension sociale, de bien des façons. Mais « ces cas de *péché social* sont le fruit, l'accumulation et la concentration de nombreux *péchés personnels* » (RP 16).

Mal de l'homme et blessure pour Dieu

« Désobéissance » à Dieu à travers sa loi, le péché est une folie, une œuvre de mort pour l'homme et la communauté humaine. En se détournant de son vrai bien, l'homme tend à s'autodétruire dans ce qu'il a de meilleur. Mal de l'homme, le péché est aussi offense à Dieu, atteint dans son image qu'est l'homme, quand celui-ci est blessé par d'autres ou par lui-même. Mais Dieu est atteint aussi directement dans son amour refusé, dans l'Alliance récusée. C'est pourquoi la Bible parle parfois du péché en termes d'adultère (cf. Os 2 ; Ez 16) : l'essentiel se passe au niveau de l'amour renié. De fait, les péchés les plus graves sont ceux qui s'opposent directement à l'amour de Dieu et du prochain, d'abord l'oubli, puis le refus, et enfin la haine.

Aux confins de la tendresse insondable de Dieu et de la liberté de l'homme qui s'y refuse, le péché est un mystère. Il porte à l'extrême le tragique de la condition humaine. C'est seulement dans la contemplation de l'agonie, de la passion et de la croix du Christ qu'on peut en entrevoir la profondeur : « Le sang de l'Alliance, répandu pour la multitude en rémission des péchés » (Mt 26, 28) interdit de réduire le mystère du péché à un modeste incident de parcours.

538 Alibi et aveu

Une approche de la condition humaine oublieuse de Dieu tend aujourd'hui à évacuer le péché de notre horizon, et cela de bien des manières. Ici l'homme devient un objet, le jouet de ses pulsions ou de son horoscope, il n'est plus un sujet responsable. Là il se disculpe par la tactique du bouc émissaire : le mal existe, mais c'est toujours l'autre, « le juif », « l'arabe », l'immigrant, etc. D'une manière ou d'une autre, dans cette perspective, l'essentiel est de libérer l'homme de sa culpabilité. Celui-ci y échoue parce qu'il méconnaît la profondeur mystérieuse du péché.

> Ces manœuvres ne peuvent empêcher le mal. Nos grands drames collectifs et personnels nous interdisent de passer sous silence nos responsabilités précises ou diffuses, personnelles ou collectives (cf. RP 16).

L'Église a pu accorder parfois trop de place à *l'enfer* dans sa prédication. Aujourd'hui, par réaction, on évacue trop souvent l'idée du jugement et le risque de la damnation. Ces réalités tiennent pourtant une grande place dans la Bible. Il ne s'agit pas seulement de thèmes littéraires.

539   A vrai dire, le repentir et l'aveu de sa misère ne sont possibles au chrétien que dans l'amour et la miséricorde qui président à l'Alliance. Hors du champ de la tendresse de Dieu, l'homme ne peut assumer sa culpabilité. Il oscille entre une pseudo-innocence, la révolte ouverte et la désespérance, à moins d'ériger son désir en règle suprême, en décrétant que le mal est devenu le bien. Dans l'amour, au contraire, il est capable de faire la vérité, cette vérité qui rend libre (cf. Jn 8, 32) : « Père, j'ai péché contre le

ciel et contre toi » (Lc 15, 18). Et là, il peut s'entendre dire : « Moi non plus, je ne te condamne pas. Va, et désormais ne pèche plus » (Jn 8, 11).

Pour la Bible, le péché n'est jamais ni premier, ni dernier. La priorité est à la grâce, à l'amour prévenant et pardonnant. La dénonciation du péché ne va jamais sans l'annonce du pardon et d'une réconciliation possibles : « Si nous disons que nous n'avons pas de péché, nous nous égarons nous-mêmes et la vérité n'est pas en nous. Si nous reconnaissons nos péchés, lui qui est fidèle et juste nous pardonnera nos péchés et nous purifiera de tout ce qui nous oppose à lui » (1 Jn 1, 8-9).

« Rétablis dans ton Alliance »

Toujours donnée par le Seigneur à celui qui se repent, la réconciliation s'opère de bien des manières : « la charité couvre la multitude des péchés » (1 P 4, 8). La prière, le pardon, le partage, la dynamique même de la vie chrétienne restaurent nos relations avec le Seigneur et nos frères. Mais lorsque l'Alliance a été rompue par une faute grave, l'action du Christ qui réconcilie doit être célébrée dans le sacrement du pardon.

Dieu agit par les sacrements, mais ceux-ci n'enferment pas son action. Pourtant, le moyen ordinaire de la réconciliation, au moins pour les péchés graves, est la rencontre salutaire avec le Christ ressuscité dans le sacrement de la réconciliation. Réellement présent et agissant dans son Église, et très particulièrement dans les sacrements qu'il a institués, le Seigneur vient à notre rencontre par le ministère de ceux qu'il a consacrés pour cette œuvre de vie. Dans le peuple de Dieu, la désaffection présente pour ce sacrement vient pour une part de la méconnaissance de la réalité profonde de l'amour divin tel qu'il se donne à nous à travers les gestes de miséricorde que sont les sacrements de l'Église. On ne peut pourtant pas faire appel au pardon du Seigneur si l'on néglige le chemin normal qu'il ouvre pour nous dans les sacrements.

L'acteur principal du sacrement de la réconciliation est le Christ lui-même présent par son ministre. Mais notre liberté engagée dans le péché doit s'engager aussi dans la réconciliation. La vérité de la démarche appelle un aveu authentique. C'est la raison pour laquelle l'Église catholique rappelle l'importance de l'aveu et de l'absolution personnels.

La vérité de la démarche appelle aussi le désir de réparer les torts causés. Jésus pardonne à Zachée et Zachée sent la nécessité de distribuer ce qu'il a pris injustement, et même bien plus.

Le sacrement de la réconciliation, comme toute la vie chrétienne, apporte salut et joie dans une libération onéreuse qui renvoie à la croix et à la résurrection. Tout concourt au bien de ceux qui aiment Dieu (cf. Rm 8, 28), « même le péché », commente saint Augustin.

Le péché lui-même devient, à travers la voie royale de la miséricorde éprouvée, un lieu de la grâce : « Là où le péché s'était multiplié, la grâce a surabondé » (Rm 5, 20). Et l'interminable procession des pardonnés, confus et heureux, proclame au long des siècles la *felix culpa*, l'heureuse faute : David, la pécheresse (cf. Lc 7, 36-50), le « bon larron », Pierre, Augustin, Charles de Foucauld... Le chemin du pardon est le chemin de la joie véritable pour l'homme, le chemin de sa libération.

4.
Itinéraires pour vivre dans l'amour : les dix commandements

542

Donnés, jadis, à Israël par Moïse, les « dix commandements » restent la charte du chrétien.

Les « commandements » sont l'expression de la volonté de Dieu qui appelle ses enfants à la liberté.

La liberté n'est pas caprice. Dieu commande, « ordonne », met les choses en ordre, en place, pour le bien de l'homme, et c'est un don. Il donne l'ordre, indique ce qui est à faire pour vivre, pour aimer et pour être authentiquement libre.

543

Parfois les commandements sont formulés d'une manière négative : « Tu ne commettras pas de meurtre. Tu ne commettras pas d'adultère » (Ex 20, 13-14). Le précepte est alors clair, mais le risque serait de se contenter d'un minimum. Des précisions ou des nuances vont parfois devoir s'imposer. En face de l'interdiction de tuer, ne peut-il pas y avoir des cas de légitime défense ? Mais si l'on envisage des exceptions, la pointe du commandement ne va-t-elle pas s'émousser ?

Certains commandements sont formulés de manière positive : « Honore ton père et ta mère » (Ex 20, 12). Ici la porte est ouverte à l'infini. On peut ne pas savoir exprimer son amour ou mal l'exprimer ; mais on n'aimera jamais trop. La voie de la sainteté est dégagée.

En réalité, il faut tenir les deux formulations : l'interdit comme limite à ne pas dépasser et l'appel comme invitation à aimer toujours davantage. De plus, les commandements sont formulés au futur, comme des promesses : si tu entends l'appel de Dieu, un jour tu arriveras à aimer, à respecter l'autre...

Voici le texte des commandements tel qu'on le lit dans le livre du Deutéronome (Dt 5, 6-21) :

« Je suis le Seigneur ton Dieu, qui t'ai fait sortir du pays d'Égypte, de la maison d'esclavage.

« Tu n'auras pas d'autres dieux que moi.

« Tu ne feras aucune idole, aucune image de ce qui est là-haut dans les cieux, ou en bas sur la terre, ou dans les eaux par-dessous la terre. [...]

« Tu n'invoqueras pas le nom du Seigneur ton Dieu pour le mal, car le Seigneur ne laissera pas impuni celui qui invoque son nom pour le mal.

« Observe le Sabbat comme un jour sacré, selon l'ordre du Seigneur ton Dieu. Pendant six jours tu travailleras et tu feras tout ton ouvrage, mais le septième jour est le jour du repos, Sabbat en l'honneur du Seigneur ton Dieu. Tu ne feras aucun ouvrage, ni toi, ni ton fils, ni ta fille, ni ton serviteur, ni ta servante, ni ton bœuf, ni ton âne, ni aucune de tes bêtes, ni l'immigré qui réside dans ta ville. Ainsi, comme toi-même, ton serviteur et ta servante se reposeront. Tu te souviendras que tu as été esclave au pays d'Égypte, et que le Seigneur ton Dieu t'en a fait sortir par la force de sa main et la vigueur de son bras. C'est pourquoi le Seigneur ton Dieu t'a commandé de célébrer le jour du Sabbat.

Catéchisme pour adultes

« Honore ton père et ta mère, comme te l'a commandé le Seigneur ton Dieu, afin d'avoir longue vie et bonheur sur la terre que te donne le Seigneur ton Dieu.

« Tu ne commettras pas de meurtre.

« Tu ne commettras pas d'adultère.

« Tu ne commettras pas de vol.

« Tu ne porteras pas de faux témoignages contre ton prochain.

« Tu ne convoiteras pas la femme de ton prochain, tu ne désireras ni sa maison ni son champ, ni son serviteur ni sa servante, ni son bœuf ou son âne : rien de ce qui lui appartient. »

545 Adorer et aimer Dieu

Dieu est Dieu. Il est l'origine de tout. Il nous a créés. Ce n'est pas nous qui l'avons créé. Nous dépendons de lui et non l'inverse. Cette dépendance, cette origine, nous pouvons la vivre en un amour confiant ou dans une rébellion agressive. Dans une famille, un enfant confiant reconnaît tout ce qu'il doit à ses parents et se met à les aimer d'une manière de plus en plus désintéressée. Au contraire, un autre peut s'enfermer dans le refus, cultiver le soupçon et se mettre à haïr ses parents.

L'amour désintéressé de Dieu appelle une réponse aimante de notre part. Cette inclination du cœur est source de joie et de liberté. Elle correspond à la vérité de Dieu, notre Créateur et Père très aimant, qui nous envoie son Fils pour faire de nous ses enfants par le don de son Esprit. Elle correspond à notre vérité d'hommes et de femmes, créatures, fils et filles de Dieu. L'amour que Dieu nous porte suscite en nos cœurs le désir de Dieu, de le connaître et de l'aimer.

Cet appel nous entraîne à la reconnaissance étonnée de la grâce de Dieu, de sa tendresse et de sa grandeur. Sa toute-puissance, loin d'être ressentie par nous comme une menace, nous appelle au contraire à faire la vérité, à la reconnaître et à la proclamer joyeusement : « Tu es grand, Seigneur, éternellement. » Pour évacuer de nos cœurs la peur de sa puissance et de sa sainteté, il s'est fait faible, petit et vulnérable en Jésus. Par sa vulnérabilité, il nous manifeste sa tendresse et éveille la nôtre.

La loi de vie de la Nouvelle Alliance

Jésus Christ nous révèle tout autre chose de Dieu et, plaçant son Esprit au cœur de l'homme, il permet à chacun de se tourner vers Dieu en disant : « Père. » Encore faut-il comprendre que Dieu, en se révélant comme Père, ne veut pas que nous soyons infantiles, mais que, adultes, nous vivions de sa grâce, qui nous établit « de sa race » (cf. Ac 17, 28), « fils héritiers » (cf. Rm 8, 17), sachant de quel amour nous sommes issus.

L'expérience de Dieu, que nous acquérons par grâce au long de notre relation avec lui, entraîne à le reconnaître comme Dieu, à vouloir le servir, à accueillir dans l'action de grâce sa vérité de Dieu dans notre vérité d'hommes. Alors, adoration, louange et action ne font plus qu'un : « Nous te rendons grâce pour ton immense gloire », chantons-nous à la messe.

Ainsi l'adoration et l'amour sont intimement unis. L'adoration met davantage l'accent sur la vérité des êtres, sur la vérité de Dieu, reconnu comme Dieu, dans une distance. L'amour met davantage l'accent sur une proximité, sur la communion avec Dieu, sur la rencontre et le partage de son amour dans l'Esprit Saint. Mais les deux attitudes, l'amour et l'adoration, se rejoignent dans la louange de nos *alleluia* et de nos acclamations.

Honorer et servir Dieu

L'amour et l'adoration conduisent, sous la mouvance de l'Esprit, à servir Dieu et à le reconnaître pour ce qu'il est. Le second commandement demande le respect du Nom. Plus profondément que le refus des blasphèmes, des jurons, c'est le respect du mystère de Dieu lui-même qui est ici en jeu.

L'amour et l'adoration de Dieu exigent un dépouillement de soi-même. Peu à peu, si l'on refuse de faire place à Dieu, « les soucis, la richesse et les plaisirs de la vie » (Lc 8, 14) étouffent la Parole. L'homme en proie au « divertissement » oublie Dieu. Cet oubli est tragique : à la longue, coupé de sa source vivante, l'homme se déshumanise.

L'homme moderne, comme l'homme primitif, cède facilement à la tentation des idoles... L'argent, la réussite, le plaisir, le pouvoir sont des serviteurs utiles. Mais quand ils deviennent les maîtres, ils se transforment en idoles qui prennent la place du Dieu vivant et vrai, dans nos cœurs et dans nos civilisations (cf. Lc 8, 14).

Catéchisme pour adultes

548   Le refus de Dieu, à notre époque, prend des formes diverses, depuis l'athéisme serein ou militant jusqu'à l'indifférence. Il arrive même que, par une mystérieuse hostilité vis-à-vis de Dieu (dans laquelle le croyant peut déceler la présence de l'Adversaire), des hommes et des femmes cultivent une véritable haine du Seigneur, de tout ce qui l'évoque et de tous ceux qui l'invoquent. Littérature, presse et films nous montrent parfois ce genre de dérision et de blasphème alors que d'autres œuvres ouvrent sur le mystère de l'homme et de la vie spirituelle.

Il est donc important d'évangéliser la culture, les milieux et les mentalités pour que la référence à Dieu y trouve sa juste place et ne soit pas systématiquement écartée.

Mais ces refus, nous le savons, ont de multiples causes : surestimation de la connaissance scientifique, révolte devant le scandale du mal, notamment les injustices et la souffrance des innocents, répulsion à l'égard de Dieu et de la religion rencontrés dans leurs caricatures.

549   Certaines oppositions, toutefois, peuvent être plus proches d'une véritable attitude religieuse que des conformismes sans âme. N'oublions pas non plus que les saints eux-mêmes ont connu la tentation de se révolter contre le scandale de la souffrance : « Cela ne m'étonne pas, Seigneur, que vous ayez si peu d'amis, à la manière dont vous les traitez », disait sainte Thérèse d'Avila. Et le concile Vatican II, dans son *Message aux pauvres, aux malades, à tous ceux qui souffrent*, ose nous dire : « Le Christ n'a pas supprimé la souffrance ; il n'a même pas voulu en dévoiler entièrement le mystère ; il l'a prise sur lui, et c'est assez pour que nous en comprenions tout le prix. »

On doit donc se garder de juger ceux qui semblent refuser Dieu. L'indifférence et l'athéisme militant doivent nous trouver lucides sur le mal, mais humbles et respectueux des personnes. Le concile Vatican II souligne en même temps ce que peut être la responsabilité des chrétiens dans la genèse de l'athéisme : « Les croyants peuvent [y] avoir une part qui n'est pas mince, dans la mesure où, par la négligence dans l'éducation de leur foi, par des présentations trompeuses de la doctrine et aussi par des défaillances de leur vie religieuse, morale et sociale, on peut dire d'eux qu'ils voilent l'authentique visage de Dieu et de la religion plus qu'ils ne le révèlent » (GS 19).

Prières, attitudes et comportements religieux 550

L'amour et l'adoration de Dieu se traduisent par des comportements appropriés. C'est ainsi que des hommes éprouvent le besoin d'exprimer à Dieu, comme ils le peuvent, qu'ils sont ses créatures.

Chrétiens, nous savons que le Dieu et Père de Jésus Christ nous aime, nous parle et nous écoute. Cette certitude est au cœur de notre vie chrétienne et de notre expérience de foi. Habités par l'Esprit, nous nous tournons vers le Père et nous l'appelons « Abba ». Prière personnelle et prière liturgique scandent la vie chrétienne tout entière.

• La prière 551

La prière est la respiration de l'âme. Elle consiste à se rendre attentif à Dieu, Père, Fils et Saint-Esprit, à écouter sa Parole, à lui parler : passer du « il » au « tu ». Elle se nourrit de la Parole de Dieu, des psaumes en particulier, des grandes prières de l'Église, des écrits des saints... et des cantiques populaires. La prière s'achève dans le silence du don et de l'accueil du Christ.

Mais prier, c'est aussi placer toute sa vie devant Dieu. Cela n'est possible que si certains moments sont donnés gratuitement à Dieu.

La prière est avant tout affaire du cœur. Mais elle prend normalement forme dans la prière vocale, parlée et chantée, dans les attitudes et gestes du corps qui expriment l'adoration, l'action de grâce, le repentir, la demande et l'abandon à Dieu.

> Une redécouverte de la prière dans toutes ses dimensions se manifeste aujourd'hui. Des écoles de prière fleurissent un peu partout. Et de plus en plus de chrétiens éprouvent le besoin de faire des retraites et des récollections. C'est un signe de vitalité.

• La prière et l'action 552

La redécouverte de l'intériorité ne risque-t-elle pas de détourner les fidèles de la construction du monde ? L'expérience démontre le contraire : on ne peut pas prier en vérité sans s'attacher à réaliser la volonté de Dieu, à aider ses frères et à travailler à changer le monde. Inversement, le chrétien engagé dans le monde trouvera force et lumière dans la prière.

La prière a aussi une composante communautaire. Le Christ ressuscité se rend présent à la prière de ceux qu'il rassemble dans la foi : « Quand deux ou trois sont réunis en mon nom, je suis là, au milieu d'eux » (Mt 18, 20).

553 • **La prière liturgique**

Dieu et l'homme sont des personnes libres : aucun rite, aucune formule ne garantit la rencontre entre eux tant que n'existent pas la volonté et la possibilité de se rencontrer. Or cette volonté existe totalement dans le Christ qui vit « dans le sein du Père » (Jn 1, 18). Il est le seul adorateur parfait du Père. Et toute vraie prière ne peut se faire que « par lui, avec lui et en lui » (doxologie finale de la prière eucharistique). Si, pour le chrétien, toute sa vie est le culte qu'il rend à Dieu, c'est dans la prière liturgique et plus précisément dans l'eucharistie que ce culte quotidien trouve « sa source et son sommet ». La participation active de tous les membres du peuple de Dieu à la prière officielle de l'Église doit être, au-delà de l'obligation, une exigence de cette charité fraternelle inséparable de l'adoration chrétienne. Elle manifeste le lien indissociable qui, pour les disciples du Seigneur, unit la vie du monde et le salut en Jésus Christ célébré par l'Église. « Pour l'accomplissement de cette grande œuvre par laquelle Dieu est parfaitement glorifié et les hommes sanctifiés, le Christ s'associe toujours l'Église, son Épouse bien-aimée, qui l'invoque comme son Seigneur et qui passe par lui pour rendre son culte au Père éternel. [...] Par suite, toute célébration liturgique, en tant qu'œuvre du Christ Prêtre et de son Corps qui est l'Église, est l'action sacrée par excellence dont nulle autre action de l'Église ne peut atteindre l'efficacité au même titre et au même degré » (SC 7).

554 L'année liturgique, qui structure le temps selon cette perspective chrétienne, constitue, pour les fidèles, une authentique école de la foi. « Chaque semaine, au jour qu'elle a appelé "Jour du Seigneur", elle fait mémoire de la résurrection du Seigneur, qu'elle célèbre encore une fois par an, en même temps que sa bienheureuse passion, par la grande solennité de Pâques. Et elle déploie tout le mystère du Christ pendant le cycle de l'année, de l'Incarnation et la Nativité jusqu'à l'Ascension, jusqu'au jour de la Pentecôte, et jusqu'à l'attente de la bienheureuse espérance et de l'avènement du Seigneur » (SC 102).

• La prière des prières : l'eucharistie

555

L'eucharistie est le lieu de rencontre avec le Christ Sauveur : là, en attendant le banquet du Royaume, les chrétiens se rassemblent pour faire corps avec le Christ qui offre à son Père tout ce qu'il a été, ce qu'il est et ce qu'il sera, et le monde avec lui.

C'est pourquoi la « sanctification » du dimanche est capitale : elle appelle une rupture avec le travail de la semaine et le rythme habituel de nos occupations. L'homme a besoin du repos du dimanche, à la fois pour son équilibre personnel et familial et pour la prière du Jour du Seigneur ; c'est une exigence grave de l'amour et de la vie. Dès l'origine de l'Église, les chrétiens se sont voulus assidus « à la fraction du pain » (nom donné alors à l'eucharistie) chaque dimanche pour célébrer la résurrection du Christ, tous et chacun se sachant invités par Dieu à participer, dans l'adoration, au sacrifice et à la victoire du Christ.

> Les enfants ont réellement leur place à la messe. A la maison, entourés des paroles et des gestes d'affection de leurs parents, ils s'éveillent à la parole et à la communication. De même, en participant à l'eucharistie, les jeunes baptisés sont peu à peu imprégnés de la Parole et des signes qui l'accompagnent : c'est la meilleure initiation à la foi et à la vie chrétienne.
>
> Là où la célébration de l'eucharistie est impossible, faute d'un prêtre en mesure de la présider, une Assemblée dominicale en l'absence de prêtre (ADAP), ou mieux dans l'attente d'un prêtre, peut être envisagée, mais pour les communautés chrétiennes, cela reste un état de manque dans lequel doit s'approfondir le désir de l'eucharistie.
>
> La composante ecclésiale de la foi éclaire aussi la question posée par beaucoup sur la « validité » de l'assistance à la *messe retransmise par la télévision*. Cette messe revêt une grande importance pour tous ceux qui, malades ou âgés, ne peuvent se joindre à l'assemblée. Pour d'autres, elle représente un des seuls liens avec l'Église. Mais il est clair que la foi du croyant s'exprime normalement par la participation à l'assemblée eucharistique. L'amour ne se contente pas de relations à distance : il cherche la rencontre quand elle est possible.

556

• La prière des Heures

557

Pour vivre l'Alliance, l'Église, épouse du Christ, est soucieuse de participer activement à la prière perpétuelle que le Christ adresse à son Père. Elle demande aux évêques, prêtres et diacres, aux religieuses et religieux de célébrer « la liturgie des Heures » (autrefois, pour les prêtres, on parlait de « bréviaire » et beaucoup connaissaient la prière du soir, « les vêpres ») ; elle la propose aussi plus largement à tous les chrétiens. Cette « liturgie des Heures » est chantée, jour et nuit, dans les monastères.

Cette prière, qui appartient à tout le corps de l'Église, est composée de lectures bibliques et de psaumes. Elle rythme la journée et comporte l'office des lectures, la prière du matin « laudes », la prière du milieu du jour, la prière du soir « vêpres », et « complies » au moment du coucher. Les psaumes représentent la prière de l'Ancien Testament par excellence et ont été utilisés par Jésus lui-même, seul ou avec ses disciples (cf. Mc 14, 26).

558

- **Le « Notre Père »**

C'est la plus connue des prières chrétiennes et pourtant ce n'est pas une prière comme les autres, fût-ce la plus belle, car Jésus lui-même l'a apprise à ses disciples : elle est l'expression de ce qu'il nous appelle à vivre en lui. Elle est à la fois prière et école de prière, par les demandes formulées et l'ordre même de ces demandes. En effet, elle nous invite à la demande du pain quotidien, du pardon et de la délivrance du Mal, mais seulement après nous avoir situés dans l'adoration et l'acceptation de la volonté du Père. Elle est comme le modèle de toute prière. Au début de l'histoire de l'Église, on n'enseignait le « Notre Père » aux futurs baptisés qu'après une longue préparation : il faut généralement du temps pour que l'Esprit de Dieu travaille les cœurs humains au point qu'ils réalisent que Dieu est leur Père.

559

- **Les prières venues de la Tradition**

Dans les prières de l'Église, à côté de celles qui ont été forgées tout au long des siècles, les chrétiens donnent une place toute spéciale au « Je vous salue, Marie ».

A côté de la liturgie et des prières privées, il faut reconnaître leur juste place à d'autres formes de pratique religieuse : pèlerinages, adoration du Saint-Sacrement, jeûnes, litanies, chapelet, dévotions diverses. Éclairées par la foi, sous la vigilance des pasteurs, ces expressions de la dévotion personnelle et communautaire peuvent être et sont, normalement, une expression religieuse pleine de sens, propre à porter une foi authentique.

De telles formes de prière ou de célébration doivent être réglées « en tenant compte des temps liturgiques et de façon à s'harmoniser avec la liturgie, à en découler d'une certaine manière,

Honore ton père et ta mère 560

La famille revêt un certain caractère sacré. Un lien existe entre la « piété » envers Dieu, « le Père, qui est la source de toute paternité au ciel et sur la terre » (Ep 3, 15), et la « piété » filiale. La vie est reçue de Dieu, Créateur, et des parents, procréateurs. Tout homme doit manifester à ses parents reconnaissance, respect, amour. Il les entoure de prévenance et de soins dans leurs vieux jours. Ne pas les honorer, c'est se déshonorer soi-même.

• Parents et enfants

Les manifestations de l'honneur rendu aux parents varient avec l'âge et les cultures. L'obéissance plus docile chez les enfants se mue en dialogue chez les jeunes adultes. Sans cette mutation il n'y a pas de véritable éducation à la liberté.

Devenus parents à leur tour, les enfants permettront à leurs parents de jouer leur rôle de grands-parents. Ces relations peuvent être difficiles, mais respect et charité doivent être un souci constant pour éviter en particulier que les grands-parents soient laissés pour compte ou réduits ici ou là au rôle de « gardes d'enfants ».

> Aujourd'hui la famille tend à se restreindre au couple parental avec ses enfants. Tout y conduit : l'habitat, la voiture et le décalage de mentalité des générations, accentué dans les temps de crise.

Les parents, pour leur part, ont également des devoirs 561
envers leurs enfants. Ils leur prodiguent affection et soins. Ils veillent à leur éducation. Les enfants ont besoin des exigences de leurs parents autant que de leur tendresse. Ce serait les desservir que d'obéir à leurs caprices au nom d'un amour mal éclairé.

Premiers éducateurs de leurs enfants, les parents leur proposent le meilleur d'eux-mêmes, donc leur foi. Respectueux de la vocation propre de leurs enfants, ils devront parfois renoncer aux rêves qu'ils formaient pour eux. Ils auront même souvent à accompagner des comportements d'enfants prodigues, sans s'en faire les complices. L'équilibre est difficile à trouver parfois entre les justes exigences de l'éducation et la nécessaire acceptation des distances et des espaces de liberté, quand les enfants grandissent. Cela peut être particulièrement difficile dans le domaine de la foi. Les enfants, de leur côté, apprendront à ne pas idéaliser leurs parents et à les aimer pour eux-mêmes, tels qu'ils sont.

562 *Famille : matrice et berceau*

La famille est la matrice de la personne et le berceau de la société. Dans une famille stable, basée sur l'amour des conjoints, sur la fidélité et sur une fécondité sans égoïsme, mais aussi sur l'hospitalité et le sens de la responsabilité sociale, l'enfant a le maximum de chances de grandir d'une manière à peu près équilibrée.

S'il est réellement aimé, il peut plus facilement s'aimer lui-même et aimer les autres. Dans la famille, surtout s'il a des frères et sœurs, il se situe à sa place, non point comme le centre de tout, mais comme un parmi les autres, qu'il apprend à reconnaître comme des frères. Alors il trouvera plus facilement sa place dans la communauté humaine en respectant les droits des autres. Porté par une famille, il peut découvrir son histoire, l'histoire des siens, l'histoire des hommes, la tradition familiale et nationale, sans s'y laisser enfermer. Aimé pour lui-même, il trouve près de ses parents une aide pour se structurer comme personne, se fortifier, construire des projets, joignant ainsi harmonieusement tradition et créativité.

Les conflits sont inévitables mais, dans cet environnement familial fait d'amour et d'exigence, l'enfant apprendra à les surmonter sans trop de difficultés. Dans ce climat, il apprendra aussi la gratuité et le pardon nécessaires à toute vie sociale.

563 La famille ne se suffit pas à elle-même. Selon la loi de la vie et de l'Évangile, elle refuse de se replier sur elle-même. A elle seule, elle ne peut assurer le bonheur des enfants. Devenus adultes, les enfants la quittent : « L'homme quittera son père et sa mère, il s'attachera à sa femme » (Gn 2, 24). Le départ des enfants est souvent un sacrifice pour les parents. Mais la famille s'accomplit dans l'acceptation de ce départ. Ce qu'elle réalise aussi en acceptant les vocations religieuses et sacerdotales qui naissent en son sein.

C'est pourquoi tout ce qui tend à désintégrer le mariage et la famille dessert le bien commun d'une société. Les atteintes à la famille sont multiples : concubinage, divorce, avortement, mentalité contraceptive, etc. Ces différentes attitudes n'ont pas toutes la même portée morale, mais elle atteignent toutes gravement la communauté familiale et, partant, l'équilibre et le bien commun de la société tout entière.

La société civile et les pouvoirs publics ont le devoir de mener une politique familiale positive. Ils gagneraient à s'inspirer des indications rappelées dans la « Charte des droits de la famille » par le pape Jean-Paul II pour défendre les droits inviolables de celle-ci, les droits des personnes et les conditions de leur épanouissement (cf. Fam. cons. 46).

Église à la maison 564

La famille chrétienne est le lieu où les valeurs évangéliques naissent, comme naturellement. L'enfant y est accueilli inconditionnellement. Sa faiblesse désarme les « grands » et devient ainsi une force. La famille est le lieu de l'amour, de la fidélité et du pardon.

Ressaisie par la grâce du Christ, dans le sacrement du mariage, sacrement de l'Alliance, la famille est transfigurée, au point de devenir une cellule d'Église, « comme une Église domestique » (LG 11) ou « un sanctuaire de l'Église à la maison » (AA 11).

Mais si l'Évangile valorise la famille en la faisant reposer sur un sacrement, il la relativise en refusant d'en faire une fin en soi. Le Christ invite en effet ses disciples à quitter maisons, frères, sœurs, père, mère, enfants ou terre, à cause de son nom (cf. Mt 19, 29). Il y a quelque chose de plus important que le lien familial : le lien établi directement par le Seigneur avec chacun d'entre nous.

Familles blessées 565

Les familles qui vivent sans trop de difficultés témoignent de la grandeur de l'amour humain. Mais elles doivent le faire humblement en sachant en rendre grâce à Dieu : tant de personnes souhaiteraient une telle harmonie. Quelles que soient les causes et les responsabilités, beaucoup, en effet, appartiennent aujourd'hui à des familles blessées ou divisées. Le plus souvent ces personnes gardent dans leur détresse un ferme attachement à certaines valeurs essentielles, comme l'amour de leurs enfants et la solidarité. Elles ne doivent pas se sentir exclues de l'Église même si, dans certains cas, elles ne peuvent s'approcher des sacrements. Leur situation doit susciter, notamment chez leurs proches, une véritable entraide. On n'oubliera pas non plus l'état violent imposé à beaucoup de familles d'immigrés chez qui les valeurs familiales sont importantes. Aussi appellent-elles à l'action pour résoudre ou du moins alléger les problèmes posés, par exemple, par la séparation professionnelle des conjoints.

566 • **Dans la société**

La formation humaine

Chacun est appelé à faire fructifier les talents que Dieu lui a donnés pour participer à la Création ; il est appelé aussi à être au service du bien commun, à épanouir sa personnalité et à transmettre les trésors de culture qu'il a reçus.

Pour être en mesure de réaliser leur mission, les parents doivent être aidés par une presse de qualité, des mouvements d'enfants et de jeunes, des communautés éducatives, au premier rang desquelles se trouve l'école.

Il faut souligner l'importance d'une école ouverte à tous, soucieuse de réduire l'échec scolaire, de grande qualité éducative, non seulement dans le domaine intellectuel, mais aussi dans celui des relations humaines et des valeurs qui s'y vivent. Dans une telle école l'enfant élargira ses connaissances et fera l'apprentissage de relations nouvelles.

567 De leur côté, les autorités, « compte tenu du caractère pluraliste de la société moderne », doivent se montrer « soucieuses de la juste liberté religieuse » et aider « les familles pour qu'elles puissent assurer à leurs enfants, dans toutes les écoles, une éducation conforme à leurs propres principes moraux et religieux » (GE 7).

Les parents se souviendront qu'ils doivent choisir l'école la plus adaptée à leurs enfants, et les catholiques celle qui leur permet de recevoir, à l'intérieur de l'école ou à l'extérieur de celle-ci, la meilleure formation chrétienne. Les divers établissements catholiques, consacrés à l'éducation, assureront la formation des enseignants et des éducateurs, coordonneront les efforts des parents pour

L'éducation religieuse

568

Les parents ont le devoir d'assurer la formation chrétienne de leurs enfants, par eux-mêmes d'abord, et avec l'aide de l'Église, notamment quand l'enfant va à l'école. Ils doivent proposer la foi aux enfants et aux adolescents, et les encourager à participer régulièrement à la catéchèse et à la vie de l'Église, y compris aux sacrements, d'une manière adaptée à leur âge et à leur liberté grandissante. Pas plus que le baptême après la naissance, la catéchèse n'est matière à option. Les parents doivent se méfier des slogans du genre : « Il choisira quand il sera grand. » Comme si le Christ ne venait pas sauver tous les âges de l'être humain ! Dans les domaines qu'ils estiment importants, ils n'hésitent pas à inciter leurs enfants au choix de ce qui leur paraît le meilleur. Il est donc normal qu'ils s'efforcent de conduire leurs enfants jusqu'au Seigneur, tout en sachant s'en remettre au mystère de la rencontre de Dieu et de chacun dans la liberté (cf. DH 10). Les mouvements éducatifs sont évidemment de précieux auxiliaires et des relais souvent nécessaires pour la formation des jeunes.

• La patrie et la nation

569

On peut rapprocher l'amour et la justice dus à son pays de l'amour et de la justice dus à ses parents : père et patrie ont la même racine.

Patriotisme et civisme

De même que l'homme reçoit la vie et l'éducation de ses parents, il bénéficie de l'héritage de sa patrie au plan social, économique, politique et culturel. Aussi doit-il « honorer », à sa manière, son pays et remplir ses obligations à son égard en faisant preuve de patriotisme et de sens civique. Il collabore au bien commun par son travail mais aussi par les divers engagements qu'il assume selon ses capacités. Il intervient selon ses moyens dans les grands débats qui animent son pays. Il coopère aux tâches communes en payant les impôts qui, eux-mêmes, doivent être équitablement répartis. Il le fait aussi, le cas échéant, en effectuant un service national. En refusant toute forme de racisme, il restera ouvert à l'accueil de tous.

570 *La vie politique dans la cité et dans la nation*

L'histoire a fait naître de grandes unités politiques. D'extensions très diverses, elles s'identifient ici à une seule nation, là elles en englobent plusieurs.

La complexité des réseaux de relations humaines confère aujourd'hui une importance vitale aux communautés politiques. Celles-ci ont pour charge de servir le bien commun, d'arbitrer les droits, de faire passer dans les circuits économiques le souci de l'humain ; mais aussi de donner au pays l'idéal de grands projets au service de la solidarité.

Le service du bien commun à des niveaux divers est une forme particulièrement importante de la justice et de la charité. Les dérives de la politique politicienne ne doivent pas faire oublier la grandeur de la fonction politique.

571 Quant aux formes d'exercice du pouvoir, de désignation des responsables, etc., elles seront choisies pour permettre le meilleur service du bien commun, le respect et la promotion des personnes humaines, la participation aux décisions, la responsabilité, la liberté, etc. La force et la grandeur des démocraties d'aujourd'hui viennent justement de cette large place faite aux citoyens et de l'appel à la responsabilité. Mais ce type d'organisation suppose la vertu des citoyens.

Aussi peut-on s'interroger sur l'avenir de communautés politiques où le sens du bien commun disparaît. D'ailleurs l'État, organisation juridique de la communauté politique, ne peut se contenter de gérer à court terme les intérêts particuliers des membres de cette communauté et des groupes qui la composent : il risque alors de consolider les privilèges des groupes dominants et de faillir à sa mission.

Toutes sortes de questions se posent aujourd'hui dans le domaine politique : rôle nécessaire de l'État, mais risques d'abus de sa part ; trop grande ou trop faible place faite à l'État ; respect des communautés intermédiaires, des régions ; ouverture à de grands ensembles comme l'Europe ; nécessité et limite des idéologies ; rôle des partis, etc.

572 Les chrétiens ne peuvent déserter les réalités politiques, puisque le politique est un des lieux où se joue la vie des hommes et des communautés humaines. En collaboration avec tous les hommes de bonne volonté, ils doivent enrichir la vie de la cité du ferment évangélique qui les habite. Selon leurs talents et leur vocation propre, ils s'engagent dans l'action politique. Mais, de toutes façons, ils se font un devoir de voter. Ils ont le souci de tenir compte

de l'enseignement de l'Église, tel qu'on peut le trouver, par exemple, dans le concile Vatican II (cf. GS 73-76).

> La politique est le lieu de choix discutables, inévitablement. Les solutions simplistes ont fait long feu et chacun sait que la marge de manœuvre des différentes équipes qui se succèdent au pouvoir est relativement étroite. Il n'empêche que, la politique étant le lieu d'affrontements, les citoyens doivent, dans le même temps, avoir la conviction nécessaire pour œuvrer en ce domaine, mais aussi le sens du relatif qui empêche d'absolutiser les querelles. Les chrétiens, y compris les clercs, ne sont pas exempts de faux pas dans ce domaine, voire d'infidélité à l'Évangile. Aucun parti politique ne peut s'approprier l'Évangile.

573 Le caractère contingent de nombreuses prises de position politiques impose aux pasteurs un devoir de réserve : serviteurs de l'Église, ils sont au service de tous et ne doivent pas compromettre leur ministère dans des prises de position discutables, à moins que des atteintes manifestes aux droits de l'homme et l'absence, dans le domaine social ou politique, de représentants qualifiés demande, au contraire, à ces mêmes pasteurs d'intervenir au nom de l'Évangile.

L'Église, pour sa part, contribue au développement intégral de la communauté humaine par son respect de la réalité politique, par sa doctrine sociale, par l'ouverture des communautés humaines aux dimensions spirituelles, et par le rappel constant de ses justes limites au pouvoir politique : Dieu seul est Dieu, César n'est que César et jamais l'État ne pourra être considéré comme la fin ultime de la personne humaine. Celle-ci, par certaines de ses dimensions, le dépasse. C'est pourquoi l'État lui-même doit se soumettre aux légitimes requêtes de l'éthique (cf. CL 42).

La communauté universelle

574 Le vrai patriotisme se distingue de sa forme dégradée, le nationalisme, par le respect de la dignité de toutes les personnes humaines (ce qui exclut le racisme sous toutes ses formes), par l'ouverture à l'amitié avec les autres peuples et par une solidarité, la plus efficace possible, avec ceux qui souffrent dans le monde.

A l'heure où de nombreux efforts établissent des communications nouvelles, voire des liens étroits entre les peuples, en particulier en Europe, les chrétiens ont une responsabilité particulière dans la construction d'un monde plus juste et plus fraternel.

Ils ne peuvent donc que refuser tout nationalisme étroit, et cela d'autant qu'ils expérimentent dans l'Église une communauté vraiment catholique, répandue à travers le monde, à la fois une et diverse. Pour eux l'Église est ferment et promesse de l'ouverture de l'humanité à l'universel. Cette ouverture se manifestera dans bien des domaines, de la solidarité économique au désarmement, etc.

575 **Tu ne tueras pas, tu serviras la vie**

Prouesses médicales et scientifiques, chaînes de solidarité, acharnement thérapeutique... occupent bien souvent le champ des médias. Mais notre époque est ambiguë. L'impossible est fait pour sauver un enfant mais l'on accepte des milliers de morts sur les routes. La drogue et le suicide ne comptent plus leurs victimes. Des milliers de morts en Afrique, au Moyen-Orient ou en Extrême-Orient, captent notre attention le temps d'une émission de télévision. On dépense des énergies considérables pour quelques « bébés-éprouvette » mais, au même moment, l'avortement — selon les statistiques officielles — tue, en France, environ cent soixante mille enfants chaque année dans le sein de leur mère. On cache la mort aux proches et aux mourants eux-mêmes mais on l'étale sur nos écrans de télévision. L'opinion publique a des réactions contradictoires quant à la valeur de la vie humaine !

576 • **Le respect de la vie, don de Dieu**

La vie est, pour l'homme, d'une valeur inestimable.

Quoi de plus nôtre que notre vie ? Et pourtant elle nous est donnée. On ne peut que la recevoir, y consentir. Puisque l'homme est créé à l'image de Dieu, la vie est un don sans prix. A ce titre, elle revêt un caractère sacré.

C'est pourquoi la vie de tout homme doit être respectée absolument. Y compris par lui-même ! *L'homme n'est pas le propriétaire de sa vie. Il en est comme le dépositaire, « l'usufruitier »* (Pie XII). Tout ce qui met en jeu la vie, celle du prochain ou la sienne propre, est objectivement grave.

577 Pour des chrétiens, paradoxalement, la vie est plus précieuse encore. La vie éternelle ennoblit la vie terrestre. Elle devient l'apprentissage de la vie éternelle. Notre qualité d'enfants de Dieu transfigure et relativise en même temps la vie terrestre.

La loi de vie de la Nouvelle Alliance

> La vie terrestre n'est pas un absolu, comme en témoignent les martyrs. Si je dois respecter absolument la vie de l'autre, je puis être appelé à renoncer à ma propre vie pour un bien qui lui est supérieur. Donner sa vie pour ceux que l'on aime, pour la justice ou la charité, c'est attester qu'il y a des valeurs encore plus importantes que cette vie humaine. C'est à ce prix que l'être humain acquiert sa vraie liberté. S'il refuse l'éventualité de ce don, il est mûr pour tous les esclavages.

La perspective de la résurrection renforce la vocation à la sainteté de tout l'homme, corps et âme. Et l'Église entoure d'honneur le corps lui-même dans la célébration des obsèques, car il a été « temple de l'Esprit Saint » et il est appelé à la résurrection.

Le meurtre   578

Négation totale de l'autre, le meurtre est un des péchés les plus graves. Selon certains ethnologues, l'appartenance à l'humanité apparaît chez nos lointains ancêtres avec le respect de cette loi fondamentale : « Tu ne tueras pas. »

> Cependant, ces spécialistes nous montrent aussi que ce précepte a été compris d'une manière très restrictive : on ne considérait comme homme à part entière que celui de sa tribu ; tuer dans une autre tribu n'était pas considéré comme un meurtre. Petit à petit l'humanité a progressé, au point de voir en tout homme... un homme. Du moins en principe, car il reste beaucoup du primitif dans les civilisés que nous croyons être.

L'homicide par imprudence ne peut être assimilé purement et simplement au meurtre. Il n'empêche que la manière dont, en certaines occasions, nos sociétés font bon marché de la vie est proprement choquante. Individuellement et collectivement, il est urgent de prendre conscience des responsabilités engagées par la conduite automobile, par exemple l'excès de vitesse, la conduite en état d'ivresse, etc.

L'avortement   579

L'avortement est, de loin, par le nombre, la manifestation la plus grave du mépris de la vie de l'innocent. « Dès le moment de sa conception, la vie de tout être humain doit être absolument respectée » *(Donum vitae*, introduction, 5). La culture, les conditions économiques et sociales jouent un rôle considérable dans le fait que des couples envisagent l'avortement comme une solution à des problèmes qui peuvent être très réels. Cependant, il faut affirmer qu'objectivement l'avortement est un acte très grave. Le concile

Catéchisme pour adultes

Vatican II affirme que l'avortement est un crime abominable (cf. GS 51) parce que Dieu, maître de la vie, a confié aux hommes le noble ministère de la vie et que, précisément, ils abusent de cette confiance en devenant les meurtriers de ceux dont ils sont appelés à être les protecteurs.

> S'il existe des cas de détresse tragiques, les dispositions actuelles de la législation française contribuent, malgré leurs bonnes intentions, à obscurcir la conscience. « C'est légal donc c'est moralement permis », pense-t-on trop facilement. La législation de l'avortement et la complaisance d'une partie du monde médical tendent à banaliser l'avortement dans l'opinion publique. L'avortement, même thérapeutique, n'entraîne pas moins la mort d'un innocent par le fait de ceux-là mêmes, parents et médecins, à qui il est confié. Et c'est pour attirer l'attention sur la gravité de cet acte que le Droit de l'Église fait encourir une « excommunication » (qui interdit la vie sacramentelle) à celui qui, le sachant et le voulant, provoque un avortement.
>
> Le scandale de l'avortement exige de chacun les plus grands efforts pour changer les causes sociales et culturelles qui le provoquent. C'est un grave devoir d'aider les femmes en difficulté et de soutenir ceux qui donnent aux familles les moyens d'assumer leurs responsabilités devant une vie humaine commencée. C'est aussi un grave devoir d'accueillir avec charité les femmes qui ont connu l'avortement, afin de leur manifester la miséricorde de Dieu et de leur permettre un nouveau départ.

Les refus de vivre

580   Instinctivement, l'homme tient à sa vie. La culture prend le relais de l'instinct vital pour donner aux hommes le goût de vivre. L'amour de la vie est, en même temps, un dynamisme naturel et une tâche à accomplir.

Il peut se faire cependant qu'à certains moments l'angoisse, les souffrances et les épreuves soient telles qu'on se détache de la vie. Un dégoût de vivre peut se répandre comme une gangrène sans que l'on sache toujours très bien déterminer dans ce cas ce qui vient de la liberté et ce qui vient de la maladie.

Alors se proposent des *conduites de fuite*. La drogue, l'alcool, mais aussi, quelquefois, l'abrutissement dans le travail sont autant de moyens pour ne pas faire face à la réalité, refuser la responsabilité ou gérer une peur irraisonnée. La lutte pour la vie devient alors un devoir : pour soi-même, car personne n'est propriétaire de sa vie, pour son entourage et pour l'équilibre de ses proches.

581   Ce qui est vrai pour ces conduites de fuite l'est encore plus pour le *suicide*. Le suicide est objectivement une faute grave. On reconnaît toutefois aujourd'hui qu'il traduit le plus souvent un déséquilibre psychologique profond, tant est fort l'instinct de vie en l'homme.

Parce que l'homme est seulement « l'usufruitier » de sa vie, il ne lui revient pas non plus de décider de mettre fin à ses jours ou à ceux d'une autre personne par l'*euthanasie* qui est aussi une faute grave. La tentation de l'euthanasie est souvent due à une souffrance trop vive, mais il est possible aujourd'hui de soulager la douleur et c'est un devoir de le faire. Cela est différent de l'acharnement thérapeutique qui met en œuvre des traitements extraordinaires pour un maintien de la vie à tout prix de manière inconsidérée.

La tentation du suicide, comme celle de l'euthanasie, invitent à l'accompagnement humain et spirituel de ceux qui vivent dans la détresse morale ou physique. Le développement des soins palliatifs pour les personnes en fin de vie dans les hôpitaux ou à domicile est une des conquêtes, encore à poursuivre, de cette décennie.

La santé 582

Au plus profond de l'homme, le désir de guérir lorsqu'il est malade signifie que la vie vaut la peine d'être vécue. Nous savons qu'elle prend sa pleine valeur dans la rencontre avec le Christ et le salut qu'il apporte. Par le sacrement des malades, l'Église témoigne à la fois de son affection pour ceux qui souffrent et de sa foi en un Dieu qui aime l'homme en santé physique et spirituelle. La santé est dans la Bible une image du salut.

> Pour les chrétiens, la santé n'est pas simplement un problème matériel et le corps n'est jamais simplement une mécanique qu'il suffirait de réparer tant que cela est possible. Le corps est une partie constitutive de l'homme. La conception chrétienne du corps repose sur la doctrine de la création de l'homme comme un tout.

Ce respect de la dignité de l'homme, image de Dieu, corps 583 et esprit, conscient de lui-même et capable de communiquer, éclaire les prises de position de l'Église dans le domaine médical.

> L'homme est appelé à se respecter jusqu'en sa dimension corporelle. Il ne peut disposer de son corps par l'automutilation ou la stérilisation. Celles-ci sont toujours moralement graves, et péchés graves quand elles sont accomplies volontairement.

Catéchisme pour adultes

> Les techniques de procréation artificielle, comme les FIVETE — les « bébés-éprouvette » —, ne doivent pas nous abuser. Leur emploi ne peut être moralement justifié. Les interventions récentes de l'Église en la matière rappellent à tous les risques immenses que l'on court à considérer l'homme comme un produit de sa technique et non comme le fruit de « l'acte conjugal, c'est-à-dire du geste spécifique de l'union des époux » (*Donum vitae*, II, 4). La bioéthique est un champ nouveau de l'éthique. On ne saurait oublier, en effet, que « la transmission de la vie humaine a une originalité propre, qui dérive de l'originalité même de la personne humaine » (*Donum vitae*, introduction, 4). A méconnaître cette originalité, on s'expose à ne pas respecter, à leur source même, l'amour et la vie.

584   Notre société, axée sur l'épanouissement et la réussite, marginalise souvent les personnes très âgées et les personnes handicapées. Le respect inconditionnel demandé à leur égard par l'Église au nom de Dieu Créateur et Père de tous est non seulement un signe évangélique, mais aussi une sauvegarde capitale pour l'homme. Tous ceux qui, chrétiens ou non, consacrent leur vie, souvent héroïquement, au service de leurs frères marqués par toutes formes de handicaps, sauvent l'avenir de nos sociétés menacées de déshumanisation. Il faut non seulement les aider, mais leur donner leur place et les responsabilités qu'ils peuvent exercer.

En tous ces problèmes, les chrétiens n'oublieront pas le respect dû à tout l'homme chez tous les hommes. Ce respect pose en particulier la question du dialogue avec les malades à propos de l'évolution de leur état de santé. Les chrétiens verront en chaque malade une image privilégiée du Christ souffrant et se rappelleront que l'attitude du Seigneur devant les malades et les faibles est un des signes du Royaume (cf. Mt 11, 5).

585   ***Respecter et promouvoir la vie spirituelle***

Le désir de vivre trouve un achèvement dans la vie spirituelle. Dans l'Esprit Saint tout prend sens : les activités, la prière, la vie conjugale et familiale, le travail, le sport, les loisirs, les épreuves, le témoignage de sa recherche et de sa foi, la vie amicale, les responsabilités sociales et politiques. De tout cela le chrétien fait, dans l'Esprit Saint, une offrande spirituelle, offerte à Dieu par Jésus Christ (cf. LG 34 et 1 P 2, 5).

En outre, chacun est responsable, pour sa part, de ses frères. Pousser d'autres personnes à ruiner leur vie spirituelle ou morale est un manque d'amour, une faute grave que Jésus dénonce (cf. Mt 18, 6 et suiv.). Un chrétien a non seulement le souci de ne pas scandaliser, mais aussi celui d'évangéliser ses frères dans le total respect de leur liberté. Si l'homme s'accomplit dans la rencontre avec Dieu, le meilleur service à lui rendre, c'est de l'aider à le découvrir.

En tout cela on n'oubliera pas l'importance de l'environnement et les influences du groupe, de l'école, des médias, etc. qui peuvent servir ou desservir la croissance spirituelle des personnes humaines.

- **Violence, guerre et paix**

Torture et violence

Sans aller jusqu'à la destruction de la vie, les violences de toutes sortes, les coups et blessures sont des atteintes graves à la vie et avilissent celui qui en est l'auteur. C'est pourquoi Jésus réprouve non seulement le meurtre, mais aussi l'insulte et la colère qui engendrent toutes les violences (cf. Mt 5, 21-24). La torture est une monstruosité qui atteint l'homme dans son être spirituel en le forçant à se renier. Aussi faut-il encourager les associations qui luttent pour l'abolition de la torture et le respect des Droits de l'homme.

La violence qui envahit les loisirs, la télévision et le sport, au lieu de recréer l'homme, l'avilit.

Violence et légitime défense personnelle

L'instinct vital d'autoconservation pousse à défendre sa vie contre toute agression. Mais l'homme est appelé à dépasser l'instinct en le soumettant à la raison. Le droit de légitime défense n'autorise pas n'importe quoi. La défense n'est légitime que si elle est proportionnée à la menace.

La morale traditionnelle a élaboré des principes de discernement pour le légitime recours à la force. Il faut : que la cause soit juste ; qu'elle soit un ultime recours, les moyens pacifiques de régler le conflit ayant été déployés en vain ; que les moyens soient proportionnés au tort causé et au but poursuivi ; qu'on ait de sérieuses chances de rétablir ainsi la justice.

Violence et respect de la vie

Lorsque le Christ appelle à aimer ses ennemis (cf. Mt 5, 44), à ne pas résister aux méchants et à tendre l'autre joue (cf. Mt 5, 39), il trace un chemin que, tôt ou tard, chacun doit parcourir puisque c'est la Loi du Royaume. Pourtant, si chacun est invité à renoncer à son droit et même à sa vie au nom de la charité, la justice peut au contraire obliger à lutter et à donner sa vie pour sauvegarder le droit du prochain.

> On peut tendre sa joue... mais pas celle du prochain. Un père de famille doit défendre autant qu'il le peut, même par la force, sa femme ou ses enfants agressés. Dans notre pays la « non-assistance à personne en danger » est un délit. La passivité des témoins est une des causes de la criminalité actuelle.

C'est pour la sauvegarde du droit, pour assurer la paix et la sécurité des citoyens, que les pouvoirs publics disposent légitimement de la force publique (cf. Rm 13, 1-7). Eux-mêmes, d'ailleurs, n'ont pas tous les droits. Le respect du droit s'impose d'abord à l'État, à la police et à la magistrature.

Pour des raisons diverses, beaucoup de pays ont aboli la *peine de mort*. Le chrétien ne peut que se réjouir de voir ainsi se développer le sens du respect absolu de la vie. Cependant, la justice doit être assurée et la société protégée. Mais, quels que soient ses crimes, une personne humaine reste un enfant de Dieu que l'on doit respecter comme tel. L'espérance chrétienne croit toujours l'homme capable de s'amender.

La guerre

589

Le devoir de défendre les autres s'étend aussi à la communauté nationale. Si un pays est injustement attaqué, il peut avoir le droit et même le devoir de se défendre. Et c'est la guerre. Celle-ci est un drame majeur. Mais la passivité et le défaitisme peuvent être une faute et conduire à perdre, à la fois, la paix, la guerre et l'honneur.

Cependant l'horreur de la guerre oblige à y voir seulement un ultime recours. Elle n'est licite que si les conditions du recours à la force, indiquées plus haut, sont remplies. Or la guerre moderne, en particulier la guerre ABC (atomique, bactériologique et chimique) exerce des ravages incommensurables. Jamais ne peuvent être justifiées les destructions massives de population.

590
> Les principes classiques ont-ils encore cours dans ces conditions? Les moyens sont-ils encore proportionnés à la fin poursuivie, et le résultat escompté supérieur au coût (financier, politique et surtout humain)? L'incapacité pratique de limiter les effets d'un conflit nucléaire ou chimique rend la moralité du déclenchement d'une guerre plus que problématique, moralement. En effet, la guerre totale « est un crime contre Dieu et contre

l'homme lui-même, qui doit être condamné fermement et sans hésitation » (GS 80). Cependant, dans l'état actuel des choses, le concile Vatican II n'a pas cru pouvoir condamner la possession et la fabrication d'armes proportionnées à la menace adverse pour la dissuader. C'est évidemment une situation extrême qui n'est acceptable que si tout est fait pour en sortir au plus tôt. « Dans les conditions actuelles, une dissuasion basée sur l'équilibre, non certes comme une fin en soi mais comme une étape sur la voie d'un désarmement progressif, peut encore être jugée comme moralement acceptable. Toutefois, pour assurer la paix, il est indispensable de ne pas se contenter d'un minimum toujours grevé d'un réel danger d'explosion » (Jean-Paul II, message à l'ONU, juin 1982, n° 8).

On gagnera à relire ici les développements du Magistère sur ces questions complexes. Elles évoluent et demandent des mises au point périodiques, prévues d'ailleurs par le concile Vatican II (cf. GS 91). Aussi les fidèles soucieux d'éclairer leur conscience prêteront attention aux déclarations de Jean-Paul II et des évêques sur ce problème (pour la France, on pourra consulter, par exemple, la déclaration des évêques de France, *Gagner la paix*, Lourdes 1983).

591 D'autres formes de violence apparaissent, qui appellent une condamnation sans équivoque. Par exemple le terrorisme. Certains voudraient le justifier comme étant la guerre imposée aux pauvres et aux minorités opprimées. Mais l'injustice radicale et la violence incontrôlée exercée sur des innocents le condamnent sans appel : la fin ne justifie pas les moyens, à supposer même que la cause soit bonne.

Le drame de la violence souligne le caractère raisonnable de la préférence systématique de l'Église pour les solutions négociées.

Si, normalement, les hommes, y compris les chrétiens, doivent, au titre de la justice, défendre leur pays, le caractère limite de la guerre moderne invite à reconnaître un statut légal aux *objecteurs de conscience* et aux non-violents authentiques : par leur témoignage critique, ils rappellent à tous la menace mortelle de la logique de la force, même légitime. Bien plus, certains d'entre eux veulent transmettre leur conviction qu'une défense non violente peut être aussi efficace qu'une défense armée. Leurs recherches sont à encourager. Cependant, pour que leur témoignage soit recevable, il faut qu'ils reconnaissent qu'une légitime défense est licite ; il faut qu'ils acceptent aussi un service civil au nom de la solidarité nationale.

Le désarmement et la paix

592 La course aux armements engendre une menace permanente. Son coût se double d'un scandale face au sous-développement et à la dette des pays du tiers monde. Aussi l'Église prône-t-elle le désarmement. Mais pas n'importe comment. Pour que celui-ci ne soit pas une prime à la violence d'agresseurs éventuels, l'Église rappelle que le désarmement doit être mutuel, progressif et contrôlé.

L'absence de guerre n'est pas la paix. L'Église, avec constance, rappelle qu'il ne peut y avoir de paix durable, tant à l'intérieur des pays qu'entre les nations, sans un effort permanent de vérité, de justice, de solidarité et de liberté (cf. *Pacem in terris*, 149). Ce sont là des composantes spirituelles qui doivent se traduire en actes et en institutions. L'humanité, mise en face des perspectives d'une guerre totale par sa capacité récente de détruire plusieurs fois la planète, doit avancer vers ce monde fraternel sous peine de s'auto-détruire.

> C'est pourquoi tous les efforts doivent être faits pour réduire les grands déséquilibres mondiaux, pour dépasser les luttes idéologiques, pour soutenir et perfectionner les organisations internationales qui, malgré leurs déficiences, œuvrent en ce sens (cf. GS 83 et suiv.)

Les chrétiens ne doivent pas oublier que la paix, fruit des efforts des hommes, est aussi, et plus encore, un don de Dieu et un signe de la venue du Royaume. C'est pourquoi ils n'oublieront jamais le rôle de la prière en cette grave affaire.

593 L'agressivité fait partie intégrante de l'homme. Il ne s'agit donc pas de la supprimer, mais d'en canaliser l'énergie au service de tous, et de l'évangéliser. Les anciens moralistes appelaient *vertu de force* la maîtrise de cette énergie.

En beaucoup de domaines, l'éducation morale des citoyens s'impose d'urgence. Elle a été souvent abandonnée, faute sans doute d'une conception commune de l'homme et faute de motivations éthiques et spirituelles. Mais une communauté humaine ne peut pas vivre longtemps sans un souffle spirituel. Il y a donc là une œuvre à entreprendre. Celle-ci exigera beaucoup de temps et d'efforts.

594 Amour, mariage et sexualité

« Il les créa homme et femme » (Gn 1, 27). La différence sexuelle apparaît comme au sommet de la Création. L'émerveillement d'Adam devant Ève (cf. Gn 2, 23) se répercutera en écho jusqu'à la fin des temps. L'amour est la seule des bénédictions que nous ayons gardée du paradis terrestre, comme le suggérait une liturgie ancienne du mariage. L'humanité est créée comme hommes et femmes, appelés à la rencontre et à la communion ; cette condition est chance, mais aussi source de joie et parfois de tourment.

• La sexualité, une bénédiction 595

La différence sexuelle, inscrite dans la chair, retentit dans tout l'être humain. La sexualité représente une énergie humaine fondamentale. Elle est la source d'un instinct puissant, de désir et de plaisir. Chez l'être humain, elle peut s'humaniser et devenir le lieu de la reconnaissance de l'autre, de la rencontre et de l'amour. Elle est inséparable de cette merveille qu'est la procréation. Parmi les activités humaines, l'une des plus grandes n'est-elle pas de « donner naissance » à un autre être humain et, d'un « petit », faire un « grand » par l'éducation ? Les parents sont coopérateurs de Dieu, source de la vie et Père de tout homme.

> L'expression, aujourd'hui courante, « faire » un enfant est impropre. Elle introduit d'emblée dans cette logique de fabrication dont nous soulignons les méfaits.

La fécondité de l'amour déborde la procréation. L'amour a inspiré une bonne part de la culture, de la poésie, de l'histoire, de la littérature, de l'art et même des grandes démarches politiques.

Seul un lent investissement de la chair par l'esprit peut 596 progressivement humaniser la sexualité. Celle-ci sert le don de soi et l'accueil de l'autre dans l'amour, qui caractérisent le mariage. Ce qui, au départ, était marqué par un instinct de jouissance et de domination devient chemin de communion et de rencontre, corps et âme. Le plaisir lui-même, au lieu de renvoyer chacun à lui-même, peut traduire la communion des personnes dans la joie.

Le dynamisme, la vertu qui préside à l'humanisation de la sexualité, s'appelle la *chasteté*. Être chaste, c'est savoir épanouir pleinement ses désirs dans la ligne de sa propre vocation, et en fidélité au dessein de Dieu. C'est le refus de céder à l'anarchie des pulsions sexuelles. Il ne faut pas réduire la chasteté à la continence, qui est l'abstention de l'acte sexuel. Par contre la chasteté est liée à la *tempérance*.

> La tempérance permet aussi une juste mesure dans les plaisirs de la table qui peuvent être légitimes. Il est bon d'apprécier les bonnes choses, mais l'excès de gourmandise et, en particulier, l'abus de l'alcool et du vin, l'ivrognerie et l'alcoolisme aboutissent à une dégradation de l'homme.

Pour les chrétiens, l'énergie humaine de la sexualité est assumée par la puissance de la grâce. En effet, les baptisés sont membres saints du corps du Christ, temples de l'Esprit Saint (cf. 1 Co 6, 19).

597 La grandeur de la sexualité humaine a pour corollaire la gravité des déviations et des contrefaçons de l'amour. Celles-ci sont objectivement graves et ne doivent pas être minimisées. Mais la sexualité, lieu de rencontre de la chair et de l'esprit, est aussi le lieu de fragilités qui pèsent sur nos libertés.

Pour accéder en ce domaine à la liberté véritable, il faut souvent une longue lutte. Celle-ci peut être grandement facilitée par une éducation positive sans raideur ni laxisme, soutenue par la rencontre du Christ dans la prière et dans les sacrements de l'eucharistie et de la réconciliation. Le climat social aide puissamment à la pacification progressive de la pulsion sexuelle, assez anarchique au départ. Mais il peut aussi l'exacerber au point de dégrader le désir en besoin et l'amour en assouvissement égoïste.

598 ● **Amour, mariage et virginité**

L'Église porte un regard positif sur la sexualité humaine. Elle voit dans le mariage des baptisés, « deux en une seule chair », le reflet de l'Alliance de Dieu avec l'humanité, scellée dans la chair du Christ. La réponse de Dieu à l'amour des hommes est un « oui » enthousiaste et une bénédiction, celle de l'amour et de la fécondité (cf. Gn 1, 28). La sexualité humaine s'accomplit normalement dans le mariage par l'engagement total l'un envers l'autre de l'homme et de la femme. Seuls la parole, l'aveu de l'amour et l'engagement réciproque, total et définitif des personnes, donnent son plein sens humain au don charnel. La parole se fait chair et la chair alors se fait parole et langage vrai.

Parole et signe d'une réalité qui la dépasse, la sexualité n'est pas une affaire privée. Elle est aussi réalité sociale, comme toute réalité humaine. Aussi l'engagement des époux doit être reconnu et accueilli par le groupe humain, la famille et la société.

La loi de vie de la Nouvelle Alliance

Pour des chrétiens, il doit être aussi accueilli par l'Église, d'autant plus qu'ils ont conscience, non point de se « prendre », mais plutôt de se « recevoir » l'un l'autre des mains de Dieu.

Pourtant, la vie sexuelle est une réalité de ce monde qui passe. Hommes et femmes sont appelés à découvrir la source de tout amour en Dieu vivant et éternel, qui est communion totale des personnes, Père, Fils et Saint-Esprit. Au ciel, plongées dans la Source même de l'amour, les attaches humaines les plus légitimes sont à la fois accomplies et relativisées (cf. Lc 20, 35).

Pour le rappeler à tous, le Seigneur appelle certains à renoncer au mariage, au nom de cette rencontre avec Dieu, aimé plus que tout dès cette terre. Tel est le sens du *célibat consacré* de laïcs, des religieuses et des religieux, que l'Église latine demande aussi aux prêtres. Par ce célibat consacré, ils annoncent le Royaume à venir (cf. Mt 19, 10-12). D'autres personnes ont à vivre un célibat imposé par les circonstances. Elles sont appelées à lui donner un sens positif : les célibataires qui acceptent cette situation difficile mettent souvent leur liberté au service de leurs amis, de leur famille, d'associations, de la vie de la cité ou de l'Église.

• Transfiguration et défiguration de l'amour

La transfiguration de la sexualité et de l'amour humain par la grâce explique les exigences du Christ en ce domaine et son refus des contrefaçons et des régressions (cf. Mt 19, 1-9).

Fécondité et fidélité

La grandeur du mariage demande aux conjoints de progresser dans l'amour et la fidélité, et de donner généreusement la vie qu'ils ont eux-mêmes reçue.

Refuser de partager la vie, alors qu'on le peut, c'est se soustraire à la vocation du mariage. Tout mariage, même physiquement infécond, doit s'ouvrir sur une véritable fécondité spirituelle.

Pourtant, pour vivre une paternité vraiment responsable, une saine régulation des naissances s'impose pratiquement à tous. Si un couple doit surseoir ou renoncer définitivement à de nouvelles naissances, il doit aussi s'interroger sur les moyens qu'il choisit. Ceux-ci ne sont pas innocents. Au nom de l'Évangile, le Magistère de l'Église attache beaucoup d'importance à ce que l'acte conjugal soit toujours ordonné à signifier l'amour. Or l'amour est tendresse, don de soi, accueil et respect de l'autre, dialogue véritable, ouverture à la vie. C'est pourquoi il faut refuser tout ce qui n'exprimerait pas naturellement la vocation réciproque et totale des époux et risquerait de blesser l'amour en permettant de se dispenser du nécessaire dialogue, en troublant la rencontre, en se fermant à la vie. La position de l'Église en ce domaine est bien connue : sa doctrine « est fondée sur le lien indissoluble, que Dieu a voulu et que l'homme ne peut rompre de son initiative, entre les deux significations de l'acte conjugal : union et procréation » (HV 12, repris par Fam. cons. 32). Ainsi « tout acte matrimonial doit rester ouvert à la transmission de la vie » (HV 11). La connaissance et la maîtrise de soi, en respectant les rythmes naturels des périodes fécondes et infécondes, empêchent le désir de se dégrader en besoin et gardent le cœur ouvert au dialogue.

602 *Blessures de l'amour*

La fidélité conjugale reflète la fidélité du Christ pour l'Église. C'est pourquoi toute atteinte à cette fidélité est perçue dans la foi comme une faute contre ce mystère d'Alliance. C'est la dimension sacramentelle du mariage, l'engagement de Dieu, qui fonde en dernière instance l'indissolubilité du mariage.

L'adultère s'oppose très gravement à la justice et à la charité. Il est une trahison de l'amour.

Le divorce détruit le couple. Il blesse les conjoints. Les enfants, quand il y en a, sont comme divisés dans leurs racines communes que sont les parents. Parfois, la séparation peut s'imposer quand la vie commune devient préjudiciable au conjoint et aux enfants. Les divorcés, conscients de l'indissolubilité de leur mariage, sont appelés à ne pas contracter une nouvelle union. Ceux qui vivent cette séparation et les divorcés non remariés peuvent recevoir les sacrements dont ils ont grand besoin pour faire face à cet état de vie éprouvant.

603 De nombreux divorcés aujourd'hui contractent un autre mariage civil. Certaines situations de concubinage ont aussi engagé des chrétiens dans une impasse. Même si leur situation n'est pas régulière, la source sacramentelle de leur baptême n'est pas tarie et ils sont, comme chacun, appelés à vivre leur vie chrétienne jusqu'à la sainteté. Cependant ils ne peuvent communier à l'eucharistie. En

effet, dans l'eucharistie le Christ se donne jusqu'à la mort pour établir une Alliance irrévocable avec l'humanité. Communier à l'eucharistie, c'est signifier — et en particulier vis-à-vis de son conjoint — que l'on accepte d'entrer pour sa part dans la fidélité et le don total du Christ. Le concubinage comme le remariage démentent, en quelque sorte, cette acceptation. C'est là une situation dure à vivre, et pourtant très fréquente aujourd'hui. L'Église invite les divorcés remariés à garder le contact avec la communauté, dont ils sont toujours membres, par la prière, l'assistance à la messe et les activités qu'ils peuvent mener dans le respect de leur situation particulière à l'intérieur de l'Église (cf. Fam. cons. 84).

Cohabitation juvénile. Fiançailles 604

La « cohabitation juvénile » s'est rapidement développée en France pour des raisons multiples et difficiles à analyser : allongement de l'adolescence, peur de la solitude, témoignages multiples des échecs conjugaux, développement des moyens contraceptifs, incertitude par rapport à l'avenir, peur de s'engager, besoin de tout vérifier par l'expérience, illusion d'une meilleure préparation à un engagement définitif... Pourtant, la cohabitation juvénile s'oppose gravement au dessein de Dieu sur l'amour humain. Elle laisse dans le flou et l'incertitude, alors que l'amour prend ses responsabilités et s'engage. Elle contribue à déshumaniser la société en ne lui demandant plus de reconnaître la dimension familiale de l'homme. Elle risque même de mutiler la sexualité en privatisant le couple. Elle débouche quelquefois sur des situations d'injustice caractérisées dont les femmes et les enfants sont souvent les victimes.

Mais la pression sociale est telle qu'il faut parfois de l'héroïsme aux jeunes pour ne pas céder à la mode... et à leurs faiblesses. Il importe d'accueillir ceux qui sont dans ces situations pour les aider à avancer vers un sens plus vrai de l'amour humain.

Les fiançailles vécues dans la continence, le respect de soi 605 et de l'autre, favorisent un dialogue constructif et l'accueil de la personne de chacun. Elles permettent à l'égoïsme caché dans toute relation humaine de s'atténuer pour faire place de plus en plus à un amour positif et constructif.

Leur amour éprouvé permettra normalement aux fiancés de faire l'apprentissage de la fidélité à travers les inévitables difficultés conjugales. Mais la chasteté suppose un effort commun de liberté vraie, nourri dans la prière et les sacrements, et dans le témoignage de foyers convaincus de l'importance du sens chrétien de l'amour. Elle se construit dès l'enfance et l'adolescence par l'apprentissage de la maîtrise de soi et du respect des autres. Le rôle de la famille est irremplaçable.

La pudeur est une des composantes de la chasteté. Une éducation à la pudeur est donc nécessaire pour développer le sens de la valeur de la sexualité humaine.

606 ### *Banalisation de l'acte sexuel*

Un certain contexte social et culturel tend à banaliser les relations sexuelles. Loin de servir la maturation de la personnalité, le vagabondage sexuel la freine et aboutit à la chute dans l'insignifiance de ce don sans prix qu'est la sexualité.

Il faut aussi souligner la prolifération des MST (maladies sexuellement transmissibles) et du SIDA, dont la prévention véritable repose sur la chasteté, bien plus que sur la diffusion massive de préservatifs. Ceux-ci peuvent même paradoxalement étendre le danger en favorisant la banalisation des rencontres sexuelles. De toute façon, ils ne protègent pas de la désillusion de l'amour au rabais. Ils desservent plutôt le bonheur vrai des jeunes en leur proposant des paradis mensongers.

La prostitution doit être ici dénoncée : le métier qui consiste à se livrer aux plaisirs sexuels d'autrui contre de l'argent est, le plus souvent, pratiqué par des femmes qui vivent un véritable esclavage. Les proxénètes et les clients de ces femmes les traitent en objet. L'État est gravement coupable lorsqu'il ne combat pas ce fléau social.

607 ### *Homosexualités*

L'opinion publique, après avoir brocardé l'homosexualité, tend aujourd'hui à en faire une autre manière de vivre la sexualité. Refusant de s'affronter à la différence sexuelle, l'homosexualité est une déviation objectivement grave. Souvent victimes de leur éducation ou du milieu où elles ont vécu, les personnes homosexuelles doivent être reçues et accueillies avec respect, mais dans la vérité. On doit les aider à dépasser leur déviation et à en porter les souffrances. Il ne faut d'ailleurs pas confondre les tendances homosexuelles, qui peuvent être vécues dans une chasteté parfois difficile, avec les actes homosexuels.

Mais une société qui prétend reconnaître l'homosexualité comme une chose normale est elle-même malade de ses confusions.

Lents cheminements

S'il est un domaine où la liberté et l'équilibre se conquièrent parfois lentement et difficilement, c'est bien celui de la sexualité. Il faut se rappeler ici tout ce qui a été dit sur la progressive libération de la liberté.

Des blocages dans l'éducation et les multiples accidents de parcours expliquent souvent des retards, des régressions et des pratiques comme l'auto-érotisme, la masturbation, etc. Ce sont des désordres objectivement graves. Cependant, en ce domaine surtout, en raison d'une immaturité fréquente, il ne faut pas identifier manquement à la loi objective et faute morale subjective. L'effort pour nouer une vie tournée vers l'autre et vers Dieu, et la volonté d'observer la loi sont plus fondamentaux que tel acte particulier. Le faux pas, qui demande le pardon, doit être une invitation à sortir de soi, à se donner et à accueillir la grâce de Dieu. La meilleure aide est souvent d'inviter ceux qui pèchent à sortir de leur moi et de leur égoïsme par le don d'eux-mêmes et l'accueil de la grâce de Dieu. Une fois de plus, c'est l'amour qui, seul, guérit des contrefaçons de l'amour.

Le sens chrétien du corps, de l'amour et de la vie permet à chacun d'avancer sans se laisser écraser par les difficultés, les lenteurs ou les chutes. Bien des épisodes de l'Évangile : la femme adultère, la pécheresse aux pieds de Jésus, le pardon proposé à Pierre... sont des invitations à se mettre en route et à marcher vers le Seigneur « venu appeler non pas les justes mais les pécheurs » (Lc 5, 32), pour leur rendre progressivement leur liberté, leur dignité et leur joie. A cet égard, de nombreux mouvements ou associations, inspirés par le sens chrétien de l'amour, jouent un rôle éducatif très positif.

609 Respecter et promouvoir le bien d'autrui

- **Le mien, le tien, le nôtre**

La propriété : nécessité et limite

Pour vivre et pour grandir, les hommes ont besoin d'un minimum de biens. Des biens matériels : nourriture, vêtements, logement... Et des biens spirituels : instruction, culture, liberté, religion... L'homme revendique spontanément un droit sur ce dont il a besoin et sur ce qui lui appartient en propre, sur ce qui est sa propriété.

Il y a, en effet, des biens pour lesquels l'usage et la propriété se confondent pratiquement, par exemple la nourriture que l'on consomme. Pour d'autres biens, l'usage et la propriété sont distincts, par exemple le logement dont on est seulement locataire. L'homme cherche non seulement l'usage, mais aussi une certaine propriété. Celle-ci, en effet, lui assure un espace de liberté (même les animaux ont leur territoire). Elle lui permet en outre une part d'initiative et de créativité. La propriété privée favorise un meilleur usage et une meilleure gestion des biens de ce monde.

610

Cependant, selon l'enseignement le plus traditionnel de l'Église, la propriété privée est grevée d'une « hypothèque sociale ». En fait, la terre est un don de Dieu pour tous les hommes et le « propriétaire », pour sa part, est un « gérant » de ce don. Certes, il est légitime qu'il en bénéficie, mais il ne doit pas oublier que la « terre est à tous ».

> La propriété n'est pas partout revêtue du même caractère de nécessité. Le minimum vital est sacré. Il n'est d'ailleurs pas le même selon les temps, les pays et les cultures : un vêtement chaud n'est pas aussi nécessaire à Tombouctou qu'au pôle Nord. Au-delà du minimum vital, le lien de nécessité entre le propriétaire et ses biens peut se distendre plus ou moins. Le lien entre le petit paysan brésilien et son lopin de terre est vital ; il ne l'est pas de la même façon pour le richissime propriétaire de dizaines de milliers d'hectares. C'est pourquoi le droit de propriété doit être aménagé selon les exigences du bien commun. La loi peut légitimement le restreindre pour des biens largement superflus et, au contraire, le renforcer pour des biens nécessaires, afin d'assurer un meilleur usage au profit de tous. L'impôt a, en principe, pour un de ses objets d'assurer aussi plus de justice et de solidarité : c'est pourquoi le paiement de l'impôt selon les règles établies par un État légitime, soucieux du bien commun, est une obligation morale et pas seulement légale.

Notre pratique quotidienne doit s'ouvrir à une perspective internationale et tenir compte des multitudes immenses d'affamés, de mendiants, de sans-abri, de personnes sans assistance médicale, sans instruction de base.

La morale va plus loin que la loi civile. La solidarité est le chemin de la paix et en même temps du développement (cf. SR 39).

La justice et le droit 611

Si l'on revendique le respect de ses propres biens, on ne peut pas récuser le droit de l'autre. La vertu de justice est ce dynamisme qui conduit à respecter et à promouvoir le droit et les droits des autres. Elle vise à « rendre à chacun son dû ». Elle est capitale pour une vie sociale harmonieuse. Et elle ne s'arrête pas à la justice institutionnelle. Notre pays, par exemple, a des devoirs de justice à l'égard des peuples souffrant de la faim dans le monde.

Pour la paix sociale et la bonne entente des gens, il importe que la loi civile délimite clairement le droit de chacun et que les institutions publiques le garantissent. Au-delà de la loi, mais réglé encore par elle, s'étend le domaine des contrats. Ceux-ci doivent être conclus dans la vérité et l'honnêteté. Ils doivent être respectés. En raison du caractère personnel de la propriété, on peut légitimement gérer ses biens comme on l'entend, dans le cadre de la loi (qui par exemple favorise, comme il est normal, les enfants et les proches...), en se souvenant de la fonction sociale de la propriété.

Le travail 612

L'homme, créé à l'image de Dieu, participe par son travail à l'œuvre du Créateur. Le chrétien est donc appelé à voir dans son travail un service de l'humanité tout entière et un apport personnel à la réalisation du projet de Dieu sur le monde (cf. LE 25). Celui-ci est un droit, mais aussi un devoir. Cela dit, tout travail comporte une part de peine qui, vécue dans la foi avec l'Esprit du Christ, peut permettre à l'homme de « collaborer en quelque manière avec le Fils de Dieu à la rédemption de l'humanité ».

Le travail permet à l'homme de se procurer ce dont il a besoin. En même temps il aide l'homme à s'accomplir. En transformant le monde, il se transforme lui-même et développe ses capacités, surtout là où il peut faire preuve d'initiative et de créativité. Car, s'il y a des travaux épanouissants, d'autres sont déshumanisants et aliénants.

Devenu de plus en plus collectif, le travail multiplie les rapports entre les hommes. Pour le meilleur et pour le pire. Il peut 613 servir la collaboration des hommes, mais il peut aussi donner prise à de terribles conflits autour des conditions de travail, du chômage, du salaire, de l'organisation socio-économique et de l'immigration. Pour que la solution des conflits soit plus juste, le Magistère de l'Église a toujours mis en avant le principe de la priorité du travail par rapport au capital et, plus encore, la nécessité du respect absolu de l'homme.

Ce respect passe, dans les formes les plus appropriées, par la participation des travailleurs aux décisions qui les concernent, à l'organisation de leur travail, et même aux bénéfices de celui-ci.

614 *Le vol*

Priver injustement le prochain de ses biens et du fruit de son travail est une injustice grave, doublée d'un réel mépris de sa personne. Celui qui prend conscience de son injustice ne peut prétendre au pardon sans *restituer ce qu'il détient injustement*.

La gravité de l'injustice varie avec la valeur de ce qu'on vole. La gravité varie aussi avec le tort réel causé au prochain. Pourtant, dès que le vol porte sur une somme représentant la survie quotidienne d'un homme, les moralistes y voient une « matière grave » en raison du caractère social des biens.

> Hier, la pauvreté pouvait pousser au vol, et l'extrême pauvreté l'excusait parfois totalement. Aujourd'hui, l'abondance est peut-être la cause la plus fréquente des vols. Le désir de consommer et de posséder est savamment cultivé par une publicité envahissante, et une sollicitation permanente met en condition les clients, riches ou pauvres.
>
> Frauder ou voler les grands magasins, l'État, la Sécurité sociale, son entreprise, sous prétexte que le vol, dans ces cas, ne lèse personne en particulier, est aussi condamnable que les autres formes de vol.

615   Enfin, les vols les plus graves ne sont pas nécessairement les plus visibles : escroqueries, manœuvres frauduleuses et opérations financières malhonnêtes, production obtenue par une main-d'œuvre sous-payée et placée hors de la protection sociale, exploitation du tiers monde sans transfert de technologie... Le respect des normes légales ne suffit pas à les rendre moralement licites.

Le texte de l'Exode : « Tu ne commettras pas de rapt » (Ex 20, 15) nous conduit à souligner la gravité des atteintes multiples à la liberté et à la dignité de l'homme : prises d'otages, viol, prostitution, trafic d'enfants, de travailleurs immigrés... : « Toutes ces pratiques et d'autres analogues sont, en vérité, infâmes » (GS 27).

La justice ne vise pas seulement à respecter le droit de l'autre. Elle demande, au nom de la charité, qui normalement l'inspire, de le promouvoir autant que faire se peut.

Le respect de la création 616

Le respect du bien d'autrui implique aussi le respect de ce bien commun de l'humanité qu'est le monde dans lequel nous vivons.

Le chrétien voit en tous les êtres, et spécialement dans les animaux, un don et un reflet de l'acte créateur de Dieu. Même s'il en use légitimement, il sait qu'il doit les respecter.

De même, l'aménagement de la terre ne peut évacuer désormais la question « écologique ». L'exploitation « sauvage » des ressources du monde se retourne facilement contre les hommes. Les effets pervers des conquêtes techniques menacent les éco-systèmes.

> Pensons aux maladies des forêts d'Europe et à la pollution des lacs et des mers, sans compter désormais celle de l'atmosphère. Nous sommes acculés à une autorégulation de nos pouvoirs, à une sagesse nouvelle capable de maîtriser nos puissances neuves, chimiques, nucléaires ou génétiques.

« La norme fondamentale que doit respecter un juste progrès économique, industriel et scientifique, c'est le respect de la vie et, en premier lieu, de la dignité de la personne humaine » (Jean-Paul II, message pour la journée de la Paix, 1er janvier 1990, n° 7).

Il faut inventer ensemble les voies et les moyens d'exercer les vertus de force et de tempérance sociales pour ordonner avec modération et sagesse l'usage collectif des biens de la terre.

• **Une économie organisée** 617

Législation sociale

Les lois sociales qui organisent le travail et la protection des travailleurs, la Sécurité sociale, etc., représentent un progrès considérable. Fruits de conquêtes sociales difficiles, elles doivent être respectées et favorisées. Les organisations syndicales en ont été le plus souvent les promotrices. Elles ont un rôle essentiel à jouer pour la défense des travailleurs, mais leur action doit demeurer ouverte au bien commun et ne pas s'enfermer sur une sorte d'égoïsme de groupe ou de classe.

L'Église privilégie les solutions négociées dans les conflits sociaux comme dans tous les autres conflits. La grève est un des droits fondamentaux du monde du travail mais, pour être légitime, elle doit respecter les normes habituelles concernant l'emploi de la force dans les conflits.

Le resserrement des liens économiques entre les différents pays plaide pour une harmonisation progressive des législations sociales.

618 *Du social à l'économique*

Les problèmes de production et d'échange des biens se posent de plus en plus à l'échelle du monde. Les réseaux de relations économiques toujours plus serrés augmentent les interdépendances des hommes et des groupes. Aussi les problèmes de justice se posent désormais en termes de solidarité nationale et internationale. Toutes les consciences chrétiennes sont concernées. Chacun est responsable pour sa part de la recherche et de la mise en œuvre de solutions plus justes.

Le chômage est un drame humain : l'homme sans travail perd sa responsabilité, sa dignité sociale, quelquefois sa santé. Le traitement social du chômage est, à lui seul, une mesure insuffisante. Le chômage appelle des mesures économiques d'organisation du travail et des échanges. Mais s'en tenir à la seule répartition des biens serait gravement insuffisant. Une conception dynamique de la justice invite à la création et à l'augmentation de la masse des biens et des revenus disponibles pour tous. « Pour de nouveaux modes de vie », afin de parer aux « nouvelles pauvretés », il faut « créer et partager » (cf. les déclarations de la Commission sociale de la conférence des évêques de France en 1982, 1984 et 1988).

L'évolution rapide du monde rural entraîne de son côté des problèmes de restructuration, d'autant plus difficiles à résoudre que l'industrie, en proie au chômage, n'absorbe plus autant qu'hier la main-d'œuvre rurale. L'enseignement social de l'Église, ici encore, peut apporter une aide pour sauvegarder les exigences humaines dans les mutations économiques.

619 *Communisme et libéralisme*

Le souci s'impose d'opérer une juste répartition des fruits du travail commun et, en même temps, d'assurer à chacun le maximum de liberté et de responsabilité dans l'organisation de son travail. Solidarité et liberté sont deux valeurs à honorer simultanément pour respecter la justice et la vérité des rapports humains.

> Certains font de la liberté économique un principe absolu. Conformément à l'idéologie du libéralisme, ils abandonnent le développement au jeu quasi automatique de l'activité économique et à de soi-disant lois économiques (cf. GS 65 et 67). Ils croient au rôle exclusif du marché pour équilibrer la production, la consommation et la répartition des biens. L'expérience montre que le seul recours au marché fausse les équilibres au bénéfice des plus forts. D'où la nécessité de correctifs importants de la part des responsables politiques : ici « le passage de l'économique au politique s'avère nécessaire » (Paul VI, *Lettre au cardinal Roy*, 46).

> D'autres, par souci d'une plus juste répartition des biens, veulent mettre l'accent sur l'organisation de la solidarité. A cet effet, ils privilégient la valeur sociale de l'égalité dans l'appropriation et l'usage des biens économiques. Mais un tel souci est trop souvent porté par des idéologies qui ne voient en l'homme que sa capacité de travail et sa dimension sociale. On aboutit alors à aliéner la liberté de tous, à écraser l'homme que l'on prétendait libérer et, finalement, à stériliser la responsabilité et la créativité des acteurs économiques, comme on l'a trop souvent vu dans les expériences des collectivismes communistes.

« Il n'est pas possible d'imaginer une conception d'ensemble de la vie sociale qui allie, dans une synthèse équilibrée, toutes les valeurs essentielles » (Assemblée plénière des évêques de France, 1972, *Pour une pratique chrétienne de la politique*, I, 2). Et pourtant, une organisation économique soucieuse de l'homme ne peut sacrifier la liberté à la solidarité ni la solidarité à la liberté. Il faut tenir ensemble ces deux exigences fondamentales. Les pouvoirs publics, mais aussi les citoyens, doivent travailler à des aménagements toujours délicats et imparfaits pour tenter de sauvegarder au mieux ces deux exigences.

Une organisation économique au service de l'homme

La complexité des circuits économiques interdit les vues simplistes. Mais l'économie concerne la vie des personnes et des collectivités humaines. Aussi importe-t-il que les spécialistes, les responsables (et, à leur mesure, tous les citoyens) allient, à la compétence technique, un sens authentique de l'humain et du bien commun. L'activité financière, quand elle est déconnectée de l'économie réelle, fait peser de graves menaces sur l'équilibre des marchés de la planète. Les conséquences humaines prévisibles d'une catastrophe en ce domaine indiquent que nous sommes là en présence d'un problème éthique majeur. L'expérience montre qu'à long terme le mépris des facteurs humains peut gripper les machines économiques les plus performantes. Mais, en même temps, on se rappellera que, à méconnaître les mécanismes propres de l'économie, on perd et l'équilibre économique et la paix sociale.

622 « La doctrine sociale de l'Église n'est pas une "troisième voie" entre le capitalisme libéral et le collectivisme marxiste [...]. Elle n'entre pas dans le domaine de l'idéologie, mais dans celui de la théologie et particulièrement de la théologie morale » (SR 41). Son but principal est d'interpréter ces réalités complexes de l'existence des hommes « dans la société et dans le contexte international ». Elle examine « leur conformité ou leurs divergences » avec l'enseignement de l'Évangile sur l'homme et sur « sa vocation à la fois terrestre et transcendante ». Elle a pour conséquence « l'engagement pour la justice », chacun suivant son rôle, sa condition, ses possibilités. Elle oriente le « comportement chrétien ». Elle fait partie de la mission d'évangélisation de l'Église, comme le rappelle souvent Jean-Paul II à la suite de l'enseignement continuel des papes depuis Léon XIII (1891).

Pour tous les problèmes particuliers, les chrétiens auront le souci de s'éclairer à la lumière de la doctrine sociale de l'Église et, en particulier, de ce que dit Vatican II dans la deuxième partie de *Gaudium et spes*, au chapitre 3 consacré à la vie économique, périodiquement ajusté par les encycliques sociales et les interventions des évêques.

623 • Tiers monde et quart monde

La solidarité ne vaut pas seulement à l'intérieur des pays ou des ensembles de pays, comme l'Europe. Elle s'impose comme une tâche particulièrement urgente envers les pays du tiers monde, avant que n'explose « la colère des pauvres aux imprévisibles conséquences » (PP 49). La parabole de Lazare et du riche a pris une dimension mondiale (cf. RH 16).

La solidarité doit viser au développement « de tout homme et de tout l'homme » (PP 14). C'est pourquoi elle ne peut se contenter de simples dépannages d'urgence. Il faut une réforme profonde des circuits économiques et internationaux.

La réponse aux défis de la pauvreté et de la faim dans le monde passe par une politique internationale de développement et, actuellement, par le traitement économique et politique de l'écrasante dette du tiers monde.

624 Le sous-développement sévit aussi chez nous dans ce qu'on appelle le quart monde. Des hommes, des femmes et des enfants sont laissés pour compte dans nos sociétés « performantes » qui marginalisent ceux qui ne peuvent pas suivre. Une solidarité

effective doit se manifester ici encore. D'où l'intérêt de toutes les procédures qui, au-delà de l'assistance, visent à rendre aux laissés-pour-compte une place dans la vie sociale et culturelle et, bien sûr, dans le monde du travail.

La justice s'impose à tous les hommes. Mais les chrétiens ont une raison supplémentaire de la pratiquer. Appelés à l'amour de Dieu et du prochain, ils ne peuvent pas vivre la charité sans respecter la justice. Le sens véritable de la charité aide au respect et à la promotion des droits.

> Les chrétiens ne prétendent pas en avoir le monopole. Mais les progrès de la justice et de la solidarité dans les institutions nationales et internationales, gouvernementales ou non gouvernementales, doivent beaucoup à l'inspiration et à l'action de chrétiens convaincus.
>
> Diverses organisations catholiques permettent à beaucoup de prendre leur place dans ce combat pour le développement intégral de l'homme. Elles sont autant de signes indiquant que l'Église est au service des pauvres. La solidarité est un devoir à la portée de tous.

• Développement et progrès

625

Le développement économique a créé de meilleures conditions d'existence chez certains peuples, mais les avantages réels apportés par la science et la technique laissent toujours l'homme inquiet devant la tragique expérience des guerres dans divers pays, le péril atomique, le surarmement des grandes puissances, et le commerce des armes...

Le surdéveloppement met à la disposition de certains une accumulation de biens et de services, avec la possibilité de remplacement de modèles encore utiles par des modèles nouveaux, toujours plus perfectionnés. La civilisation de consommation pousse au gaspillage et produit d'innombrables déchets. Le problème moral de la multitude qui n'arrive pas à vivre, parce qu'elle est privée de biens élémentaires, ne doit pas cacher le danger moral du matérialisme pratique souvent lié à la surconsommation. Pour que le développement devienne progrès pour l'homme, il ne doit pas se limiter aux réalités économiques. Le véritable développement est celui de tout l'homme puisque sa vocation est à la fois humaine et divine (cf. SR 27-30).

Catéchisme pour adultes

626 **Faire et dire la vérité**

• Chercher la vérité

L'homme n'a pas faim seulement de pain et de liberté. Il a faim de vérité. L'intelligence de l'homme est faite pour la vérité. La révélation chrétienne, en ce domaine, peut étonner. Pour elle, la vérité est fondamentalement le Christ, reconnu dans la foi comme celui en qui se révèle la vérité de l'homme et la vérité de Dieu. L'intelligence de l'homme se renierait en ne cherchant pas la vérité, comme elle se renie en se contentant de la bonne foi et de la sincérité, et en n'accueillant pas ce que Dieu dit par la Révélation, les hommes et les événements.

627 ### • Dire la vérité

Vérité et mensonge

Les relations humaines reposent sur la confiance. Et la confiance n'est pas possible sans la vérité. On doit donc dire la vérité. On peut se tromper, mais l'erreur n'est pas le mensonge. Le mensonge, lui, est une faute contre Dieu et la communauté humaine.

Cette question de la vérité dans les relations est particulièrement délicate. Elle met en jeu un rapport à la vérité, mais aussi un rapport à la justice et à la charité qui règlent nos relations humaines.

L'amour du prochain n'autorise pas le mensonge. Mais il n'oblige pas nécessairement à dire toute la vérité : « Toute vérité n'est pas bonne à dire. »

> Il y a, en effet, des vérités qui tuent. Une mère doit-elle révéler inconditionnellement à son enfant qu'il n'est pas le fils de son père? Un ministre des Finances, non seulement n'est pas obligé d'annoncer une dévaluation prochaine, mais il ne doit pas le faire, sous peine de donner libre cours à des spéculations ruineuses pour le bien commun. Un industriel peut cacher la situation difficile que vit son entreprise, etc. Cela dit, il y a aussi des silences qui tuent.

Si donc on peut parler d'un « droit à la vérité », on doit ajouter qu'il n'est pas inconditionnel et que la vérité se situe aussi dans l'ordre de la relation. On ne doit pas cacher la vérité à qui a le droit de la connaître. En revanche, un secret confié doit être gardé.

Médisances et calomnies 628

On ne doit pas dénoncer sans raison les défauts ou les vices d'autrui. La question d'une dénonciation peut cependant se poser si ces défauts ou ces vices représentent une menace pour autrui. C'est encore la justice et la charité qui éclairent la position à prendre.

La calomnie, qui est une fausse accusation, est plus grave encore, car elle atteint l'autre injustement et mensongèrement. Même si l'on s'efforce ensuite de réparer.

On peut rapprocher de ces atteintes à la vie sociale l'indiscrétion qui cherche à surprendre ou à divulguer les secrets du prochain. Toutes ces pratiques ruinent la confiance.

• Médias 629

Les questions morales autour de la vérité prennent une nouvelle dimension avec les moyens de communication sociale. Ceux-ci élargissent, pour chacun, le devoir de s'informer. Mais ils appellent des règles précises pour les journalistes de la presse écrite, parlée ou télévisée. Ces derniers jouent un rôle positif pour divulguer la vérité, informer les hommes des réalités qui les concernent, pour rendre publiques des pratiques préjudiciables au bien commun, éduquer les citoyens, etc. Mais leur pouvoir peut aussi servir à répandre le mensonge ou à créer des climats passionnels peu propices à l'éclosion de la vérité.

La « déontologie des médias » a encore de grands progrès à faire pour une information vraie, respectueuse des faits et des personnes. Les autres pouvoirs (politique, judiciaire et économique) ont suscité des « pouvoirs compensateurs » : parlement, magistrature, syndicats, etc. Le quatrième pouvoir, celui de l'information, n'a d'autre contre-pouvoir que le sens des responsabilités de chaque citoyen. Celui-ci peut ne pas écouter, ne pas regarder, ne pas acheter ce qui lui semble mauvais ou, au contraire, se faire l'ardent propagateur des médias qui le méritent.

Les chrétiens soucieux du lien entre les vérités partielles de la communication humaine et la vérité de la Parole de Dieu ne peuvent pas oublier l'appel prophétique du Christ : « Quand vous dites "oui", que ce soit un "oui", quand vous dites "non", que ce soit un "non" » (Mt 5, 37). A quoi fait écho saint Paul dans l'épître aux Éphésiens : « Débarrassez-vous donc du mensonge, et dites tous la vérité à votre prochain, parce que nous sommes membres les uns des autres » (Ep 4, 25).

630 Résister à la convoitise

L'appel du Christ à le suivre dans le don total de soi-même invite chaque chrétien à considérer tout ce qu'il est physiquement, psychologiquement, spirituellement, et tout ce qu'il a, comme ne lui appartenant pas, comme des talents confiés par Dieu et destinés à le glorifier.

Il ne s'agit aucunement d'un mépris du monde ou de soi-même, mais il s'agit de remettre le monde dans l'ordre qu'a détruit le péché. Tout, absolument tout dans le monde, trouve son épanouissement dans ce pour quoi il est fait, et tout est fait pour chanter la gloire de Dieu. Toute action n'a de sens que si elle contribue à la gloire de Dieu. Saint Paul l'affirme : « Tout ce que vous faites : manger, boire ou n'importe quoi d'autre, faites-le pour la gloire de Dieu » (1 Co 10, 31).

631

Gérer sa vie comme ne nous appartenant pas, mais appartenant à Dieu, et donc aussi aux autres hommes, conduit à refuser la convoitise qui est « la racine de tous les maux » (1 Tm 6, 10). Saint Jean dénonce, dans une progression calculée, la convoitise de la chair, la convoitise des yeux et la confiance orgueilleuse dans les biens (cf. 1 Jn 2, 16). La tradition des moralistes voit dans la convoitise la source de ce qu'on appelle les *péchés capitaux*, c'est-à-dire les péchés les plus caractéristiques. La convoitise de la chair recherche pour lui-même le plaisir que donne la satisfaction des instincts les plus naturels de l'homme (manger, boire, dormir, se reproduire) et conduit ainsi à la *gourmandise* (avec ses formes perverses de l'alcoolisme et des toxicomanies), à la *paresse* et à la *luxure*. La convoitise des yeux recherche pour lui-même le plaisir d'être vu et apprécié. Elle conduit à la vanité, aux dépenses excessives pour le paraître ; par son goût du superficiel, elle entretient le dégoût de tout ce qui est spirituel. Enfin, l'*orgueil* est une déformation du plaisir légitime d'être soi-même devant Dieu. C'est le détournement à notre profit de ce qui nous constitue le plus profondément : la ressemblance avec Dieu. L'orgueil entraîne souvent l'*envie* et le refus de l'autre manifesté par la mauvaise *colère*. Il entraîne, par une sorte de déplacement pervers de l'essentiel sur l'argent, l'*avarice*.

De tout temps, les maîtres spirituels ont invité les chrétiens à s'entraîner à combattre la convoitise par la prière, certes, mais aussi par l'ascèse (l'étymologie du mot suggère la notion même d'entraînement). Le jeûne, signifiant symboliquement que l'homme doit se nourrir prioritairement de la Parole de Dieu, a été, dans l'histoire, une des formes les plus répandues de cet entraînement à la maîtrise de soi, pour être capable de se donner ou plutôt, puisque l'homme ne s'appartient pas, de rendre à Dieu ce qui est à Dieu.

On en revient à l'essentiel ; il n'y a qu'un commandement dans la Loi nouvelle : aimer.

5.
Vers la plénitude de l'amour

Les commandements de Dieu indiquent concrètement les chemins d'un amour qui ne se paie pas de mots. La manière dont ils sont vécus par les saints montre à quel point la morale chrétienne n'est pas une simple règle de bonne conduite, mais bien un chemin de vie et de bonheur vrai. Nés par le baptême à la vie nouvelle d'enfants de Dieu, marchant selon l'Esprit à la suite du Christ, associés à sa passion et à sa résurrection, nous devenons peu à peu les bienheureux de l'Évangile.

La seconde naissance de l'homme

Toute naissance est un « travail ». Commencée dans l'effort et dans la peine, elle s'achève dans la vie et dans la joie. Après sa première naissance, l'homme doit naître pleinement à lui-même, accéder à la liberté, à la responsabilité, à l'amour. Cela ne se fait pas sans mal. Il lui faut lutter contre toutes les forces de régression en lui-même et dans le monde.

Ce combat est celui de l'amour, dont les commandements ne sont qu'une expression concrète : « Tu aimeras le Seigneur ton Dieu de tout ton cœur [...]. Tu aimeras ton prochain comme toi-même. Tout ce qu'il y a dans l'Écriture, — dans la Loi et les Prophètes, — dépend de ces deux commandements » (Mt 22, 37-40). Car la loi tout entière tire son accomplissement de cette unique parole : « Tu aimeras ton prochain comme toi-même » (Ga 5, 14).

Ce combat est celui de la vie. Dans la foi, notre mort charnelle elle-même est passage, entrée définitive dans la vie de Dieu, une Pâque. C'est pourquoi l'Église appelle le jour de la mort des martyrs, des saints et des bienheureux, leur *dies natalis*, le jour de leur vraie naissance, en écho aux paroles de Jésus à Nicodème (cf. Jn 3, 3).

634 Bienheureux

Les chrétiens ont reçu la promesse du vrai bonheur. Sans l'amour, les commandements sont ressentis comme une lourde obligation. Quand les baptisés sont animés par la foi, l'espérance et la charité, ils entrent joyeusement dans la vie nouvelle qui leur est proposée dès ici-bas comme un chemin de bonheur authentique.

« Heureux les pauvres de cœur :
le royaume des cieux est à eux !
« Heureux les doux :
ils obtiendront la Terre promise !
« Heureux ceux qui pleurent :
ils seront consolés !
« Heureux ceux qui ont faim et soif de la justice :
ils seront rassasiés !
« Heureux les miséricordieux :
ils obtiendront miséricorde !
« Heureux les cœurs purs :
ils verront Dieu !
« Heureux les artisans de paix :
ils seront appelés fils de Dieu !

« Heureux ceux qui sont persécutés pour la justice : le royaume des cieux est à eux !

« Heureux êtes-vous si l'on vous insulte, si l'on vous persécute et si l'on dit faussement toute sorte de mal contre vous, à cause de moi.

« Réjouissez-vous, soyez dans l'allégresse, car votre récompense sera grande dans les cieux ! C'est bien ainsi qu'on a persécuté les prophètes qui vous ont précédés » (Mt 5, 1-12).

L'Esprit Saint déploie alors, dans la vie des fidèles, ses propres dons qu'ils ont reçus au baptême et à la confirmation, et qui leur permettent d'agir pleinement en enfants de Dieu : la sagesse, l'intelligence, le conseil, la force, la science, la piété et la crainte de Dieu. L'Esprit les conduit ainsi vers le Père, à travers toutes les rencontres humaines. Et l'eucharistie les consacre peu à peu tout entiers pour la gloire du Père (cf. prière eucharistique IV).

« Peuple de prêtres, peuple de rois »

635

Finalement la vie chrétienne est tout entière un culte spirituel rendu à Dieu. Appelés à dominer la terre et à la soumettre, hommes et femmes ont la responsabilité du monde dont Dieu leur a confié la gérance (cf. Gn 1, 28). Mais ils ne peuvent être « les gérants » de la création en refusant d'en être les prêtres. Pour dominer le monde et eux-mêmes, ils doivent se tourner vers Dieu comme leur Source, leur Créateur et Père. L'organisation du monde, la tâche de libération et d'accomplissement du monde et d'eux-mêmes est alors une véritable consécration : « Vous êtes la race choisie, le sacerdoce royal, la nation sainte, le peuple qui appartient à Dieu ; vous êtes donc chargés d'annoncer les merveilles de celui qui vous a appelés des ténèbres à son admirable lumière » (1 P 2, 9).

Toute l'activité des chrétiens devient un culte rendu à Dieu. Tout l'homme, corps et âme, est appelé dès ici-bas à rendre gloire : « Je vous exhorte, mes frères, par la tendresse de Dieu, à lui offrir votre personne et votre vie en sacrifice saint, capable de plaire à Dieu : c'est là pour vous l'adoration véritable » (Rm 12, 1). La vie

636

du monde et la vie morale prennent ainsi une dimension de louange et d'adoration.

Au terme de l'histoire, l'humanité et le monde entier récapitulés dans le Christ (cf. Ep 1, 10) pourront alors vivre pleinement de Dieu : « Quand tout sera sous le pouvoir du Fils, il se mettra lui-même sous le pouvoir du Père qui lui aura tout soumis, et ainsi, Dieu sera tout en tous » (1 Co 15, 28).

7.

L'accomplissement de l'Alliance dans le royaume de Dieu

637 VOICI QUELLE SERA L'ALLIANCE
que je concluerai avec la maison d'Israël
quand ces jours-là seront passés,
déclare le Seigneur.
Je mettrai ma Loi au plus profond d'eux-mêmes ;
je l'inscrirai dans leur cœur.
Je serai leur Dieu, et ils seront mon peuple. Jr 31, 33

638 LES DISCIPLES DE JEAN
rapportèrent tout cela à leur maître.
Alors il appela deux d'entre eux,
et les envoya demander au Seigneur :
« Es-tu celui qui doit venir,
ou devons-nous en attendre un autre ? »
Arrivés près de Jésus, ils lui dirent :
« Jean Baptiste nous a envoyés te demander :
Es-tu celui qui doit venir,
ou devons-nous en attendre un autre ? »
A ce moment-là,
Jésus guérit beaucoup de malades,
d'infirmes et de possédés,
et il rendit la vue à beaucoup d'aveugles.
Puis il répondit aux envoyés :
« Allez rapporter à Jean
ce que vous avez vu et entendu :
les aveugles voient, les boiteux marchent,
les lépreux sont purifiés, les sourds entendent,
les morts ressuscitent,
la Bonne Nouvelle est annoncée aux pauvres.
Heureux celui qui ne tombera pas
à cause de moi ! » Lc 7, 18-23

La Nouvelle Alliance dans le sang du Christ est une « Alliance éternelle » (He 13, 20). Dans la mort et la résurrection de Jésus, nous avons reçu l'assurance de l'accomplissement des promesses divines, faites à Abraham et à sa descendance. L'Esprit nous a été donné, qui déjà nous fait participer à la vie même de Dieu. « Dans le Christ, écrit saint Paul aux Éphésiens, vous aussi, vous avez écouté la parole de vérité, la Bonne Nouvelle de votre salut ; en lui, devenus des croyants, vous avez reçu la marque de l'Esprit Saint. Et l'Esprit que Dieu avait promis, c'est la première avance qu'il nous a faite sur l'héritage dont nous prendrons possession, au jour de la délivrance finale, à la louange de sa gloire » (Ep 1, 13-14). 639

Ainsi, la foi chrétienne demeure ouverte à un accomplissement ultime et transcendant qui n'est pas encore entièrement dévoilé. « Car nous avons été sauvés, mais c'est en espérance » (Rm 8, 24), et « ce que nous serons ne paraît pas encore clairement. Nous le savons : lorsque le Fils de Dieu paraîtra, nous serons semblables à lui parce que nous le verrons tel qu'il est » (1 Jn 3, 2).

L'ouverture sur l'avenir et sur l'éternité, comme la foi « dans le monde qui vient », sont déjà présentes dans la foi juive (cf. Is 26, 19 ; Dn 12, 2 ; 2 M 12, 44 ; Ps 15, 10-11) et sont une dimension essentielle de la foi chrétienne. En effet, toutes les réalités chrétiennes comportent une dimension « eschatologique ». 640

> Eschatologique vient du mot grec *eschatos* qui signifie « dernier ». Parler d'eschatologie ou d'eschatologique, c'est parler de la destinée finale de l'homme et du monde, de l'orientation dernière de l'histoire, du sens ultime de toute l'économie du salut.

Le Christ appelle tous les hommes à connaître, au-delà de leur vie et au-delà du temps, un bonheur parfait. Depuis l'œuvre du Christ, la vie missionnaire et sacramentelle de l'Église atteste que la vie des hommes est ordonnée à un épanouissement, à un accomplissement.

C'est cet accomplissement que, dans la lumière de la Révélation, il nous faut regarder. Ce regard, bien loin de nous conduire au sentiment de la vanité de tout ce que nous entreprenons ici-bas, nous poussera, au contraire, à nous engager plus résolument sur les chemins ouverts par Dieu au cœur de la création et de l'histoire, et qui conduisent à une vie éternelle. « Dieu lui-même est avec nous pour nous arracher aux ténèbres du péché et de la mort et nous ressusciter pour la vie éternelle » (DV 4).

1.
De la foi à l'espérance

Difficile espérance

- **Pas de vie sans espoir**

Personne ne peut vivre sans aucun espoir. Toute action suppose qu'on en attend quelque chose, ne serait-ce que de s'y accomplir et de pouvoir continuer à vivre.

En dépit des désillusions qui jalonnent son itinéraire, l'humanité est soutenue dans ses efforts par *l'attente d'une vie meilleure*, par l'espoir de changer le cours des choses.

Cependant, nous ne pouvons pas ignorer que des personnes vivent dans le désespoir et que certaines d'entre elles, en particulier des jeunes, en arrivent au suicide. De redoutables questions sont ainsi posées : qu'est-ce qui peut faire fuir ou redouter la vie ? Quelle sont les *raisons de vivre* que propose notre monde ? Quelles sont celles que nous proposons ?

- **Une espérance qui souvent tourne court devant la mort**

642

La mort éloignée et pourtant présente

L'humanité contemporaine, du moins dans les sociétés occidentales, entretient un rapport ambigu avec la mort. Celle-ci est à la fois refoulée, escamotée, et omniprésente, voire envahissante.

Les morts sont tenus à distance, dans des services spécialisés. On fait en sorte que les enfants ne les voient pas. On initie à la vie, à la profession, aux beaux-arts ou aux différents sports. Mais on n'envisage presque jamais une préparation à la mort. Nous ne connaissons plus ces « arts de mourir » auxquels s'exercèrent nos ancêtres.

Les tentatives de refoulement de la mort ne l'empêchent pas d'être *obsédante*. Les médias et la littérature la montrent accomplissant son œuvre sur les hommes politiques, sur les vedettes, ceux qu'on croyait les heureux de ce monde. Les médias parlent et reparlent des menaces qui pèsent aujourd'hui sur l'humanité : l'accident nucléaire, les armes chimiques et biologiques, mais aussi, en dépit des admirables progrès de la médecine, les maladies, et le SIDA qui s'ajoute au cancer.

La mort et la réincarnation

643

En même temps qu'on évite de penser à la mort, l'au-delà *fascine*. Nous avons déjà évoqué le succès de l'*ésotérisme* et des nouvelles *gnoses*.

La doctrine de la *réincarnation* en particulier, empruntée aux systèmes de pensée orientaux, exerce une véritable séduction aujourd'hui dans les pays occidentaux, dont le nôtre.

> Même si ce qui est retenu en Occident de la croyance en la réincarnation ressemble parfois fort peu à ce qu'est la réincarnation dans les religions d'Extrême-Orient, cette croyance est, dans nos pays, significative de l'aspiration à vivre au-delà de la mort.

La doctrine de la réincarnation affirme la possibilité d'une nouvelle vie après la mort, par la transmigration de l'âme dans d'autres corps. Elle fait ainsi du corps un simple support provisoire, banalise la vie individuelle et lui enlève sa valeur singulière : le prix infini que Dieu lui accorde. Elle exclut la résurrection de la chair et aussi la réalité du pardon, puisqu'une de ses raisons serait de nous purifier de la vie antérieure. Aussi la foi chrétienne, qui tient que chaque homme est aimé par Dieu de manière unique et éternelle, et qu'il est destiné à vivre en communion avec lui, rejette formellement la doctrine de la réincarnation.

• L'espérance chrétienne : voir Dieu

644

Les chrétiens se sentent *solidaires* de toutes les formes d'espérance, sans lesquelles l'humanité ne pourrait pas vivre. Ils y discernent quelque chose de la présence mystérieuse de Dieu dans le monde qu'il crée et qu'il aime. « Mû par la foi, se sachant conduit par l'Esprit du Seigneur qui remplit l'univers, le peuple de Dieu s'efforce de discerner dans les événements, les exigences et les requêtes de notre temps, auxquels il participe avec les autres hommes, quels sont les signes véritables de la présence ou du dessein de Dieu » (GS 11).

Cependant, l'espérance chrétienne ne se limite pas à ces mouvements d'espoir qui naissent au cœur des hommes. Prenant sa source dans la foi et dans les horizons nouveaux que la foi ouvre devant les yeux, elle permet d'affronter la mort et fait accéder celui qui espère à des réalités situées au-delà de la mort : la résurrection, la vie éternelle, la vision béatifiante de Dieu. Elle puise en Jésus ressuscité son secret, son audace et sa force.

645

L'espérance chrétienne n'est pas une fuite devant les réalités, parfois douloureuses, de ce monde, en particulier l'obstacle que représente la mort. Elle prend la mort tout à fait au sérieux. C'est une réalité humaine qu'elle ne considère pas simplement comme une donnée « naturelle », comme une fatalité, mais d'abord comme un *scandale*, comme un mal lié à tous les maux, au péché : quelque chose à quoi l'homme ne peut pas uniquement se résigner.

L'accomplissement de l'Alliance dans le royaume de Dieu

Dans l'Ancien Testament la mort, qui pèse sur l'homme comme un châtiment, est une énigme. Elle est vue comme la conséquence du péché d'Adam, le premier homme (cf. Gn 2, 17 ; 3, 19). Car « Dieu n'a pas fait la mort, il ne se réjouit pas de voir mourir les êtres vivants. Il a créé toutes choses pour qu'elles subsistent » (Sg 1, 13-14). Dans le Nouveau Testament, l'apôtre Paul indique le lien du péché et de la mort : « Par un seul homme, Adam, le péché est entré dans le monde, et par le péché est venue la mort, et ainsi, la mort est passée en tous les hommes, du fait que tous ont péché » (Rm 5, 12). La venue du Christ va bousculer cette situation. En affrontant lui-même la mort, il en sort victorieux par la Résurrection. Pardonnant ses fautes, il donne à l'homme d'entrer pour toujours avec lui et avec ses frères dans la communion éternelle de vie divine inaltérable (cf. GS 18). Tel est le « salut », telle est l'Alliance éternelle réalisée par Jésus Christ, le Sauveur.

La mort vaincue   646

La mort est entrée dans le monde par le péché « dès le début de l'histoire » (GS 13). C'est désormais par la mort que tout homme accède à la rencontre définitive avec Dieu. Mais, dans cette rencontre, Dieu ne juge l'homme qu'en s'instituant en même temps son allié, son libérateur.

Jésus, le Fils de Dieu, est venu prendre sur lui la mort des hommes, afin d'en changer totalement le sens. En Jésus crucifié la mort devient un *passage* à une vie nouvelle, transfigurée : la résurrection et la vision de Dieu.

« Oui, nous sommes destinés à mourir, mais quand la mort nous atteint, nous qui sommes pécheurs, ton cœur de Père nous sauve par la victoire du Christ qui nous fait revivre avec lui » *(préface des défunts, n° 5).*

En attendant de voir Dieu, nous croyons et nous espérons.   647
Mais l'espérance et la foi, ce n'est pas encore la vision de Dieu : « Voir ce qu'on espère, ce n'est plus espérer : ce que l'on voit, comment peut-t-on l'espérer encore ? Mais nous, qui espérons ce que nous ne voyons pas, nous l'attendons avec persévérance » (Rm 8, 24-25). La foi, pourtant, nous donne une certaine connaissance des réalités qui dépassent les frontières de cette vie et de ce monde. « Nous voyons actuellement une image obscure dans un miroir ; ce jour-là, nous verrons face à face. Actuellement, ma connaissance est partielle ; ce jour-là, je connaîtrai vraiment, comme Dieu m'a connu » (1 Co 13, 12).

Dès maintenant la foi permet de vivre autrement la mort : dans l'abandon, en union avec le Christ, alors même que la nature continue de regimber.

Fermeté de l'espérance chrétienne

Même quand elle reste comme cachée dans le cœur du croyant, l'espérance chrétienne dépasse infiniment en réalisme toute espérance purement humaine. Cela vient de l'*assurance* que donne la foi. La foi, en effet, est solidement fondée sur Dieu lui-même et sur ses promesses, dont elle tient la réalisation pour certaine (cf. Tt 1, 2).

L'espérance chrétienne fortifie le croyant dans toute son existence, dans le bonheur comme dans le malheur. Elle le soutient dans la persévérance, car elle n'est pas seulement une vertu humaine. Elle *reçoit sa force de l'Esprit de Dieu* qui habite l'âme du croyant : « Nous sommes ainsi en paix avec Dieu par notre Seigneur Jésus Christ, qui nous a donné, par la foi, l'accès au monde de la grâce dans lequel nous sommes établis ; et notre orgueil à nous, c'est d'espérer avoir part à la gloire de Dieu. Mais ce n'est pas tout : la détresse elle-même fait notre orgueil, puisque la détresse, nous le savons, produit la persévérance ; la persévérance produit la valeur éprouvée ; la valeur éprouvée produit l'espérance ; et l'espérance ne trompe pas, puisque l'amour de Dieu a été répandu dans nos cœurs par l'Esprit Saint qui nous a été donné » (Rm 5, 1-5).

Les chrétiens ne cessent de renouveler et de nourrir leur espérance par la prière et les sacrements, par la lecture et l'écoute en Église des Écritures, qui leur rappellent la solidité des promesses de vie éternelle avec Dieu, cette vie que Jésus nous a déjà acquise. Accueillant le don de l'Esprit Saint, arrhes de leur héritage (cf. Ep 1,14), les chrétiens travaillent à ce *monde qui passe* en attendant la venue du Christ dans la gloire.

L'accomplissement de l'Alliance dans le royaume de Dieu

*DES PROFONDEURS
je crie vers toi, Seigneur,
Seigneur, écoute mon appel!
Que ton oreille se fasse attentive
au cri de ma prière!*

*Si tu retiens les fautes, Seigneur,
Seigneur, qui subsistera?
Mais près de toi se trouve le pardon
pour que l'homme te craigne.*

*J'espère le Seigneur de toute mon âme;
je l'espère, et j'attends sa parole.*

*Mon âme attend le Seigneur
plus qu'un veilleur ne guette l'aurore.
Plus qu'un veilleur ne guette l'aurore,
attends le Seigneur, Israël.*

*Oui, près du Seigneur, est l'amour;
près de lui, abonde le rachat.
C'est lui qui rachètera Israël
de toutes ses fautes.*

Psaume 129

650 L'attente du règne de Dieu

L'avenir, sur lequel ouvre l'espérance chrétienne et qu'elle entrevoit comme « dans un miroir » (1 Co 13, 12), n'est pas indéterminé. Il a été inauguré et manifesté par les paroles et les actes de Jésus, et par sa résurrection, en lesquels Dieu se révèle fidèle à ses promesses et à l'Alliance qu'il a nouée avec les hommes.

Cet avenir est esquissé par l'Écriture dans le thème du règne de Dieu, déjà commencé, et qui s'accomplira « quand le Christ remettra son pouvoir royal à Dieu le Père, après avoir détruit toutes les puissances du mal » (1 Co 15, 24).

651 • Le règne de Dieu annoncé et inauguré par Jésus

L'Alliance établie avec Israël était destinée à constituer un « royaume de prêtres » (Ex 19, 6), qui rendrait à Dieu l'honneur qui lui revient, en reflétant sa sainteté (cf. Lv 11, 44).

Le Royaume annoncé connaît une première réalisation avec David, le roi-messie, figure anticipatrice du Messie de la fin des temps.

Jésus, en qui se réalise cette figure, commence sa prédication en déclarant : « Le règne de Dieu est tout proche » (Mc 1, 15). Ce qu'il proclame avec les *béatitudes*, c'est aussi la venue du Règne, promis aux pauvres et à ceux qui espèrent (cf. Mt 5, 1-12).

Ce Règne connaît déjà une réalisation dans la communion, donnée en Jésus entre Dieu et les hommes. Mais il est encore en train de venir. Jésus apprend à ses disciples à invoquer cette venue dans la prière : « Que ton Règne vienne » (Mt 6, 10). Ce Règne, enfin, ne sera vraiment accompli qu'à la fin des temps, avec la venue du Fils de l'Homme.

652

Plusieurs *paraboles*, empruntées à la vie de la nature, parlent du règne de Dieu et évoquent une croissance appelée à se poursuivre avant le temps de la récolte (cf. la parabole de l'ivraie et du bon grain, Mt 13, 24-30 ; la parabole du grain de moutarde, Mt 13, 31-32 ; la parabole du levain, Mt 13, 33).

L'attitude, à laquelle Jésus ne cesse d'exhorter ses disciples, est à la fois la *patience* et la *vigilance* : « Veillez donc, car vous ne connaissez pas le jour où votre Seigneur viendra [...]. Tenez-vous donc prêts, vous aussi : c'est à l'heure où vous n'y penserez pas que

L'accomplissement de l'Alliance dans le royaume de Dieu

le Fils de l'homme viendra » (Mt 24, 42. 44). « Veillez donc, répète-t-il dans la parabole des dix vierges, car vous ne savez ni le jour ni l'heure » (Mt 25, 13).

Après la résurrection de Jésus, les chrétiens demeurent tendus vers le royaume des cieux et la venue du Christ ressuscité, qui remettra la royauté à son Père (cf. 1 Co 15, 24). « Amen ! Viens, Seigneur Jésus ! » : cet appel clôt le livre de l'Apocalypse et, avec lui, l'ensemble des Écritures (Ap 22, 20). La liturgie nous fait reprendre cet appel lors de l'acclamation qui suit, à chaque messe, la consécration eucharistique : « Nous proclamons ta mort, Seigneur Jésus, nous célébrons ta résurrection, nous attendons ta venue dans la gloire. »

Le Dieu de notre foi, de notre espérance et de notre prière est tout ensemble « celui qui est, qui était et qui vient » (Ap 1, 8).

• Des signes à discerner 653

Jésus ne s'est pas contenté d'annoncer que le règne de Dieu est proche. Il en donne des *signes*. Aux disciples de Jean qui viennent lui demander de la part de leur maître : « Es-tu celui qui doit venir, ou devons-nous en attendre un autre ? », il se contente de répondre : « Allez rapporter à Jean ce que vous entendez et voyez [...] » (Mt 11, 3-5).

Tel est aussi le sens profond des *miracles* qui accompagnent la prédication de Jésus, et que saint Jean qualifie précisément de « signes ». Ils sont l'inscription, dans le temps du ministère terrestre de Jésus, de la puissance de Dieu sur la maladie, le péché et la mort. En même temps qu'attestation de la mission divine de Jésus, ils sont, aux yeux de la foi, porteurs de la miséricorde de Dieu.

Signes de la venue du Règne dans notre histoire, tels sont 654 également les *sacrements*. Mémoriaux des gestes du Sauveur, porteurs de la grâce de Dieu, ils préfigurent les cieux nouveaux et la nouvelle terre (cf. Ap 21, 1), et ils anticipent une réalité à venir. Dans l'eucharistie notamment, « le mémorial de la passion du Christ est célébré, notre âme est remplie de sa grâce, et la gloire à venir nous est déjà donnée » (antienne du cantique de Marie à l'office du soir de la fête du Saint-Sacrement).

L'Église, elle-même en pèlerinage, portant « dans ses sacrements et ses institutions, qui relèvent de ce temps, la figure du siècle qui passe » (LG 48), a la « mission d'annoncer le royaume du Christ et de Dieu et de l'instaurer dans toutes les nations, formant de ce Royaume le germe et le commencement sur la terre. Cependant, tandis que peu à peu elle s'accroît, elle-même aspire à l'achèvement de ce Royaume, espérant de toutes ses forces et appelant de ses vœux l'heure où elle sera, dans la gloire, réunie à son Roi » (LG 5).

2.
L'au-delà dans l'espérance chrétienne

655

Alors que la pensée du ciel, de l'enfer et du purgatoire a tenu une place importante dans l'éducation et la pensée des chrétiens des époques antérieures, elle tend aujourd'hui à plus ou moins s'estomper. La critique marxiste a, par exemple, porté le soupçon sur l'attention à l'au-delà, et la crainte s'est insinuée que la pensée d'un autre monde détourne des tâches de celui-ci. En même temps, les chrétiens ont eu écho de diverses croyances en une vie au-delà de la mort qui ont pu fragiliser la foi de certains.

La foi chrétienne, même si elle laisse dans un certain mystère les réalités de l'au-delà, parce qu'elles débordent le champ de l'expérience, nous permet d'affirmer « ce que le cœur de l'homme n'avait pas imaginé » (1 Co 2, 9). Elle le tient de la Révélation et prend appui sur la résurrection du Christ : « Si le Christ n'est pas ressuscité, votre foi ne mène à rien [...] et puis, ceux qui sont morts dans le Christ sont perdus. Si nous avons mis notre espoir dans le Christ pour cette vie seulement, nous sommes les plus à plaindre de tous les hommes » (1 Co 15, 17-19).

656

Il n'est pas possible de décrire ce qui échappe à l'expérience sensible. La Révélation propose des images, des analogies, des symboles, qui correspondent à nos situations et à nos aspirations humaines les plus profondes, pour nous faire pressentir cet au-delà (une communion avec Dieu, cf. Ap 21 ; des noces éternelles, cf. Ap 19, 7-9). Ce faisant, et en dépit de l'imperfection des mots et des représentations qui cherchent à exprimer ces réalités invisibles, la foi chrétienne et l'espérance qu'elle nourrit sont source de courage en même temps que de paix intérieure.

Le sort des morts

La Révélation comporte, en lien avec l'annonce du Christ ressuscité, la promesse de « la résurrection de la chair » et de la « vie éternelle ». Que dit-elle donc du sort de ceux et celles qui ne sont plus de ce monde et demeurent dans l'attente de l'achèvement ultime du règne de Dieu ?

Il est clair que les morts n'ont plus avec les êtres et les choses les mêmes relations qu'auparavant. L'Ancien Testament, du reste, met en garde contre les pratiques d'interroger les morts (cf. Dt 18, 11). Il affirme toutefois que les morts ne sont pas anéantis. Ils subsistent de quelque manière, mystérieusement, auprès de Dieu (cf. Sg 3, 1-9).

La prière pour les morts, présente déjà dans le judaïsme (cf. 2 M 12, 43), recommandée et pratiquée ensuite par l'Église, atteste qu'ils ont une certaine forme d'existence (cf. GS 18). Le Nouveau Testament a repris la symbolique juive d'un lieu où les morts attendent, mais il affirme que la mort permet une relation nouvelle avec le Christ (cf. 2 Co 5, 8 ; Ph 1, 23). Ainsi « l'union de ceux qui sont encore en chemin avec leurs frères qui se sont endormis dans la paix du Christ n'est nullement interrompue » (LG 49).

• L'immortalité de l'âme

En accueillant cette vérité qu'à la mort la vie humaine n'est pas totalement détruite, qu'elle est transformée dans une communion nouvelle avec Dieu, l'Église soutient que subsiste après la mort un élément spirituel, traditionnellement appelé « âme ». En relation avec le Dieu immortel qui l'a créée, l'âme est elle-même *immortelle* (cf. concile du Latran V, DS 1440 ; FC 267).

> Le mot âme est à entendre dans le sens utilisé par l'Écriture et la Tradition, à savoir comme principe spirituel et vital de la personne humaine, source de son unité, et non comme une partie de l'homme à côté du corps. L'homme est « corps et âme mais vraiment un » (GS 14).

C'est en comprenant l'âme de cette façon que le livre de la Sagesse contient l'affirmation de son immortalité. La conviction que l'homme continue de subsister après la mort dans sa relation à Dieu s'appuie sur la foi en ce Dieu qui « n'est pas le Dieu des morts, mais des vivants » (Mc 12, 27). « L'Église affirme la survivance et la subsistance après la mort d'un élément spirituel qui est doué de conscience et de volonté en sorte que le "moi" humain subsiste. Pour désigner cet élément, l'Église emploie le mot "âme", consacré par l'usage de l'Écriture et de la Tradition » (Congrégation pour la doctrine de la foi, Lettre sur quelques questions concernant l'eschatologie, mai 1979).

Doué d'une âme immortelle, l'homme peut, dès sa mort, rencontrer son créateur et Seigneur.

659 • **Le jugement particulier**

Au moment de la mort, l'existence de chaque homme est placée sous la lumière de Dieu et cette lumière éclaire tout ce qui a été vécu. C'est ce que l'on appelle le jugement particulier. Ce jugement particulier (il concerne chacun au moment de sa mort) n'attend pas la fin des temps. Il détermine la « situation intermédiaire » dans laquelle se trouvent les défunts avant le jugement général (où la vérité sera faite sur la vie et l'histoire de l'humanité tout entière) et la résurrection des morts. Chacun est mis par Dieu en face de sa vérité. *Jugement sauveur* pour ceux qui auront accueilli les paroles du Christ (cf. Jn 12, 46-48), pour ceux qui auront fait le bien, *jugement de condamnation* pour ceux qui auront fait le mal (cf. 2 Co 5, 10), il n'a rien d'arbitraire et consacre la valeur de toute vie.

Le salut accordé prend la forme de la *vision béatifique*, où est contemplé « dans la pleine lumière, tel qu'il est, le Dieu en trois personnes » (concile de Florence, en 1439, DS 1305 ; FC 967). Cette vision comble l'homme de la joie parfaite. Dieu, tel qu'il est, constitue l'objet de l'espérance chrétienne et comble toutes les aspirations profondes de l'homme.

660 Pour parvenir à cette contemplation de Dieu, une « étape » de purification, appelée *purgatoire*, peut être nécessaire. Il ne s'agit ni d'un lieu, ni d'un temps ; on peut parler plutôt d'un état. En tout cas, le purgatoire, qui est bien une peine, n'est pas à concevoir comme une punition, par laquelle Dieu se vengerait en quelque sorte de nos infidélités. La communion avec Dieu, dans laquelle nous introduit la mort, nous fait prendre conscience douloureuse-

L'accomplissement de l'Alliance dans le royaume de Dieu

ment de nos imperfections et de nos refus d'aimer, et du besoin de nous laisser purifier par la puissance salvatrice du Christ.

> C'est Dieu lui-même qui purifie et transforme. Mais la Tradition de l'Église catholique affirme que ceux qui sont au purgatoire bénéficient des prières et des supplications adressées en leur faveur à Dieu par leurs frères, et aussi de l'intercession des saints déjà introduits dans la béatitude de la vision de Dieu.

• Le ciel et l'enfer

661

Le jugement qui s'opère dans la lumière du Christ, conduit finalement à deux situations opposées : le ciel et l'enfer. Il s'agit là de réalités de la foi chrétienne, clairement attestées dans l'Écriture, même si c'est dans un langage nécessairement imagé. Les perspectives ainsi ouvertes sur la destinée humaine font entrevoir le sérieux que tout homme doit accorder aux options fondamentales qui conduisent son existence en ce monde (cf. Mt 5, 1-12 ; Jn 5, 22-30 ; 1 Jn 3, 14) et qui se traduisent toujours par des conduites concrètes (cf. Mt 25, 31-46).

Le *ciel* désigne proprement le *monde de Dieu*. C'est dans ce sens que nous nous adressons à Dieu dans la prière du Seigneur : « Notre Père qui es aux cieux. » Le Nouveau Testament parle, dans le même sens, tantôt du « royaume de Dieu », tantôt du « royaume des cieux ». « Aller au ciel », c'est aller rejoindre le Christ, dans le « paradis » (cf. Lc 23, 43), pour « être avec lui », « demeurer avec lui » (cf. Ph 1, 23 ; Rm 6, 8).

662

Le ciel est l'accomplissement de la vie, la plénitude de vie dans l'amour de Dieu Trinité et de nos frères. La Bible exprime cette plénitude : le ciel est béatitude éternelle pour l'homme, participation plénière à la vie même de la Trinité, vision de Dieu face à face (cf. 1 Co 13, 12), joie et paix sans fin. Le langage de l'Apocalypse laisse entrevoir un état de lumière et de vie (cf. Ap 21, 1-4 ; 22, 3-5).

Le bonheur du ciel n'est pas un bonheur solitaire. Communion avec Dieu, il est aussi communion avec tous ceux qui vivent de l'amour de Dieu, de son Esprit, avec ceux qui sont sur terre et avec ceux qui n'y sont plus. Il est la réalisation achevée de la *communion des saints* (cf. LG 49).

L'*enfer* est l'aboutissement d'un *refus absolu de Dieu* et de tout secours offert par lui. Il est négation de la vie et de la joie que

663

Dieu propose. Le Nouveau Testament le désigne comme un état de damnation, c'est-à-dire de condamnation éternelle, « préparé pour le démon et ses anges » (Mt 25, 41), comme un état de perdition définitive (cf. Lc 16, 23-26), prenant la figure d'une « seconde mort » (Ap 2, 11 ; 20, 14).

Personne ne peut affirmer que tel ou tel homme soit par sa propre faute en enfer. Mais l'enfer indique que l'homme a la possibilité de refuser définitivement la vie offerte par Dieu. L'amour de Dieu est tel qu'il respecte trop l'homme pour s'imposer à lui ; il crée l'homme libre. Dieu, qui « veut que tous les hommes soient sauvés » (1 Tm 2, 4), agit pour les arracher au mal et au péché, et les ouvrir à la vie. Mais il prend au sérieux la liberté de l'homme et reconnaît l'importance de ses décisions.

664 La venue du Christ dans la gloire

« Il reviendra dans la gloire pour juger les vivants et les morts, et son règne n'aura pas de fin » (Symbole de Nicée-Constantinople).

La venue du Christ dans la gloire, confessée dans le *Credo*, n'est pas la simple reproduction de sa première venue, qui l'a conduit à la mort. C'est la *manifestation finale du Ressuscité*, qui « ne meurt plus » (Rm 6, 9). Le Christ glorieux ne viendra pas compenser par une victoire inscrite à l'intérieur de l'histoire des hommes l'échec apparent de la Croix. Le Royaume qu'il a annoncé et inauguré, et qui trouve alors son achèvement, « ne vient pas de ce monde » (Jn 18, 36).

Cependant le Christ glorieux, qui viendra dans la gloire, est bien Celui qui est déjà venu, Celui qui, dans sa résurrection, a triomphé du péché et de la mort, Celui qui ne cesse d'advenir *dans nos vies*, spécialement à travers les *sacrements*, qui font « mémoire » de lui « jusqu'à ce qu'il vienne » (1 Co 11, 26).

665 Nous n'avons ni à imaginer ni à programmer cette venue du Christ, dont le jour et l'heure, aussi bien que les modalités, sont connus du Père seul (cf. Mt 24, 36).

A plusieurs reprises, des spéculations se sont développées concernant la date de la fin du monde, ou l'inauguration sur cette terre d'un nouveau règne du Christ, qui devrait durer mille ans (d'où le nom de *millénarisme* donné à ces théories). L'Église récuse ce genre de spéculations.

L'accomplissement de l'Alliance dans le royaume de Dieu

Il suffit de nous préparer dans l'espérance à la venue de ce jour où, après avoir détruit toutes les formes d'esclavage, et jusqu'au « dernier ennemi », la mort, le Christ paraîtra en pleine gloire (cf. 1 Co 15, 20-27).

Saint Paul nous fait reconnaître dans la résurrection des morts un point décisif de la foi chrétienne : « S'il n'y a pas de résurrection des morts, le Christ, lui non plus, n'est pas ressuscité. Et si le Christ n'est pas ressuscité, notre message est sans objet, et votre foi est sans objet » (1 Co 15, 13-14).

La résurrection des morts 666

La résurrection des morts (« la résurrection de la chair », comme dit le Symbole des Apôtres) trouve son principe dans la *résurrection du Christ*, « premier-né d'entre les morts » (Col 1, 18), « prémices de ceux qui se sont endormis » (1 Co 15, 20).

> Dans l'Ancienne Alliance il est question de la résurrection personnelle des morts, surtout dans la période des martyrs d'Israël (cf. 2 M 7, 11. 23). La foi en la résurrection des morts, précédée depuis l'Exil par l'expérience de la résurrection du peuple d'Israël, est née de la conviction que la relation avec Dieu ne peut pas être détruite pour les justes qui ont été jusqu'à sacrifier leur vie pour rester fidèles à Dieu. Dieu ne peut abandonner à la mort ceux qui le servent. Mais il faut l'événement de la résurrection du Christ pour que s'établisse définitivement la certitude de la résurrection personnelle des morts.

La résurrection du Christ a attesté la fidélité et la force invincible de l'amour du Père. Elle est l'*œuvre de l'Esprit* qui continuait d'unir le Père et le Fils au sein même de la passion et de la mort de Jésus. Or cet Esprit est donné aux croyants baptisés et confirmés. Donc, « si l'Esprit de celui qui a ressuscité Jésus d'entre les morts habite en vous, déclare saint Paul aux Romains, celui qui a ressuscité Jésus d'entre les morts donnera aussi la vie à vos corps mortels par son Esprit qui habite en vous » (Rm 8, 11).

Ce que nous sommes déjà dans le Christ ressuscité, par le 667 baptême et par le don de l'Esprit, appelle pourtant encore une transformation. L'homme ressuscitera dans sa propre chair, mais dans une chair transfigurée, semblable à celle du Christ glorieux. Saint Paul parle ainsi de corps « spirituel » ou « plein de gloire ».

Catéchisme pour adultes

> Il est impossible de décrire ce que sera cette transformation. Déjà, Jésus, interrogé à ce propos, avait demandé de ne pas se laisser entraîner dans des débordements de l'imagination. Des sadducéens avaient voulu lui tendre un piège en racontant l'histoire d'une femme qui avait eu successivement, de manière légitime, sept maris. « A la résurrection, demandèrent-ils, duquel des sept sera-t-elle l'épouse, puisqu'elle leur a appartenu à tous ? » Jésus leur répondit : « Vous êtes dans l'erreur, en méconnaissant les Écritures, et la puissance de Dieu. A la résurrection, en effet, on ne se marie pas, mais on est comme les anges dans le ciel. Au sujet de la résurrection des morts, n'avez-vous pas lu ce que Dieu vous a dit : Moi, je suis le Dieu d'Abraham, le Dieu d'Isaac, le Dieu de Jacob ? Il n'est pas le Dieu des morts, mais des vivants » (Mt 22, 28-32).

Dans une ébauche, très lointaine sans doute, de ce que l'Esprit de Dieu réalisera lorsqu'il s'emparera de tout notre corps, de la chair qui est la nôtre, saint Paul souligne surtout la radicale nouveauté d'un corps « spirituel » : « Ce qui est semé dans la terre est périssable, ce qui ressuscite est impérissable ; ce qui est semé n'a plus de valeur, ce qui ressuscite est plein de gloire ; ce qui est semé est faible, ce qui ressuscite est puissant ; ce qui est semé est un corps humain, ce qui ressuscite est un corps spirituel » (1 Co 15, 42-44).

668 La résurrection des corps s'inscrit dans le cadre de la « nouvelle création », tout entière œuvre de la puissance de Dieu et semblable à une naissance (cf. Rm 8, 22-23 ; 1 Co 15, 50-53).

> « Si ce plan de salut n'est pas encore accompli, car les hommes meurent toujours, et leurs corps sont toujours décomposés par la mort, cela ne doit pas être un motif d'incroyance. Déjà nous avons reçu une avance sur tous les biens qui nous sont promis, en la personne de celui qui est notre premier-né ; par lui nous nous sommes élevés vers le ciel, et nous partageons le trône de celui qui nous a emportés dans les hauteurs, ainsi que le dit saint Paul : *Avec lui il nous a ressuscités, avec lui il nous a fait régner aux cieux, dans le Christ Jésus.* » (Anastase, abbé du Sinaï, vers 700, *Homélie sur la résurrection*, 5, 6).

669 Le jugement universel et la fin du monde

Au-delà de la destinée individuelle de l'homme, la Révélation ouvre devant nos yeux les perspectives d'un accomplissement dernier de toute l'humanité, dans un *jugement général, universel*, lié à la résurrection des corps, et qui exprime la dimension collective du salut : on n'est pas sauvé tout seul. Tout sera établi selon la « justice de Dieu », et le Christ viendra « juger les vivants et les morts »,

L'accomplissement de l'Alliance dans le royaume de Dieu

restaurer le sens de toute la réalité créée du ciel et de la terre, la récapituler en lui et la remettre à son Père (cf. Ep 1, 10 ; Ap 1, 8 ; 22, 13).

> La perspective d'un jugement général, dernier qui, par nature, relève exclusivement de Dieu, souligne la valeur relative et fragile des jugements que l'homme peut porter sur lui-même et sur les autres (cf. Lc 6, 37). C'est pourquoi Jésus recommande de ne pas juger trop vite, de laisser le bon grain croître à côté de l'ivraie, jusqu'à la moisson finale (cf. Mt 13, 24-30).

670 Cependant, la *fin du monde*, que nous ne devons pas chercher à nous représenter, n'est pas à attendre passivement. Cette heureuse venue du Christ dans la gloire, nous devons la préparer en travaillant à rendre le monde toujours plus conforme aux vues de Dieu, telles que Jésus nous les a fait connaître dans sa prédication du Royaume. Cette terre est le lieu de la « croissance du règne du Christ » (GS 39), où s'ébauche le siècle à venir, et où déjà se réalise le jugement.

> Jésus a clairement dit dans une parabole que ceux qui auront en ce monde-ci vécu dans une charité active au service de leurs frères, recevront en héritage le Royaume préparé depuis la création du monde (cf. Mt 25, 31-46). Dieu seul révélera, au jour du jugement, la valeur certaine et durable de tout ce qu'il y aura eu de bon et de vrai dans les hommes et dans le monde.

---

671 QUAND LE FILS DE L'HOMME
viendra dans sa gloire,
et tous les anges avec lui,
alors il siégera sur son trône de gloire.
Toutes les nations seront rassemblées devant lui ;
il séparera les hommes les uns des autres,
comme le berger sépare les brebis des chèvres :
il placera les brebis à sa droite,
et les chèvres à sa gauche.
Alors le Roi dira à ceux qui seront à sa droite :
« Venez, les bénis de mon Père,
recevez en héritage le Royaume
préparé pour vous depuis la création du monde.
Car j'avais faim, et vous m'avez donné à manger ;

Catéchisme pour adultes

j'avais soif, et vous m'avez donné à boire ;
j'étais un étranger, et vous m'avez accueilli ;
j'étais nu, et vous m'avez habillé ;
j'étais malade, et vous m'avez visité ;
j'étais en prison, et vous êtes venus jusqu'à moi ! »
Alors les justes lui répondront :
« Seigneur, quand est-ce que nous t'avons vu...?
tu avais donc faim, et nous t'avons nourri ?
tu avais soif, et nous t'avons donné à boire ?
tu étais un étranger, et nous t'avons accueilli ?
tu étais nu, et nous t'avons habillé ?
tu étais malade ou en prison...
Quand sommes-nous venus jusqu'à toi ? »
Et le Roi leur répondra :
« Amen, je vous le dis : chaque fois que vous l'avez fait
à l'un de ces petits qui sont mes frères,
c'est à moi que vous l'avez fait. »
Alors il dira à ceux qui seront à gauche :
« Allez-vous-en loin de moi, maudits,
dans le feu éternel préparé pour le démon et ses anges.
Car j'avais faim, et vous ne m'avez pas donné à manger ;
j'avais soif, et vous ne m'avez pas donné à boire ;
j'étais un étranger, et vous ne m'avez pas accueilli ;
j'étais nu et vous ne m'avez pas habillé ;
j'étais malade et en prison, et vous ne m'avez pas visité. »
Alors ils répondront, eux aussi :
« Seigneur, quand est-ce que nous t'avons vu
avoir faim et soif, être nu, étranger, malade ou en prison,
sans nous mettre à ton service ? »
Il leur répondra : « Amen, je vous le dis :
chaque fois que vous ne l'avez pas fait
à l'un de ces petits,
à moi non plus vous ne l'avez pas fait. »
Et ils s'en iront,
ceux-ci au châtiment éternel,
et les justes, à la vie éternelle.

Mt 25, 31-46

L'accomplissement de l'Alliance dans le royaume de Dieu

La vie éternelle

Après la résurrection des morts le *Credo* confesse la *vie éternelle*, ou la *vie du monde à venir*.

> « Puisque, dans cette sainte Église catholique, nous recevons des préceptes et des mœurs d'une grande noblesse, nous aurons en héritage le royaume des cieux et la vie éternelle. Pour que le Seigneur nous l'accorde, nous supportons tout. Car le but qui nous est fixé ne consiste pas en peu de choses : il s'agit de gagner la vie éternelle. C'est pourquoi, dans le Symbole des Apôtres, après l'article : *Je crois à la résurrection de la chair*, c'est-à-dire des morts (nous en avons discuté), nous affirmons croire *à la vie éternelle* : c'est pour elle que les chrétiens combattent.
>
> Donc la vie réelle et vraie, c'est le Père ; par le Fils, dans le Saint-Esprit, il fait jaillir les dons du ciel sur toutes les créatures ; et c'est par sa bonté que nous avons reçu, nous aussi les hommes, la promesse infaillible des biens de la vie éternelle » (saint Cyrille de Jérusalem, IVe siècle, *Catéchèses baptismales*, 18, 29).

Cette vie éternelle est la continuité et l'épanouissement de notre vie d'union au Christ dès cette terre (cf. Jn 17, 3). Elle n'en est pas moins, dans sa plénitude, objet d'espérance, consistant à voir Dieu « tel qu'il est » (1 Jn 3, 2), dans la pleine participation à sa vie trinitaire. Elle est vie intense, ainsi que l'est la vie même de Dieu, réalisation de l'Alliance nouvelle et éternelle, où « Dieu sera tout en tous » (1 Co 15, 28). Avec cette réalisation de l'Alliance une rénovation mystérieuse transforme l'humanité et le monde. L'Écriture parle de *cieux nouveaux* et de *terre nouvelle* (cf. Ap 21, 1).

Nous possédons déjà les *prémices* de cette vie dont la plénitude est promise pour l'au-delà de la mort, comme le chante l'une des préfaces de la messe du dimanche : « Dans cette existence de chaque jour que nous recevons de ta grâce, la vie éternelle est déjà commencée ; nous avons reçu les premiers dons de l'Esprit par qui tu as ressuscité Jésus d'entre les morts, et nous vivons dans l'espérance que s'accomplisse en nous le mystère de Pâques. »

La mort du chrétien

La foi et l'espérance chrétienne ne peuvent pas ne pas avoir des conséquences sur la manière d'envisager et d'approcher la mort. La liturgie l'exprime : « Pour tous ceux qui croient en toi, Seigneur, la vie n'est pas détruite, elle est transformée ; et lorsque prend fin leur séjour sur la terre, ils ont déjà une demeure éternelle dans les cieux » (préface des défunts). Cette nouveauté de la mort chrétienne permet au chrétien de transformer sa propre mort en en faisant, à l'exemple du Christ, l'objet de son ultime offrande. Mourir chrétiennement, pour celui qui voit venir la mort, fait abandonner à la miséricorde de Dieu la totalité de sa vie et accueillir la grâce de l'espérance. La prière de l'Église nous encourage à nous préparer pour l'heure de notre mort : « Sainte Marie, mère de Dieu, priez pour nous, pauvres pécheurs, maintenant et à l'heure de notre mort. »

3. Le rayonnement de l'au-delà dans l'aujourd'hui du croyant

675

Nous n'avons pas pu parler des réalités ou des « fins » dernières sans être continuellement renvoyés aux réalités « avant-dernières » : celles dans lesquelles se poursuit notre existence. Engendrée par l'Esprit Saint, l'espérance chrétienne permet d'aller au-delà de ce qui est visible pour rejoindre l'invisible. Elle soutient la constance dans l'épreuve, la persévérance dans la foi et permet de regarder la mort en face. Elle nous maintient dans cette attente, éveillés et vigilants, attentifs à discerner les « signes des temps ». Bien loin de favoriser l'évasion des décisions et des tâches présentes, elle les charge d'un poids d'éternité (cf. GS 38-39).

676 **A ciel ouvert**

Beaucoup d'hommes aujourd'hui sont à la recherche de véritables raisons de vivre. L'avenir semble souvent bouché, ou plus chargé de menaces que d'heureuses promesses. Les lois du monde, en même temps qu'elles sont décryptées avec toujours plus de rigueur, sont ressenties comme inéluctables. De toute façon, la mort, au bout du chemin, n'a rien perdu de sa prétention à avoir le dernier mot.

Sans nous arracher aux pesanteurs et aux lourdeurs de l'humaine condition, la foi chrétienne y ouvre un *passage* sur un autre monde, déjà en gestation dans celui-ci. C'est le « passage » que Jésus a frayé, en « passant », le premier, de ce monde à son Père. Depuis sa résurrection, les lumières du ciel ne cessent de rayonner sur notre terre. Et l'Église, qui « par la prédication [...] et par le baptême [...] engendre à une vie nouvelle et immortelle des fils conçus du Saint-Esprit et nés de Dieu » (LG 64), les invite à être porteurs d'espérance et foyers de régénération à l'intérieur de ce monde où le Ressuscité est à l'œuvre.

Au jour de notre baptême, comme au jour du baptême de Jésus, les cieux se sont comme déchirés. Notre marche et nos travaux s'accomplissent en quelque sorte à *ciel ouvert*. Ils se colorent de la certitude que tout trouve son sens plénier et son accomplissement en Dieu, au-delà de notre vie terrestre. Déjà, celle-ci est vécue en communion avec les saints du ciel, auxquels nous sommes particulièrement unis dans la prière et la liturgie eucharistique.

Le sérieux de la vie 677

« Ce que nous attendons, selon la promesse du Seigneur, c'est un ciel nouveau et une terre nouvelle où résidera la justice » (2 P 3, 13). L'espérance chrétienne dépasse les espoirs simplement humains, puisqu'elle a pour terme la vie éternelle avec Dieu. Elle trouve sa solidité dans l'assurance que l'accomplissement attendu est l'œuvre de la réconciliation universelle que le Christ a déjà scellée par sa victoire sur le péché et sur la mort. Elle se fonde aussi sur le don de l'Esprit Saint, que reçoit l'Église, pour que celle-ci concoure à l'achèvement du royaume de Dieu, et reconnaisse les signes de ce Royaume en gestation chez les hommes et les femmes qui œuvrent à une plus grande justice et à la paix.

Mais tant que l'ivraie est encore mêlée au bon grain, la pensée du jugement de Dieu, par lequel se réalisera l'avènement du ciel nouveau et de la terre nouvelle, entretient le sens de la *gravité* des décisions et des actes qui commandent l'orientation de notre existence. L'espérance chrétienne ne diminue pas, mais augmente encore la perception du *sérieux de la vie terrestre*.

678 Valeur infinie de l'homme

Tandis qu'elles poussent à travailler à l'extension du royaume de Dieu au cœur du monde, en combattant tout ce qui lui fait obstacle, la foi et l'espérance chrétiennes maintiennent la valeur infinie de *tout homme*, créé à l'image de Dieu, conduit par sa Providence et appelé à la béatitude éternelle. « Nous le savons, quand les hommes aiment Dieu, lui-même fait tout contribuer à leur bien, puisqu'ils sont appelés selon le dessein de son amour. Ceux qu'il connaissait par avance, il les a aussi destinés à être l'image de son Fils, pour faire de ce Fils l'aîné d'une multitude de frères. Ceux qu'il destinait à cette ressemblance, il les a aussi appelés ; ceux qu'il a appelés, il en a fait des justes ; et ceux qu'il a justifiés, il leur a donné sa gloire » (Rm 8, 28-30).

La foi et l'espérance chrétiennes motivent l'action généreuse. Elles interdisent de faire d'aucun homme le quelconque instrument d'un projet humain. En remettant à Dieu qui ressuscite les morts le soin de porter l'humanité tout entière et chacun de ses membres à leur achèvement, elles empêchent de vouloir jamais sacrifier les hommes à des *idées* ou à des *systèmes*.

La foi et l'espérance chrétiennes maintiennent l'avenir ouvert jusque dans la mort, en accompagnant ceux qui meurent de la promesse de la vie bienheureuse auprès de Dieu. Elles disent la vraie grandeur de l'*humanité de l'homme*, aussi bien dans sa vie physique, intellectuelle, morale, sociale, que religieuse. Tant il est vrai que c'est toute la réalité que ressaisit l'œuvre de réconciliation opérée par le Christ et qui se poursuit jour après jour sous l'action de l'Esprit Saint.

L'accomplissement de l'Alliance dans le royaume de Dieu

*QUE ME SERVIRAIT la possession
du monde entier?
Qu'ai-je à faire des royaumes d'ici-bas?
Il m'est bien plus glorieux
de mourir pour le Christ Jésus,
que de régner jusqu'aux extrémités de la terre.
C'est lui que je cherche,
ce Jésus qui est mort pour nous!
C'est lui que je veux,
lui qui est ressuscité à cause de nous!
Voici le moment où je vais être enfanté.
De grâce, frères, épargnez-moi :
ne m'empêchez pas de naître à la vie,
ne cherchez pas ma mort.
C'est à Dieu que je veux appartenir :
ne me livrez pas au monde
ni aux séductions de la matière.
Laissez-moi arriver à la pure lumière :
c'est alors que je serai vraiment homme.*

**Ignace,
évêque d'Antioche,
martyr vers 113.**

Catéchisme pour adultes

680 « Dieu tout en tous »

Pour parler de la destinée promise à l'homme au-delà de tout ce qu'il peut concevoir, les Pères grecs (évêques et théologiens des premiers siècles) n'hésitent pas à parler de « divinisation ». Celle-ci, qui est l'œuvre de Dieu, atteindra son accomplissement quand « Dieu sera tout en tous » (1 Co 15, 28). Alors, la gloire de Dieu rayonnera dans toute la création, rendue à sa splendeur première. Le royaume de Dieu, royaume de lumière, d'amour, de justice et de paix, comblera et transfigurera tous les espoirs et tous les désirs profonds des hommes. « La nuit n'existera plus, ils n'auront plus besoin de la lumière d'une lampe ni de la lumière du soleil, parce que le Seigneur Dieu les illuminera » (Ap 22, 5). De même, toute la création, « livrée au pouvoir du néant », sera « libérée de l'esclavage, de la dégradation inévitable, pour connaître la liberté, la gloire des enfants de Dieu » (Rm 8, 20-21).

Ainsi, l'Alliance que Dieu, dans son dessein de salut, a voulu nouer avec toute l'humanité, inaugurée dès Abraham et définitivement scellée dans le Christ, trouvera son plein accomplissement dans cette communion d'amour et de vie éternelle des hommes avec Dieu. Tandis qu'ils attendent ce monde nouveau, les chrétiens sont mus par leur foi que « la charité et ses œuvres demeureront ». Cette foi les pousse alors à travailler « à une meilleure organisation de la société humaine » (GS 39).

681

Sans vouloir anticiper les temps derniers qui demeurent le secret du Père (cf. Mt 24, 36), les croyants sont soutenus dans leur marche par une invincible espérance : « Nous ignorons le temps de l'achèvement de la terre et de l'humanité, nous ne connaissons pas le mode de transformation du cosmos. Elle passe, certes, la figure de ce monde déformée par le péché ; mais, nous l'avons appris, Dieu nous prépare une nouvelle demeure et une nouvelle terre où règnera la justice et dont la béatitude comblera et dépassera tous les désirs de paix qui montent au cœur de l'homme » (GS 39).

C'est dans cette lumière que, dans nos eucharisties, comme au milieu de nos travaux pour la justice et la paix, nous faisons sans cesse monter vers le ciel l'invocation de l'Apocalypse : « Viens, Seigneur Jésus ! » (Ap 22, 20).

Conclusion

L'Amen du croyant

682 L'ESPRIT ET L'ÉPOUSE disent :
« Viens ! »
Celui qui entend,
qu'il dise aussi :
« Viens ! »
Celui qui a soif,
qu'il approche.
Celui qui le désire,
qu'il boive l'eau de la vie,
gratuitement.   Ap 22, 17

Nous avons déployé la Parole de lumière que l'Église tient de son Seigneur et qu'elle a mission de faire rayonner sur le monde. *683*

Cette Parole ne peut être réellement entendue si elle n'est pas reçue en même temps comme *Parole de vie*. Les formules les plus justes ne découvrent tout leur sens qu'à celui qui les reprend à son compte à l'intérieur de l'acte de foi.

De Dieu en effet, du Christ, de l'Église, de la vie éternelle et des chemins qui y conduisent, il est parlé dans l'Église à l'intérieur d'un cadre bien défini, constitué par deux affirmations. La première est « *Je crois* ». La deuxième est conservée sous sa forme hébraïque, car elle résiste à toute traduction : *Amen*.

Amen est en quelque sorte la *signature du croyant*, l'acte de *684* son adhésion. Il le prononce à la fin de la célébration de son baptême, quand le célébrant lui remet le cierge, symbole de sa vie d'enfant de lumière. Il le prononce lors de sa confirmation, quand le célébrant le marque de l'onction, signe du don de l'Esprit. Il le prononce quand le célébrant lui présente le corps du Christ en communion. Il le prononce pour dire son acquiescement et sa participation aux oraisons que le célébrant formule au cours de l'assemblée liturgique.

> Cet *Amen* retentit notamment après la grande formule d'action de grâce qui termine la prière eucharistique : « Par lui, avec lui et en lui, à toi, Dieu le Père tout-puissant, dans l'unité du Saint-Esprit, tout honneur et toute gloire, pour les siècles des siècles. »

L'*Amen* du croyant a la simplicité, mais aussi la force d'un Oui qui engage toute la vie. C'est la *parole du témoin*, en réponse à une Vérité qui l'a saisi.

685   La parole de foi exprimée dans l'*Amen* n'est pas, en effet, donnée « en l'air ». Elle n'est pas sans appui. Elle ne cherche pas non plus son appui en elle-même, dans une quelconque volonté de croire. Elle le trouve dans cette Parole de révélation et de salut que lui transmet l'Église. L'*Amen* du croyant tient sa certitude et sa fermeté de la solidité et de la puissance mobilisatrice de la Vérité proposée à sa foi et à sa prière.

L'assurance qui accompagne l'*Amen* du croyant n'a pas en définitive d'autre fondement que Dieu lui-même. Il la reçoit comme une grâce du Dieu vivant et vrai, présent et agissant dans le témoignage de l'Église. Ce Dieu est le Dieu « puissant », fidèle et ferme dans ses promesses, le Dieu de la Vérité, qui ne trompe pas : Celui sur lequel on peut se reposer, à qui l'on peut se fier.

> L'hébreu se sert de la même racine pour dire l'assurance du croyant exprimée dans son *Amen* et la solidité du Dieu auquel il accorde sa foi. Isaïe peut jouer sur deux mots formés sur cette racine pour formuler l'avertissement solennel : « Si vous ne tenez pas à moi, vous ne pouvez pas tenir » (Is 7, 9).

686   L'*Amen* est alors *par excellence* parole d'Alliance. En lui résonne comme en écho dans la foi du croyant l'assurance dont Dieu n'a cessé d'assortir ses promesses. Il exprime un échange de confiance et de fidélité dans la vérité. C'est le mot qui scande en Israël la célébration de l'Alliance conclue au Sinaï (cf. Dt 27, 14-26 ; Ne 5, 13). Le Dieu de l'Alliance, Dieu de fidélité et de vérité, s'est lui-même le premier désigné comme « Dieu de l'Amen » (Is 65, 16).

687   Son *Amen*, Dieu l'a prononcé avec toute sa force et tout son contenu dans le Christ Jésus. « Le Christ Jésus [...] n'a pas été à la fois "oui" et "non" ; il n'a jamais été que "oui". Et toutes les promesses de Dieu ont trouvé leur "oui" dans sa personne. Aussi est-ce par le Christ que nous disons "amen", notre "oui" pour la gloire de Dieu » (2 Co 1, 19-20).

Jésus est « le témoin fidèle et véridique, celui qui est "Amen" » (Ap 3, 14). Et l'*Amen* du croyant traduit l'accueil du

L'Amen du croyant

témoignage de ce témoin fidèle, ainsi que la résolution de le répercuter en paroles et en actes.

Son *Amen* réunit le croyant à la « foule immense des témoins » qui l'ont précédé, « les yeux fixés sur Jésus, qui est à l'origine et au terme de la foi » (He 12, 1-2). Il se joint à l'*Amen* que ne cessent de chanter les anges autour du trône de Dieu et de ceux qui ont triomphé des épreuves, de ceux qui ont « lavé leurs vêtements » et « les ont purifiés dans le sang de l'Agneau » (Ap 7, 14). Ils proclament : « Amen ! Louange, gloire, sagesse et action de grâce, honneur, puissance et force à notre Dieu, pour les siècles des siècles ! Amen ! » (Ap. 7, 12).

688

Avec ceux qui sont toujours comme lui en chemin, le croyant prête encore davantage l'oreille à la voix de « Celui qui atteste et dit : Oui, je viens sans tarder ». Dans un désir plein d'espérance, il reprend alors à son tour : « Amen ! Viens, Seigneur Jésus ! » (Ap 22, 20).

Tables

SIGLES ET ABRÉVIATIONS

AA	: Concile Vatican II, Décret sur l'apostolat des laïcs *Apostolicam actuositatem* (1965).
AG	: Concile Vatican II, Décret sur l'activité missionnaire de l'Église *Ad gentes divinitus* (1965).
CD	: Concile Vatican II, Décret sur la charge pastorale des évêques dans l'Église *Christus Dominus* (1965).
CIC	: *Codex iuris canonici* (Code de droit canonique) (1983).
CL	: Exhortation apostolique du pape Jean-Paul II sur les fidèles laïcs *Christifideles laici* (1989).
CT	: Exhortation apostolique du pape Jean-Paul II sur la catéchèse en notre temps *Catechesi tradendae* (1979).
DH	: Concile Vatican II, Déclaration sur la liberté religieuse *Dignitatis humanae* (1965).
DM	: Encyclique du pape Jean-Paul II sur la miséricorde divine *Dives in misericordia* (1980).
Dom. viv.	: Encyclique du pape Jean-Paul II sur l'Esprit Saint dans la vie de l'Église et du monde *Dominum et vivificantem* (1986).
DS	: H. Denzinger-A. Schönmetzer, *Enchiridion symbolorum definitionum et declarationum de rebus fidei et morum*, 36e éd., Barcelone-Fribourg-Rome, Herder (1976).
DV	: Concile Vatican II, Constitution dogmatique sur la révélation divine *Dei Verbum* (1965).
EN	: Exhortation apostolique du pape Paul VI sur l'évangélisation dans le monde moderne *Evangelii nuntiandi* (1975).
Fam. cons.	: Exhortation apostolique du pape Jean-Paul II sur les tâches

Catéchisme pour adultes

	de la famille chrétienne dans le monde d'aujourd'hui *Familiaris consortio* (1981).
FC	: Gervais Dumeige, *La Foi catholique. Textes doctrinaux du magistère de l'Église*, nouvelle édition revue et corrigée, Paris, Éditions de l'Orante (1975).
GE	: Concile Vatican II, Déclaration sur l'éducation chrétienne *Gravissimum educationis momentum* (1965).
GS	: Concile Vatican II, Constitution pastorale sur l'Église dans le monde de ce temps *Gaudium et spes* (1965).
HV	: Encyclique du pape Paul VI sur la régulation des naissances *Humanae vitae* (1968).
LE	: Encyclique du pape Jean-Paul II sur le travail humain *Laborem exercens* (1981).
LG	: Concile Vatican II, Constitution dogmatique sur l'Église *Lumen gentium* (1964).
MD	: Lettre apostolique du pape Jean-Paul II sur la dignité et la vocation de la femme *Mulieris dignitatem* (1988).
NA	: Concile Vatican II, Déclaration sur les relations de l'Église avec les religions non chrétiennes *Nostra aetate* (1965).
PC	: Concile Vatican II, Décret sur la rénovation et l'adaptation de la vie religieuse *Perfectae caritatis* (1965).
PO	: Concile Vatican II, Décret sur le ministère et la vie des prêtres *Presbyterorum ordinis* (1965).
PP	: Encyclique du pape Paul VI sur le développement des peuples *Populorum progressio* (1967).
RH	: Encyclique du pape Jean-Paul II sur le Rédempteur de l'homme *Redemptor hominis* (1979).
RM	: Encyclique du pape Jean-Paul II sur la Mère du Rédempteur *Redemptoris Mater* (1987).
RP	: Exhortation apostolique du pape Jean-Paul II sur la réconciliation et la pénitence dans la mission de l'Église aujourd'hui *Reconciliatio et paenitentia* (1984).
SC	: Concile Vatican II, Constitution sur la sainte liturgie *Sacrosanctum concilium* (1963).
SR	: Encyclique du pape Jean-Paul II sur la question sociale *Sollicitudo rei socialis* (1987).
UR	: Concile Vatican II, Décret sur l'œcuménisme *Unitatis redintegratio* (1964).

TEXTES EN EXERGUE

Les renvois se font aux *paragraphes* du catéchisme.

Textes bibliques
Psaume 129	649
Lettre aux Éphésiens (1, 3-14)	99
Lettre aux Philippiens (2, 1-11)	147
Évangile selon saint Matthieu (25, 31-46)	671

Texte conciliaire
Constitution dogmatique sur l'Église (LG 1 ; Vatican II)	273

Textes liturgiques et prières
Cantique de Marie (Lc 1, 46-55)	345
Notre Père (texte du)	425
Préface de la Sainte Trinité (texte de la)	231
Prière eucharistique (doxologie de la)	268
Prière au Saint-Esprit (messe de Pentecôte)	225
Symbole des Apôtres (texte du)	86
Symbole de Nicée-Constantinople (texte du)	87
Veillée de Pâques (texte de la profession de foi de la)	85

Textes patristiques
Augustin d'Hippone : *Sermon* n° 272	414
Cyprien de Carthage : *De l'unité de l'Église*, 5	306

Catéchisme pour adultes

Cyrille de Jérusalem, *Catéchèse baptismale*, VI, 5	70
Cyrille de Jérusalem, *Catéchèse mystagogique*, II, 4	398
Ignace d'Antioche, *Lettre aux Romains* 6, 1-2	679
Irénée de Lyon, *Contre les hérésies*, IV, 39, 2	484
Méliton de Sardes, *Sur la Pâque*, 69-70	188
Pierre Chrysologue, *Sermon* n° 148	109

CITATIONS BIBLIQUES

Les citations sont le plus généralement empruntées
à la traduction officielle de la liturgie.
Les renvois se font aux *paragraphes* du catéchisme.

Ancien Testament

Genèse (Gn)	
1, 2	221
1, 21	106
1, 21-25	110
1, 26-27	107
1, 27	594
1, 28	477
2, 4 - 3, 24	112
2, 16-17	114
2, 24	112, 563
3, 5	115, 162
3, 9	113
3, 9-10	247
3, 15	116
3, 19	116
9, 13	139
12, 2-3	139
22, 17	139

Exode (Ex)	
3, 9-10	247
3, 14	76
13, 3. 6	357
19, 5	96, 133
19, 6	651
20, 2	515
20, 3	72
20, 4-5	72
20, 12	543
20, 13-14	543
20, 15	615

Lévitique (Lv)	
19, 2	75, 485
20, 26	515

Deutéronome (Dt)	
5, 6-21	544
6, 4-5	71
6, 5	516
26, 5 et suiv.	138
30, 15-16. 19	515

1 Samuel (1 S)	
15, 22	261
16, 7	393

2 Samuel (2 S)	
7, 12-16	134

Psaume (Ps)★	
8, 5-7	107
23, 1-2	96
31, 1	512
103, 30	105, 220
103, 27. 29-30	93
129	649
132, 1	274

Sagesse (Sg)	
1, 13	131
1, 13-14	645
9, 9-10	48
13, 5	26

Isaïe (Is)	
6, 3	77
7, 9	685
9, 5	141
42, 1	221
44, 6	72
53, 11	221
53, 12	265
54, 5-8	247
55, 3	182
63, 19	8
65, 16	686

Jérémie (Jr)	
2, 13	536

★ La numérotation des psaumes est empruntée à la traduction liturgique. Si on veut retrouver les mêmes passages dans une traduction qui reprend la numérotation hébraïque, il faudra tenir compte des différences.

Catéchisme pour adultes

31, 31	140	**Daniel (Dn)**		11, 9	75
31, 31-33	221	3, 57	94		
31, 33	517, 637			**Joël (Jl)**	
				3, 1-5	221
Ézéchiel (Ez)		**Osée (Os)**		**Michée (Mi)**	
36, 26-27	517	6, 6	261	6, 8	481

NOUVEAU TESTAMENT

Matthieu (Mt)		20, 28	467	1, 35	222, 344
1, 1	150	21, 31	501	1, 37	84
1, 18	150	22, 28-32	667	1, 38	346
1, 21	150	22, 37-39	163	1, 45	346
1, 23	150	22, 37-40	532, 633	1, 46-55	345
3, 15	160	24, 42. 44	652	2, 11	210
3, 17	136	25, 13	652	2, 19	353
4, 22	165	25, 31-46	671	2, 31-32	154
5, 1-12	634	25, 35. 40	532	2, 52	244
5, 37	629	25, 41	663	3, 1-3	159
5, 48	485	26, 28	420, 429, 537	3, 22	233
6, 10	651	26, 38	193	4, 8	41
6, 12	309	26, 42	193	4, 14	178
6, 25	89	27, 46	197	4, 17-21	368
6, 32-33	89	27, 51-52	219	4, 18	160, 282
7, 7-8	89	28, 2	218	6, 37	501
7, 21	486	28, 5-7	203	7, 18-23	638
8, 17	170	28, 18-20	328	7, 48	512
9, 12	167	28, 19	218, 230, 373	8, 14	547
10, 37	181			9, 1	456
11, 2-6	173	28, 19-20	66	10, 16	525
11, 3-5	653	28, 20	218	10, 18	533
11, 4-5	368			10, 21-22	184
11, 25	36, 528			11, 20	174
11, 27	212	**Marc (Mc)**		15, 18	539
11, 29	167	1, 1	143	19, 10	431
13, 55	158	1, 15	164, 651	22, 7	212
15, 24	157	2, 7	180	22, 19	457, 465
16, 15	183	3, 13-14	280	22, 53	162, 193
16, 16	212	4, 41	173	22, 70	212
16, 17	212	6, 13	445	23, 46	198, 233
16, 21	185	11, 17	179	24, 25-27	176
16, 24	486	12, 27	658	24, 45-48	457
16, 24-25	522	12, 28-31	74		
17, 5	453	14, 22-24	412	**Jean (Jn)**	
18, 3	36	14, 24	192		
18, 15-18	433	14, 36	184	1, 1-5	9
18, 20	552	15, 34	197	1, 3	106
19, 1	476	15, 39	197	1, 10-12	9
19, 4-8	476			1, 14	106, 149, 243, 370
19, 6	475	**Luc (Lc)**		1, 18	9, 149, 230
19, 8	179				
19, 10	476	1, 28-30	344	1, 29	197, 415

1, 32-33	160	19, 37	199	8, 15-16	400
1, 39	41	20, 8	207	8, 16	226
3, 5	389	20, 16-17	205	8, 20	126
3, 8	220	20, 21	281	8, 20-21	680
3, 13	149	20, 21-23	282	8, 21	359
3, 16	199	20, 22	234	8, 24	639
3, 16-17	431	20, 23	429	8, 24-25	647
3, 29	470	20, 29	207	8, 26	226
3, 34	222			8, 28	89
4, 6	149			8, 28-30	678
4, 23	360	**Actes des apôtres (Ac)**		8, 29	118, 121, 213
6, 35	411	2, 17-18	409	8, 31-39	132
6, 51-55	411	2, 32	207	11, 29	135
6, 52	420	2, 33	209, 283	11, 33-36	135
6, 54	451	2, 36	195, 210	12, 1	264, 310, 382,
6, 55	175	2, 42	226		422, 455, 636
6, 63	175, 420	3, 13	195	12, 2	518
6, 67-69	486	3, 15	143	16, 26	18
8, 11	539	4, 12	247		
8, 32	512	4, 27-28	195		
8, 44	128	5, 41	224	**1re Corinthiens (1 Co)**	
8, 46	163	9, 5	532		
10, 1	487	10, 37	210	1, 7-9	530
10, 3	184	10, 38	369	1, 23-24	199
10, 10	244, 487	10, 41	205	1, 25	199
10, 17-18	77, 177	13, 33	212	2, 8	243
10, 30	184	14, 17	91	2, 9	36, 655
10, 36	210	17, 32	215	3, 16	286
11, 52	278			4, 7	137
12, 32	199			6, 12	82
13, 1	281	**Romains (Rm)**		6, 19-20	286
13, 1-8	358	1, 4	209	9, 1	255
13, 34	413	1, 5	528	9, 16	328
14, 6	45, 337	1, 16	57	10, 31	630
14, 15	520	1, 20	24, 91	11, 20	427
14, 16	222, 228	2, 15	513	11, 24	465
14, 26	416	3, 25	265	11, 24-25	190
14, 27	289	4, 17-18	530	11, 26	378, 664
14, 31	522	4, 25	144, 190	11, 27-29	382, 421
15, 1	34	5, 1-5	648	12, 3	226
15, 10	520	5, 8	253	12, 4-7	235, 306
15, 12	496	5, 10	268	12, 12-21	275
15, 13	140	5, 10-11	270	12, 27-30	275
15, 16	136	5, 12	117, 645	13, 12	647, 650
15, 20	522	5, 14	121	13, 13	531
16, 7	222	5, 15	121	15, 3	253
16, 13	37, 227, 282	5, 20	121, 541	15, 3-8	201
17, 1	234	6, 3-4	523	15, 5-7	205
17, 21	339	6, 3-5	391	15, 13-14	665
18, 36	664	6, 4	213	15, 14	144, 201
18, 37	37	6, 8-11	523	15, 17-19	655
19, 5	158	6, 9	206, 664	15, 20	666
19, 26	351	7, 15-20	120	15, 24	650
19, 26-27	198	7, 18-19	249	15, 28	636, 673, 680
19, 30	198, 219, 233	8, 11	666	15, 42-44	667
19, 36	250	8, 14	486	16, 22	211
		8, 15	226		

Catéchisme pour adultes

2ᵉ Corinthiens (2 Co)

1, 3	80, 84
1, 19-20	687
2, 9	28
4, 6	28
5, 6	426
5, 18	429
5, 20	270
5, 21	196
10, 5-6	18

Galates (Ga)

1, 4	253
4, 4	147, 514
4, 6-7	82
4, 26	294
5, 1	255
5, 13	255
5, 13-25	519
5, 14	633
6, 2	520
6, 10	333

Éphésiens (Ep)

1, 3-6	344
1, 3-14	99
1, 4	148
1, 10	148
1, 13-14	639
1, 22	455
2, 13-16	271
3, 15	81, 560
4, 4-6	235, 302
4, 25	629
5, 2	253, 263
5, 26	362, 374
5, 27	308
5, 32	69

Philippiens (Ph)

1, 27 - 2, 5	482
2, 1-11	147
2, 6	162
3, 8-9	258
3, 21	185

Colossiens (Col)

1, 15	118
1, 15-20	49, 148
1, 18	213, 666
1, 19-20	121, 453
1, 24	450
1, 26	69
2, 2	69
2, 12	213
3, 1	485
3, 1-2	213
3, 3-4	214

1ʳᵉ Thessaloniciens (1 Th)

1, 5	57
5, 12.19-21	307

1ʳᵉ Timothée (1 Tm)

2, 4	663
2, 5-6	252, 453
2, 6	253
6, 10	631

2ᵉ Timothée (2 Tm)

1, 12	14
4, 2	525

Hébreux (He)

1, 1-2	28
1, 5	212
2, 17	265
4, 15	158, 239, 445
5, 7-9	142
9, 12	262, 416
9, 14	192
10, 5-7	262
12, 1-2	688
12, 24	252
13, 20	639

Jacques (Jc)

1, 17	83
5, 14-16	446

1ʳᵉ Pierre (1 P)

1, 18-19	254
2, 5	78, 286, 455
2, 9	136, 286, 397, 635
3, 15	7, 43
3, 19	200
4, 8	540

2ᵉ Pierre (2 P)

1, 4	400
1, 16-17	185
3, 13	677

1ʳᵉ Jean (1 Jn)

1, 3	80
1, 4	487
1, 8-9	539
1, 8-10	127
2, 1	432
2, 2	265
3, 1	80, 400
3, 1-2	483
3, 2	673
3, 2	639
3, 14	214
4, 7	531
4, 8	91, 521
4, 10	518
5, 18	392

Apocalypse (Ap)

1, 8	652
2, 11	663
3, 14	687
7, 12	688
20, 14	663
21, 2	327
21, 5	47
22, 5	680
22, 17	682
22, 20	211, 652, 681, 688

CITATIONS DES CONCILES

Les renvois se font aux *paragraphes* du catéchisme.

Chalcédoine	DS 1609 ;	
	FC 671	384
DS 301-302 ;	DS 1740 ;	
FC 313 239	FC 766	419
	DS 1743 ;	
	FC 768	419
Constantinople III	DS 1529 ;	
	FC 563	268
DS 292 ;		
FC 308 244		
	Vatican I	
Florence	DS 3008 ;	
	FC 90	18
DS 1305 ;	DS 3074 ;	
FC 967 659	FC 484	66
Latran V	**Vatican II** *	
	Ad gentes	
DS 1440 ;	1	328
FC 267 108	4	328, 336
	5	329
	6	330
Trente	7	286
	11	40, 336
DS 1511 ;	20	330
FC 275 117		

Apostolicam actuositatem	
9	313
10	319
11	564
14	504
Christus Dominus	
11	319
12	1
19	504
Dei Verbum	
2	27, 29, 51, 58, 366
4	640
5	18
6	24
7	57, 62
8	59
9	60
10	63, 65
11	56
12	56, 65
21	62
Dignitatis humanae	
10	568
Gaudium et spes	
1	6, 64

* Les citations de ce concile sont principalement empruntées à la traduction des éditions du Centurion. Quand le concile Vatican II cite l'Écriture ou les conciles antérieurs, les références n'ont pas toujours été reproduites afin de ne pas rendre la lecture trop difficile.

Catéchisme pour adultes

3	622	8	335, 340	*Nostra aetate*	
11	644	9	286, 287, 290, 293, 296, 524	2	337
12	107			3	337
13	646	10	456	4	194, 338
14	108, 658	11	313, 387, 388, 404, 422, 446	*Perfectae caritatis*	
16	499, 502			12-15	314
18	645, 657	12	64, 307, 321		
19	549	13	318	*Presbyterorum ordinis*	
21	6	14	334, 389	1	286
22	286, 298, 327, 336	16	291, 298, 336, 338, 389	2	388, 462, 464
24	107, 257			*Sacrosanctum concilium*	
27	615	19	280	2	428
33	526	21	460	7	360, 553
38	291, 521, 675	22	304, 322	10	335
39	256, 670, 675, 680, 681	23	304, 317	11	379
		25	66, 67, 527	13	559
43	313, 527	28	333, 452	56	423
48	475, 479	29	466, 467	59	380
49	477	31	312	60	384
50	477	32	312	102	554
51	579	34	585	109	438
52	478	35	329		
80	590	36	73	*Unitatis redintegratio*	
83	592	37	527	1	307, 339
91	590	40	309	3	315, 339, 403
92	332, 336	44	314	4	340
Gravissimum educationis momentum		48	55, 654	**Vienne**	
		49	657, 662		
7	567	50	327	DS 902 ;	
		53	353	FC 265	108
Lumen gentium		54	343		
1	272, 273, 298, 359	55	347		
		56	346		
2	276	58	346		
3	281	59	353		
4	238, 301	61	351		
5	278, 293, 300, 654	64	354, 676		
6	293, 294	66	355		
7	323	68	354		

INDEX ANALYTIQUE

A

AARON (descendance) : § 454-455
ABAISSEMENT/ABAISSER : § 148, 208
ABANDON/ABANDONNER :
— a. filial/au Père, § 89, 450, **530**, 551, 647, 674
— a. au pouvoir de la mort, § 123, 666
ABBA : § 82, 184, 226, 400, 550
ABEL : § 413, 454
ABRAHAM : § 18, 42
— A. père des croyants/des peuples, § 42, 454, 530
— alliance/descendance/vocation d'A., § 18, 133, **139**, 150, 338, 639, 680
— foi/sacrifice d'A., § 337, 346, 413
ABSOLUTION : § **434-435**, 541
— a. collective/individuelle, § 441
ACCLAMATION/ACCLAMER : § 546, 652
— a. dans la célébration eucharistique, 57, 77, 423-424
ACCOMPAGNEMENT : § 334, 525, 581
ACCOMPLIR/ACCOMPLISSEMENT :
— a. de l'Alliance, § 11, 29, **54-55**, 140, 413, 483, 639
— a. du dessein/l'œuvre/plan de salut/royaume de Dieu, § 121, 123, 136, 187, **276**, 282, **368, 633, 639**, 677, **680**
— a. des Écritures/Loi, § 154, **176-179**, 208, **520-521**
— a. de l'homme/humanité, § 327, **487-490**, 494, 612, 635, 640-641, 662, 669
— a. des paroles/prophéties/signes, § 150-151, **176-177**, 202
ACCUSATEUR : § 115, 128, 212
ACCUSATION/ACCUSER : § 132, 163, 194, 208, **441**, 628
ACHARNEMENT THÉRAPEUTIQUE : § 575, 581
ACHAZ : § 125
ACHÈVEMENT/ACHEVER : § 276, 282, 300, 654, 657, **677-678**, 681
ACTES DES APÔTRES : § 55
ADAM : § **112-122**, 126, 132, 594, 645
ADAMA : § 112
ADAP (Assemblée dominicale en l'absence/attente de prêtre) : § 556
ADOPTION (filiale) : § 251, 312, 344
ADORATION/ADORER : § **41**, 229, 237, 496, **545-547**, 550-551, 555, 558, 636
— a. en esprit/vraie, § 264, 360, 404, 422, 455, 553, **636**
— a. eucharistique/du Saint-Sacrement, § **422**, 559
ADULTÈRE : § 125, 432, 434, 507, 520, 537, **602**

— Jésus et la femme a., § 167, 608
ADVERSAIRE (Satan) : § 100, 255, 548
AGNEAU/AGNEAU DE DIEU : § 197, 250, 251, 254, 261, 415, 688
AGONIE (de Jésus) : § 158, 184, 193, 447, 537
AIMER : *(cf. Amour)*
AÎNÉ (d'une multitude) : § 118, 213, 678
ALCOOL/ALCOOLISME : § 580, 596, 631
ALLIANCE :
— a. avec Abraham, § 133, **139**, 680
— A. entre Dieu et les hommes/l'humanité/son peuple, § 19, 27, 30, 50, 78, 94, 138, 143, 193, 247, **290-291**, 297, 366, 494, 650, 680, 686
— a. des époux/sacramentelle de l'homme et de la femme, § 12, **469-476**, 598
— A. éternelle, § 140, 182, 287, **412, 416**, 451, 471, **517-518**, 639, 645, 673
— A. avec Israël/peuple de l'a., § 13, 20, 29, **133-134, 140**, 254, 338, 505, **514**, 651
— A. en Jésus Christ/Nouvelle A./sang de l'A., § 1, 58, 123, 140, **143, 192, 208**, 252, 254, 272, 287, 290, 298, 346, 370, 419-420, **429-431**, 453, 455, 470-471, 475, 480, 517-518, 531, 537, 639, 680
— a. avec Moïse/du Sinaï, § 18, **138**, 223, **453**, 483, 487, 686
— a. avec Noé, § 49, **139**, 366
— A. et péché/et réconciliation, § 123-124, 392, 433, **537-540**
— accomplissement/réalisation de l'A., § 140, 413, 483, **633, 639**, 673, 680
— arche d'A., § 265
— eucharistie et A., § 190, 372, 412, 474, 603
— loi de l'A./de la Nouvelle A., § **138**, 483, 485, **515**, 518, 531
— mystère d'a., § **69**, 480, 602
— sacrements de l'Ancienne A., § 367
— sacrements de la Nouvelle A., § 281, **359**, 367-368, **388-389**, 474
ÂME : § **108**, 643, 648, 654, 658
— â. du Christ/Jésus, § 239, 241
— corps et â., § 108, 256, 577, 596, 636, 658

AMI (de l'époux) : § 470
AMITIÉ (avec Dieu) : § 122-123, 157, 400, 429
AMOUR/AIMER :
— a. chrétien/des ennemis/fraternel/des hommes/du prochain, § **74, 191-192**, 214, 266, 419, 490, 496, **499, 519-522, 531-533**, 588, 608, 627
— a. du Christ/Jésus/Sauveur, § 124, 132, 162, **192, 194, 198-199**, 212, **263**, **265**, 378, 435, 448, 522
— a. conjugal/des fiancés/et mariage, § **469-479**, 491, 562, **594-605**
— a. de Dieu/divin/éternel/du Père, § 30, 52-53, 69, **71**, 80-81, 91, 124, 125, **138-140**, 195-196, 247, 311, 344, 393, 430, 438, 483, 540, 545, 643, 662
— a. de Dieu et a. du prochain, § 192, 419, 499, 510, 515, **531-532**, 537, 624
— a. enfants-parents/familial, § 259, 479, **560-569**
— a. de l'homme pour Dieu, § 107, 436, **531-533, 545-547**
— a. maternel de Marie, § 351, 355, 601-602
— a. entre les personnes divines, § 208, **228, 234, 237**, 251, 257, 522, 599
— blessure/défiguration/déviation/refus de l'a., § 585, 597, **600, 602**, 606, 608, 660
— commandement de l'a., § 82, 163, 263, 281, 413, 516, 520-521, **533-534**, 542, 632-634
ANAMNÈSE : § 417, 424
ANASTASE (abbé du Sinaï) : § 668
ANCÊTRE : § 150, 578, 642
ANCIENS (fonction et sens des a.) : § 186, 409, 446, 462
ANCIEN TESTAMENT : § 11, **55-61**, 210-212, 419
— sacrifices de l'A.T., § 260, 454
ANGE : § **97-101**
— a. de l'Annonciation/Gabriel, § 150-151, 222
— a. déchu/démon, § 100, 115, 663
ANNONCE/ANNONCER :
— a. la Bonne Nouvelle/la Parole/la Résurrection/Salut, § 43, 156, **171,**

Index analytique

175, 201, 227, 251, **278-279**, 284, 292, 320, **330, 334**, 368, 397, 399, 445, **456**, 464, **468, 635**, 654
— a. la justice/paix, § 221, 456
— Messie/Serviteur a., § 116, 170, 182, 247
ANNONCIATION : § 151, 222, **344**, 346, 355, 417
ANSELME (de Cantorbéry) : § 267
ANTIOCHE : § 285
ANTISÉMITISME : § 338
APARTHEID : § 503
APOCALYPSE : § 55
APOCRYPHE (écrits/évangiles) : § 62, **155**, 170
APOLLINAIRE : § 241
APOSTASIE : § 432, 434
APOSTOLAT : § 313, 328, 405
APOSTOLIQUE/APÔTRE :
— âge/époque/temps a., § 285, 290, 462
— autorité/collège/corps a., § 62, 224, **280-281**, 285, **304**, 320, 457, **460**
— continuité/foi/succession/tradition a., § 1, 3, 58-59, 63, 143, 206-207, 216, 303-304, **321-322**
— enseignement/foi/ministère/témoignage a., § 59, 61, **66**, 207, 215-217, 285, 303, 318, **320-322**, 446, **457-458**, **464-465**
APPARAÎTRE/APPARITION (du Ressuscité/Jésus) : § **201, 204-206**, 218, 457
APPEL/APPELER :
— a. du Christ/Dieu/Seigneur, § 120, **133-136**, 181, **277, 279**, 292, 397, **456**, 463, 465, 524, 534, 599, 630
— a. à la communion/conversion/sainteté, § **82**, 165, 277, **309-311**, 433, 516, 530, **542-543**
ARAMÉEN : § 138
ARBRE (de la connaissance) : § 114, 116, 494
ARC (dans la nuée) : § 139
ARCHE (d'alliance) : § 265
ARGENT (idole de l'a.) : § 21, 73, 547
ARIUS : § 242
ARME/ARMEMENT : § 590, 592, 625
— a. biologiques/chimiques, § 642
ARRHES (de l'héritage du chrétien) : § 648

ASCENSION : § **218**, 223, 280, 417
ASCÈSE : § 19, 632
ASIE MINEURE : § 188
ASSEMBLÉE (des baptisés/chrétienne/dominicale) : § 57, 290, **364-365**, 417, **423-425**, 556
ASSISE :
— François d'A., § 93
— réunion d'A., § 337
ASSOMPTION : § 350, 354
ASTRE : § 88, 110, 132
ATHÉISME : § 548-549
ATHÈNES : § 18, 215
ATOMIQUE (guerre/péril) : § 589, 625
ATTENDRE/ATTENTE (le monde nouveau/le Royaume/la venue du Seigneur) : § 218, 247, 427, **530, 641**, 675, 680
ATTRIBUTS DE DIEU : (cf. *Dieu*)
AU-DELÀ (l') : § 643, 655, 656, **673-676**
AUGUSTE : § 153
AUGUSTIN (saint) : § 17, **119-120, 258-259**, 264, 295, 321, 520
AUMÔNE : § 337, 433-434
AUSCHWITZ : § 45
AUTORITÉ :
— a. apostolique/des apôtres : § 62, **66, 304**
— a. des Écrits/de la Parole, § **61**, 159, 178
— a. juives/politiques/religieuses, § 194, 196, 567
AVARICE : § 631
AVÈNEMENT (du ciel/monde nouveau/règne de Dieu) : § 208, 278, 333, 677
AVEU : § 127, 434, 512, **538-539**
— a. personnel, § **438**, 541
AVEUGLE (de naissance) : § 130, 174
AVORTEMENT : § 503, 563, 575, **579**
AVORTON : § 201

B

BABEL : § 224, 406
BABYLONE (exil à) : § 103
BACTÉRIOLOGIQUE (guerre) : § 589
BANQUET (messianique/du Royaume) : § 451, 555
BAPTÊME/BAPTISÉ/BAPTISER :
— b. des adultes, § 393-395, 399, 410

411.

— b. des enfants/nourrissons/en âge scolaire, § 375, 380, 385, 394, 396, 405, 410
— b. de Jean, § 159-160, 457
— b. de Jésus, § 136, **159-161**, 210, 222, 234, 280, 676
— b. dans la mort/passion du Christ, § 191, **213-214**, 235, 302, 303, 339-340, **391**, 523, 603
— b. au nom du Père, et du Fils, et du Saint-Esprit, § 66, 218, 230, 328, 373, **396**
— grâce du b./Nouvelle naissance/participation vie divine, § 38, 40, 118, 121, 123, **213**, 234, **238**, 257, 373, **381**, 389, **400-402**, 432, 485, 523-524, 633, 676
— incorporation à l'Église/Corps du Christ par le b., § **295**, 323, 326, 334, **395**, **401-404**, 596, 666
— liturgie/ministères/rites du b., § 362, 367, 373-374, 391-392, 395-399, **401**, 439, 466, **523**, 684
— mission/responsabilité/vocation du b., § 40, 302, **310-312**, 329-330, **397**, **399-400**, 404, 468, **486**, **522-524**, 528, 533
— sacrement/indélébilité du b., § 213, 257, 373-374, **383-392**, 395, 406, 409, 468

BAPTISTE (mouvement) : § 367
BAPTISTÈRE : § 439
BARABBAS : § 196
BASILE (saint) : § 229
BÉATITUDE (éternelle/vision de Dieu) : § **394**, 660, **662**, 678, 681
BÉATITUDES (les) : § 166-167, 314, 453, 518, **633-634**, 651
BEAU/BEAUTÉ : § 24, 487
— b. de la création/créatures/monde, § 25-26, 114
BÉBÉ (éprouvette) : § 575, 583
BÉELZÉBOUL : § 100
BÉLIAL : § 100
BÉLIER (graisse de) : § 261
BÉNÉDICTION : § 110, **139**, 384, **412**, 474, 477, **594-595**, 598
BERGER : § 153, 210
— Dieu b., § 74
BETHLÉEM : § 153
BIBLE (livre de la révélation divine/Écriture sainte) : § **55-60**, 366

BIEN :
— b. divins, § 82, 672
— b. commun/de l'homme/des hommes, § 110, 491, **498**, **502-504**, 537, 542, 563, 566, **569-571**, 610, 616-617, 621, 678
— b. économiques/matériels/du prochain/terrestres, § 226, 428, 434, 496, **609-620**, 625
— b. spirituel, § 41, 89, 447, 541, **609**
— accomplir/rechercher le b., § 249, 264, 369, 492-493, 499, **502**, **508-511**, 659
— vertu du b., § 25, **114-115**, 487, **493-495**, 499, **500-501**, **507**, **510**, 539
BIENFAITS (de Dieu) : § 21, 91, 173, 368
BIENVEILLANCE (de Dieu) : § 182, 344
BIOÉTHIQUE : § 525, 583
BIOLOGIE/QUE : § 46, 642
BLANC (vêtement) : § 401
BLASPHÈME : § 194, 212, 547-548
BLESSURE :
— b. du Christ, § 199, 266
— b. au Corps du Christ/Église, § 441
BOIRE :
— b. la coupe, § 140, **190**, **193**, 382, 416, 421
— b. le sang du Fils de l'homme/le vin consacré, § 411, 451
BON/BONTÉ :
— b. pour l'homme/discerner le b., § 487, **493**, 497, 499, 518, 591
— acte/principe b., § 101, **507**
BONHEUR :
— b. authentique/véritable/qui vient de Dieu, § **111-114**, 166, 264, **515**, **633-634**
— b. du ciel/éternel/parfait, § 110, 297, **640**, 662
BONNE NOUVELLE : (cf. *Évangile*)
BOUC (émissaire) : § 538
BOURREAUX (de Jésus) : § 198
BREBIS : § 157, 294
BRÉVIAIRE : § 557
BULLE : § 67

C

CAÏPHE : § 194
CALOMNIE : § 628

Index analytique

CALVINISME : § 266
CANA : § 351, 413
CANAAN : § 115
CANON (des Écritures) : § **61-62**, 155
CANONISER : § 327
CANTIQUE :
— c. des créatures, § 95
— c. de Marie, § 345
CAPHARNAÜM : § 174, 180
CAPITALISME : § 622
CARÊME : § 384, 393
CARTHAGE (concile de) : § 119
CATÉCHÈSE/CATÉCHISME/CATÉCHISTE : § 17, 67, **334**, 385, 405, **568**
CATECHESI TRADENDAE : § 385
CATÉCHUMÉNAT/CATÉCHUMÈNE : § 334, **385**, 392-395
CATHÉDRALE : § 7, 155
CATHOLIQUE (signification du mot) : § 315
CÉLIBAT/CÉLIBATAIRE : § 462-463, 599
CÉNACLE : § 234, 284, 457
CENDRES (imposition des) : § 384
CÈNE :
— la dernière C., § 190, 339, 341, 372, **412-413**, 416, 419, 465
— la Sainte C. (de la Réforme), § 383
CENTURION : § 258
CÉSAIRE (d'Arles) : § 230
CÉSAR (Auguste) : § 153
CHAIR :
— c. du Christ/nourriture, § 175, **411**, 420, 667
— fruits/passions/tendances de la c., § 519
CHALCÉDOINE (concile de) : § 240, 244
CHALDÉE : § 103
CHAPELET : § 559
CHARISME : § **305**, **307**, 314, 324, 331
CHARITÉ : § 307, **311-312**, **333-335**, 434, 466, 553, 624, 670, 680
— c. du Christ/Dieu/divine, § 27, 299, 326, 521
— foi, espérance et c., § 444, **528-533**, 634
— justice et c., 166, **570**, 577, 588, 628
CHARPENTIER (Jésus, fils du c.) : § 157-158

CHASTETÉ : § 314, 463, **596**, 605-607
CHÂTIMENT : § 645
CHIMIQUE(arme/conflit/guerre/puissance) : § 589-590, 616, 642
CHOISIR/CHOIX :
— c. le bonheur/malheur/vie/mort, § 515
— apôtres/peuple/prêtre/race c. par Dieu/le Christ, § 52-53, **132-136**, 205, 254, 280, 465
— Marie est c., § 344, 347
CHÔMAGE/CHÔMEUR : § 496, 525, 613, 618
CHRÊME (saint) : § 404
CHRÉTIEN :
— c. d'Orient, § 347, 391
— action/mission/responsabilité/vie des c., § 39, **263-264**, 383, 533, 542, 624, 636, 674
— premiers c., § 195, 200
CHRISMATION : § 404
CHRIST : (*cf. Jésus Christ*)
CHRISTIANISME : § 17, 240, 287, 327, **359**
CHRISTIFIDELES LAICI : § 307, 312, 313, 323, 329, 331, 397, 573
CHUTE/CHUTER :
— c. d'Adam/originelle, § 100, **112-119**, 255
— c. des anges, § 101
CIEL/CIEUX :
— c. nouveaux/plénitude de vie (eschatologie), § 218, 222, 654, 661-662, **673-677**
— Créateur/création du c., § 90, 102, 107
CIERGE (baptismal/pascal) : § 401, 684
CIRCONCIRE : § 153
CITÉ :
— c. d'en haut, § 327
— c. terrestre, § 527
— vie de la c., § 570, 572
CITÉ DE DIEU (saint Augustin) : § 264
CIVISME : § 569
CLÉMENT d'ALEXANDRIE : § 231
CLERC : § 572
COHABITATION JUVÉNILE : § 604
COLÈRE : § 586, 631
— c. des pauvres, § 623
COLLECTE : § 428
COLLECTIVISME : § 620, 622

Catéchisme pour adultes

COLLÈGE/COLLÉGIALEMENT :
— c. apostolique/des apôtres/évêques, § 280, **304**, 322, 457, 460
— c. des prêtres, § 462
COLOMBE (l'Esprit, comme une c.) : § 160, 222
COLONNE (de l'Église) : § 285
COMBLER :
— c. les aspirations/désirs de l'homme (eschatologie), § 659, 680-681
— c. par Dieu, § 91, 249, 344
COMMANDEMENT :
— c. de l'amour/unique c., § 281, **520-521**, 533, 632-633, 413
— les dix c., § 106, 138, 224, 504, **515-517, 542-544**
— le premier/second c., § 72, 74, **532-533**, 547
COMMÉMORER : § 111
COMMENCEMENT (absolu) : § 92, 102, 104, **149**
COMMUNAUTÉ :
— c. catholique/chrétienne/croyante/ecclésiale/de foi, § 32, 254, **272**, 284, **290-291**, 309, 393-395, **455-457**, 462, 465, 480, **574**
— c. civile/éducative/internationale/locale/politique, § **570-572**, 589
— c. diocésaine/paroissiale, § 313, **317-319**, **331**, 379, 397, **428**
— c. de la Réforme/autres communautés d'Église, § 340-341, 383
— c. religieuses, § 310, 314
COMMUNICATION *(cf. Médias)*
COMMUNIER/COMMUNION :
— c. au Christ/à son mystère pascal, § 214, 339, 391, **418-420**
— c. du corps ecclésial, § 304, 318, 460
— c. au corps eucharistique du Christ, § 365, **410**, 421, **428**, 450-451, 603
— c. des croyants/ecclésiale/des fidèles/fraternelle/universelle, § 64, 226, 292, **302-304**, 315-318, 325, **326**, 335, 468, 577, 594, 662
— c. entre Dieu et l'homme, l'Église/à la vie de Dieu, § 107, 118, 235, 248, 257, 303, 392, **420**, 453, 471, 599, 651, 660, **662**, 680
— c. entre les Églises, § 342, 403
— c. entre les hommes, § 40, 491, 596

— c. des saints, § 127, **326-327**, 420, **662**
COMMUNISME/COMMUNISTE : § 619-620
COMPASSION (pour les malades) : § 444-448
COMPLIES (prière du coucher) : § 557
CONCEPTION/CONCEVOIR :
— Immaculée c., § 349-350
— c. virginale, § 150-153, 348
CONCILE : § 66-67
CONCUBINAGE : § 563, 603
CONCUPISCENCE : § 118
CONDAMNATION/CONDAMNER :
— c. éternelle, § 114, 663
— Jésus c. à mort, § 186, 194-197
— manger et boire sa propre c., § 382, 421
CONFESSER/CONFESSION :
— c. Dieu/sa foi, § 34 ; **143-144**, **183**, 210-212, 229-230, 239, **286**, **395**
— c. ses péchés, § 127, 421, **438-441**, 449
— c. la venue du Christ en gloire/la vie éternelle, § 664, 672
CONFIANCE :
— c. en Dieu, § 46, **89**, 394, 438-439
— c. filiale de Jésus, § 198
CONFIGURATION/CONFIGURER (au Christ) : § 386, 388, 462, 468
CONFIRMAND : § 404-406
CONFIRMATION/CONFIRMÉ/CONFIRMER (sacrement) : § 312, 323, 384-386, 397, 399, **404-410**, 460
— caractère indélébile de la c., § 384, 468
CONGRÉGATION (pour la doctrine de la foi) : § 256, 394, 658
CONNAISSANCE/CONNAÎTRE :
— c. le Créateur/Dieu/le Père, § 11, 18, **22-27**, 31-34, 74-75, 107, 137, 261, 531, 647
— arbre de la c., § 114, 116, 494
CONSACRER/CONSÉCRATION/CONSÉCRATOIRE : § **404**
— c. épiscopale, § 459-461
— c. eucharistique, § 411, 416, 424, 652
— Jésus c., § 160, 368
— peuple c. par l'Esprit, § 455, 634
CONSCIENCE :
— c. de l'homme, § 15, 45, 389, 436, 439, **499-503**, 524-527

Index analytique

— c. de Jésus, § 244-245
— objecteurs de c., § 591
CONSEIL :
   — c. pour les affaires économiques, § 313
   — c. évangéliques, § 314
   — c. paroissial/pastoral/presbytéral, § 313, 324
   — C. œcuménique des Églises, § 342
CONSOMMATION : § 619, 625
CONSTANTINOPLE (conciles de C.) : § 236, 244
CONSTITUTIONS APOSTOLIQUES : § 67
CONSUBSTANTIEL : § 236, 239
CONTEMPLATION/CONTEMPLER (le Christ, Dieu) : § 31, 94, 185, 227, 241, 266, 360, **496**, 537, **659-660**
CONTINENCE : § 596, 605
CONTRACEPTIF/CONTRACEPTION : § 563, 604
CONTRADICTEURS/CONTRADICTION : § 35, 186, 196, 292
CONTRE LES HÉRÉSIES (saint Irénée) : § 257
CONTRISTER (l'Esprit) : § 124
CONTRITION : § 421, **436-439**
CONVERSION/SE CONVERTIR : § 4, 35-36, 120, 137, 164, 199, 232, 255, 267, 284, 316, **341**, 429, **433**, **439**, 522, 535
CONVOITISE : § 118, 128, 630-632
COOPÉRATEUR/COOPÉRATION/COOPÉRER : § 259, 479, 528
CORINTHE (Église de) : § 317
CORNEILLE : § 205
CORPS :
   — c. et âme, § 108, 256, 577, 596, 636, 658
   — c. glorieux/spirituel, § 185, 667-668
   — c. temple de l'Esprit Saint, § 286, 577
   — dimension corporelle de l'homme, § 89, 241, 582, 583
   — guérison/salut des c., § 171-172, 447
CORPS DU CHRIST :
   — c. du Christ, § 152, 172, 203, 265, 376
   — c. ecclésial, § 264, **295**, 297, 323, 326, 360, 380, 397, 408, 422, 425, 450, 452, **524**, 553, 596

   — c. eucharistique du Christ, § 175, 295, 382, 402, 413, 416, 421, 424
   — c. glorieux/ressuscité du Christ, § 184-185, 204-206, 424
   — c. donné/livré de Jésus, § 58, 190, 377, 388, 412, 418-419
CORRECTION (fraternelle) : § 433
COSMOS : § 173, 362, 514, 681
COUPABLE : § 268, 382
COUPE (boire/prendre la c.) : § 140, 190, **193**, 382, **412**, 416, 421
COUPLE : § 480, 560, 579, 602, 604
COURONNE (d'épines) : § 199
CRÉATEUR (Dieu c.) : § **90-93**, **102-108**, 495, 496, 612
CRÉATION/CRÉER : § 24, 51, 55, 84, **90-93**, 101, 104, 120-121, 152, 219, 221, 366, 494, 582
   — c. l'homme à l'image de Dieu, § **105-107**, **112**, 248, 487, **494-497**, 594
   — C. nouvelle/renouvelée, § 51, 111, 222, 359, 668
   — l'homme et la c., § 399, 566, 616
   — récits de la C., § **102-114**
CRÉATURE : § 91, 106, **113**, 550
   — c. invisible/spirituelle, § 97-98
   — premier-né de toute c., § 121, 148, 213
CREDO : § 33, 253, 303, 308
   — C. de Nicée-Constantinople, § 33, **84**, 87, 237, 253
   — C. de Paul VI, § 422
CROIRE : § **10-14**, 19, 30-33, 40, 207, 486, **528**
   — c. au Christ ressuscité, § 144, 207, **213-214**, 276, 403
CROIX :
   — alliance/sacrifice/salut/sang de la c., § 148, 190, 262, 268, **412**, 419, 457
   — Jésus en c., § 13, 37, 191, **197-199**, 270
   — Marie au pied de la c., § 346-347, 351
   — portée/sens de la c., § 22, 47, 84, 131, 190, **195**, 199, 270-271, 351, 370-372, 531, 664
   — prendre sa c., § 486, 522
CROYANT (des autres religions) : § 337
CRUCIFIÉ (Jésus/Messie c.) : § 77, **199**, 206, 208, 210, 261, 281, 371
CULPABILITÉ : § 125, 436, 490, 512, 535, **538-539**

CULTE :
— c. dans l'A.T., § 72, 366, 419
— c. de la communauté/de l'Église/eucharistie, § 59, **335**, 355, **360-361**, 379-380, 402, 423, 452, 553, 635, 636
CULTURE/CULTUREL : § 315-316, 548
CYPRIEN (saint) : § 302
CYRILLE de JÉRUSALEM : § 672

D

DAMAS (chemin de) : § 147
DAMNATION : § 538, 663
DAVID : § 125, 134, 182, 541, 651
— fils de D., § 150, 210
— ville de D., § 210
DÉCALOGUE : § 504, **515-516**
DÉDICACE (des églises) : § 297
DÉFENDRE/DÉFENSE (armée/légitime/non violente) : § 507, 543, **587-591**
DÉFUNTS : § 327, 420, 659
DÉLIVRANCE/DÉLIVRER (de l'esclavage/mal/péché) : § 101, 127, 247, **250-254**, 344, 386, 392, 558
DÉLUGE : § 366, 494
DEMEURE/DEMEURER :
— d. dans le Christ, § 520, 662
— d. éternelle, § 674, 681
DÉMOCRATIE : § 571
DÉMON/DÉMONIAQUE : § 101, 174, 178, 211, 369, 445, 663
DÉNUEMENT : § 132
DÉPENDANCE/DÉPENDANT/DÉPENDRE (de Dieu) : § 114, 162, 545
DÉPOUILLEMENT/DÉPOUILLER (de soi) : § **148**, 547
DÉSALTÉRER (par l'unique Esprit) : § 275
DÉSARMEMENT : § 590, 592
DESCENDRE/DESCENTE :
— d. du Christ et de l'Esprit, § 160, 209
— d. aux enfers, § 200
DÉSERT :
— conduire au/Israël au/marche au d., § 53, 366, 411, 430, 453
— Jésus au d., § 161-222

— parole de Dieu adressée dans le d., § 159
DÉSESPÉRANCE/DÉSESPÉRER/DÉSESPOIR : § 129, 444, 539, 641
DÉSHUMANISATION/DÉSHUMANISER : § 493, 547, 584, 604
DÉSIR : § 17
— épanouir ses d., § 596
DÉSOBÉISSANCE :
— d. d'Ève, § 351
— d. du péché, § 124, 537
DESSEIN (du Créateur/Dieu/Père) : § **28**, 50-52, 68, 114, 139, **148**, 177, 179, 196, 227, 276, 678, 680
DESTINÉE : § 640, 661, **680**
DÉTOURNER :
— se d. du Créateur/de Dieu, § 114, 122-123
— se d. du mal, § 124, 430
DÉTRESSE :
— d. de Jésus dans sa passion, § 193, 197-198, 648
— situations de d., § 565, 579, 581
DEUTÉRONOME : § 544
DÉVELOPPEMENT : § 44, 525, 610, 619, **623-625**
DÉVOILEMENT/DÉVOILER :
— d. de la gloire de Dieu/du Messie/du mystère d'Alliance, § 28, 55, 58, **68**, 71, 144, **159**
— d. du péché, § 125, 127, 131
DIABLE : § **115**, 128
DIACONAL/DIACONAT/DIACONIE/DIACRE : § 303, 323, **335**, 396, 423, 459-460, 473, 557
— ordination d., § 466-468
DIAKONIA : § 335
DIALOGUE/DIALOGUER :
— d. de Dieu avec l'homme, § 42
— d. avec les Églises chrétiennes/œcuménique, § 339, 342, 352
— d. avec les juifs/musulmans, § 337-338
DIDASCALIE DES APÔTRES : § 428
DIES NATALIS : § 633
DIEU :
— D. de l'Alliance, § 30, **50**, 78, **136-138**, 686
— D. Créateur, § 20, **90-93**, 102, 106-108, 112, 114, 545
— D. Père, § 74, 76-77, **79-89**, **149-150**, 158-159, 184, 233-235, 276, 545-546, **558**

Index analytique

— D. à la rencontre de l'homme, § 3-4, 14-15, 19, 27, 31, 42, 47, **51-52**, **137-139**, 238, 254, 514
— D. seul/unique/vrai, § 13, 20, 38, **71-75**, 137, 235, 242, 302
— action de D., § 32, 52, 93-94, 220, **362**, **367**, 550
— attributs de D., § 19, **26-27**, **74**, 75, 79, 545, 685
— connaissance de D., § 18, **22-30**, 50, 75, 83, 236
— œuvre de D., § 32, 51, 58, 78, 91, 104, 111, 187, 348, **366-368**, 472, 668
— (cf. *Amour, Création, Dessein, Don, Idole, Jésus Christ, Miséricorde, Mystère, Trinité.*)

DIGNITÉ :
— d. des baptisés/fils de Dieu, § **111**, 286, 296, 312
— d. de l'homme, § 112, **495**, 499, 502, 574, 583, 615, 618

DIMANCHE : § 111, 382, 421, **428**, 479, **554-556**

DIOCÈSE : § 304, 316-319

DISCERNEMENT/DISCERNER :
— d. les appels de Dieu/le bien, § 495, 499, 518
— d. les signes de Dieu, § 256, 644, 653, 675
— d. la Tradition en Église, § 63-64, 524-525

DISCIPLE :
— d. de Jean Baptiste, § 171, 653
— appel des d., § **181**, 456, 564
— mission des d./d. rassemblés en Église, § 281, 290, **328**, 468
— premiers d., § 41, 165, **167**, 227, **279**, 284, 333

DISCOURS :
— d. sur la montagne, § **166-167**, 179, 368
— d. sur le Pain de Vie, § 175, 412
— d. de la Pentecôte, § 195

DISSUADER/DISSUASION : § 590

DIVIN (le divin) : § 16, 18, 19

DIVINISATION (de l'homme) : § **119**, 400, 680

DIVISION (des chrétiens/dans l'Église) : § 307, 403

DIVORCE/DIVORCÉS : § **475-476**, 563, **602-603**

DOCTEUR :
— d. de la foi/grâce/justification, § **66-67**, 255, 258, **527**
— d. de la loi, § 532

DOCTRINE (sociale de l'Église) : § 526, 573, **622**

DOGMATIQUE/DOGME : § 72, 123, 237, 349

DOMINUM VIVIFICANTEM : § 228

DON/DONNER :
— d. du Christ/de Jésus, § 37, 77, 121, **190-192**, 252, **262**, **265**, 381, **412**, 496, 551
— d. de Dieu/Dieu se donne, § 68, **121**, 229, 513, 518, 672
— d. de l'Esprit, § 55, 69, 140, 144, 187, **219-224**, **227-229**, **233-235**, **282-284**, 326, 329, **404-408**, 455, 496, 514, 531, 545, 639, 648, 667, 677, 684
— d. de la grâce/du salut, § 228, **258-259**, 360
— d. de l'homme/de soi/de sa vie, § **191**, 510, **577**, 588, 596, 598, 601, 632
— les d. du Christ/de Dieu, § 31, **91-92**, 113, 166, 173, 264, **305**, 311, 314, 340, **528**, 592, 610, 616
— les d. de l'Esprit, § 228, **307**, 323-324, 400, **519**, 634, 673

DONUM VITAE : § 579, 583

DOUTE/DOUTER : § 444, 447

DOUZE (les) : § 201, 224, **280-281**, 285, 320, 456-457, 460

DOXOLOGIE : § 424

DROGUE : § 575, 580

DROITE (de Dieu/du Père) : § 85-87, 132, 209, 213, 218, 485

DROITS DE L'HOMME : § 45, **498**, 503-504, 573, 586

E

EAU :
— e. du baptême, § 160, 362, 373, 376-377, 389, **391**, 394, 396
— e. du côté du Christ, § 199, 281
— marche sur les e., § 173

ECCLESIA : § 290

ÉCHANGE (d'amour du Père, Fils, Esprit) : § 234, 237, 251, 257, 487

ÉCOLE : § 566-568
ÉCOLOGIE/QUE : § 249, 616
ÉCONOMIE/QUE (activité/structures) : § 617-623
ÉCOUTE/ÉCOUTER :
— é. des Écritures/Évangile/de Jésus, § 64, 143-144, 226, 515, 525, 551, 639, 648
— é. mutuelle pasteurs et peuple, § 525, 527
— é. de la Parole dans la liturgie, § 57, 421, 423, 440, 446, 474
ÉCRITS/ÉCRITURE SAINTE :
— É. Bible/Canon des/Parole de Dieu/règle de foi, § **55-57**, **61-62**, 155, 227
— É. et Église, § 59-60, 288, 340
— accomplissement (conformément aux)/eschatologie, § 154, **176-177**, 201-202, 208, 227, 278, 368
— écoute/intelligence/sens des É., § 60, 64-65, **457**, 648
— magistère/Tradition des É., § 58-60, **62-65**
ÉCRIVAIN (biblique) : § 56
ÉDEN : § 112
ÉDIFICATION/ÉDIFICE/ÉDIFIER (le Corps du Christ/l'Église) : § **78**, 294, 297, 305, 323, 388, 408
ÉDUCATIF/TION/ÉDUQUER : § 116, 259, **477-478**, **560-561**, 566, 593, 597, 605, 608
— é. chrétienne/de la foi, § 394, 549, 561, 567-568
EFFICACE (mémoire/présence/signe e.) : § 298, 376, 416, 418, 435
EFFUSION DE L'ESPRIT (Pentecôte) : § 55, 234, 407
ÉGALITÉ (valeur sociale de l'é.) : § 620
ÉGLISE : § **274-356**
— É. apostolique, § **207**, **301**, 311, 319, **320-325**, 328
— É. catholique/universelle, § 297, **301**, 304, **315-328**, 363, 574
— É. du ciel/Royaume, § 300, 654, 657, 665, 677
— É. corps du Christ, § **295**, 297, 326, 360, 389, **395**, 422, 425, 450, 524
— É. don de Dieu, § 276-277, 291-292, 298
— É. épouse du Christ, § **294**, 298, 419, 463, 470, 553, 557
— É et éthique/morale, § 78, 289, **583**, 592
— É. dans l'histoire/le monde, § 7, 41, **287-289**, **292**, **296**, 325, 617
— É. et liturgie/prière, § 327, 335, **360-361, 383-384**, 421, 551, **553**, 674
— É. locales/particulières, § 304, 311, 315, **317-319**, 322, 330, 564
— É. et malades, § 443-448, 582, 584
— É. et mission/mission de l'É., § 43, 281, 285, **299**, 311-312, 320, 323, **328-335**, **406**, **408**, 640, 654, 683
— É. Nouvelle Alliance, § 254, 272, 276, **290**, 291, 297
— É. peuple de Dieu, § 54-55, 136, 277, 291, **296**, 321
— É. sacrement, § 298-300, 328
— É. et sacrements, § 359-361, 363, 372, 654 (cf. Sacrements)
— É. sainte/sanctifiée, § 78, **276**, 286, **301**, **308-309**, 325-326, 374
— É. séparées/œcuménisme, § 185, 237, 285, **339-342**, 399, 403, 410, 460
— É. temple de l'Esprit Saint, § **286**, 294, 308, 342, 360
— É. et la Vierge Marie, § 343, 353
— autorité/ministère apostolique de l'É., § 304, 318, **322-323**, 459, 468
— charismes/services dans l'É. § 235, **305**, 331, 335, 466, 478
— communion/unité de l'É., § **64**, 292, **301-305**, 317, 319, 324-325, 339, 403, 524
— doctrine/enseignement/prédication de l'É., § 156, 292, **526-527**, 529, 572-573, 618, 622
— foi de l'É., § 100, 155, **207**, **393-394**, 423, 582
— identité/mystère de l'É., § 272, 284, **287-294**, 301, 354
— institutions de l'É., § 288, 324
— magistère de l'É., § **63-64**, 525-526
— naissance/origine de l'É., § 3, 55, 224, 276, **278-285**, 290, 353
— Tradition de l'É., § 115, 355, 364
ÉGLISE (bâtiment) : § 155, 422, 439
ÉGOÏSME : § 40, 519, 522, 605, 617
ÉGYPTE (esclavage et libération d') : § 103, 133, 138, 250, 254, 261, 366, 391, 514-515

Index analytique

EKKLESIA : § 290
ÉLECTION :
— é. du chrétien/tout homme, § 137, 148
— é. d'Israël, § 133, **135**, 338
ÉLÉVATION/ÉLEVER (de la croix à la gloire) : § 148, 199, **209**
ÉLIE (le prophète) : § 21, 125, 185, 453
ÉLISABETH : § 346
EMMANUEL (*Dieu avec nous*) : § 19, 150, 155
EMMAÜS (pèlerins d'E.) : § 176
EMPEREUR :
— l'E. César Auguste, § 153
— l'E. Tibère, § 159
ENCYCLIQUE : § 67, 526, 622
ENFANCE (de Jésus) : § 150-155
ENFANT :
— e. de Dieu, § 80, 226, 278, 386, **400**, 483, 486, **514**, 531, 545, 588, 633
— affection/amour dû aux e., § 472, 561-562, 565
— baptême/confirmation d'un e., § 375, 385, **394**, 396, 405, 410, **684**
— catéchèse/formation chrétienne des e., § 334, 385, **568**
— devenir comme les petits e., § 36
— éducation des e., § 477-478, **560-561**, 563, 566
— place des e. à la messe, § 556
ENFER : § 538, 655, **661-663**
— descente aux e., § **200**
ENGAGEMENT/ENGAGER : § 341, 505-506
— e. du baptême, § 33, 40, 393, 405
— e. de la foi, § 30, 33, 178, 393, 433, 486
— e. du mariage, § **473-475**, 598, 604
— e. sacramentel, § 381
ENNEMI (amour/aimer ses e.) : § 198, **520**, 588
ENSEIGNEMENT/ENSEIGNER :
— e. des apôtres/conciles/Église/évêques/magistère/papes, § 1, 59, **67**, 460, 525, 527, 529, 618, 622
— e. de la Bible/Écritures/Évangile/prophètes, § **56**, 107, 433, 622
— e. de Jésus Christ, § 59, **168**, 170, 175, 190, 279, **300**
ENTRAIDE : § 428, 458, 565

ENVIE : § 115, 519, 631
ENVOI/ENVOYÉ/ENVOYER (en mission) : § 159-160, 206, 282, 285, **331**, 373, 456, **458-460**
ÉPHÈSE (concile d') : § 243, 347
ÉPICLÈSE : § 417, 424
ÉPIPHANIE : § 154-155
ÉPISCOPAL (consécration/succession é.) : § 59, 461
EPISCOPOS : § 461
ÉPOUSE/ÉPOUX :
— ami de l'é., § 470
— amour/responsabilité des é., § 12, **467-479**, 520, 598
— l'Église, é. du Christ, § **294**, 298, 419, 470, 553, 557
ÉPROUVETTE (bébé é.) : § 575, 583
ESCHATOLOGIE/QUE : § 640
ESCLAVAGE/ESCLAVE :
— e. d'Israël/en Égypte, § 53, 366, 391, 515
— e. du péché, § 250, **254-255**, 680
ÉSOTÉRIQUE/ÉSOTÉRISME : § 120, 643
ESPÉRANCE/ESPÉRER :
— e. chrétienne/eschatologique, § 14, 201, 214, **530**, **641-648**, 655-656, 673-679, 688
— e. d'Israël/du peuple de Dieu, § 157, 182, 366
— Église, germe/lieu d'e., § **289**, 296
— une seule et même e., § 235, 302, 312
— vertu de l'e., § 333, 405, 444, **528-531**, 533, 634, 647
ESPRIT :
— e. bons et mauvais, § 100-101, 132, 174, 393, 517
— chair et e., § 519, **596-597**
— remettre son e., § 198, 219, 233
— sens biblique du mot e., § 220
ESPRIT SAINT :
— E.S., 3ᵉ personne de la Trinité, § 220 **228-229**, 237, 666
— E.S. dans l'Église, § 66, 127, 222, **282-286**, 291, **305-307**, 342, 406
— action de l'E.S., § 65, 127, 150, 209-210, **228-229**, 283, 286, 292, 336, 359-360, 400, 417, 420, 519, 639, 666
— autorité/mouvance de l'E.S., § 65, 77, **227**, 373, 519, 547, 644

— Don de l'E.S., § 55, 66, 69, 140, 144, 187, **219-229, 233-235, 282**, 326, **400, 404-408**, 455, 514, 545, 639, 648, 677, 684
— dons et fruits de l'E.S., **§ 305-307**, 323-324, 404, 518-519, **634**
— envoi/venue de l'E.S., § 160, **281-282** 406, 417, 424
— œuvre de l'E.S., § 56, **61**, 78, 105, 221-222, **416, 666**
— présence de l'E.S., § 82, 160, **282-283**, 286, 291, 518, 558, 639, 648
— procession de l'E.S., § 229, **236-237**
— (cf. *Jésus Christ, Onction*)
ÉTABLE : § 153
ÉTABLISSEMENT (scolaire catholique) : § 567
ÉTAT :
— é. de grâce, § 381, 400, **405**
— l'État, § 571, **573**, 588, 606, 610, 614
ÉTERNEL/ÉTERNITÉ :
— é. de Dieu, § **26**, 28, 91, 148, 215-216, 218
— alliance/béatitude/condamnation/promesse/salut é., § 110, 140, 251, 371, 389-390, 394, **662-663**, 678
ÉTHIQUE : § **45**, 54, 124, 573, 583, 593
ÉTIENNE : § 196
ÉTOILE : § 109-110, 139
ÉTRANGER (l'étranger) : § 196, 334
EUCHARISTIE/QUE :
— e. et Alliance, § 140, 252, 281, **372**, 474
— e. corps et sang/présence du Christ, § 417-419
— e. dominicale, § 382, 421, **428**, 556
— e. et Église, § 264, 295, 303, 397, **425-427**
— e. mémorial du sacrifice du Christ/de la croix, § **416**, 419-422, 426-428, 654
— e. nourriture/pain/repas/soutien, § 175, 191, 330, 367, **411** 422, **426-427**, 449, 480, 603
— e. quotidienne/et vie chrétienne, § **382**, 422, 427, 553
— adoration e. (du Saint-Sacrement), § 410, 422

— célébration/liturgie de l'e., § 57, 190, **263-264**, **378**, 382, 392, 399, 415, **423-424**, 458, 464, 553
— institution (Cène) de l'e., § 190, 253, 415, **457**, 465
— sacrement de l'e., § 214, 241, 326, 341, 361, **372-373**, 385-386, 409, **410**, 429, 450, 480, 597, 634
EUROPE : § 571, 574, 616, 623
EUTHANASIE : § 581
EVANGELII NUNTIANDI : § 38, 317, 331
ÉVANGÉLISATION/ÉVANGÉLISER : § 5, 38, 46, 301, **315-316, 329-331**, 333, 336, 427, 548, 585, 622
ÉVANGILE :
— é. apocryphes, § 155, 170
— é. Bonne Nouvelle, § 55-58, **251**, 461
— é. de l'enfance, § 150, **153**, 155
— é. synoptiques, § 372
— 4e é., § 149
— accueillir/s'approprier/assimiler/écouter/recevoir l'É., § 1, 332, 423, 572
— annoncer/porter/prêcher/proclamer/proposer l'É., § 1, 5, 43, 57, 175, **224**, 226, 320, **328-336**, 406, 423, 452, 457-458, 464, 466
— efficacité/énergie de l'É./É. ferment du monde, § 289, 330
— enseignement/loi de l'É., § 143, 156, 433, 563, 622
— fidélité/pratique/suivre/vivre selon l'É., § 7, 39, 54, 289, 296, 309, 330, 342, 386, 444, **525-526**, 529
— ministre au service de l'É., § 458, 464-465
ÈVE : § **112**, 351, 594
— Nouvelle È., § 347, 351
ÉVÊQUE : § 303, **304**, 334, 431, 434, 468
— é. de l'Église de Rome, § 304, 318, 460
— consécration de l'é., § 459-461
— décisions/enseignement/magistère/ministère des é., § 1, 7, 59, **63-65**, 319, 322, 329, 407, 467, 527
ÉVOLUTION (théories de l'é.) : § 93
EXALTATION (de Jésus) : § 209
EX CATHEDRA : § 66

Index analytique

EXCLU/EXCLURE/EXCLUSION :
§ 10, **183**, 196, 200, 448
EXCOMMUNICATION : § 579
EXÉGÈTE : § 64-65, 76
EXHORTATIF (texte e.) : § 56
EXHORTATION APOSTOLIQUE :
§ 67, 526
EXIL/EXILER : § 53, 103, 366, 430, 666
EXISTENCE (orientation/sens de l'e.) :
§ 89, 248, 661, 677
EXISTENTIEL (sacrifice e.) : § 260, 263
EX NIHILO : § 92
EXODE : § 161, 250
EXORCISME : § 129, 170, 174, 393, 394
EXPIATION/EXPIATOIRE : § 265-266, 269, 420
EXTASE : § 19
EXTERMINATION : § 130
EXTRÉMITÉ (du monde/terre) : § 224, 457-458
EXULTER : § 184, 208
EXULTET : § 123
ÉZÉCHIEL (prophète) : § 134, 518

F

FAIBLE : § 430, 490, 584
FAIBLESSE :
— f. de Dieu, § 199, 545
— f. de l'enfant/jeunes, § 564, 604
— f. des hommes, § 84, 158, 162, 226, **432**, 434
FAIM :
— f. de Dieu, § 248
— f. de liberté/vérité, § 626
— f. dans le monde/de pain, § 157, 411, 611 **623**, 626
FAMILIAL/FAMILLE :
— affection/amour légitime pour la f., § 181, 479, 562
— composition/définition/rôle de la f., § 313, 480, **560-565**
— l'Église, f. de Dieu, § 294, 472
— politique de la f., § 503
— prière de la f., § 479
FAMILIARIS CONSORTIO : § 472, 477, 478, 563, 601, 603
FAUTE : § 115, 430, **513**, 608
— f. contre l'Alliance/Dieu, § 602, 627
— libérer/pardon de la f., § 420, 512

FÉCOND/FÉCONDITÉ : § 115, 126, 220
— f. des époux/du mariage, § 388, **469-477**, 494, 562, **595-600**
— f. de la mort/résurrection de Jésus, § 199, 350, 371-372
— f. spirituelle, § 304, 311, 450, 600
FELIX CULPA : § 541
FEMME :
— f. adultère § 167, 608
— les f. dans l'Évangile, § 167, 203-204, 279, 284, 351
— première f., § 112, 116, 132
FIANÇAILLES/FIANCÉ : § 473, 604, **605**
— f. entre Dieu et son peuple, § 430, 505
FIDÈLE/FIDÉLITÉ :
— f. au/du Christ, § 418, 486, 602-603
— f. conjugale/des époux, § 471, 475, 562, **600-605**
— f. à/de Dieu, § 42, 140, 208, 430, 440, 530
— f. de l'Église, § 3, 285, 475
— le « sens des f. », § 64
FILIATION (adoptive/divine) : § 212, 257
FILLEUL : § 394
FILS :
— f. du charpentier/de Dieu/fait homme/de l'Homme (cf. *Jésus Christ*)
— f./filles de Dieu, § 76, **82**, 101, **238**, 257, 286, 354, **400**, 432, **485-486**, 524, 545, 676
— le f. perdu et retrouvé/prodigue, § 168, 434
FIN :
— f. dernières/du monde/ultime, § 147-148, 204, 218-219, 227, 409, 573, 581, 594, **651**, 659, **665, 668, 670, 675**
— la f. ne justifie pas les moyens, § 508, 591
FINITUDE (de l'homme) : § 45
FIVETE : § 583
FLAVIEN (lettre à) : § 244
FLORENCE (concile de) : § 659
FOI :
— f. apostolique/des apôtres, § 1, 3, 66, 143, 206-207, 216, **320-322**

— f. catholique de l'Église, § 32, **64**, 230, 302-303, 321, 329, 375, 381, 393, 394, 406
— f. et religion, § **15-19**, 72, 337
— f. et sacrement, § **379-381**, 395-396
— f. et science, § **92-93**
— acte et connaissance de la f., § **21, 26-33, 68-69**, 81, **215-217**, 417, 647, 683
— cheminement de la f., § 17, **42**, 333, 556, **568**
— vertu de f., § 29, 38-41, **88-89**, 346, 351, 353, 408, 434, 444, **528-531**, 533, 634, 656, 674-675

FOLIE :
— f. de Dieu/scandale et f., § 199
— f. mortelle/du péché, § 536, 537

FORCE :
— f. cachées/du mal, § **100**, 115, 129, 393, 396, 399, 633
— f. spirituelles, § 475, 527
— Esprit de f., § 404, 634
— vertu de f., § **511**, 593, 616

FORMATION (des catéchumènes/chrétienne/doctrinale) : § 334, 393, 524, 529, **566-568**

FOUCAULD (Charles de) : § 541

FOULE :
— f. immense des témoins, § 688
— Jésus et les f., § 158, 162, 169, 183, 196, 279, **411**, 456

FOYER (chrétien) : § 12, 30, 479, 605
FRACTION (du pain) : § 206, 458, 555
FRANÇOIS d'ASSISE (saint) : § 95
FRATERNITÉ : § 45, **277**, 472, 521
FRAUDER : § 614
FUNÉRAILLES : § 384, 466

G

GABRIEL (ange) : § 151, 343
GAGNER LA PAIX : § 590
GALILÉE : § 159, 164, 175, 203
GÉNÉROSITÉ : § 89, 434, 465, 678
GENÈSE : § 102, 105-106, **112-115**, 117, 149, 162, 221, 469
GÉNÉTIQUE : § 491, 616
GENTILS (apôtre des G.) : § 333
GÉRANCE/GÉRANT/GESTION (de la création/monde) : § 609-610, 635

GÉRASA : § 174
GETHSÉMANI : § 193
GLOIRE :
— g. céleste/de la vie future, § 55, 300, 378, **654**
— g. du Christ/Fils/Jésus/Messie, § 54, 149, **185**, 187, 241, 329, 648
— g. de Dieu/Père, § 22, **77**, 108, 111, **199**, 218, 630, 634, 648, 678
— g. des enfants de Dieu/de l'homme, § 107, 359

GLORIA : § 423
GLORIEUX (Christ) : § 184, 185, 204, 664, 667
GLORIFIER :
— g. le Christ/Jésus, § 222, 417, 418
— g. Dieu, § 40, **107, 312**, 553, 630
— homme/humanité g., § 212, 218

GNOSE : § 120, 643
GOULAG : § 497
GOURMANDISE : § 596, 631
GRÂCE :
— g. actuelle/habituelle/sanctifiante, § 118, **381**, 400, 405
— g. et liberté, § 82, 255, **259**
— g. et sacrements, § 295, 305, 323, 359, 378, **381**, 386, 410, 436, 450, 458, 475, 478-480, 533, 654
— action de g., § 365, **420**, 450, 546, 551, 684
— justification/salut par la g., § 121, 123, **258-259**, 340, 352, 518, 539
— nature de la g., § 257-259, 344

GRAIN (bon g.) : § 669, 677
GRAND-PARENT : § 560
GRATUIT/GRATUITÉ/GRATUITEMENT : § 92, 121, 305, **518**, 531, 551, 562
GRÉGOIRE de NAZIANZE : § 75, 229
GRÉGOIRE de NYSSE : § 229
GRÈVE : § 509, 617
GUÉRIR/GUÉRISON :
— g. des corps/malades, § 171, 178, **250**, 445
— Jésus et les g., § 170, 173-174, 457
— sacrement de g., § 437, **447**, 449

GUERRE : § 589-592

H

HAINE/HAÏR : § 47, 187, 269, 271, 522, **537**, 548

Index analytique

HANDICAP/HANDICAPÉ : § 334, 444, 448, 501, 584
HÉBREUX : § 391
— *lettre aux H.*, § 55
HÉRÉSIE : § 241
HÉRITAGE/HÉRITER/HÉRITIER :
— h. chrétien/divin/du Royaume, § 37, 82, **281**, 519, 546, **639**, 670, **672**
— h. culturel/économique/politique/social, § 569
HÉRODE : § 159, 195
HEURE :
— h. du Christ/Jésus, § 103, 281, 351, 413
— liturgie/prière des H., § 557
HEUREUX : § 491
HIÉRARCHIE/QUE (dans l'Église) : § 323, 329
HINDOUISME : § 287
HIPPONE : § 120, 414
HIROSHIMA : § 45
HOLOCAUSTE : § 261
HOMÉLIE : § 423
HOMICIDE : § 128, 168, 432, 578
HOMME/HUMANITÉ :
— h. blessée, § 47, **122**, 130, 250, 269, 528, 537
— h. du Christ, § 31, 212, 218, **241-244**, 266
— h. image de Dieu, § **107**, 487, 494-498, 514, 576, 583, 612, 678
— h. réconcilié, § **121**, **123**, 218, 247, 677
— accomplissement de l'h., § 636, 640, **669**, 676-677, 681
— conception de l'h., § 6, 45, 497, 525-528
— constitution de l'h., § **108**, **112**, 594, 635
— dignité/grandeur de l'h., § 107, 111, 119, 583, **678**
— Droits de l'h., § 45, **498**, 503-504, 573
— vocation de l'h., § 6, 82, 107, **490**, 493, 625, 678
HONORER :
— h. Dieu, § 547, 651
— h. Marie, § 355
— h. son père et sa mère/parents, § 543, 560
HOREB (mont) : § 103
HOSPITALITÉ (sens de l'h.) : § 562

HOSTIE (vivante) : § 455
HOSTILITÉ : § 525, 548
— h. entre la femme et le serpent, § 116
HUILE (de l'onction) : § 362, 404
HUMANAE VITAE : § 601
HUMBLE/HUMILITÉ : § 46, 73, 434, **519**, 528, 549
HUMILIATION : § 224, 242
HYPOSTASE/HYPOSTATIQUE : § 239, **243**

I

IDÉAL (évangélique/de vie) : § 33, 39
IDÉOLOGIE : § 73, 591-592, 619-622
IDOLÂTRIE/IDOLE : § 11, 13-16, 20-21, 72, 82, 232, 547
IGNACE d'ANTIOCHE : § 315, 426, 679
IGNACE de LOYOLA : § 82
ILLUMINATION (baptême) : § 390, 401
ILLUSION : § 14, 19, 115, 126
IMAGE (de Dieu) : § **107**, 111, **118-119**, 122, 248, 469, 487, **494-498**, 514, 576, 583, 612, 678
IMAGINAIRE : § 13, 15, 62
IMAGINATION : § 97, 667
IMMACULÉE CONCEPTION : § **349**, 352
IMMERSION (baptême par i.) : § 391, 396
IMMIGRANT/IMMIGRATION/IMMIGRÉ : § 538, 565, 613, 615
IMMOLATION/IMMOLER : § 346, 419
IMMORTALITÉ : § 117, 122, 426, 658
IMPERFECTION : § 81, 660
IMPOSITION (des mains) : § 404, 407, 446, 458-459, 461, 463, 467
IMPÔT : § 569, 610
IMPUR/IMPURETÉ : § 179, 519
INCARNATION : § 13, 152, 155, 218, **241**, **243**, 330, 347, 370
INCESTE : § 462
INCOMPRÉHENSIBILITÉ/INCOMPRÉHENSIBLE (Dieu) : § 26, 70
INCORPORATION/INCORPORER : § 295, 326, 359, 386, **395-397**, 400

INCROYANCE : § 465, 668
INDÉLÉBILE (caractère i. du sacrement) : § 374, 384, 402, 468
INDISSOLUBILITÉ (du mariage) : § 475, 602
INFAILLIBLE/INFAILLIBILITÉ : § 66-67
INFIDÈLE/INFIDÉLITÉ :
— i. du chrétien, § 572, 660
— i. d'Israël/du peuple, § 140, 430, 517
INFINI/INFINITÉ : § 25, 34, 111
INFORMATION/S'INFORMER : § 2, 629
INHUMER : § 188
INITIATION :
— i. chrétienne/sacrements d'i., § 329, **385-386**, 389-390, 402, 406, 410
— i. à la vie chrétienne, § 334, 556
INITIATIVE :
— i. de Dieu/Père, § 27, 29, **50-51**, 133, 168, 253, 269, **276**, 282, 440
— i. de Jésus/Christ, § **206**, 253, 281, 528
INJUSTICE : § 40, 197, 256, 261, 432, 548, 591, 614
INNOCENT : § 130, 496, 539, 548, 579, 591
— Jésus, l'I., § 194, 208, 268
INSPIRATION/S'INSPIRER :
— i. de l'Esprit Saint, § 54, 56, 227, 446
— la Bible est i., § 60
INSTITUT (de vie consacrée) : § 314
INSTITUER/INSTITUTION :
— i. anciennes, § 103, 219
— i. de l'Église/des sacrements, § 66, 190, 253, **372-373**, 384, 456, 465
— i. gouvernementales/internationales/publiques, § 611, 624
INSTRUCTION/INSTRUIRE : § 155, 170, 380
INTÉGRITÉ : § 118, 174
INTELLIGENCE :
— i. des desseins/Écritures/mystères divins, § 36, **52**, **55**, **65**, 75, 227, 374, 385, 457
— i. de Dieu, § 106
INTENTION : § 367, 507-509
INTERCÉDER/INTERCESSION : § 327, 365, 420, 424, 660
INTERDIT (un interdit) : § 114, 116

INTERPRÉTATION/INTERPRÈTE/INTERPRÉTER (Écriture/Loi/Révélation) : § **63-65**, 98, 152, **179**, 204, 240
INVALIDITÉ (du baptême/de l'ordination) : § 374
INVISIBLE :
— créateur/Dieu i., § 109
— grâce i., § 359, 378
— monde de « l'i »., § 91, **96-98**, 675
IRÉNÉE (saint) : § 58, 228, 255, 257, 484
IRÉNISME : § 336
IRRUPTION (de Dieu dans l'histoire) : § 14, 28, 216
ISAAC : § 133, 188
— Dieu d'I., § 667
ISAÏE : § 134, 150, 160, 170, 368-369
ISCARIOTE (Judas I.) : § 358
ISH/ISHA : § 112
ISLAM : § 72, 287
ISRAËL :
— alliance avec I., § 29, **138**, 254, 514, 651
— choix/élection d'I., § 55, **133-137**
— coutumes d'I., § 100, 111, 516
— histoire d'I., § 11, 20, **52-55**, 276, **366**, 411, **430**, 517, 666
— maison d'I./peuple de Dieu, § 42, 78, **102**, **138**, 157, 221, 250, 271, 283, **296**, 515
— *Shema Israël*, § 71, 74
IVRAIE : § 669, 677
IVRESSE/IVROGNERIE : § 578, 596

J

JACOB : § 17, 133, 667
JACQUES : § 201, 285
— *les lettres de J.*, § 55
JAÏRE : § 172
JALOUSIE : § 519
— j. amoureuse de Dieu, § 73
JANSÉNISME : § 266
JARDIN : § 112-114
JEAN : § 185, 198
— *évangile/lettres de J.*, § 55
JEAN BAPTISTE : § 182, 368, 470
— baptême de Jésus par J.B., § 159-160, 363, 457

Index analytique

— disciples de J.B., § 171, 279, 652
JEAN CHRYSOSTOME : § 426
JEAN DE LA CROIX (saint) : § 143
JEAN EUDES (saint) : § 266
JEAN PAUL II : § 5, 45, 237, 329, 337, 338, 342, 498, 590, 616, 622
JÉRÉMIE (prophète) : § 134, 140
JÉRUSALEM : § 134, 457
— J. céleste/du ciel/nouvelle, § 297, 327
— Église de J., § 284-285, 353
— montée à/partir pour J., § 103, 153, 185-186, 224, 250
JÉSUS CHRIST :
— J.C. époux/fondateur/tête de l'Église, § 278, 294, **295**, 298, 323, 457, 462, 464, **470**
— J.C. Fils du Père, § 143, **150**, 159, **184**, 230, 234, 236
— J.C. habité par l'Esprit, § **222**, **234**, 279, 282
— J.C. Médiateur, § 29, 58, **252**, 260, 389, **453**, 454
— J.C. Sauveur, § 178, **246**, 250, **254-257**, 296
— J.C. Verbe incarné, § 143, **149**, 227, **243-245**
— J.C. vrai Dieu, § 143-218, 246-273
— J.C. vrai homme, § 144, 157, 163, 239, **241**, 453
— conscience de J.C., § 244, **245**
— liberté et pouvoir de J.C., § 73, **177**, **189**, 196
— mort de J.C., § **189-200**
— résurrection de J.C., § **201-218**
— retour de J.C., § 54, 185, 218, 417, 639, 648, 652, **664-665**, 670
— titres de J.C., § 182, **210-212**
— vie cachée de J.C., § **153-155**
— vie publique de J.C., § **156-186**
JEUDI (saint) : § 372, 434
JEÛNE/JEÛNER : § 337, 458, 559, 632
JEUNE/JEUNESSE : § 567
— bonheur/courage/désespoir/faiblesse des j., § 39, 604, 606, 641
— catéchèse des j., § 33
JE VOUS SALUE, MARIE : § 356, 559
JÉZABEL : § 125
JOËL : § 409
JONAS (signe de J.) : § 170, 202
JOSEPH (époux de Marie) : § 150, 153

JOSIAS : § 134
JOSUÉ : § 134
JOUISSANCE (instinct de j.) : § 596
JOUR :
— j. de délivrance/fin/du jugement, § 444, 633, 639, 665, 670
— J. du Seigneur, § 208, 428, 554-555, 652
— cinquante j., § 406
— derniers j., § 409
— huitième j., § 111, 153
— premier j., § 102, 105, 111, 203
— quarante j., § 161, 218
— les sept j., § 104
— septième j., § 111-112, 357
— troisième j., § 86-87, 185, 201-202, 209, 457
JOURDAIN : § 159, 161
JOURNÉE DE LA PAIX : § 616
JUDA (maison de J.) : § 221
JUDAÏSME : § 98, 287, 657
JUDAS : § 194, 196, 457
JUDE (*lettre de J.*) : § 55
JUDÉE : § 159
JUGEMENT : § 120, **506**, 513, 538, 661
— j. dernier/de Dieu/de Jésus/du Sauveur, § 196, 337, 438, **659**, **669-670**, 677
JUGER : § 431, 501, 531, 549
— j. les vivants et les morts, § 86-87, 664, 669
JUGES (d'Israël) : § 221, 366
JUIF : § 76, 130, 186, 199, 216, 271, 284, **338**, 420
JUSTE : § 258, 430, 510, 666, 678
— le Juste, § 131, **186**, **194**, **197**, 258
JUSTICE : § 25, 167, 251, **511**, 591, **611**, 615
— j. charité et vérité, § 570, **577**, 588, 602, **627-628**
— j. du Christ/de Dieu/du Royaume, § 20, 118, 196, **258**, 268, **669**, **680-681**
— j. originelle, § 117, 123
— combat/œuvrer/pratiquer la j., § 131, **166**, 256, 299, 587-588, 592, **610-611**, **618-619**, 624
— définition biblique de la j., § 258
JUSTIFICATION/JUSTIFIER : § 144, 190, 208, **258-259**, 268-269, 352, 678

K

KOINONIA : § 335
KYRIOS : § 211

L

LABOREM EXERCENS : § 613
LAÏC : § 64, **310-312**, 321, 329, 504
   — l. et l'Office divin, § 361
   — célibat consacré des l., § 599
   — participation des l. à la fonction du Christ, § **312-313**, 329, 331, 334, **397**
LANGAGE/LANGUE :
   — l. de Babel, § 224
   — l. de feu/miracle des, § 221, 224
LARRON (bon l.) : § 541
LATRAN V (concile du) : § 108
LAUDES (prière du matin) : § 557
LAVER :
   — l. les pieds, § 191, 413
   — l. le vêtement dans le sang de l'Agneau, § 688
LAZARE : § 172, 623
LÉGITIME (défense) : § 507, 543, 587
LEITURGIA : § 335
LÉON (saint) : § 244
LÉON XIII (pape) : § 622
LÈPRE/LÉPREUX : § 162, 171, 368, 638
LÉVI : § 279, 454
LÉVITE : § 134
LEX ORANDI LEX CREDENDI : § 364
LIBÉRALISME : § 619
LIBÉRALITÉ (de Dieu) : § 514
LIBÉRATEUR/TRICE : § 393, 512, 528
   — Christ/Dieu, l., § **255**, 646
LIBÉRATION/LIBÉRER : § 25, 37, 53, 255-256
   — l. d'Égypte/esclavage/servitude, § **133**, 210, **261**, 453, 514-515
   — l. la liberté, § 118, 241, 259, **501**, 608
   — l. du mal/péchés et salut, § 11, 82, 121, 143, 174, **255-256**, 262, **392**, 512, 538, 541
LIBERTÉ :
   — l. chrétienne/des enfants de Dieu, § 73, 82, 101, 286, 359, **391**, 542
   — l. et conscience/morale/péché, § **118-120**, 162, 196, **501**, **506-507**, **541**
   — l. de Dieu, § 19, 80
   -- l. économique/politique/du travail, § **619-620**
   — l. de l'Esprit, § 307
   — l. et grâce/salut, § 118, 241, **255-256**, 259, 305, 352, 512, 541
   — l. de l'homme, § **107**, 111, **113**, **494-495**, 501, 585, **633**, 663
   — l. de Jésus, § 177, 189, 196, 241, 255
   — l. religieuse, § 503, 567
   — aliénation/atteintes à la l., § 503, 615, 620
   — foi et l., § 6, 10, 21, **31-32**, 34, 42, **73**, 165, **528**
LIBRE ARBITRE : § 255
LITANIES : § 559
LITURGIE/LITURGIQUE : § 59, 238, **365**, 367, 466, 559, 652
   — l. eucharistique/de la Parole, § 57, **364-365**, 377, 410, **423-424**, 676
   — l. des Heures/prière l., § 553, 557
   — l. pascale, § 208, 377, 388, 523
   — l. des sacrements, § **360-361**, **379**, 382, 441, 446
   — année/temps l., § 155, 223, **554**, 559
   — pratique/réformes/règles/traditions l., § 288, **364-365**
LIVRE (de la Bible/sacrés) : § 16, **55**, **57**, 469
LOI :
   — l. de l'Ancienne Alliance/de Moïse, § **106**, **138**, 166, **179**, 192, 223, 453, **504-505**, **515-516**, 519-520, 633
   — l. du Christ/de l'Évangile/de la Nouvelle Alliance, § **518-521**, 563, 588, 632
   — l. civile, § **503-504**, 610, 617
   — l. de Dieu/divine, § 124, 221, **504-505**, 514, **515-517**, 527, 534
   — l. économique, § 619
   — l. intérieure, § 82, 518
   — l. morale, § 499, 502-505
   — L. naturelle, § **494-495**, **498**, 516, 521, 563, 676
   — livres de la L., § 55
LOISIR : § 585, 586
LOUANGE/LOUER : § 27, **94**, 104, 135, 365, **420**, 546, 636
   — l. du Créateur/Dieu/Père, § 111, 184, 424, 528
   — l. Marie, § 355
LOURDES : § 349, 590
LOYAUTÉ : § 438

Index analytique

LUCIFER : § 100
LUMIÈRE : § 36, 54, 59, 368
 — l. de l'au-delà/du Royaume, § 659, 662, 676, 680, 683-684
 — l. du Christ/de la Résurrection/Révélation, § 185, 217, **401**, 451, 526, 640, 661
 — l. de Dieu/divine/de l'Esprit, § 65, 68, 336, 393, 659
 — l. et ténèbres, § 378, 390, 393, 397, **401**
 — symbole de la l., § 376, 401
LUNE : § 110
LUXURE : § 631

M

MADELEINE : § 205
MAGE : § 154
MAGIE/MAGIQUE : § 19, 44, 110, 129
MAGISTÈRE : § 59, **63-67**, 304, 525, 527
MAGISTRATURE : § 588, 629
MAGNIFICAT : § 345
MAGNIFICENCE (du Créateur) : § 114
MAIN (de Dieu/du Père) : § 120, 131, 198, 277, 346
MAÎTRE (Jésus m.) : § 29, 37, **67**, 143, 181, 277
MAL : § 16, 174, 501, 509, **537**, 538, 549
 — apparition/connaissance/existence du m., § **114-116**, 120, 122, **128**, 494
 — arracher/lutter/délivrer/éviter/réparer le m., § 131, **251**, 393, 408, 430, **493**, 499, 558, **663**
 — collaborer/faire le m., § 249, **500**, 513, 659
 — forces/puissances du m., § **129**, 132, 200, **399**
 — scandale du m., § 43, 47, **130-131**, 645
MALADE/MALADIE : § 249, 387, 444, **582**, 606, 642
 — compassion/dialogue/visite des m., § 334, 434, 445, 584
 — Jésus Christ et les m., § 167, **170-171**, 211, 250, 584, 653
 — messe télévisée pour les m., § 556
 — sacrement/onction des m., § 383, 387, 443, **446-450**, 582

MANICHÉEN (gnose m.) : § 120
MANNE : § 411
MARC (*évangile de M.*) : § 55
MARCHE/MARCHER :
 — m. dans les chemins de Dieu, § 138, 297, 515
 — m. au désert/d'Israël, § 53, 366, 453
 — m. à la suite du Christ, § 37, **485-486**, 522, 633
 — Jésus m. sur les eaux, § 173
MARGUERITE-MARIE (sainte) : § 266
MARIAGE : § 12, 313, 477, 525, 563, **594-600**
 — m. civil, § 603
 — sacrement du m., § 380, 388, **467-480**, 602
MARIE : § 343-356
 — M. Immaculée Conception, § 349-350
 — M. Mère du Christ/Jésus, § 243, 337, 344, 347, 351
 — M. Mère des croyants/de l'Église/des hommes, § 279, 347, **351-355**
 — M. Mère de Dieu, § 239, **243**, 347, 351, 674
 — M. Nouvelle Ève, § 347, 351
 — M., Vierge bienheureuse/sainte, § 346, **348-349**, 353-355
 — annonciation à M., § 151, 222, 344, **346**, 349, 417
 — assomption de M., § 349, **350**, 354
 — le cantique de M., § **345**, 654
 — « coopération » de M. au salut, § 346, **351-352**
MARRAINE : § 394, 396
MARTURIA : § 335
MARTYR/MARTYRE : § 1, 40, 196, **355**, 530, 577, 633, 666
MARXISTE : § 622, 655
MASTURBATION : § 608
MATÉRIALISME : § 625
MATTHIEU (*évangile de M.*) : § 55
MATURATION/MATURITÉ : § 478, 606
MAUDIRE : § 139, 194
MAUVAIS (esprit/principe m.) : § 100-101
MÉDECIN/MÉDECINE/MÉDICINAL/MÉDICAL : § 167, 381, 579, 642

MÉDIAS : § 4, 575, 585, **629**, 642
MÉDIATEUR/MÉDIATION :
— Jésus Christ/Sauveur, m., § 29, 252, 260, 453
— Moïse, figure du m., § 453
MÉDISANCE : § 628
MÉLITON (de Sardes) : § 188
MELCHISÉDECH : § 413, 454
MÉMOIRE/MÉMORIAL :
— m. de l'eucharistie/du salut/du Seigneur, § 138, 190, 378, **415-417**, **424**, **426**, 472, 654
— m. de la première Alliance/d'Israël, § 138-139, 261
— les sacrements font m. du Christ, § 378, 664
MENDIANT : § 610
MENSONGE/MENTEUR/MENTIR : § 35, 40, 115, **125-129**, 507, **627-629**
MER :
— m. déchaînée, § 173
— m. Rouge, § 250, 391
— pollution des m., § 616
MERVEILLES (de Dieu) : § 284, 397, 635
MESSAGER (de Dieu) : § 97, 203
MESSE : § 77, 416, **419-422**, 425, 451, 546, 652
— m. du dimanche, § 33, 84, **428**, **555-556**, 673
MESSIANIQUE/MESSIANISME : § 19, 151, 182-183
MESSIE : § 199, 210, 651
— m. attendu/promis en Israël, § 144, 151, 182, **210**, 247
— m. crucifié/Jésus/souffrant, § 143, 176, 185, **199**, 208, 368
MEURTRE/MEURTRIER : § 128, 196, 434, 492, 578, 586
MILLÉNARISME : § 665
MINIMUM (vital) : § 610
MINISTÈRE :
— m. apostolique/missionnaire/pastoral, § 308, 318, 320, **322-324**, 331, 452, 457, 458, 465
— m. de la communauté/de l'Église, § 59, 65, 288, **303-304**, 323-324, 359, 388, 407, 419, **460-466**, 573
— m. de Jésus, § **156-157**, 160, 162, 167, 182, 186, 206, **368**
MINISTRE (du Christ/de l'Évangile) : § 361, 379, 388, 404, 435, 441, **459**, 464, **468**

MIRACLE : § 131, **169-175**, 176-177, 222, 278, **369**, 653
MISÉRICORDE/MISÉRICORDIEUX : § 137, 168, 442, **540-541**
— m. du Christ, § 167, 175, 443
— m. de Dieu, § **81**, 196, 292, 338, 387, **393-394**, 433, 438-439, 513, 517, 674
MISSION/MISSIONNAIRE : § 43, 54, 299, 303, 320, **328-331**, 333, 394, 406, 622
— m. des apôtres/premiers disciples, § **218**, 227, 285, 457, 446
— m. des baptisés/chrétiens/fidèles laïcs, § 304, **311-313**, 329, 404, 533
— m. des évêques/prêtres, § 67, **323**, **329**, 429, 456, 461, 465, 527
MŒURS : § 40, 64, 66, 67
MOINE (expérience des m.) : § 434
MOÏSE : § 18, 176, **185**, 247, 290, 453, 476, 483, 487, **515**, 542
— appel de/manifestation à/révélation à M., § 21, 76, 133, 138, 149
— loi de M., § 179, 504-505
MOISSON (fête de la m.) : § 223
MONASTÈRE : § 557
MONDE :
— m. assumé/récapitulé/réconcilié/transfiguré, § **165-166**, 215, 300, 488, 521, 636
— m. invisible, § 98
— m. nouveau, § **165**, 168, **208**, 300, 351, 359, 369, 390, **402**, 427
— m. et péché, § 116-117, 125, 174, 369, **390-392**, 432, 441, 522, 630, 681
— construction du m., § 113, 332, 552, 574, 592
— création du m., § **90-94**, 112
— destinée/fin du m., § 218-219, 640, **662**, 664, **669-670**, 673, **676**, 680
— vie au cœur du m., § **38**, 40, 113, 140, 310, **552**, 640, 648
MONOTHÉISME : § 72-73, 235
MONTAGNE :
— m. de l'Alliance, § 224
— m. des béatitudes, § 453
— m. de la Transfiguration, § 185
— discours sur la m., § 166-167, 179, 368

Index analytique

MONTÉE/MONTER :
— m. à Jérusalem, § 103, 186
— m. vers le Père, § 218, 235
MONTÉE DU CARMEL (Jean de la Croix) : § 143
MORALE : § 25, 66-67, **489-513**, 514, 587, 610
— m. chrétienne, § 496, 519
MORALISTE : § 492, 511, 593, 631
MORALITÉ : § 502, 504, 509
MORT/MOURIR :
— m. chrétienne, § 327, 387, 447, 451, **644-645**, 674
— m. sur la croix/de Jésus Christ (cf. *Jésus Christ*)
— m. passage, § 214, 390, 393, 633, 646, **676**
— m. et péché, § **115-117**, **126**, 133, 369, 393, 492, 523, **645-646**
— m. et réincarnation, § 643
— m. et résurrection/mystère pascal, § 171, 209, 214, 368, 523, **665-666**
— m. à soi-même, § 490, 522
— m. violentes (drogue, suicide, etc.), § 47, 411, 575
— condamnation/peine de m., § 114, 588
— échéance/présence inéluctable de la m., § 249, 642, 645
— victoire sur la m., § 84, 116, 131, 132, 208, 265, 387, 646, 653, 665
— vie après la m./fins dernières, § 643, 655, **657-659**, 673, **675-676**
MOUTON (d'abattoir) : § 132
MOYEN ÂGE : § 266
MULTIPLICATION/MULTIPLIER :
— m. des pains, § 173, 175, 411
— m. des péchés, § 121, 540-541
MULTITUDE :
— aîné d'une m., § 118, 213, 678
— mort/sang répandu/versé pour la m., § 140, 192, 412, 537
MURAILLE (de Jérusalem) : § 134
MUSULMAN : § 337
MUTATION (culturelle/économique) : § 4, 5, **618**
MYSTÈRE :
— m. d'alliance/de l'élection, § **28**, 69, 133, 135, 416, 480
— m. de l'au-delà/de Pâques, § 655, 673

— m. de Dieu/Dieu Trinité, § 6, 69-71, **75-78**, 145, 159, 230, **236-238**, 240, 349, 547
— m. de l'Église, § 272, **284**, 287, **290-293**, 297, 301, 343
— m. de l'homme, § **497**, 528, 548
— m. de l'Incarnation/Rédemption/salut, § 145, 153, 155, 252, 330
— m. de Jésus, § 1, **144**, 150, 158, **239**, 343, 400
— définition du m., § **68**, 298, **381**
— « mystères » de la vie de Jésus, § 153-155
MYSTÈRE PASCAL : § **187**, 190, 218, **223**, **233**, 270, 298, 327, 370, 372, 391, 448, 523
MYSTÉRION : § 298
MYTHE/MYTHIQUE/MYTHOLOGIE/QUE : § 16, 45, 56, 103, 152, 185

N

NABOTH : § 125
NABUCHODONOSOR : § 94
NAÏM : § 172
NAÎTRE/NAISSANCE : § 391
— n. de Dieu/de l'Esprit, § 389, 392
— deuxième/Nouvelle n., § 373, 381, 389, 633, 668
— régulation des n., § 601
NATHAN (le prophète) : § 125, 134
NATION : § 272, 285, **569-570**, 592
— n. sainte, § **133**, 136, 139, 254, 286, 397, **635**
— les n. (au sens biblique), § 52, 137, 154, 218
— toutes les n., § 58, 66, **224**, **315**, 457, 654
NATIONALISME : § 574
NAZARETH : § 153, 154
NÉANT : § 93, 126, 680
NÉHÉMIE : § 134
NESTORIUS : § 243
NICÉE (concile de) : § 236
NICÉE-CONSTANTINOPLE (Symbole de N-C.) : § 33, 84, **87**, 229, 237, 253, 664
NICODÈME : § 373, 389
NOCES (éternelles) : § 656
NOÉ : § 139, 366, 494
NOËL : § 153-155
NOM (de Dieu) : § 22, **76-77**, 80, 149, 547

Catéchisme pour adultes

NON-VIOLENT : § 591
NOTES (de l'Église) : § 301-327
NOTRE PÈRE : § 77, 83, 101, 164, 166, 269, 424, **425**, 434, 474, 534, **558**, 662
NOURRIR/NOURRITURE :
— n. par l'Écriture/la Parole, § 63, 529, 551, 632, 648
— n. l'espérance/la foi/la vie spirituelle, § 185, 380, 524, 648
— n. par l'eucharistie, § 175, 190, 330, 381, **411-413**, 417, 422, 426, 451
— la n. de Jésus : faire la volonté du Père, § 177, 233
NOUVEAU (l'homme n.) : § 40
NOUVEAU TESTAMENT : § 55-57, 61-62, 227, 373
NUCLÉAIRE : § 491, 590, 616, 642
NUÉE (de témoins) : § 524
NUIT (où le Christ fut livré) : § 419

O

OBÉIR/OBÉISSANCE : § 261, 560-561
— o. de la foi, § 18, 320
— o. de Jésus, § **148**, 161, 192, 199, 212, 263
— o. à la Loi, § 258
— o. de Marie, § 346, 351
— vœu d'o., § 314
OBJECTEUR (de conscience) : § 591
OCCULTISME : § 120
ŒCUMÉNIQUE : § 66, 272, **339-341**, 403
OFFICE DIVIN : § 361, 557
OINT : § 404
ONCTION : § 160, **221**, 321, 364, 368-369
— o. dans les sacrements, § **362**, 397, 399, 404, 445-446, 684
ONCTION DES MALADES : § 362, 387, **443**, **447-449**, 464
ORANGE (2e concile d') : § 119
ORDINATION/ORDONNER/L'ORDRE :
— o. des diacres, § 460, **467**
— o. des évêques, § 59, **461**, 464
— o. des prêtres, § 460, **462-463**
— ministres o., § 310, 312, 361, 379, 435, **459**, 468

— sacrement de l'o., § 322, 384, 388, 452, **459-460**, 468-469
ORGANISATION :
— o. économique/internationale/juridique, § 571, 592, 613, **620-622**
— o. du travail, § 613, 618
ORGUEIL : § 162, 500, 631
ORIENT (chrétiens/Églises d') : § 185, 347, 383, 391, 401
ORIGINE/ORIGINEL :
— o. du monde/les origines, § 16, 28, **101-103**, **112**, 115, 122, 200, 469, 514
— péché d'o., § 100, **117-124**, 163, 255, 349, 392
ORPHELIN : § 131

P

PACEM IN TERRIS : § 592
PAGANISME : § 21, 115
PAÏENS : § 18, 46, 154, 199, 216, 234, 271, 290, 328, 513
PAIN : § 362
— p. consacré/corps du Christ/eucharistie, § 190, 295, 382, **410-424**, 428
— p. partagé/quotidien, § 175, **226**, 364, 458, 558
— multiplication des p., § 173, **175**
PAIX :
— p. du Christ, § 121, 148, 289, 327, 453, 657
— p. du cœur, § 271
— p. et désarmement/développement/guerre/violence, § 337, 586, **588-592**, 610, 616
— p. et réconciliation, § 269, **271-272**, 430, 433, 442
— p. du Royaume/sans fin, § 251, 656, 662, 677, **680-681**
— l'Église et la p., § 41, 299, 408, 456
PALESTINE : § 157, 369
PALLIATIFS (soins) : § 581
PANTHÉISME : § 94
PAPE : § 318, 322, 527
— magistère du p., § 59, **63-67**
— pouvoir du p., § 304
PÂQUE(S) : § 155, 208, 223, **404**
— p. du chrétien/ultime, § 192, 214, 426, **633, 673**

Index analytique

— p. de Jésus/Christ, § 54, 103, 111, 187, 190, 214, **281**, 402, 406, **415**
— célébration/fête de la p. § **261**, 395
PARABOLE : § **168**, 269, 278, 456, 623, 652, 670
PARADEISOS : § 112
PARADIS : § 112, 198, 662
PARALYTIQUE (de Capharnaüm) : § 180
PARDON/PARDONNER : § 198, 309, 430, 558,
— p. des fautes/péchés/pécheurs, § 159, 171, 178, **180**, 190, 214, 234, 265, 372, 420, **429**, 433, 446, 457, 464, 512, 528, 539
— p. et réconciliation/sacramentel, § 373, 381, 387, **434-436**, 439, 441-442, 540-541
PARENT :
— p. de Jésus, § 153-154, 279
— exemple/foi/mission/vocation des p., § 259, 313, 478-479, 492, 545, **560-567**, 595
PARESSE : § 89, 631
PARFAIT : § 485, 518
PAROISSE/PAROISSIAL : § 313, **319**, 331, 385, 524
PAROLE/PAROLE DE DIEU :
— P. de Dieu, § 59, 64, **68**, 106, 130, 526
— accueillir/adhérer/écouter/ entendre/garder/recevoir la P., § 65, 421, **425**, 429, **440**, 446, 474, 524, **529**, 551
— annoncer/partager la P., § 330, 428
— autorité/puissance de la P./P. créatrice, § 93, 110, 178
— célébration/liturgie de la P., § 377, 423, 428, 466
— l'Écriture, P. de Dieu, § **56-57**, 60, 63, 65
— Jésus, P. de Dieu, § 30, 175, 370, 598
PAROUSIE : § 218
PARRAIN : § 394, 396, 405
PARTAGE/PARTAGER :
— p. des biens, § 226, 434, 618
— p. du pain, § 175, 190, 416, 428, 540

PARTI (politique) : § 571, 572
PASCAL (Blaise) : § 17, 36, 170
PASSAGE :
— p. dans un autre monde/vers le Père, § 426, **451**, 633, 646, **676**
— sacrement du p., § 390-391
PASSION DU CHRIST : (*cf. Jésus Christ*)
PASTEUR :
— p. de l'Église/du peuple de Dieu, § **66-67**, 304, 307, 318-319, 333-334, 388, **452**, 456, 463, 525, 527, 559, 573
— Christ, p., § 294, 333
PATERNITÉ :
— p. de Dieu, § 74, **79-81**, 88, 560
— p. humaine, § 81, **601**
PATIENCE : § 137, 490, 519, **652**
PATRIE/PATRIOTISME : § **569**, 574
PAUL (saint) : § 209, 258, 333
— conversion/vocation de P., § 135, 285
— *Évangile/lettres de P.*, § 55, 57, 201
— mission/prédication de P., § 18, 215
PAUL VI : § 342, 353
— lettre de P. VI au cardinal Roy, § 619
PAUVRE/PAUVRETÉ : § 183, **333**, 591, **614**, 623
— ami/défenseur/service des p., § 131, 166, 311, 466
— Bonne Nouvelle annoncée aux p., § 160, 171, 368, 638
— Nouvelles p., § 618
— vœu de p., § 314
PÊCHE (miraculeuse)/PÊCHEUR : § 181, 206, 279
PÉCHÉ/PÉCHER/PÉCHEUR :
— p. d'Adam/d'origine/originel, § **117-124**, 163, 392, 500, 645
— p. capitaux, § 631
— p. graves/personnels/véniels, § 130, 392, 421, 434, **438-439**, 441, 449, **536-537**, 540, 578
— p. du monde/social, § 256, 266, 441, 536, 681
— p. mortel, § 251, **536**
— p. et réconciliation, § **429-442**, 534-540
— avouer/regretter le p., § 438, 441, 446, 535

— Dieu/Jésus Christ, vainqueur du p., § 116, 132, 143, **202**, 254, 268, 522, 653

— empire/monde du p./p. et mort, § 73, 254, 369, **392**, 645-646

— guérison/pardon/rémission des p., § **127**, 178, **180**, 190, 234, 253, 257-258, 265, **372-373**, 387, 390-393, 420, **429-433**, 437, 441, 457, 464, 537, **539-541**, 663

— mystère du p., § **124-126**, 512-513, **535-538**

PÉDAGOGIE : § 52, 168
PEINE (de mort) : § 588
PÉLAGE : § 120
PÈLERIN (d'Emmaüs) : § 176
PÉNITENCE/PÉNITENT/
PÉNITENTIEL : § 434-441
— sacrement de p. (*cf. sacrement*)
PENTECÔTE : § 3, **155**, 195, 209, **223-224**, 227, 235, **283**, 353
— P. juive, § 223
— don de l'Esprit à la P., § 187, **219, 223**, 233-234, 406-407
— miracle des langues à la P., § 221, 224

PÈRE (*cf. Dieu*)
PÈRES DE L'ÉGLISE : § 119, 229, 298, 390, 400, **680**
PERFECTION : § **257**, 312, 404, 463, 480, 485, 521
— p. de Dieu, § 25, 26, 104
PERSÉCUTER/PERSÉCUTION :
§ 16, 132, **167**, 335, 430, 522, 532
PERSÉVÉRANCE/PERSÉVÉRER :
§ 444, 647, 648, 675
PERSONNA (agir « *in personna Christi Capitis* ») : § 388
PERSONNE :
— p. divine du Christ/Verbe, § 29, 243, 244
— les trois p. divines, § 235, 237, 257
PETITS (les) : § 10, 36, 179, 466
PEUPLE :
— p. de Dieu/histoire du/révélation au, § 52, 54-55, 58, **221**, **366-367**, 430
— p. juif de nos jours, § 71, 338
— Église, p. de Dieu/nouveau, p., § **54, 55, 136**, 139, 271, 283, **284, 290, 296-297**, 303, 319, 395, 397, 441, 455-456, 483, 514-515, 524, 635

— Israël, p. choisi/p. élu, § 53, 102, **133-139**
PEUR (l'homme et Dieu) : § 13, 15, 19, 43, 45-46, 84
PHARISIENS : § 186, 211, 476, 501
PHILOSOPHE/PHILOSOPHIE : § 17, 76, 90, 92, 496, 497
PIERRE (Simon) :
— mission de P. et de ses successeurs, § 66, 280, **284-285**, 304, **318**, 329, 460
— moments de la vie de P., § 162, 183, 185, 195-196, **204-211**, 235, 457, 486, 541
PIERRE :
— p. vivantes, § 78, 286, 294, 455
— le Christ, p. de fondation, § 294
PIÉTÉ : § 560, 634
PILATE (Ponce) : § 37, 158, 159, **194-195**, **370**
PLAIE (de Jésus) : § 207, 266
PLÉNITUDE (du Christ/du salut/de la vie) : § 214, 250, 323, 338, 378, 471, 487, 662, 673
PLONGÉE/PLONGER (dans le Christ mort et ressuscité) : § 391, 393
PLURALISTE (société) : § 497, 503, 567
POLITIQUE : § 570-573, 619
POPULORUM PROGRESSIO : § 623
POSSÉDÉ (de Gérasa) : § 174
POUR DE NOUVEAUX MODES DE VIE : § 618
POUR UNE PRATIQUE CHRÉTIENNE DE LA POLITIQUE : § 620
POUSSIÈRE : § 93, 112, 116
POUVOIR : § 21, 547
— p. de Dieu/du Christ, § 73, 136, 164, 169, 329, 636
— p. économique/politique/public, § 491, 563, 573, 588, 620, 629
PRATIQUE/PRATIQUES (de la foi/religieuse/des sacrements) : § 59, 333, 381, 383, 385, 434, 491, 559, 629
PRÊCHER/PRÉDICATION :
— p. de l'Église, § 56, 156, 272, **278**, 328
— p. de Jean Baptiste/de Jésus, § 80, 159, **165**, 175, 186
PRÉCURSEUR : § 159
PRÉFIGURATION/PRÉFIGURER : § 121, 250, 391, 654

Index analytique

PRESBYTERIUM/PRESBYTRE :
§ 319, 459, 462-463, 466
PRESCRIPTIONS (de la loi ancienne) :
§ 166, 271, 516
PRÉSENCE (du Christ dans l'eucharistie) : § 410, 418-419, 422, 457
PRESSE : § 548, 566, **629**
PRÊTRE :
— p. dans l'Ancien Testament, § 134, 210, 413, 419, 430, **454**
— p. et liturgie (sacrements), § 396, 407, 419, 423-424, **431**, **435**, 557
— célibat des p., § 599
— Jésus Christ p./grand/unique p., § 262, 397, 419, 452, **454-455**, 463
— ministère/mission/ordination du p., § 323, 329, 331, 452, **459-460**, **462, 464-465**, **468**
PRIER/PRIÈRE :
— p. commune/de la communauté/des frères, § 195, 226, 284, 341, 458
— p. de l'Église/liturgique, § 10, 54, 129, **361**, 364, 421, 550, **553-557**
— p. eucharistique, § 77, 123, 353, **420**, 422, **424**
— p. et foi, § 89, 94, 155, 166, **364**, 446, 486, 529, 648
— apprendre à p., § 226, 229, 279, **558**
— définition/différents types de p. (adoration, contemplation, demande, intercession, œcuménisme...), § 71, 89, 129, 131, 148, 337, 341, 360, 393, 394, 422, 423, 434, 446, **550-559**, 592, 657, 660
— Jésus en p., § 80, 184, **193**, 197, 208, 340, 341, **453**
— vers qui p. ?, § 225, **229**, 355, 463
PRIMAUTÉ (du pape) : § 304
PROCÉDER :
— l'Esprit Saint p. du Père et du/par le Fils, § 229, 237
PROCÈS (de Jésus) : § 186, 194
PROCHAIN (aimer son p./amour du p.) : § **74**, 192, 419, 432, 490, 499, 510, **519, 533**, 627
PROCLAMATION/PROCLAMER (le Christ/l'Évangile/la foi) : § 143, 199, 378, 381, 458, 652
PROCRÉATEUR/PROCRÉATION : § 469, 477, 560, 595, 601
PRODIGE (faux p.) : § 170

PROFESSER/PROFESSION (sa foi) :
§ 1, 6, 202, 230, 303, 309, **393-396**, 406
PROGRÈS (et développement/économique/scientifique/technique) :
§ 46, 491, 616, **625**
PROLOGUE (de Jean) : § 106, **149**
PROMESSE :
— p. du baptême, § 523
— p. de Dieu/du Seigneur, § 111, 143, 208, 518, 650, **685-687**
— p. d'éternité/messianiques/Royaume/salut/vie éternelle, § 116, **132-133**, 151, 182, 378, 390, 530, 648, 657, 672
PROPHÈTE : § 55, 125, 134, 186, 409
— faux p., § 170
— Jésus, p., § 182, 210, 397
PROPHÉTIE/PROPHÉTIQUE : § 19, 56, 151, 154, 160, **176-177**, 202, 227, 329
PROPITIATION/PROPITIATOIRE :
§ 265, 420
PROPRIÉTÉ (privée) : § 609, 610
PROSÉLYTISME : § 331
PROSTITUÉE/PROSTITUTION :
§ 501, **606**, 615
PROTESTANT : § 352, 383
PROTÉVANGILE : § 116
PROVIDENCE : § **88-89**, 678
PROXÉNÈTE : § 606
PRUDENCE : § 510-511
PSAUME : § 197, 206, 433, 516, 551, **557**
PUBLICAIN : § 167, 279, 501
PUDEUR : § 605
PUITS (de Jacob) : § 17
PULSION : § 538, 596-597
PUR : § 179
PURGATOIRE : § 655, **660**
PURIFIER :
— p. par le baptême, § 191, 374
— p. par le Christ/Dieu, § 268, 434, 660, 688
— les lépreux sont p., § 171, 368, 638

Q

QUART MONDE : § 623-624
QUÊTE (« collecte ») : § 428

QUITTER (appel à q.) : § **181**, 476, 563-564

R

RACE : § 494
— r. divine, § 80, 546
— r. élue/choisie, § 136, 254, 397, 635
RACHETER :
— r. l'esclave, § 254
— r. le monde/l'humanité, § 193, 200, 247, 472
RACISME : § 569, 574
RAMEAUX : § 384
RANÇON : § 252-254, 453
RÉCAPITULER
— r. l'Ancienne Alliance, § 161, 261, 521
— r. l'humanité/le monde, § 158, 161, 669
RECENSEMENT : § 153
RÉCOLLECTION : § 551
RECONCILIATIO ET PAENITENTIA : § 441-442, 536, 538
RÉCONCILIATION/RÉCONCILIER : § **429-431**, 677
— r. par le Christ, § 173, 453
— r. avec Dieu, § 121, 123, 165, 195-196, 202, **269-272**, 328, 429-430
— sacrement de la r., § 373, 387, 421, **429-442**, 540-541
RÉDEMPTEUR/RÉDEMPTION (*cf. Jésus Christ*) :
— collaborer à la r., § 612
REDEMPTOR HOMINIS : § 45, 330, 623
REDEMPTORIS MATER : § 346, 347, 353
RÉFORME (protestante) : § 46, 259, 383
RÉGÉNÉRATION/RÉGÉNÉRER : § 214, 312, 386
RÈGNE (*cf. Royaume*)
REGRET/REGRETTER (ses fautes/péchés) : § 434, **436**, 438
RÉGULATION (des naissances) : § 601
RÉINCARNATION (doctrine de la r.) : § 108, **643**
RELIGIEUX(SES) : § 310, 314, 331, 334, 361, 557, 599
RELIGION : § **13-20**, 44, 80, 92, 494, 497, 548, 643
— les grandes r., § **337-338**
REMARIAGE : § 603
RÉMISSION (des péchés) : § 86, **127**, 140, 282, 419, 420, 429, 432, 537
REMORDS : § 436, 535
RENAÎTRE : § 257, 394
RENIER :
— r. le Seigneur, § 432
— Jésus r. par Pierre, § 196
RENONCER/RENONCEMENT/RENONCIATION : § 522, 577, 588
— r. au mariage, § 599
— r. au péché, § **392-393**, 406
RENOUVELLEMENT (baptismal/de la profession de foi) : § 406, 523
RÉPARATION/RÉPARER : § 266
— r. des dommages, § 437, 541
— r. du péché, § 265, 267
RÉPARTITION (des biens) : § 618-620
REPAS : § 175, 376
— r. pascal, § 367
— R. du Seigneur/eucharistie, § 295, 365, 420, 427
— le dernier r., § **190-191**, 358, 412
REPENTIR : § 267, 441, 539-540, 551
REPOS/REPOSER :
— r. de Dieu, § 104, 111-112
— r. du dimanche, § 555
RÉPUDIATION/RÉPUDIER : § 179, 476
RÉSERVE (eucharistique) : § 422
RÉSISTANCE/RÉSISTER (à l'adversaire/Tentateur) : § 222, 255
RESPECT/RESPECTER/RESPECTUEUX :
— r. de l'autre/des hommes, § 25, 168, 331, 496, 503, 543, 549, 560, 574, 576, 577, 583-585, 605, 613, 619
— r. du bien commun/de la création, § 611, 616
— r. des Droits de l'homme, § 586
— du mystère de Dieu, § 525, 547
— r. de la vie, § 576-577, **588**
— Dieu r. la liberté de l'homme, § 21, 23
RESPONSABILITÉ/RESPONSABLE :
— r. des apôtres/du Collège des Douze, § 457, 458
— r. des baptisés/chrétiens/laïcs, § 67, **137**, 304, 311, 331, 334, 408, 468, 527, 549, 574

Index analytique

— r. des citoyens/politique/sociale, § 538, 562, 571, 585, 629
RESSEMBLANCE :
— r. de Dieu § 107, 111, 119, 122, 248, 469, **494-495**, 631, 678
RÉSURRECTION DE JÉSUS CHRIST : *(cf. Jésus Christ)*
RÉSURRECTION/RESSUSCITER (de la chair/pour la vie éternelle) : § 47, 171-172, 213-214, 219, 523, 577, 640, **644-646,** 657, 659, 665, **666-668**, 672
RETRAITE : § 551
RÉVEIL/RÉVEILLER (d'entre les morts) : § 209
RÉVÉLATION/RÉVÉLER :
— r. dans la création, § 90-91, 102
— r. dans l'Écriture, § **55-57**, 64, 138, 320
— r. et Église, § 54, 65-66, 320
— r. et péché, § 124-125, 127
— Dieu (Trinité) r. dans l'histoire de l'homme, § 13-14, 17-18, 22, 27-28, **68-69**, 199, **230-236**, 626
— la foi, réponse de l'homme à la r., § 15, 27, **30-32**, **50-52**, 74, 655
REVENUS : § 618
REVÊTIR (le Christ/l'homme nouveau) : § 40, 401
RICHE/RICHESSE : § 25, 547
RITE/RITUEL : § 16, 261, **363-365**, 367, 383-384, 401
— r. du baptême/baptismal, § 364, 373, 391, 394, **396**, 399
— r. de communion, § 424
— r. de la confirmation, § 404
— r. de l'onction des malades, § 446
— r. pénitentiel, § 423, 440
— r. sacramentel, § 362, 374-375, 377
ROI/ROYAL :
— Jésus r./r., Messie, § 73, 154, 397, 651
— les r., 134, 210, 221, 366, 404, 430
— peuple de r., § 329, 397, 635
ROME (Église de R.) : § 285, 304, 315, 318
ROUGE (mer R.) : § 250, 391
ROYAUME/RÈGNE DE DIEU :
— accomplissement/avènement/réalisation/venue du R., § 29, 36, **164-168**, 208, 250-251, 278, 406, 468, **650-652**, 657, 662, 670, **677**, **680**
— annoncer le R., § **164-168**, 278-**279**, 406, 456, 599
— Église, sacrement du R., § 300
— Jésus annonce le R., § 80, 168, 182, **186**, 453, **651**, 670
— signes du R., § **169-178**, 256, 333, 369, **378**, 584, 592, **653-654**, 677
ROYAUTÉ : § 103, 134

S

SABBAT : § 111
SACERDOCE/SACERDOTAL : § 457
— s. du Christ, § 323, 419, **454**
— s. ministériel, § 323, 455-457
— s. royal, § 136, 254, 329, 397, 455, 635
— communauté s., § 78, 329, **455**, 456
SACRAMENTAUX : § 384
SACRAMENTUM : § 298
SACRÉ (le) : § 17-18, 376
SACRE-COEUR : § 266
SACREMENT : § **359-480**
— s. du baptême, § 213, 214, 257, **389-403**
— s. de confirmation, § **404-409**
— s. de l'eucharistie, § 214, 241, 303, **410-428**, 597
— s. de l'initiation chrétienne, § 329, **389-428**
— s. du mariage, § **469-480**, 564
— s. de l'onction des malades, § **443-451**, 582
— s. de l'ordre, § **452-469**
— s. de pénitence et réconciliation, § **429-442**, 540-541, 597
— action des s., § 372, **375**, 377, 380, 384, 540
— définition/institution/origine du s., § 298, **372-375**, 378, 383-385
— Église et s., § 272, 288, 308, 340, **359-360**, **370-375**, 379, 383, 654
— foi/vie chrétienne et s., § 364, 380, **382-388**, 486, 529
— grâce du s., § **381-382**, 464, 533, 654

— liturgie/rites/symboles des s., § **360-366**, 374-377, **379**, 384
— les s., signes du Christ/du Royame, § 214, 359, **376-378**, 380-381, 654, 664
— Saint S., § **410**, 422, 559
SACRIFICE/SACRIFICIEL :
— s. des chrétiens, § **263-264**, 310, 382, 422, 455, 636
— s. du Christ/pascal, § 78, 131, **192**, **260-269**, 415-422, 454, 457, 555
— s. eucharistique, § **419-422**, 428, 456
— s. de la première Alliance, § 260-261, **419-420**, 454
SADDUCÉENS : § 667
SAGES (les) : § 36, 135, 528
SAGESSE : § **48**, 492, 494, 498, 616
— s. de Dieu/Père, § 27, 84, 135, **199**, 276, 496
SAINT/SAINTETÉ :
— appel/loi/vocation à la s., § **308-314**, 324, 485, 490, 515, 534, 543, 603
— communion/intercession des s., § 309, **326-327**, 660, 662, 676
— justice et s., § 117-118
— le S. des S., § 265
SALOMON : § 134
SALUT :
— s. de l'homme/des hommes, § 11, 123, **171-172**, 193-194, 255-256, 528-529
— dessein/histoire du s., § 51, 54, 56, **132-133**, 177, 202, 227-228, 377-378, 640, 668
— mystère/œuvre du s., § 155, 238, **250-253**, 259, **298-299**, 351-352, 371, 376, 389, 402
— *(cf. sauver)*
SAMARITAINE : § 17
SAMEDI (saint) : § 123
SAMUEL (livre de S.) : § 125
SANCTIFIANT : § 118, 361, 400
SANCTIFICATION :
— s. du dimanche, § 554-555
— s. de l'Église/du peuple de Dieu, § **78**, 96, 134, 326, 374, 469
— s. des hommes/du monde, § **312**, 328, 380, 384, 388, 479
— s. du Nom, § 76-77, 80
SANG (de l'Agneau/du Christ/de la Nouvelle Alliance) : § 58, 121, 140, 160, 186, 190-191, 254, 265, **412-413, 416-420**, 688
SANHÉDRIN : § 194, 212
SARDES (Méliton de) : § 188
SATAN : § 41, 100, 115, **128-129**
SATISFACTION : § **267**, 269, **437**, 438
SAÜL : § 134
SAUVER (par le Christ/Dieu/par grâce) : § 120, 160, 167, 201, 210, 241, **247, 250**, 254, 259, 518, 639, 663
— *(cf. Salut)*
SAUVEUR : *(cf. Jésus Christ)*
SCANDALE :
— s. et folie, § 199
— s. du mal/mort/souffrance, § **47**, 126, **130-131**, 549, 645
SCHISME : § 301
SCIENCE/SCIENTIFIQUE : § 44, 90, 92, **102-103**, 216, 528, 625
— s. et foi, § 92-93
SCOLAIRE (enfants d'âge s.) : § 385
SCRIBE : § 74, 186
SCRUTIN : § 393-394
SECOND (cause s.) : § 93
SECRET : § 183
— s. du Père, § 453, 681
SÉCULARISATION/SÉCULARISER : § **43-44**, 124
SÉCULIER (institut s.) : § 314
SÉDUCTEUR/SÉDUCTION/SÉDUIRE : § 20, 115, 120, 534
SEIGNEUR :
— S. Christ/de gloire, § 211, 243, 446
— S. Dieu, § 71, 75, 94, 96, 107, 150, 235, 302, 366, 411
SEMEUR (de la parabole) : § 168
SENS :
— s. de Dieu, § 124
— le « s. catholique/des fidèles/de la foi », § **64**, 321
— les sens, § 97
SERPENT : § 115-116, 132
SERVANTE (Marie s.) : § 346, 351
SERVICE (civil) : § 591
SERVIR/SERVITEUR :
— s. de Dieu : § 73, 101, 546-547, 666
— Jésus serviteur *(cf. Jésus Christ)*
SERVITUDE :
— s. d'Égypte, § 133, 250, 514
— s. du péché, § 127, 259, 514

Index analytique

SEXUALITÉ : § 600-608
— s. dans le mariage, § 469, 594-598
SHEMA ISRAËl : § 71, 74
SHÉOL : § 200
SHOAH : § 130
SICHEM : § 134
SIDA : § 606, 642
SIÈGE (apostolique) : § 315
SIÉGER (à la droite de Dieu) : § 209, 218
SIGNE :
— s. de Dieu/de son Alliance, § 23, 91, 139, 297-298, 311, 644
— s. de l'histoire/des temps, § 256
— s. de Jésus Christ/de sa divinité, sa résurrection, § 144, 151, 170, 204
— s. de Jonas, § 170, 202
— s. messianiques/du Royaume, § **169, 171, 174-176**, 333, 369, 584, 592, **653**, 677
— s. et sacrements, § **214**, 359-360, **376**, 378, 384, 404, 435
— la croix, un s., § 22
SIMON (le pharisien) : § 180
SINAÏ : § **138**, 161, 223, 453, 686
SINCÉRITÉ : § 205, 267, 626
SOCIAL :
— climat/conflit/situation/structure s., § 46, 613, 617
— doctrine s. de l'Église, § 526, 573, **622**
SOCIÉTÉ(civile/moderne/pluraliste) : § 21, 289, 497, 503, 563, 567, 584, 604, 624
SOCRATE : § 37
SOINS (palliatifs) : § 581
SOLENNEL (acte s.) : § 66-67
SOLIDAIRE/SOLIDARITÉ : § 38, 644
— s. économique/internationale/nationale, § 525, 570, 574, 591-592, 610, **618-620**
— s. avec tiers et quart monde, § 623-624
— Jésus s., § 252-253
SOLLICITUDO REI SOCIALIS : § 610, 625
SOMME THÉOLOGIQUE (Thomas d'Aquin) : § 90, 206, 372, 410
SORTIE/SORTIR (d'Égypte) : § 103, 133, 138, 247, 515
SOUFFLE :
— s. de Dieu/divin, § 93, 105, **219-221**
— s. de l'Esprit, § 105, 234, 518

— s. de vie, § 112
SOUFFRANCE/SOUFFRIR : § 6, 170, 249, 251, **444-445**, 451, **580-581**
— s. de Jésus/de la Passion, § **131**, 158, 162, 185, **187, 192-193, 197, 265**, 445
— Dieu s., § 125
— mystère/scandale de la s., § 47, 130, 174, 522, **548-549**
SOUMETTRE (la terre) : § 113, 635
SOURCE (divine) : § 25, 60
SOUS-DÉVELOPPEMENT : § 592, 624
SPLENDEUR :
— s. de la création, § 680
— s. de Dieu, § 107
SPORT : § 585-586, 642
SUBSISTER (après la mort) : § 657-658
SUBSTANCE/SUBSTANTIEL :
— s. du pain, § 417-418
— s. des sacrements, § 374
SUCCESSEUR/SUCCESSION :
— s. des apôtres, § 59, 63, 303-304, **322**, 374
— s. de David, § 134
— s. de Pierre, § 66, 318
SUEUR (gagner son pain à la s. du front) : § 116
SUICIDE : § 575, **581**, 641
SUITE/SUIVRE (de Jésus Christ) : § 33, 37, 143, **181**, 279, **485-486**
SUPPLICATION : § 446, 660
SUPRÊME (autorité/pontife/pouvoir s.) : § 66, 304, 460
SURABONDER (la grâce a s.) : § 121, 541
SURARMEMENT : § 625
SURCONSOMMATION/SURDÉVELOPPEMENT : § 625
SURVIVANCE (de l'homme après la mort) : § 658
SYMBOLE/SYMBOLIQUE :
— S. des Apôtres, § 33, 84, **86**, 127, 286, 326, 395, 666
— S. de foi, § 143, 152, 303
— S. de Nicée-Constantinople, § 33, 84, **87**, 229, 253, 664
— langages/réalités s., § 16, 103, 220, 362-363, 365, **376-378**, 384, 401, 471, 657
— origine du mot s., § 33
SYMEON : § 154

SYNAGOGUE :
- s. de Capharnaüm, § 174
- s. de Nazareth, § 160, 182, 282, 368
- s. de Rome, § 338

SYNDICAT : § 509, 617, 629
SYNODE : § 324
SYRO-PHÉNICIENNE : § 174

T

TABERNACLE : § 422
TABLE :
- t. des dix commandements, § 515
- t. de Jésus/Seigneur, § 175, 421

TALENT : § 572, 630
TECHNIQUE : § 44, 46, 491, 616, **625**
TÉLÉVISÉ/TÉLÉVISION : § 556, 575, 586, **629**
TÉMOIGNAGE/TÉMOIGNER/TÉMOIN :
- t. apostolique/des apôtres, § 59, 144, **207, 216-217**, 279-280, 282, 320, 457-458
- t. des chrétiens/de l'Église, § 7, 38, **40-41**, 65, 136-137, 329-330, 333, **335, 405-408**
- t. et Écriture sainte, § 29, **55-58**, 61-62, 156, 227
- croire et t., § 40

TEMPÉRANCE : § 511, 596
TEMPÊTE (apaisée) : § 173
TEMPLE :
- t. de Dieu/de l'Esprit, § 238, 286, **294, 454-455**
- présentation de Jésus au t., § 153-154
- rideau du t., § 219
- vendeurs du t., § 179

TEMPS :
- t. apostolique/de l'Église/de la mission, § 43, 54, 285
- t. liturgique/pascal, § 223, 439, 559
- derniers t./accomplissement/fin des t., § 28, 58, 204, 409, **681**
- signes des t., § 256, 675

TENDRESSE : § 492, 561, 601
- t. de Dieu, § 83, 264, 537, 539, 545

TÉNÈBRES : § 162, 221, 390, 640
- t. et lumière, § 378, 393, 397

TENTATEUR/TENTATION : § 101, **114, 128**, 534
- t. de Jésus, § 41, **161-163**, 193, 255, 534

TERRE/TERRESTRE : § 610, 670
- t. Nouvelle, § 330, 654, 673, 677, 681
- T. promise, § 138, 161, 218, **250**, 366
- aménagement/gérance de la t., § 610, 616
- création de la t., § **90-107**, 221

TERRORISME : § 591
TÊTE (de l'Église) : § **295**, 298, 455, 457, 462
THEOTOKOS : § 347
THÉOLOGIE/THÉOLOGIEN/THÉOLOGIQUE : § 64, 67
THÉRÈSE d'AVILA (sainte) : § 549
THOMAS (l'apôtre) : § 205, 207
THOMAS d'AQUIN (saint) : § 25, 518
TIBÈRE : § 159
TIERS MONDE : § 592, 615, **623**
TOMBEAU (de Jésus) : § 200, 202-205, 219
TONNERRE (de la Pentecôte) : § 224
TORT : § 436, 541, 587, 614
TORTURER : § 586
TOTALITAIRE (pouvoir) : § 503
TOUSSAINT (fête de la T.) : § 327
TOUTE-PUISSANCE/TOUT-PUISSANT : (*cf. Dieu*)
TOXICOMANIE : § 631
TRADITION :
- T. et foi, § 143, 197, 237, 239, 254
- T. et histoire, § 52
- T. et magistère, § 64-65
- T. et sacrements, § **364**, 389, 434, 463
- T. et la Vierge Marie, § 347, 349
- les t. dans/de l'Église, § **59**, 146
- Écriture dans la T., § 56, **58-65**, 230

TRAHIR/TRAÎTRE (de Jésus) : § 194, 196
TRANSCENDANCE/TRANSCENDANT : § **22, 76**, 152, 209, 232
TRANSFIGURATION (du Christ) : § 77, **185**, 193, 250, 401
TRANSGRESSION (des commandements) : § 113, 116-117, 535

Index analytique

TRANSMIGRATION (de l'âme) : § 643
TRANSSUBSTANTIATION : § 417
TRAVAIL/TRAVAILLER/
    TRAVAILLEUR : § 21, 585, **612-619**, 624
TREMBLEMENT (de terre) : § 21, 219.
TRENTE (concile de T.) : § 117, 259, 268, 384, 419, 434, 465
TRIBUS (d'Israël) : § 280, 454, 578
TRINITÉ : § 72, 78, 105, 159, 220, 228, **230-238**, 396, 662
TRÔNE :
    — t. de David, § 134
    — t. de gloire, § 48
TROUPEAU (peuple de Dieu) : § 280, 294, **296**, 460
TUER : § 507, 578

U

UN/UNICITÉ/UNIQUE :
    — Dieu Un, § 26, **71-75**, 79
    — (cf. Dieu)
UNION/UNIR : § 32
    — u. du Christ/Dieu avec l'Église/l'humanité, § 69, 268, 283, **295, 298**, 400, 470-471, 673
    — u. des époux/de l'homme et de la femme, § 69, 373, **469-477**, 583, 601-602
    — u. hypostatique/des natures, § 239, 243
    — u. des personnes divines, § 257, 666
UNITÉ :
    — u. des chrétiens/de l'Église, § 238, 296, **301-304**, 307, 324, 339-340, 359
    — u. du Christ, § 243-244
    — u. de Dieu Trinité, § 71-74, **237**, 238
    — u. de l'homme, § 122, 166, 658
UNIVERS :
    — u. invisible/visible, § 87
    — création de l'u., § **90-93**, 102-103, 247
UNIVERSALITÉ/UNIVERSEL :
    — u. de l'amour/du salut de Dieu, § 53, **139**, 200
    — u. de l'Église, § 304, **315-319**, 321, 574

V

VALEURS (humaines/spirituelles) : § **166**, 565, **567**, 575-576, 582, 620, 678
VANITÉ : § 631
VATICAN I : § 24, 66
VATICAN II : § 295, 298, 303, 339, 366, 374, 549, 590
VEAU (d'or) : § 430
VEILLER : § 652
VENDEURS (chassés du Temple) : § 179
VENDREDI (saint) : § 338
VÉNIEL : § 420, 439
VÊPRES (prière du soir) : § 557
VERBE DE DIEU : (cf. Jésus Christ)
VÉRITÉ : § **34-37, 626-627**
    — v. biblique/des Écritures/évangélique, § **56**, 102, 307
    — v. de Dieu/de foi/révélée, § 14, 34, 54, 64-65, 158, **227**, 282, 545-546, **626**
    — v. de l'homme, § **34**, **36**, 113, 116, 166, 528, **545-546**
    — le Christ est V., § 28, 30, **37**, 626
    — libération par la v., § 512, **539**, 626
VERTU : § 438, 510, **511**, 593, 616, 648
VÊTEMENT :
    — v. blanc, § 401
    — laver son v. dans le sang de l'Agneau, § 688
VIATIQUE : § 426, 451
VICAIRE (du Christ) : § 304
VICTIME (Jésus v.) : § 192, 262, 419
VIE/VIVRE :
    — v. de baptisé/chrétienne/selon l'Évangile/de foi, § 38-41, 140, **213-214**, 257, 381-382, **390-392**, 401-402, **427-438**, 483-486, 514, 518, 520, **522-533**, 633-636
    — v. des communautés chrétiennes/de l'Église, § 326, 397, 422, 480, 486, **524**, 557
    — v. consacrée/religieuse, § 166, 181, **314, 463**
    — v. éternelle/plénitude de v., § 251, 577, **640-648**, 655-662, **672-673**, 675-677
    — donner sa v., § 140, 520, **577**, 588
    — Jésus Christ, la V./pain de v., § 37, 337, 411

— origine divine de la v., § **81**, 84, **112**, 516, 560, 576
— respect de la v., 576-586
— sens de la v., § 47, 113, **165-166**, 248, 487, **490**, **497**, 515, 641
VIENNE (concile de) : § 108
VIERGE MARIE (cf. Marie)
VIGILE (pascale) : § 523
VIGNE (de Dieu/vraie v.) : § 34, 294
VIGNERONS (homicides) : § 168
VIN (sang du Christ) : § 190, **411-419**, 424
VIOL/VIOLER : § 615
VIOLENCE : § **586-587**, 591-592
VIRGINAL/VIRGINITÉ :
— v. de Marie, § 348
— conception v. de Jésus, § **150-153**, 348
VISION (béatifique/de Dieu) : § **644**, 646-647, 659-660, 662
VOCATION :
— v. du baptisé/enfant de Dieu/peuple de Dieu, § 40, 43, 235, 302, **310-315**, 329, 488, 524, 622

— v. de l'homme, § 6, 82, 107, **490**, 625, 678
— v. religieuse/sacerdotale, § **314**, **465**, 563
VOEUX RELIGIEUX : § 314
VOL/VOLER : § 437, 507, 508, **614-615**

Y

YAHVÉ : § 211
YHWH : § 76

Z

ZACHARIE : § 159
ZACHÉE : § 167, 541
ZÈLE : § 167
ZÉRO (instant « zéro ») : § 92

TABLE DES MATIÈRES

Préface, par Mgr Duval 7

Introduction : Venez et voyez 11

Chapitre Premier
DIEU À L'HORIZON DES HOMMES DE NOTRE TEMPS

1 Croire en Dieu, question vitale	20
Croire, un acte humain fondamental	20
Croire en Dieu	21
Foi et religion	21
Qui donc est Dieu ?	24
2 Dieu se fait connaître et reconnaître	26
Approches de Dieu	26
Jésus Christ, Parole de Dieu en plénitude	28
Les dimensions de la foi	29
3 Une existence transformée	31
Confesser Dieu en vérité	31
Une nouvelle manière de vivre	33

Dépasser les peurs et ouvrir des routes 35

Chapitre 2.
DIEU DE L'ALLIANCE

1 Dieu se révèle 41
   Dieu se dit en se donnant 41
   Le livre de la révélation divine : la Bible 43
   Au cœur de la Bible : l'Évangile 44
   L'Écriture dans la Tradition 45
   Un magistère vivant 48
   Le Mystère dévoilé 51

2 Dieu Saint 54
   L'Unique 54
   Un Dieu au-delà de tout 56
   Une sainteté rayonnante 56
   Une sainteté qui se communique 57

3 Père tout-puissant 58
   La proximité de Dieu manifestée dans sa paternité 58
   La paternité de Dieu, modèle de toute paternité .. 58
   Des fils appelés à la liberté 59
   Au-delà des catégories humaines 59
   Tout-puissant 60
   La Providence 64

4 Créateur du ciel et de la terre 65
   La Création, objet de révélation et de foi 65
   Les œuvres de Dieu questionnent l'intelligence 65
   Créer n'est pas simplement fabriquer 66
   Sur un chantier ouvert, une œuvre qui appelle à la louange 67
   Au Seigneur « les choses visibles et invisibles » ... 68
   Les récits de la Création 71

5 L'apparition du mal 79
   La tentation et la chute 79
   La doctrine du péché originel 81

Le péché dans l'histoire personnelle des hommes et
de l'humanité 85
Satan, « père du mensonge » et « homicide depuis
l'origine » 87
Le scandale du mal 88
La promesse du salut 89

6 Dans l'histoire des hommes, l'initiative de Dieu ... 90
Une même « élection », une suite d'appels 90
L'Église du Christ, nouveau peuple élu 91
Une « élection » au bénéfice de tous les hommes . 92
Dieu d'Alliance, « ami des hommes » 92
Vers l'accomplissement de l'Alliance 93

Chapitre 3.

LA NOUVELLE ALLIANCE EN JÉSUS CHRIST

La confession de foi au Christ 97
Connaître le Christ confessé dans la foi 98

1 L'origine et l'enfance de Jésus 99
« Dieu a envoyé son Fils » 99
Le Verbe, le Fils de Dieu, qui était au commencement,
s'est fait chair 101
Jésus a Dieu seul pour Père : la conception virginale 102
Noël et les « mystères » de la vie cachée du Sauveur 104

2 La vie publique de Jésus 105
« N'est-il pas le fils du charpentier ? » 106
Le baptême de Jésus 107
Les tentations de Jésus au désert 108
L'annonce du règne de Dieu 109
Les signes du Royaume : les miracles 112
Les signes du Royaume : l'accomplissement des
prophéties 116
Une autorité inouïe au nom même de Dieu 117

    La gloire entrevue : Jésus transfiguré 120
    La rencontre de la contradiction 121
3 Le mystère pascal de Jésus 121
    La mort de Jésus 123
    La résurrection de Jésus 129
    La Pentecôte et le don du Saint-Esprit 139
4 Le mystère trinitaire révélé par Jésus 145
    Une nouvelle révélation de Dieu 147
    Le mystère pascal, sommet de la révélation
    trinitaire 147
    Un seul Dieu, mais trois personnes divines 148
    La Trinité à l'œuvre pour notre salut révèle la
    Trinité éternelle 149
    Les hommes appelés à participer au mystère
    trinitaire 150
5 Le mystère de Jésus dans la Tradition de l'Église . 151
    Vrai homme 152
    Vrai Dieu 152
    L'unité du Christ 153
6 Jésus Christ sauveur 154
    Un Dieu qui sauve, un homme en attente de salut . 155
    Jésus Christ, l'unique médiateur 157
    Dans le Christ, Dieu s'approche des hommes pour
    les sauver 158
    Dans le Christ, l'humanité fait retour à Dieu 162

    « Notre Paix » 166

Chapitre 4.

L'ÉGLISE, PEUPLE DE LA NOUVELLE ALLIANCE

1 L'Église appelée, envoyée et sanctifiée par Dieu .. 173
    L'initiative du Père 173
    L'œuvre du Christ 174
    Le don de l'Esprit Saint 176

Table des matières

2 L'Église de Dieu parmi les hommes 179
  Singularité de l'Église 179
  Noms donnés à l'Église 182
  L'Église, « comme un sacrement » 185

3 L'Église une, sainte, catholique et apostolique 187
  Église une 187
  Église sainte 191
  Église catholique 194
  Église apostolique 197
  La communion des saints 199

4 L'Église en mission au cœur du monde 201
  Implanter l'Église sur des terres nouvelles 202
  Poursuivre l'œuvre du « bon pasteur » 204
  Dans un large dialogue 205

5 La Vierge Marie dans le mystère du Christ et de l'Église 209
  La fille de Sion, « comblée de grâce » 209
  La foi de Marie 212
  Mère de Jésus, donc Mère de Dieu 212
  Marie « toujours Vierge » 213
  Marie, la Vierge sainte conçue sans péché 213
  Marie dans la gloire 214
  La « coopération » de Marie à l'œuvre du salut ... 214
  Marie et l'Église 215
  Les croyants et leur Mère 216

Chapitre 5.

LES SACREMENTS DE LA NOUVELLE ALLIANCE

1 Les sacrements dans l'Église 221
  Pas d'Église sans sacrements 221
  Les sacrements célébrés dans l'Église 222
  Les sacrements dans le monde et dans l'histoire des hommes 223

2 Une logique à l'œuvre dans toute l'histoire
  du salut 225
  Déjà dans la première Alliance 225
  Dans la Nouvelle Alliance 226

3 Les sacrements : présence et action continuées du
  Christ dans l'Église 228
  Dans la lumière de l'Incarnation et du mystère pascal 228
  Institués par le Christ 229
  Confiés par le Christ à l'Église 230
  Signes sensibles, efficaces, comportant des paroles . 231
  Signes porteurs des promesses du Royaume 232

4 Sacrements de la foi 233
  Célébrés dans la foi 233
  Grâce et engagement sacramentels 233
  Les sacrements dans l'existence du chrétien ... 234

5 Un ensemble organique 235
  Sept sacrements 235
  Une diversité structurée 236
  Le baptême 238
  La confirmation 246
  L'eucharistie 248
  Le sacrement de pénitence et de réconciliation 260
  L'onction des malades 267
  L'ordre 270
  Le mariage 278

Chapitre 6.

LA LOI DE VIE DE LA NOUVELLE ALLIANCE

Vivre en fils et filles de Dieu 287

1 La morale redécouverte 290
  Vivre en homme 291
  La conscience et la Loi 295
  Quelques précisions sur l'action morale 299

2 Vivre en enfants de Dieu 302
   La loi de l'Alliance 303
   La loi de la Nouvelle Alliance 304

3 Péché et réconciliation 312
   Il y a péché et péché 313
   Mal de l'homme et blessure pour Dieu 313
   Alibi et aveu 314
   « Rétablis dans ton Alliance » 315

4 Itinéraires pour vivre dans l'amour : les dix commandements 316
   Adorer et aimer Dieu 318
   Honorer et servir Dieu 319
   Prières, attitudes et comportements religieux 321
   Honore ton père et ta mère 325
   Tu ne tueras pas, tu serviras la vie 332
   Amour, mariage et sexualité 340
   Respecter et promouvoir le bien d'autrui 348
   Faire et dire la vérité 356
   Résister à la convoitise 358

5 Vers la plénitude de l'amour 359
   La seconde naissance de l'homme 359
   Bienheureux 360
   « Peuple de prêtres, peuple de rois » 361

Chapitre 7.
L'ACCOMPLISSEMENT DE L'ALLIANCE DANS LE ROYAUME DE DIEU

1 De la foi à l'espérance 366
   Difficile espérance 366
   L'attente du règne de Dieu 372

2 L'au-delà dans l'espérance chrétienne 374
   Le sort des morts 375
   La venue du Christ dans la gloire 378
   La résurrection des morts 379
   Le jugement universel et la fin du monde 380
   La vie éternelle 383
   La mort du chrétien 383

3 Le rayonnement de l'au-delà dans l'aujourd'hui du croyant 384
A ciel ouvert 384
Le sérieux de la vie 385
Valeur infinie de l'homme 386
« Dieu tout en tous » 388

Conclusion : L'amen du croyant 389

TABLES

Sigles et abréviations 397
Textes en exergue 399
Citations bibliques 401
Citations des conciles 405
Index analytique 407

Aubin Imprimeur
LIGUGÉ, POITIERS

Achevé d'imprimer en juin 1991
N° d'impression L 37983
Dépôt légal juin 1991
Imprimé en France